21世纪经济与管理规划教材·人力资源管理系列

人力资源管理

技术与方法

（第二版）

周文成 编著

北京大学出版社
PEKING UNIVERSITY PRESS

图书在版编目（CIP）数据

人力资源管理：技术与方法 / 周文成编著. —2 版. —北京：北京大学出版社，2024.8
21 世纪经济与管理规划教材. 人力资源管理系列
ISBN 978-7-301-33797-4

Ⅰ.①人…　Ⅱ.①周…　Ⅲ.①人力资源管理—高等学校—教材　Ⅳ.①F243

中国国家版本馆 CIP 数据核字(2023)第 037229 号

书　　　　名	人力资源管理：技术与方法（第二版）
	RENLI ZIYUAN GUANLI: JISHU YU FANGFA (DI-ER BAN)
著作责任者	周文成　编著
责任编辑	周　莹　刘冬寒
标准书号	ISBN 978-7-301-33797-4
出版发行	北京大学出版社
地　　　　址	北京市海淀区成府路 205 号　100871
网　　　　址	http://www.pup.cn
微信公众号	北京大学经管书苑（pupembook）
电子邮箱	编辑部 em@pup.cn　总编室 zpup@pup.cn
电　　　　话	邮购部 010-62752015　发行部 010-62750672　编辑部 010-62752926
印　刷　者	北京圣夫亚美印刷有限公司
经　销　者	新华书店
	787 毫米×1092 毫米　16 开本　26.75 印张　630 千字
	2010 年 11 月第 1 版
	2024 年 8 月第 2 版　2024 年 8 月第 1 次印刷
定　　　　价	76.00 元

未经许可，不得以任何方式复制或抄袭本书之部分或全部内容。
版权所有，侵权必究
举报电话：010-62752024　电子邮箱：fd@pup.cn
图书如有印装质量问题，请与出版部联系，电话：010-62756370

丛书出版前言

教材作为人才培养重要的一环,一直都是高等院校与大学出版社工作的重中之重。"21世纪经济与管理规划教材"是我社组织在经济与管理各领域颇具影响力的专家学者编写而成的,面向在校学生或有自学需求的社会读者;不仅涵盖经济与管理领域的传统课程,还涵盖学科发展衍生的新兴课程;在吸收国内外同类最新教材优点的基础上,注重思想性、科学性、系统性,以及学生综合素质的培养,以帮助学生打下扎实的专业基础和掌握最新的学科前沿知识,满足高等院校培养高质量人才的需要。自出版以来,本系列教材被众多高等院校选用,得到了授课教师的广泛好评。

随着信息技术的飞速进步,在线学习、翻转课堂等新的教学/学习模式不断涌现并日渐流行,终身学习的理念深入人心;而在教材以外,学生们还能从各种渠道获取纷繁复杂的信息。如何引导他们树立正确的世界观、人生观、价值观,是新时代给高等教育带来的一个重大挑战。为了适应这些变化,我们特对"21世纪经济与管理规划教材"进行了改版升级。

首先,为深入贯彻落实习近平总书记关于教育的重要论述、全国教育大会精神以及中共中央办公厅、国务院办公厅《关于深化新时代学校思想政治理论课改革创新的若干意见》,我们按照国家教材委员会《全国大中小学教材建设规划(2019—2022年)》《习近平新时代中国特色社会主义思想进课程教材指南》《关于做好党的二十大精神进教材工作的通知》和教育部《普通高等学校教材管理办法》《高等学校课程思政建设指导纲要》等文件精神,将课程思政内容尤其是党的二十大精神融入教材,以坚持正确导向,强化价值引领,落实立德树人根本任务,立足中国实践,形成具有中国特色的教材体系。

其次,响应国家积极组织构建信息技术与教育教学深度融合、多种介质综合运用、表现力丰富的高质量数字化教材体系的要求,本系列教材在形式上将不再局限于传统纸质教材,而是会根据学科特点,添加讲解重点难点的视频音频、检测学习效果的在线测评、扩展学习内容的延伸阅读、展示运算过程及结果的软件应用等数字资源,以增强教材的表现力和吸引力,有效服务线上教学、混合式教学等新型教学模式。

为了使本系列教材具有持续的生命力,我们将积极与作者沟通,争取按学制周期对教材进行修订。您在使用本系列教材的过程中,如果发现任何问题或者有任何意见或建议,欢迎随时与我们联系(请发邮件至 em@pup.cn)。我们会将您的宝贵意见或建议及时反馈给作者,以便修订再版时进一步完善教材内容,更好地满足教师教学和学生学习的需要。

最后,感谢所有参与编写和为我们出谋划策提供帮助的专家学者,以及广大使用本系列教材的师生。希望本系列教材能够为我国高等院校经管专业教育贡献绵薄之力!

北京大学出版社
经济与管理图书事业部

第二版前言 / PREFACE

数字经济时代,人力资源管理所肩负的组织中的战略伙伴、管理专家、员工激励者、变革推动者这四大角色使命,已被赋予新的时代内涵。

本书第一版于2010年出版,获评普通高等教育"十一五"国家级规划教材。因教材内容契合时代背景,符合人力资源管理课程教学要求,适应相关专业学生的特点,使用本书的相关师生给予了诸多肯定。

为满足当今数智化人力资源管理阶段人力资源管理教学与研究的需要,笔者从2018年着手修订工作,前后历经6年。其间,笔者牵头的中国大学慕课"人力资源管理"被评为江苏省线上一流课程,迄今已开课15次,有数万人选修。本书已入选"十三五"江苏省高等学校重点教材。

本书主要有以下特点:

(1) 理论与技术、方法、管理情景有机结合。当前人力资源管理理论类教材总体上对人力资源管理相关概念、理论的阐述较多,"文科性质"浓郁,而对人力资源管理各种技术、方法的阐述较为不足;实务类教材虽对人力资源管理主要技术、方法的基本应用作了普及性介绍,但较为浅显,欠缺对原理的阐述。本书在上一版的基础上进一步弥补了上述教材的不足,力图从数智化人力资源管理视角出发,着力阐述较为前沿和重要的人力资源管理理论,重点讲述人力资源管理各职能领域的实用技术与方法,并通过对京东、微软、思科、华为、中兴通讯、字节跳动、谷歌等著名企业的案例分析,实现人力资源管理理论与技术、方法、管理情景的有机结合。

(2) 章节安排遵循杰罗姆·布鲁纳(Jerome Bruner)的结构主义课程观。各章内容模块大体遵循"开篇案例导入—关键问题提出—理论知识点详解—理论知识点扩展—本章小结回顾—课堂练习检测—综合性案例讨论—开放性复习思考题巩固"的思路进行设计;并通过选用合适的学习素材,介绍理论的背景,设计必要的教学活动,让学生通过观察、猜测、推理、交流、反思等,感悟知识的形成和应用。这有助于他们产生认知学习迁移效果,形成良好的思维习惯和应用意识,增强解决问题的能力。

(3) 突出实用性。近年来,用人单位非常强调人力资源管理技能应用。为了满足这一需求,本书着重阐述了相关技术、方法的原理及应用,且汇集了学习、研究人力资源管理技术、方法的相关工具、资料等信息资源。

（4）将课程思政内容融入教材。为贯彻落实习近平总书记关于教育的重要论述，以及《习近平新时代中国特色社会主义思想进课程教材指南》等文件精神，笔者将课程思政内容融入教材，以坚持正确导向，强化价值引领，落实立德树人根本任务。

（5）突出行业特点。本书所选案例素材多源于信息行业，使学生在学习人力资源管理理论知识的同时，更加了解相关行业企业的运作情况，提升学生的专业实践能力。

（6）配套丰富的电子资源。本书是笔者讲授的中国大学慕课"人力资源管理"的配套教材，读者可扫描下方二维码进入课程，结合本书进行学习。此外，本书还配套PPT、教学大纲、习题库等电子资源。

中国大学慕课
"人力资源管理"

本书既可作为高等院校相关专业的本科生、研究生教材，也可供企事业单位的人力资源管理者，以及想获取和更新人力资源管理理论、技术、方法等知识的读者使用，还可用作全国职业院校技能大赛人力资源服务赛项辅导教材。

数智化人力资源管理时代已经到来，人力资源管理学科的发展更为迅速，新理论、新技术、新方法不断涌现，加之笔者的水平有限，本书的疏漏及谬误之处在所难免，敬请广大读者批评指正。

周文成

2024 年 8 月

目录 / CONTENTS

第一章　人力资源管理概述 …………………………………………………… 001
第一节　人力资源管理基本概念 ………………………………………… 004
第二节　人力资源管理的历史发展与特征 ……………………………… 007
第三节　人力资源管理部门责任及专业人员胜任素质 ………………… 010
第四节　现代人力资源管理的发展路径 ………………………………… 013

第二章　组织设计 …………………………………………………………… 023
第一节　组织设计概述 …………………………………………………… 025
第二节　组织设计的方法 ………………………………………………… 036

第三章　职位分析与工作设计 ……………………………………………… 055
第一节　职位分析概述 …………………………………………………… 056
第二节　职位分析的方法 ………………………………………………… 064
第三节　工作设计的方法 ………………………………………………… 095

第四章　人力资源规划 ……………………………………………………… 109
第一节　人力资源战略概述 ……………………………………………… 111
第二节　人力资源规划概述 ……………………………………………… 115
第三节　人力资源需求预测 ……………………………………………… 120
第四节　人力资源供给预测 ……………………………………………… 130

第五章　人力资源招聘与甄选 ……………………………………………… 143
第一节　人力资源招聘与甄选概述 ……………………………………… 145
第二节　招聘的方法 ……………………………………………………… 151

第三节　招聘方法评估 …… 161
  第四节　甄选的技术与方法 …… 164

第六章　绩效管理 …… 203
  第一节　绩效管理概述 …… 204
  第二节　绩效考评的主要工具与技术 …… 210
  第三节　实施绩效管理的常见问题及实施关键 …… 235

第七章　薪酬管理 …… 247
  第一节　薪酬管理概述 …… 249
  第二节　薪酬结构的设计方法 …… 254
  第三节　职位薪酬体系的设计方法 …… 263
  第四节　以任职者为基础的薪酬体系设计 …… 279
  第五节　绩效奖励计划 …… 286
  第六节　特殊（典型）员工群体的薪酬设计 …… 291

第八章　福利管理 …… 303
  第一节　福利概述 …… 304
  第二节　法定福利 …… 308
  第三节　其他补充福利 …… 311
  第四节　弹性福利计划 …… 314
  第五节　福利管理 …… 317

第九章　员工培训 …… 327
  第一节　培训概述 …… 329
  第二节　培训项目设计 …… 331
  第三节　培训的方法与技术 …… 341

第十章　职业生涯管理 …… 355
  第一节　职业生涯管理概述 …… 358
  第二节　职业生涯管理过程 …… 363
  第三节　组织职业生涯管理 …… 375
  第四节　职业生涯管理面临的挑战及其应对策略 …… 385

第十一章　人力资源管理信息化 …… 393
第一节　人力资源管理信息化概述 …… 395
第二节　e-HR 系统的功能模块 …… 400
第三节　人力资源管理信息化的规划与实施 …… 405

参考文献 …… 415

后　记 …… 417

第一章
人力资源管理概述

用人不在于如何减少人的短处,而在于如何发挥人的长处。

——彼得·德鲁克

(《卓有成效的管理者》)

故人材者,求之则愈出,置之则愈匮。

——魏源

(《默觚下·治篇九》)

天下无现成之人才,亦无生知之卓识,大抵皆由勉强磨炼而出耳。

——曾国藩

(《挺经》)

📖 本章学习目标

1. 掌握人力资源、人力资本、战略性人力资源管理的概念。

2. 了解人力资源管理的发展与演变历程。

3. 掌握现代人力资源管理部门的职责。

4. 了解向战略性人力资源管理转化的路径。

5. 把握人力资源管理者的角色及任职资格,引领组织树立正确的价值观。

> 引导案例

思科的人力资源管理

思科是华为曾经的对手,从2021年《财富》杂志发布的世界500强榜单来看,华为排在第44名,年营业收入为12 918亿美元;而思科排第221位,年营业收入为493亿美元,华为已经将思科远远抛在身后。但是作为一家仅仅成立三十几年的信息技术(IT)公司,思科能够发展成计算机和网络行业的领先巨头,并且业务足迹遍及世界,这样的表现仍能赢得人们足够的尊重。

而在《财富》杂志另一项榜单——"2021年全美100个最佳工作场所"中,思科名列第1。排名令人瞩目,你要知道在这个榜单中,我们耳熟能详的那些美国IT企业根本就排不进去,比如谷歌、微软、苹果等。组织绩效出色,员工满意度高,这足以说明思科在人力资源管理上的成功。

人力资源管理政策

思科作为一家IT公司,它把雇主和雇员之间的人际关系放在比较重要的地位,强调"人性化"的人力资源管理。此外,思科也是一家创新型公司,将员工视为公司的重要资产。当思科高管做人力资源管理决策时,他们将考虑利益相关者的价值和具体的情境因素。正是思科对员工的重视,造就了员工高度的组织承诺,为公司的发展带来诸多利益。

招聘与选拔

作为快速发展的互联网行业巨头,思科需要大量高技能、高素质专业人才和优秀的员工来填补不断发展所带来的新职位的需求。思科在招聘与选拔员工的过程中有三个特点:

第一,招募与思科价值观一致的人。思科对求职者进行严格的面试,面试官包括人力资源经理以及未来的上司和同事,以确保能找到符合思科价值观的求职者,从而可以减少员工培训成本和流失成本,并能提高员工的工作效率。

第二,保证员工的多样化。思科认为,员工的多样化有利于孕育创新的土壤,做出更好的决策。思科已建立了广泛的招聘网络,招募具有不同文化背景、专业技能的人。思科还表达了在2023年之前将黑人员工数量提升25%的意愿,其中包括初级员工和经理级别员工。

第三,不同的岗位采取不同的选拔手段。思科会针对不同的岗位,采取不同的手段来开展选拔。例如,一些职位需要专业背景,包括基本的科学素养、工程学和数学基础以及特殊专业技能。这些求职者必须进行能力评估,而且最终的结果主要取决于评估的成绩。思科还会为求职者设置几项在线测试,让他们进行自我评估。另外一些与管理层有关的职位或物流团队则不需要这样的评估。这些职位的选拔方法更多是通过简历筛选和面试。

培训与开发

思科非常重视高管和普通员工的培训与开发,希望通过培训促进其全球业务的发展、形成差异化的竞争优势。思科组建了一个学习和培训解决方案团队,其主要目标是满足公司核心业务的学习需求,建立、配置和利用公司的学习资源。目前,该团队正在着手改变学习风格,同时针对不同员工提供不同的学习方法。比如,针对高管的领导力培训就包括在线学习、角色扮演、商业案例研究和360度评估等模块。

绩效和福利管理

思科的绩效管理依赖于"绩效控制方法",据此设定可衡量的目标,然后执行和评估目标。每年,思科的员工与他们的主管为设定目标进行讨论,在这些目标的指导下,员工的收入与他们的表现密切相关。年中,思科的员工会与他们的主管进行讨论,讨论的主题就是员工的表现以及如何进行改进。这在思科被称为"年中职业讨论"。

除了明确期望和设定目标,思科还建立了一套奖励系统来激励员工。这个奖励系统的清单如下:

- 具有竞争力的绩效工资;
- 全面的健康保险;
- 一揽子长期储蓄计划;
- 一揽子员工股票购买计划;
- 休假政策;
- 健康和保健福利;
- 员工支持计划;
- 职业发展机会;
- 灵活的工作实践;
- 积极的工作环境;
- 工作成就的认可。

这个清单上不仅有经济上的激励,也包含精神上的鼓励,可谓双管齐下。这些奖励政策能够帮助思科的员工变得更加高效和忠诚,同时也更快乐。

企业文化

如今,思科已成为互联网行业的全球领导者,并且已经在160多个国家和地区开展业务。在这样的发展背景下,思科逐渐形成了多元化和包容性的企业文化。思科需要确保所有员工得到平等的对待,平等地获得成功的机会,无关乎他们的种族、肤色、性别、残疾与否。例如,思科创造了许多机会让更多女性加入领导团队,在美国,思科近一半的员工都是非白人。

思科从这种多元化和包容性的文化中获益良多。多样化的员工为公司带来的新鲜的观点和差异化的经验,能让思科更好地了解全球客户的需求,从而创造出更多创新性的产品和服务以满足这些需求。

从思科的人力资源管理实践中,我们可以看到企业通过行之有效的人力资源管理政策,可以营造良好的人际交往氛围,从而能让他们的工作更有效率,为公司做出更多的贡献。因此,国内的企业在进行人力资源管理实践时,不应仅从企业的角度出发,还应从员工的角度去考虑各项政策、制度的合理性和可行性,这样才能充分发挥出人才的优势!

资料来源:《思科公司的人力资源管理案例》,http://www.hrsee.com/?id=805,访问时间:2022年5月。

■ **问题**:

1. 思科在哪些方面体现了其对人力资本的重视?
2. 思科人力资源管理的先进性体现在哪些方面?

第一节　人力资源管理基本概念

一、人力资源

1. 国外定义

思科的人力资源管理实践具有一定的代表性,其对于人力资源各个模块的重视凸显了其"人性化"的人力资源管理。而戴维·尤里奇(Dave Ulrich)被誉为人力资源管理的开创者,他最早提出了"人力资源"(Human Resource)的概念。在此之前,人力资源被称为"人事管理"(Human Management)。尤里奇认为,现在唯一剩下的有竞争力的武器就是组织,因为那些传统的竞争要素,如成本、技术、分销、制造以及产品特性,或早或晚都能被复制,它们无法保证你就是赢家。在新经济中,成功将取决于组织能力,包括响应速度、敏捷性、学习能力和员工素质等。而人力资源部门的新使命就涉及卓越的组织能力培养。

彼得·德鲁克(Peter Drucker)1954年在其《管理的实践》(The Practice of Management)一书中引入了"人力资源"这一概念。他指出,人力资源较其他所有资源而言,唯一的区别在于它是人。他认为人力资源有一种其他资源所没有的特性——协调、整合、判断和想象的能力。事实上,这是人力资源唯一的特殊优越性。在其他方面,无论是体力、手艺或感知能力,机器都胜过人力。

伊万·伯格(Ivan Berg)认为,人力资源是人类可用于生产产品或提供各种服务的活力、技能和知识。

内贝尔·埃利斯(Nabil Elias)提出,人力资源是企业内部成员及外部与企业相关的人,即总经理、雇员、合作伙伴和顾客等可提供潜在合作与服务及有利于企业预期经营活动的人力的总和。

雷西斯·列科(Rensis Lakere)提出,人力资源是企业人力结构的生产和顾客商誉的价值。

2. 国内定义

余凯成认为,人力资源是指能够推动国民经济和社会发展的、具有智力劳动和体力劳动能力的人口的总和,它包括数量和质量两个方面。

廖泉文提出,人力资源是指能够推动社会和经济发展的、能为社会创造物质财富和精神财富的体力劳动者和脑力劳动者的总称。

赵曙明认为,人力资源是指一定范围内的人口中具有劳动力的人口的总和,是能够推动社会和经济发展的具有智力和体力劳动能力的人口的总称。它是蕴含在人体内的一种生产能力,是表现在劳动者身上并以劳动者的数量和质量来表示的资源。

综上,我们可把人力资源划分为广义上的人力资源和狭义上的人力资源。广义上的人力资源认为,只要是智力正常的人就可以称为人力资源。狭义上的人力资源,简而言之,是指一个国家或地区具有劳动能力人口的总和;或指能推动整个经济和社会发展的劳动者的能力,即处在劳动年龄的已直接投入建设和尚未投入建设的人口的能力。

二、人力资本

(一)人力资本理论历史起源

人力资本是为提高人的能力而投入的一种资本,是西方教育经济学中的一个基本概念。早在1644年,古典经济学代表人物之一威廉·配第(William Petty)就提出,可以从劳动所得推算出作为财富价值及其相对应关系的"居民价值",这是试图对教育经济价值做出某种估量的最早尝试。配第的著名论断"土地是财富之母""劳动是财富之父"实际上已蕴含着人力资本理论的思想萌芽。

在此之后,古典哲学家、经济学家亚当·斯密(Adam Smith)在其1776年出版的著作《国民财富的性质和原因的研究》(An Inquiry into the Nature and Causes of the Wealth of Nations)中指出,花费精力和时间所学会的劳动技能,是可以收回投入并获得利润的。显然,斯密所提出的这种投入学费和时间并期望从中获得利润的思想几乎已经接近现代人力资本理论的核心,他还第一次阐述了人力资本投资和劳动者技能如何影响个人收入和工资结构的问题。

继斯密之后,英国古典经济学家约翰·穆勒(John Mill)在其《政治经济学原理》(Principles of Political Economics)中强调,取得的能力应当同工具、机器一样被视为国民财富的一部分。同时他指出,由于教育支出将会带来未来更大的国民财富,因而对教育的支出是与其他公共事务支出完全兼容的。

法国古典政治经济学家让·巴蒂斯特·萨伊(Jean Baptiste Say)在其代表作《政治经济学概论》(A Treatise on Political Economy)中将人力资本投资的概念扩大到了所有行业,尤其强调特殊才能的企业家在生产过程中发挥的作用。他将人力资本划分为普通劳工的一般性人力资本、专业性人力资本和经营管理的创新性人力资本三种类型,探索了它们各自不同的报酬规划。

19世纪末20世纪初英国剑桥学派创始人阿尔弗雷德·马歇尔(Alfred Marshall)是新古典主义经济学派的杰出代表,他提出了"所有资本中最有价值的是对人本身的投资"的经典论断,认为教育投资所带来的收益将远远大于教育投资成本,主张把教育作为支撑国家发展的投资。

(二)人力资本的近现代研究

1960年,西奥多·W. 舒尔茨(Theodore W. Schultz)当选美国经济学会会长,在其发表的就职演说中首次明确提出了"人力资本"的概念。舒尔茨被西方学术界誉为"人力资本理论之父"。他将人力资本定义为凝结在劳动者身上的经验、知识、能力和健康,是人们通过有目的的投资(如接受教育或培训等)获得的,是资本的一种形式。

人力资本理论的另一个创始人,美国经济学家加里·S. 贝克尔(Gary S. Becker)认为,人力资本不仅意味着才干、知识和技术,而且意味着时间、健康和寿命。

综合而言,可将人力资本划分为广义的人力资本和狭义的人力资本。广义的人力资本,是指人力资源的全部价值;狭义的人力资本,是指具有经济价值的知识、技能以及经验的总和。

三、知识资本

"知识资本"一词由"Intellectual Capital"翻译而来,又称为"Knowledge Capital"。它萌生于工业经济时代后期,兴盛于知识经济时代,是知识在企业组织发展中的重要性不断增强的结果。关于知识资本的代表性定义有:

纳索·威廉·西尼尔(Nassau William Senior)提出,知识资本是指个人所拥有的知识和技能。

约翰·肯尼斯·加尔布雷思(John Kenneth Galbraith)认为知识资本是一种知识性的活动,是一种动态的资本,而非固定的资本形式。

卡尔-爱立克·斯威比(Karl Erik Sveiby)认为,知识资本是企业的一种以相对无限的知识为基础的无形资产,是企业的核心竞争能力。

安妮·布鲁金(Annie Brooking)指出,知识资本是使公司得以运行的所有无形资产的总称,包括市场资产、人才资产、知识产权资产、基础结构资产四大类。

利夫·埃德文森(Leif Edvinsson)认为,知识资本是知识企业物质资本和非物质资本的合成,用公式可表示为"知识资本=市场价值-账面价值"。

经济合作与发展组织(OECD)认为,知识资本是人力资本、组织资本与顾客资本的总和。

……

综合上述定义,知识资本具有一般资本的特征,是一组以员工和组织的技能、知识为基础的资产,可以长期使用,在生产过程中可以增值;同时它又具有特殊的性质,主要表现在它不像有形资本那样可以进行直观的数量化,但它对生产效率提高的作用比传统的物质资本要大得多。

四、人力资源管理

1. 国外定义

美国学者雷蒙德·A. 诺伊(Raymond A. Noe)认为,人力资源管理是指对雇员的行为、态度和绩效产生影响的各种政策、制度和管理实践的总称。

美国的兰德尔·舒勒(Randall Schuler)等在《管理人力资源:合作伙伴的责任、定位与分工》(*Managing Human Resources: A Partnership Perspective*)一书中提出,人力资源管理是采用一系列管理活动来保证对人力资源进行有效的管理,其目的是实现个人、社会和企业的利益。

加里·德斯勒(Gary Dessler)认为,人力资源管理是为了完成管理工作中涉及人或人事方面的任务所需要掌握的各种概念和技术。

迈克尔·比尔(Michael Bill)认为,人力资源管理包括影响公司和雇员之间关系的(人力资源)性质的所有管理决策和行为。

2. 国内定义

黄英忠提出,人力资源管理是将组织所有人力资源做最适当的确保(Acquisition)、开发(Development)、维持(Maintenance)和利用(Utilization),为此所规划、执行和控制的过程。

彭剑锋认为,人力资源管理是依据组织和个人发展需要,对组织中的人力这一特殊资源进行有效开发、合理利用与科学管理的机制、制度、流程、技术和方法的总和。

赵曙明提出,人力资源管理包括人力资源经济运动的总过程,它主要反映了对全社会或一家企业的各层次、各类型的从业人员从招募、录取、培训、使用到调动、升迁的全过程的管理。

综合而言,人力资源管理就是对人力这一特殊的资源进行有效开发、合理利用和科学管理的过程。

五、战略性人力资源管理

彼得·卡佩利(Peter Cappelli)认为,战略性人力资源是为使企业达成目标所进行的一系列有计划的人力资源部署和管理行为。

诺伊认为,战略性人力资源管理可以看成"为使组织能够实现其目标而制定的有计划的人力资源使用模式以及各种人力资源管理活动"。

德斯勒提出,战略性人力资源管理是指为了提高企业绩效水平,培育富有创新性和灵活性的组织文化,而将企业的人力资源管理活动同战略目标和目的联系在一起的做法。

赵曙明提出,战略性人力资源管理与人力资源管理在基本理念上是一致的,即战略性人力资源管理把人力资源管理视为一项战略职能,以"整合"与"适应"为特征,探索人力资源管理与企业组织层次行为结果的关系。战略性人力资源管理强调:

(1)人力资源管理应被完全整合进企业的战略中;

(2)人力资源管理政策在不同的政策领域与管理层次间应具有一致性;

(3)人力资源管理实践应作为企业日常工作的一部分为直线经理与员工所接受、调整和运用。在此基础上,赵曙明提出人力资源管理数字化转型是战略性人力资源管理新阶段的核心问题。

综合以上学者对战略性人力资源管理的定义,我们认为,**战略性人力资源管理是指从战略高度构建数字化人力资源管理模式,以使组织能够实现其战略目标的各种人力资源管理活动**。

第二节　人力资源管理的历史发展与特征

一、人力资源管理的历史发展与演变

关于人力资源管理的发展阶段,国内外学者具有代表性的观点主要有四类:六阶段论、五阶段论、四阶段论和三阶段论。综合国内外学者的研究成果,我们将人力资源管理

的发展分为六个阶段。

(一) 科学管理阶段

早期的人力资源管理被称为人事管理,其发展与18世纪后半叶工业革命的开展是相伴随的。人事管理初期把人视为物质人、经济人,把金钱作为衡量一切的标准,每个工人都在一定的岗位上进行简单的、重复的机械劳动。人事管理在这一时期表现为雇佣管理,主要功能在于招录和雇用工人,其管理以"事"为中心、以"目的"为指导,忽视人在金钱和物质之外的其他需求。随着资本主义从自由竞争发展到垄断阶段,"科学管理之父"弗雷德里克·温斯洛·泰勒(Frederick Winslow Taylor)和德国社会学家马克斯·韦伯(Max Weber)都提出了一系列比较科学合理的管理方法和管理手段。科学管理首次对劳动效果进行科学而合理的计算,还根据标准方法对工人实施了在职培训,并根据工人的特点分配工作。科学管理时期出现了劳动人事管理部门,它除负责招工外,还负责协调人力和调配人力。科学管理已经对劳动的低效率问题有了全面关注,开始了对工时、动作规范、专业化分工的管理。泰勒提出了对管理有重大贡献的三个原则:科学而非经验,合作而非个人主义,最大化产出而非限制性产出。

(二) 工业心理学阶段

与科学管理所倡导的管理思路不同,以德国心理学家雨果·芒斯特伯格(Hugo Münsterberg)等为代表的工业心理学家所倡导的管理思路是:通过心理学基本原则的运用来提高工人有效完成工作的能力。科学管理主要集中在对工作和效率的研究上;工业心理学所关注的则是个体之间的差异,实现工人福利的最大化是其所关心的主题。

工业心理学阶段的人事管理承认人是社会人,人除了有物质、金钱的需要,还有社会、心理、精神等其他方面的需要。这一时期,对人性的尊重、对人的心理需求的尊重等观念开始萌发。在管理形式上,工业心理学阶段的人事管理承认非正式组织的存在,承认在官方或法定的组织之外,还有权威人物的存在。这种非正式组织的权威,同样能影响和左右人们的行为和意愿。在管理方法上,工业心理学阶段的人事管理承认领导是一门艺术,重视工会和民间团体的利益,提倡以人为核心改善管理方法。这是人事管理思想最活跃且有质的飞跃的时期。

(三) 人际关系管理阶段

人际关系运动起源于1924—1933年在位于芝加哥郊外的西方电气公司的霍桑工厂中所进行的一系列研究。乔治·埃尔顿·梅奥(George Elton Mayo)的霍桑实验证明了工业组织越是庞大,就越是不仅要依赖技术上的先进,还要依赖这个团体中每一个成员自发地合作。梅奥赞扬了人的自主性,认为物质条件的改善并不一定带来生产率的提高,工人的满意程度才是提高生产率的关键。德鲁克曾认为,人事工作部分是文员工作,部分是操作性的工作,部分是起着"灭火器"作用的工作。这一时期的人事管理进入比较严格、规范、系统的时代,反对"四大歧视",即性别歧视、年龄歧视、种族歧视与信仰歧视。在就业机会均等理念的倡导下,大量的人才获得了就业的机会。伴随着美国的人力资源法律渐趋完善,以及对欧洲和其他国家的影响,妇女人力资源和少数族裔人力资源得到较大程度的开发,劳动力的结构发生了很大变化。许多企业不仅设立专职的人事部门,而且人事部门下设若干分支部门,分别管理薪酬、考核、劳资矛盾、福利、培训等。

(四) 人力资源管理阶段

比尔指出,传统的人事管理定义狭窄,其指涉的人事管理活动针对的是各种特定问题和需要,而非一个统一、明确的目标,由此造成了人事管理职能之间以及人事管理职能与其他管理职能之间相互割裂、互不相关的局面。1992年,约翰·斯托瑞(John Storey)通过对人力资源管理内在特征的分析,找出了人力资源管理与人事管理的不同点,并将这些不同点分为四大类:信念与假设、战略方面、直线管理和关键手段。

现代人力资源管理基本上涉及企业员工关系管理最为重要的几个方面,即人力资源战略与规划、工作分析、雇员的招募、甄选与录用、工作绩效评价、培训与人力资源开发、薪资福利与激励计划、劳资关系与雇员安全、健康计划等。然而,人力资源管理取代人事管理,并不仅仅是名称上的改变和内容的进一步丰富,更是一种管理观念上的根本性变革。现代人力资源管理与传统人事管理的最大区别就在于:过去的人事管理是以工作为中心的,即让人去适应工作;而现代人力资源管理则是以人为中心的,它力图根据人的特点和特长来组织工作,从而使人力资源的能量得到最大限度的发挥。

(五) 战略性人力资源管理阶段

进入20世纪90年代以后,企业经营环境变化日益频繁。从外部环境来看,技术创新加剧,国际竞争白热化,顾客需求多样化;从内部环境来看,员工素质日益提高,自我发展意识逐渐增强。企业开始从关注企业绩效的环境决定因素转为强调企业的内部资源、战略与企业绩效的关系。

在战略性人力资源管理的研究中,学者们对"战略"有着不同的认识。例如,舒勒和苏珊·杰克逊(Susan Jackson)针对迈克尔·波特(Michael Porter)的三种一般竞争战略,提出了与之相联系的人力资源管理战略,强调每一种不同的竞争战略需要不同的人力资源管理政策组合。约翰·德莱里(John Delery)和哈罗德·多蒂(Harold Doty)认为企业战略人力资源管理可以分为内部型、外部型和混合型,企业应该根据不同的战略选择不同的人力资源管理类型。

战略性人力资源管理的基本理念是把人力资源管理视为一项战略职能,以"整合"与"适应"为特征,探索人力资源管理与企业组织层次行为结果的关系。

(六) 数智化人力资源管理阶段

从21世纪20年代初开始,人类发展到了能综合应用大数据、云计算、物联网、区块链、人工智能、5G+移动通信及卫星网络等数字化技术的新时代,人力资源管理也要与时俱进,人力资源管理的角色使命应嵌入数字化转型、绿色化发展、国际化竞争、网络分布式组织、人性化管理这五大时代内涵,以适应数智化人力资源管理这一新历史阶段的要求。

二、人力资源管理的特征

人力资源管理的特征主要有以下六点：

(1) 人本特征。人力资源管理始终贯彻员工是组织的宝贵财富的主题，强调对人的关心、爱护，把人真正作为资源加以保护、利用和开发。

(2) 专业性与实践性。人力资源管理是组织最重要的管理职能之一，具有较高的专业性。同时，人力资源管理是组织管理的基本实践活动，也是旨在实现组织目标的主要活动，表现出高度的应用性。

(3) 双赢性与互惠性。人力资源管理采取互惠取向，强调管理应该是获取组织的绩效和员工的满意度的双重结果；强调组织和员工之间的"共同利益"，并重视发掘员工更强的主动性和责任感。

(4) 战略性与全面性。人力资源管理聚焦于对创造组织财富及竞争优势的人员管理上，即以员工为基础，以知识员工为中心和导向，是在组织最高层进行的一种决策性、战略性管理。人力资源管理是对于全部人员的招聘、任用、培训、发展的全过程的管理。只要有人参与的活动与地方，就要进行人力资源管理。

(5) 理论基础的学科交叉性。人力资源管理采取科学取向，重视跨学科的理论基础和指导，包括管理学、心理学、经济学、法学、社会学等多个学科，因此现代人力资源管理对从业人员的专业素质提出了更高的要求。

(6) 系统性和整体性。人力资源管理采取系统取向，强调整体地对待人和组织，兼顾组织的技术系统和社会心理系统；强调运作的整体性，一方面是人力资源管理各项职能之间具有一致性，另一方面是与组织中其他战略相配合，依靠和支持整个组织的战略和管理。

第三节 人力资源管理部门责任及专业人员胜任素质

一、人力资源管理部门承担的责任

为了发挥人力资源管理支撑企业的竞争优势、帮助企业获得可持续成长与发展的作用，除了要建立以核心能力为导向的人力资源管理体系，还必须对人力资源管理在企业中扮演的角色重新进行界定，并在此基础上进一步明确人力资源管理不仅是人力资源部门的职责，还是企业高层管理者与直线管理者所必须履行的职责，是他们管理工作的关键组成部分。直到20世纪末，许多企业才把人力资源管理当成一种能够通过强化和支持企业运营来对企业的盈利能力、质量改善以及其他经营目标做出贡献的有效手段。表1-1显示了人力资源管理部门所承担的主要职责。

表 1-1　人力资源管理部门承担的主要职责

职能	职责
职位分析与职位设计	职位分析、工作分析、职位描述
招募与甄选	招募、发布职位描述、面试、测试、临时性用工协调
培训与开发	新员工上岗培训、技能培训、开发项目、职业生涯发展
绩效管理	绩效指标设定、绩效评价准备及实施、反馈和辅导、惩戒
薪酬福利	工资与薪金管理,奖励性薪酬设计、带薪休假管理,退休计划、利润分享计划、股权计划制订
员工关系/劳资关系	员工态度调查、员工手册编制、劳工法律遵从、员工异地调动服务、被解雇员工的重新谋职服务
人事政策	政策制定、政策沟通
员工数据与信息系统	人事记录、人力资源管理信息系统应用、劳动力队伍分析
法律遵从	例行安全检查、按需配备无障碍设施、隐私政策制定与推行
企业战略支持	人力资源规划和预测、人才管理、变革管理、组织开发

没有任何两家企业的人力资源管理部门会承担相同的职责或扮演相同的角色。根据公司规模、员工队伍特征、行业特点以及公司管理价值体系的不同,人力资源管理部门可以承担多种职责、扮演不同角色。在有些公司,人力资源管理部门可能会承担起全部的人力资源管理职责;而在另外一些公司,人力资源管理部门则需要与其他部门,如财务部门、运营部门或者信息技术部门的管理者共同承担人力资源管理的职责。在有些公司,人力资源管理部门可以向企业高层管理人员提出建议;而在另外一些公司,人力资源管理部门则只有在高层管理人员做出相关经营决策之后,才能进行人员配置、培训、薪酬等方面的决策。

人力资源管理部门所扮演的角色及其所承担的职责如图 1-1 所示。图 1-1 中的纵向维度表明,人力资源管理职能的重点是在未来或战略上,还是在日常运营上;横向维度则指明了人力资源管理活动是关注人还是关注过程。这张图告诉我们,人力资源管理职能所扮演的角色主要可以概括为四种:战略性人力资源管理(战略伙伴)、企业基础设施管理(行政专家)、转型与变革管理(变革推动者)以及员工贡献管理(员工激励者)。

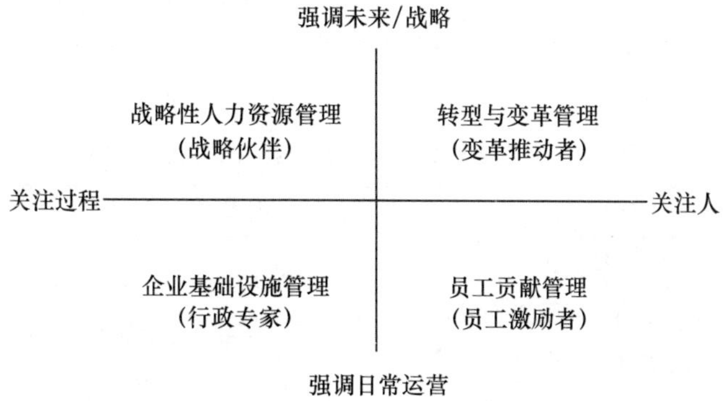

图 1-1　人力资源管理部门所扮演的角色及其所承担的职责

这四种角色的职责主要是：

（1）**战略伙伴**。负责参与企业战略的决策，提供基于战略的人力资源规划及系统解决方案，将人力资源纳入企业的战略与经营。

（2）**行政专家**。负责运用专业知识和技能研究开发企业人力资源产品与服务，为企业人力资源问题的解决提供咨询，提高组织人力资源开发与管理的有效性。

（3）**变革推动者**。负责参与变革与创新，组织变革（如并购与重组、组织裁员、业务流程再造等）过程中的人力管理实践，增强员工对组织变革的适应能力，妥善处理组织变革过程中的各种人力资源问题，推动组织变革进程。

（4）**员工激励者**。负责与员工沟通，及时了解员工的需求，为员工及时提供支持，提高员工满意度，增强员工忠诚度。

以上是尤里奇提出的人力资源部门四大角色，他后来又将其整合为人力资源三支柱模型，分别是专家中心（Center of Expertise, COE）、人力资源业务合作伙伴（Human Resource Business Partner, HRBP）和共享服务中心（Shared Service Center, SSC）这三支柱。人力资源三支柱模型本质上是对企业人力资源组织和管控模式的创新。专家中心的主要职责是为业务单元提供人力资源方面的专业咨询。共享服务中心将企业各业务单元中所有与人力资源管理有关的基础性行政工作做统一处理。人力资源业务合作伙伴是人力资源内部与各业务经理沟通的桥梁。人力资源业务合作伙伴既要熟悉人力资源各个职能领域，又要了解业务需求，还要帮助业务单元更好地维护员工关系，处理各业务单元中日常出现的较简单的人力资源问题，协助业务经理更好地使用各种人力资源管理制度和工具。

二、人力资源管理专业人员胜任素质

20世纪70年代初期，哈佛大学心理学家戴维·麦克利兰（David McClelland）在其文章《测试能力而不是智力》（Testing Competence Rather Than Intelligence）中正式提出了胜任素质的概念。他认为，一个人在工作上能否取得好的成就，除了取决于工作所必需的知识、技能，还取决于其人格特质、动机及价值观等，这些潜在的因素能较好地预测个人在特定岗位上的工作绩效。麦克利兰将这些能区分组织环境中特定工作岗位绩效水平的个人特征定义为胜任素质，也叫胜任力。

表1-2显示了成功的人力资源管理专业人员所需要具备的能力。这些能力是根据前面我们所提到的人力资源管理职能所扮演的四种角色（战略伙伴、行政专家、变革推动者、员工激励者）来加以组织的。

表1-2 成功的人力资源管理专业人员所扮演的角色及其对应的能力

角色	能力
战略伙伴	以数据为基础的决策能力
变革推动者	谈判、沟通、克服变革阻力的能力
员工激励者	咨询及团队建设能力
行政专家	合同管理、电子化人力资源管理和人力资源信息系统开发的能力

第四节　现代人力资源管理的发展路径

一、当前人力资源管理面临的新环境

（一）全球化

全球化（Globalization）是指企业将它们的销售、所有权以及（或者）制造活动向海外新市场扩张的趋势。

市场的全球化可能是最明显的：联想、华为、索尼（Sony）、盖璞（Gap）、耐克（Nike）以及梅赛德斯-奔驰（Mercedes-Benz）等许多公司都把自己的产品销售到世界各地。不仅如此，许多公司还实现了生产的全球化，将其先进的生产设施建立在世界各地。比如，丰田汽车（Toyota）就在美国肯塔基州乔治镇生产其丰田凯美瑞汽车（Camry），该公司所使用的汽车零部件有将近 80% 是由美国生产的。随着市场和生产的全球化，所有权的全球化趋势也逐渐显现出来。企业必须做好和来自全球的企业进行竞争的准备。企业既要在与外国企业的竞争中稳固国内市场，还要开阔视野以进入全球市场。

经济全球化也是影响人力资源管理变化的一个主要因素。经济全球化已经彻底改变了市场竞争的边界，使企业面临来自全球的前所未有的挑战。经济全球化蕴含着对新市场、新产品、新观念、企业竞争力和经营方式的新思考。全球化的趋势必然要求人力资源管理的全球化。

1. 员工与管理人才的全球观念的系统整合与管理

一方面，人力资源的开发与培训使得我们的管理人才和员工具有全球的概念。另一方面，人才流动是国际化、无国界的。也就是说，我们要以全球化的视野来选拔人才，来看待人才的流动。

2. 人才市场竞争的国际化

国际化的人才市场与人才交流日益成为主流。人才的价值（价格）将不仅仅是在一个区域市场内体现，而更多地按照国际市场的标准来评估。跨文化的人力资源管理成为重要内容。人才网等网络平台成为重要的人才市场形式。

（二）技术进步

与全球化趋势相似，互联网和信息技术的进步使得企业变得更具竞争力。例如，开利公司（Carrier）是一家拥有 5 万多名雇员、2019 年年销售额达到 178 亿美元的全球头号空调制造商。互联网使得这家公司每年能够节省 1 亿美元的成本。从全球来看，开利公司的收益就是某个竞争对手的损失——那些不能满足网络技术要求的企业将不能参加竞争。

（三）工作性质的改变

技术并不只是降低了成本和开辟了新的竞争途径，它同时也改变着工作的性质。这种说法并不仅仅适用于像亚马逊（Amazon）这样的公司，同样适用于工厂中的那些更为技术性的工作。首先，航空、计算机、通信、家用电器、制药和医疗器械等行业中的知识密

型的高科技工作正在替代钢铁、汽车、橡胶和纺织行业工厂中的传统工作。即使是重型制造工作也变得越来越技术化。而互联网的普及还在继续催生新的商业模式和业态。

工作性质是影响组织人力资源管理的重要因素之一，对员工行为的影响很大。概括来说，当前工作的特征主要体现在以下方面：

（1）知识掌握的程度和运用信息技术的能力。"知识技能"在当今社会的重要性已经超过了体力。知识型工人能够通过运用数据库、计算机程序和其他信息技术资源（如互联网和局域网）来计划、决策和解决问题。

（2）授权的程度。授权意味着把做出相关且有意义的决策的权力委托给员工。由于享有信息、知识和权力，被授权的员工一般可以顺利地完成他们的工作任务。

（3）对体力的要求程度。总的来说，大多数人更喜欢在工作中运用较少的体力。

（4）工作环境。人们一般喜爱愉快的工作环境和安全的工作条件。

（5）工作的时间长度。有些工作要求短期的高强度的努力，有些工作要求长期的压力较小的努力。比如自动流水线上的某些工作是连续的，而经营收费电话亭的工作则是间断的。

（6）工作中的人际互动。比较处于隔离位置、很少见到其他人的雷达操作员的工作与忙碌的酒店大堂接待员的工作，可见一些工作不需要与其他人互动，而一些工作则必须与其他人互动。

（7）工作的多样性。一个人所拥有的关于工作的自由和责任的大小标志着其工作的自主性。

（8）工作的整体性。有些员工只对工作的某一部分做出贡献，有些员工则是独立完成一整项工作。他们从工作的整体性中获得的满足感是不同的。

（四）知识型员工的短缺

任何企业都需要招聘和留住技术熟练的工人，尤其是高新技术产业里的知识型工人。在我国，结构性失业问题尤为严重，知识型工人短缺与普通工人过剩并存的矛盾将会在很长一段时期存在。

（五）劳动力队伍的变化

劳动力队伍的人口结构也在发生着变化。多元化的概念已经被定义为"任何可以被人们用来表明'那个人跟我不一样'的特质"，其中通常包括种族、性别、年龄、价值观以及文化规范等因素。

过去，临时工常被用于顶替假期或者生产高峰人手不够时的岗位空缺。如今，在我国"临时性工作人员"（临时工、独立合作人、被租借的雇员和非全日制工）已占劳动力总数的20%以上。许多雇主除了依靠一支掌握关键技能的固定的核心队伍，还通过雇用临时性工作人员来扩充已有的人员队伍的。

对于人力资源管理者来说，要想在一个多元化的劳动力队伍中创造出某种一致性来，确实是件不容易的事。企业在传统上所雇用、评价以及晋升的雇员实际上都是符合某种理想形象的人，这些人的思想和行动都符合企业的招录条件，而那些"不符合要求"的人则会被筛选掉。因此，制订并实施多元化人力资源管理计划而并非仅仅停留在口头上，对于许多企业来说，都是一个挑战。

二、传统人事管理与现代人力资源管理的区别

现代人力资源管理由传统人事管理演变而来。20世纪70年代后，人力资源在组织中所起的作用越来越大，传统的人事管理已明显不能适应环境的变化，它从管理的观念、模式、内容、方法等方面全方位地向人力资源管理转变，变革的目标是确保人才和机制维持在最佳状态。现代人力资源管理与传统人事管理之间的区别，不是名词的转变，而是理念上的本质差异。

（一）传统人事管理

1. 传统人事管理工作的内容

早期的人事管理工作只限于人员招聘、选拔、分派、工资发放及档案保管之类较琐碎的具体工作，后来渐次涉及职务分析、绩效评估、奖酬制度的设计与管理、其他人事制度的制定、员工培训活动的规划与组织等。

2. 传统人事管理工作的性质

传统人事管理基本上属于行政事务性工作，活动范围有限，以短期导向为主，主要由人事部门职员执行，很少涉及组织高层战略决策。

3. 传统人事管理在组织中的地位

由于人事活动被视为低档的、技术含量低、无需特殊专长的工作，因而人事管理工作并不为人们所重视，人事管理只属于执行层次的工作，无决策权力可言。

（二）现代人力资源管理

现代人力资源管理是对传统人事管理的超越，具体体现在以下四个方面：

1. 更具有战略性、整体性和未来性

现代人力资源管理将传统人事管理的职能范围予以拓宽，使它在直线功能上得到加强，在参谋和咨询功能上不断扩展，在参与制定和执行企业战略方面的作用越来越大。现代人力资源管理不仅包括传统人事管理的行政管理和事务管理内容，而且包括着眼于长期效应、整体范围的战略管理内容，并把原有的工作进行战略性整合，为此它与传统人事管理的最根本的区别是更具有战略性、整体性和未来性。它从被看作一种单纯的业务管理、技术性管理活动的框架中脱离出来，更多地从事战略性人力资源管理工作，成为企业经营业务部门的战略伙伴。

2. 员工是组织的第一资源

"把人力作为资本"是人本主义和人力资本理论发展的产物。现代人力资源管理视人为最核心的资本，认为人力资本的投资收益率高于其他形态资本；人力是第一资源，可以支配和利用其他资源，是唯一可以连续投资、反复开发利用的关键资源。

早期的人力资源管理往往只强调对人力资源的管理，而忽略了人力作为一种资源的可开发性特征，忽略了人力资源的能动性特征以及对能动性的开发。现在组织越来越重

视人力资源培训与继续教育,对其的投资不断增大,许多世界著名企业均投资成立了自己的培训教育学院。

3. 人力资源管理部门成为组织的效益部门

现代人力资源管理与传统人事管理的重要区别是:人力资源管理部门成为组织的效益部门。人力资源管理的获取功能就是用最少的人力投入来实现组织的目标,即通过职务分析和人力资源规划,确定组织所需最少的人力数量和最低的人员标准;通过招聘与录用规划,控制招募成本,为组织创造效益。

人力资源管理的整合、调控以及维护功能的目的在于提升员工的满意度及工作积极性,发挥人力资源的整体优势,为组织创造效益。

人力资源管理的奖酬功能同样可以为组织带来效益。一方面,合理的报酬与福利作为激励最直接的手段,可以调动员工的工作积极性,使员工充分发挥其潜能,为组织效力;另一方面,合理的报酬与福利也可以为组织节约成本,因为合理的报酬与福利由两个因素决定:一是报酬与福利应起到奖勤罚懒的作用,二是能反映本地区同行业相应的报酬与福利水平。

人力资源管理的开发功能更能为组织创造效益。一方面,人力资源开发的最终结果就是能为组织带来远大于投入的产出;另一方面,通过制订切实可行的人力资源开发计划,可为组织节约更多的投入成本。

4. 人本管理

不同于传统人事管理视员工为"经济人",现代人力资源管理视员工为"社会人",认为组织的首要目标是满足员工自我发展的需要。在当今人本管理模式下,现代人力资源管理更多地体现"人格化",注重员工的工作满意度与工作质量的提高,尽可能减少对员工的控制和约束,更多地为员工提供帮助与咨询,帮助员工在组织中成长与发展,如为员工提供培训机会和发展机会,帮助员工进行职业生涯设计,为员工提供工作与生活咨询,等等。

总之,现代人力资源管理较传统人事管理更具有战略性和主动性,更契合当今组织发展的管理模式。两者的详细区别见表1-3。

表1-3　现代人力资源管理与传统人事管理的区别

项目	现代人力资源管理	传统人事管理
观念	视员工为有价值的重要资源	视员工为成本负担
目的	满足员工自我发展的需要、保障组织的长远利益实现	保障组织短期目标的实现
模式	以人为中心	以事为中心
视野	广阔、远程性	狭窄、短期性
性质	战略、策略性	战术、业务性
深度	主动、注重开发	被动、注重管理
功能	系统、整合	单一、分散

(续表)

项目	现代人力资源管理	传统人事管理
内容	丰富	简单
地位	决策层	执行层
工作方式	参与、透明	控制
与其他部门的关系	和谐、合作	对立、抵触
本部门与员工的关系	帮助、服务	管理、控制
对待员工的态度	尊重、民主	命令、独裁
角色	挑战、变化	例行、稳定
部门属性	效益部门	非效益部门

三、向战略性人力资源管理转化的路径

调整组织结构、改造业务流程、重塑企业文化、外包部分业务、应用信息技术等路径有利于企业向战略性人力资源管理转化。

（一）调整组织结构

传统的人力资源管理组织结构是以招募、培训、薪酬等职能为基础构建的，这种结构不利于将人力资源管理变革性活动从事务性活动中分离出来；战略性人力资源管理组织结构需代之以以专家中心、现场人力资源管理工作者、服务中心等专业化组织为基础的组织结构。这样，在人力资源管理部门中，专家中心的人员可以不受事务性工作的打扰而充分发挥自己的职能；现场人力资源管理工作者则可集中精力来了解本业务部门的工作环境，而不需要竭力维护自己作为一个专门化职能领域中专家的地位；服务中心的人员则可以把主要精力放在为各个业务部门提供基本的人力资源管理服务上，使得人力资源管理的整体效能得以提高。

（二）改造业务流程

企业人力资源管理业务流程改造对于充分发挥人力资源管理人员职能以及合理运用各种技术相当重要。无论多么优秀的人才与高新的技术，如果被投入于一个无效、不合理的流程，将很难改进这一流程的效能，只会导致人力资源管理成本的上升。对人力资源管理各项工作流程按战略性人力资源管理理念进行全方位的审查、梳理，然后再对其进行重新设计，不仅能使这些工作流程有更高的效率，而且有高质量的效果。

（三）重塑企业文化

不同于物质资源，人力资源本身具有主观能动作用。优秀的企业文化可以更深程度地激发人力资源的主观能动性，释放企业人力资源的潜能，改进企业人力资源管理效能。重塑企业的优秀文化是新经济时代条件下改进企业人力资源管理效能的一条必不可少的路径。

(四) 外包部分业务

将日常的一些人力资源管理工作交给企业外部专业化程度更高的公司或机构也是改进企业人力资源管理效能的一条路径。这些外部伙伴往往不仅能够以更低的成本提供更为有效的人力资源管理服务,而且能使得企业内部的人力资源管理者将更多的精力集中在对企业价值更大的人力资源管理开发和战略规划等事务上。

(五) 应用信息技术

约瑟夫·A.熊彼特(Joseph A. Schumpeter)在20世纪初就发现技术是推进社会经济发展最基本的创新动力因素。当今新经济一个最显著的特征就是信息技术的广泛应用。早在20世纪60年代末,计算机发展仍处于中小规模集成电路时期,人们就尝试使用计算机来替代手工处理大型企业薪资工作,以避免手工操作的错误和误差。到了20世纪90年代末,由于信息技术的一系列突破,如数据库技术、客户-服务器模式,特别是互联网/内联网技术,人们得以通过集成系统将几乎所有与人力资源相关的事项统一管理起来。集成的信息源、友好的用户界面、便捷的报表生成分析工具及信息的交互共享等强大功能的应用使得人力资源管理者的工作效率有了突破性提高。

本章小结

本章对人力资源管理领域的几个关键概念做了界定,重点要掌握人力资源管理部门承担的责任、人力资源管理专业人员的胜任素质以及向战略性人力资源管理转化的路径。

人力资源管理部门承担的责任分为四种:战略性人力资源管理、转型与变革管理、企业基础设施管理、员工贡献管理。

人力资源管理专业人员所需要具备的能力:以数据为基础的决策能力;谈判、沟通、克服变革阻力的能力;咨询及团队建设能力;合同管理、电子化人力资源管理和人力资源信息系统开发的能力。

向战略性人力资源管理转化的途径为:调整组织结构、改造业务流程、重塑企业文化、外包部分业务、应用信息技术。

关键概念

人力资源　人力资本　知识资本　人力资源管理　战略性人力资源管理　胜任素质

课堂练习

选择题

1. 人力资源管理所有活动的基础和起点是(　　)。
   A. 招聘、甄选和录用　　　　　　B. 人力资源规划
   C. 人员测评　　　　　　　　　　D. 培训

2. 人力资本理论的先驱,被称为"人力资本理论之父"的人是（　　）。
   A. 柏拉图　　　　B. 亚当·斯密　　　C. 西奥多·舒尔茨　　D. 卡尔·马克思
3. 人本管理的核心是（　　）。
   A. 以人为本　　　B. 效率第一　　　　C. 用户至上　　　　　D. 质量第一
4. 由于人力资源管理正在朝着战略性的方向发展,在人力资源管理领域中发展最为迅速的是（　　）。
   A. 人力资源规划　　　　　　　　　　B. 人力资源成本管理
   C. 人力资源开发　　　　　　　　　　D. 人力资源绩效管理
5. 现代人力资源管理中,"以人为本"的理念是指（　　）。
   A. 把人当成"上帝",一切都服从、服务于"上帝"
   B. 把人当成组织中最具活力、能动性和创造性的要素
   C. 坚持群众路线,尊重群众意见
   D. 关心员工生活,提高员工物质文化生活水平
6. 现代人力资源管理以（　　）为中心。
   A. 信息　　　　　B. 资本　　　　　　C. 知识　　　　　　　D. 人
7. 人力资源是指一定时间、地点范围内人口总体所具有的（　　）的总和。
   A. 智力能力　　　B. 劳动能力　　　　C. 心理能力　　　　　D. 就业能力

判断题

1. 企业人力资源在数量上是随时间动态变化的,而一个国家或地区的人力资源在一定时间内是相对稳定的。（　　）
2. 现代人力资源管理是人力资源获取、整合、保持、激励、控制、调整及开发的过程。（　　）
3. 导致组织内部人浮于事、内耗严重的人力资源供求情况一定是人力资源供大于求。（　　）
4. 在企业经营活动中,人既是管理活动的主体,又是管理活动的客体。（　　）

讨论题

1. 你认为中国企业的人力资源管理处于人力资源管理发展的哪个阶段？如何实现人力资源管理角色的转变？
2. 你认为一个合格的人力资源管理专业人员应具备哪些素质？
3. 如果你是一个人力资源管理者,你如何证明人力资源管理能够为企业增加价值？

讨论案例

京东在人力资源管理上的创新

在 VCUA[①] 时代,企业的人力资源管理面临着极大的挑战。如何更好地支撑企业的业务发展和战略目标落地,如何更高效地为员工赋能,成为每位人力资源管理者面前的重大难题。

---

① 即 Volatility（易变性）、Uncertainty（不确定性）、Complexity（复杂性）、Ambiguity（模糊性）。

京东在组织管理上的创新

针对竞争对手阿里巴巴提出的新零售,京东也提出了自己的战略主张——无界零售。具体来讲,京东将从"零售商"向"服务全社会的零售基础设施服务商"转型。这一战略的制定,势必带来京东在组织管理和架构上的调整与革新。

京东为了快速响应客户及市场需求,提高内部的响应速度和效率,对京东商城研发的平台架构进行了调整,建立了清晰的前、中、后三层次划分的平台架构,打造出客户导向的平台架构。

改革后,京东商城研发平台结构最大的特点就是能够授权前移,将决策权向与客户业务需求直接对接的"前台"进行倾斜。这个改变所带来的效果将是响应客户效率与客户满意度的双提升。按照通俗形象的说法,就是"让听得见炮火的一线人员来做决策"。

现在这种指挥权、决策权前移,向一线人员授权的做法越来越受到企业的重视。比如华为就提出,加大、加快向一线组织授权,指挥权、决策权逐渐前移至代表处;再比如海底捞赋予服务员8项权利,即抹零、换菜、退菜、送菜、送礼物、打折、免单、代替就餐顾客外出买店内没有的物品。京东这样的做法也是顺应了管理发展的潮流。

除了上述变化,京东在这次组织管理上的创新还包括以下两点:

一是参考人力资源业务合作伙伴建立信息技术业务合作伙伴(Information Technology Business Partner, ITBP)团队。TBP团队由前台研发抽调优秀的产品经理和项目经理组成,直接面对业务,深入理解业务需求,而且有60%的考核都是由业务部门决定,考核的主要指标就是前台客户满意度。

二是建立内部任务市场。京东将客户需求分解成一个个的工作任务,然后将任务发布到统一的任务管理平台。公司中任何人都可以跨部门组成虚拟团队在任务平台上认领并完成任务,从而获得评价和奖励。

绩效评价体系的改变

京东在组织管理上的革新,势必会影响到企业对于员工的绩效考核与评价。以往京东员工只需面对自己的直接上级,但是现在员工可能处于不同的虚拟团队中,接受多个"老板"的领导与考核。这无疑就形成了一种网状的评价体系,取代了过去的传统线性评价体系。相较于线性评价体系,网状评价体系将会更为复杂,涉及评价标准如何建立、考核指标如何选取、权重如何分配、考核信息怎样收集等,这对京东的人力资源管理团队提出了严峻的挑战。同时,京东员工将面临多头领导陷阱,为了避免由此带来的管理上的混乱,京东需要做的事情还有很多。

人才培训及管理上的创新

为了打造无界零售,成为服务全社会的零售基础设施服务商,京东就需要对外界进行组织开放。如今,京东在人才培训及管理的举措上已经迈出了坚实的一步。京东发起并创立了人才生态联盟,处于该联盟中的成员可以进行工作经验与培训的共享,甚至是在公司内部及成员公司之间进行轮岗。联合利华、红星美凯龙、沃尔玛、宝洁、惠普等知名企业已经加入了该联盟。

2017年,分别来自联合利华和京东的优秀骨干就实现了到对方企业进行轮岗。2019

年4月,京东开始对核心高管实行轮岗制。京东回应称,要将公司内部培养起来的优秀管理干部,调任到其他岗位,促进经营管理人员的全面发展。未来京东将进一步打破组织界限,通过人才生态联盟实施人才上的无界选用、无界招聘等创新举措。

以上这一系列的创新举动,彰显着京东对未来发展的勃勃雄心,同时也显示出这家企业对于改革的勇气和决心。京东的快速发展和成功也不是偶然。

VCUA时代,人力资源管理已经来到了十字路口,为了实现企业更好地发展,成为企业的得力助手,每一位人力资源管理者应勇于探索和实践,不断创新。

资料来源:HRsee,《京东在人力资源管理上的创新》,http://www.hrsee.com/?id=924,访问时间:2022年5月。

问题:

1. VCUA时代,京东人力资源管理的哪些方面对我国其他企业有借鉴作用?
2. 京东在人力资源管理创新的过程中经历了哪些路径?

复习思考题

1. 人力资源管理的发展和演变经历了哪几个阶段?
2. 简述人力资源管理部门的责任及人力资源管理专业人员的胜任素质。
3. 向战略性人力资源管理转化的路径是怎样的?

延伸阅读

1. 赵曙明,陶向南,周文成.国际人力资源管理[M].北京:北京师范大学出版社,2020.
2. 诺伊,等.人力资源管理:赢得竞争优势[M].9版.刘昕,柴茂昌,译.北京:中国人民大学出版社,2018.
3. 雷恩,贝德安.管理思想史[M].7版.李原,黄小勇,孙健敏,译.北京:中国人民大学出版社,2022.
4. 贾建锋,周舜怡,唐贵瑶.人力资源管理强度的研究回顾及在中国情境下的理论框架建构[J].中国人力资源开发,2017(10):6-15.
5. 李杰义,周丹丹,闫静波.战略人力资源管理的匹配模型及影响效应——环境不确定性的调节作用[J].南开管理评论,2018,21(06):171-184.

第二章
组 织 设 计

高度结构化的、正式的、非人格化的理想行政组织体系是人们进行强制控制的合理手段,是达到目标、提高效率的最有效形式。

——马克斯·韦伯

(《经济与社会》)

好的组织结构应具备六种共同的特点:(1) 明确;(2) 具有经济性;(3) 引导方向和有利于相互了解;(4) 有利于决策;(5) 具有稳定性和适应性;(6) 具有永存性,能自我更新。

——彼得·德鲁克

(《21世纪的管理挑战》)

本章学习目标

1. 掌握组织的内部特征和组织设计的影响因素。
2. 理解组织设计的基本方法。
3. 掌握典型的组织设计方法。
4. 了解国际化经营的组织设计方法。

> 引导案例

IBM 的组织结构变革

IBM（International Business Machines Corporation，国际商业机器公司）1911 年由托马斯·沃森创立于美国，是全球最大的信息技术和业务解决方案公司，拥有全球雇员 30 多万人，业务遍及 160 多个国家和地区。在你的印象中，IBM 是一家什么公司？是科技公司、软件服务公司，还是咨询公司？四十多年来，IBM 在组织结构上有四次较大的变革，逐渐从一家商用机器公司转变为一家全球性的信息技术和业务解决方案公司。这几次的组织结构调整每次都有不同的特点。

为应对日本竞争对手而进行的战略性分权

20 世纪 80 年代初，科技的迅速发展，给微电子技术领域带来了空前的机遇：产品周期更新更加迅速，微电子行业也得到了资本的追捧和技术的倾斜。当时，IBM 位居微电子行业龙头老大地位，而日本市场的空前繁荣令其竞争对手增加，日立、三菱等一系列品牌纷纷涌入电子计算机市场，严重威胁着 IBM 的发展，尤其是在亚太地区。而当时的 IBM 组织结构过于集中，且产品灵活性不足，无法适应急需创新产品的环境。于是，时任 CEO 约翰·埃克斯操刀了这一次的组织变革。

首先，埃克斯进行了一部分的改革试点，建立了独立经营单位和战略经营单位，其中对独立经营单位只下放了经营权，而对战略经营单位则将战略目标和经营权同时下放。其次，改革了 IBM 的领导组织，改善了最高的决策组织，加强了集体决策，并在决策层建立事业运营委员会和政策委员会。其中，事业运营委员会负责整个公司的短期战略，而政策委员会则负责长期战略。最重要的是，公司的管理层也相应进行了调整，突出了信息与通用事业部的地位。变革后的亚太集团以日本为中心建立了"事业战略体"，拥有战略、经营自主权，并作为整个公司的尖兵，与日本逐渐壮大的竞争对手正面抗衡。

郭士纳：谁说大象不能跳舞

郭士纳的改革想必很多人都知道，他还因此写了一本变革经历的书籍《谁说大象不能跳舞》。21 世纪 80 年代后期，市场由大型机转向小型机和 PC，专注于做大型机的 IBM 遇到了瓶颈。1991 年，"蓝色巨人"出现的首次亏损就震惊了世界，而 1991—1993 年的连续亏损让这家公司雪上加霜，到了不得不改革的时候。

郭士纳大胆地将公司的战略从产品导向型转为客户导向型，将以前的优势产业——硬件、软件及技术服务放到后端，而将产品和解决方案提到重要的战略位置，并建立了矩阵式的组织结构。全球咨询板块按照客户、区域和商业单元做了划分。这种组织结构不仅使公司因为效率提高而降低了成本，而且使公司能够快速对市场和客户需求做出回应。这种组织结构除了具有高度的弹性，还可以使各地区的全球主管接触到有关当地的大量资讯。它不仅为全球主管提供了许多面对面沟通的机会，有助于公司的规范与价值转移，也促进了全球企业文化的建设。

彭明盛:硬件集团的服务为核心

IBM 的第三次变革发生于 2008 年,这一年经济危机在全球范围内蔓延,IBM 的系统技术板块增长放缓,其系统技术板块的销售资源也存在较严重的重复问题,每位销售只负责某一产品线的某一产品,无法满足客户的多元化需求。矩阵式结构也出现了相应的问题,即权力下放导致的决策变缓。

为此,IBM 在系统技术板块上深耕改革,在销售上整合资源,将其交由一个销售经理统一管理,有多种需求的客户也交由销售经理负责调配;在产品上则按照客户类型与平台类别进行划分。

企业的组织变革是基于组织战略目标的调整,不仅涉及组织的分权与集权,也需要企业在不同的时期确定相应的组织轴线。从 IBM 的变革中我们也看到,组织结构的确立除考虑不同的管理目标和需求外,还涉及诸多因素;大公司的管理模式并不一定具有普遍适用性,开发出差异化的管理模式才是真正有价值的。

资料来源:《IBM 的组织架构变革——从产品走向客户》,http://www.sohu.com/a/225514147_100058260,访问时间:2022 年 5 月。

■ 问题:

IBM 的组织结构经历了几次变革?每次变革后的组织结构有何特征?影响 IBM 组织结构变革的因素有哪些?

第一节 组织设计概述

一、组织的概念

组织是具有明确的目标导向和精心设计的结构,并同外部环境保持密切联系的社会实体。由定义可知,它主要包括以下三个方面:① 组织是有明确目标导向的实体;② 组织有精心设计的结构;③ 组织与外部环境是有机结合的统一体。

二、组织的内部特征

组织的内部特征为衡量和比较不同组织提供了基础。组织设计是通过改变组织的内部特征来完成的,其结果必然导致这些特征中的一个或多个发生变化。组织的内部特征主要体现在以下八个方面:

(1) 规范化。规范化是指组织中书面文件的数量。这些书面文件包括工作程序、工作描述、规章等,它们描述组织的行为和活动。规范化通常是通过对组织内的文档数目的简单清点来衡量的。例如,一所综合性大学就需要具备较高的规范性,因为它有许多有关学生注册、课程增减、学生会管理及财务管理等的书面规章;而一个较小的家族企业,相比之下几乎就没有书面规章,因而也就被认为是非规范化的。

(2) 专门化。专门化是指将组织的任务分解成为单个工作任务的程度。如果组织专门化程度高,那么每个员工只需从事组织工作中的很小一部分;如果组织专门化程度低,每个员工从事工作的范围就较广泛。专门化有时也被称为劳动分工。

(3) 标准化。标准化是指类似的工作活动以统一的方式来执行的程度。在像麦当劳这样高标准化的组织中,工作内容被详细地描述,并且相似的工作在所有的地方都以同样的方式来完成。

(4) 权力层级。权力层级被用来描述谁向谁报告以及每个管理者管理的跨度。这种层级通过组织结构图中的竖线来描述,如图2-1所示。层级与管理的跨度相联系(监督者所管理的员工数量),管理的跨度狭窄,其层级就多;管理的跨度宽广,其层级就少。

(5) 复杂性。复杂性是指组织活动或子系统的数量。复杂性可以从三个方面来衡量:横向、纵向和空间。纵向的复杂性是指层级的数量;横向的复杂性是指横向跨越组织的部门和工作的数量;空间的复杂性是指地理位置等方面的数量。图2-1展示了一个社区工作培训项目的组织结构和层级。这是一个具有5个纵向层级的复杂性组织;其横向复杂性可以视为34个工种或7个主要部门;其空间复杂性较低,因为该组织位于一个地点。

(6) 集权化。集权化是指有权做出决策的层级。当决策权处于高层级时,组织是集权化的;当决策权处于较低的组织层级时,组织就是分权化的。集权化的决策包括购买设备、确定目标、选择供应商、制定价格、雇用员工和决定市场范围等。

(7) 职业化。职业化是指员工的培训和受正规教育的程度。当员工需要经过较长时间的训练才能胜任工作时,该组织被认为具有较高的职业化程度。职业化程度一般通过员工的平均受教育年限来衡量,如医药行业可能高达20年,而建筑业则不足10年。

(8) 人员比率。人员比率是指组织人员在不同部门及功能间的配置。它通过各类人员除以组织人员的总数来衡量。

不同的内部特征组成不同的组织结构,总的来讲,可以分为机械式组织结构和有机式组织结构两种类型。机械式组织结构的特点是依靠规定和规章,集中决策,严格界定工作责任,等级严格。有机式组织结构的特点与之相反,是较少或适中地使用正式的规定和规章,共同决策,宽泛地定义工作责任,等级层次较少,较为灵活。

上层管理部门通常决定一个组织在多大程度上是作为一个机械式组织结构还是作为一个有机式组织结构来运转。虽然这两种体系是组织设计的选择,但是,环境、技术等因素对组织设计有很大影响,后文将详细介绍影响组织设计的一些主要因素。

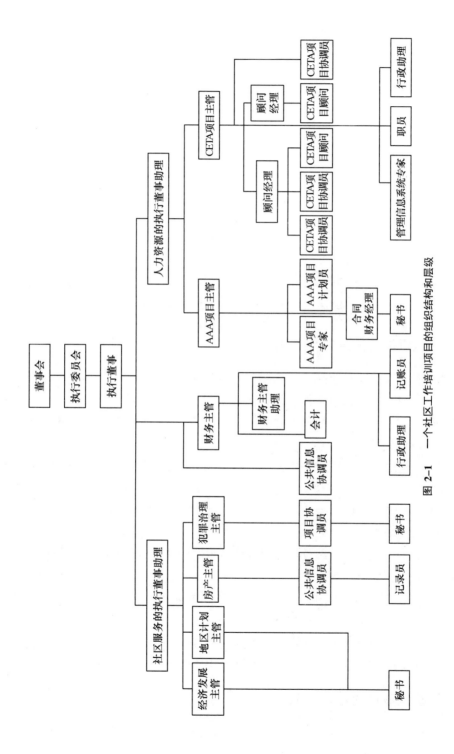

图 2-1　一个社区工作培训项目的组织结构和层级

机械式结构与有机式结构的组织之间存在巨大的差异。在图2-2中,机械式结构的组织被归于B类,有机式结构的组织被归于A类。有机式结构重视员工的能力,而不是员工在组织中的正式职位,它把能力作为付酬、晋职的依据。该结构等级层次灵活,通过授权让员工去处理环境中的不确定因素。

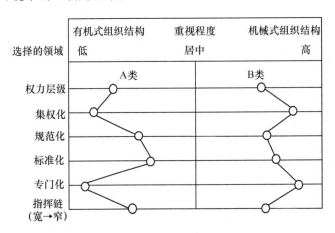

图2-2　有机式组织结构和机械式组织结构的设计特点

三、组织设计的定义与原则

组织设计就是诊断和选择为达到组织目标所必需的结构,以及诊断和选择正式的沟通、分工、协调、控制、权威与责任体系的过程。组织设计通常涉及诊断多种因素,包括组织文化、权力、政治行为和工作设计等。设计什么样的组织取决于组织的环境、技术、战略、规模等多种因素。

组织设计的原则的内容主要包括:职能设计,即组织为了完成目标需要哪些关键职能,将各项职能一一分解,落实到切实可行的业务中;组织结构的框架设计,即设计企业的管理职能和各个业务的管理层次;联系方式的设计,即设计各部门之间沟通、协调的方式等。

组织设计需要遵循以下原则:

(1) 目标导向原则。组织设计必须服从与组织的战略,组织设计是否有效,取决于其是否有助于组织战略目标的实现。

(2) 分工协调原则。组织设计需要实行分工来提高其质量与效率,在实行分工协调时要注重横向沟通和纵向沟通相结合。

(3) 监督制约原则。各个职能部门之间进行分工,不仅是为了提高组织设计的质量与效率,也是为了进行互相监督与制约,加强相应的管理职能。

四、组织设计的影响因素

(一) 环境

环境包括对组织的存亡有直接影响的外部利益关系人和因素,主要包括产业、政府、顾客、供应商、金融机构、管理部门、股东及债权人等。其中,顾客、供应商、管理部门、股东及债权人等是主要的利益关系人。对组织影响最大的环境因素通常是其他组织。

环境对组织的影响有两种基本方式：① 对有关环境的信息需求；② 对从环境中获取资源的需求。复杂和变化的环境条件要求收集信息并在此基础上做出决策。组织也受到稀缺的原材料和财物资源的影响，它必须保证资源的可获得性。不同的环境具有不同的不确定性。不确定性是指决策者没有关于环境因素的足够的信息，并且他们难以预测外部的变化。组织必须应对环境的不确定性，因为不确定性增加了组织对环境反应的风险，并且使可选择决策的成本与概率的计算非常困难。

目前，我国经济发展已经步入"新常态"。"新常态"由习近平总书记于2014年11月9日在亚太经济合作组织工商领导人峰会上首次系统阐述。"新常态"是指由过去的状态向一种新的相对稳定的常态转变。经济发展进入新常态，从速度层面看，经济增长速度从高速增长转为中高速增长；从结构层面看，经济结构不断优化升级；从动力层面看，经济发展从要素驱动、投资驱动转向创新驱动；从风险层面看，生态环境和一些不确定性风险将进一步显现。新时期，我国企业在进行组织设计时必须高度重视"新常态"特征的影响。

环境不确定性的大小是由外部环境的复杂程度以及因素的稳定程度所决定的。其中，简单—复杂方面是指环境的复杂程度，即与组织经营有关的外部因素的不同组成，或者这些因素的数量与不同之处。在一个复杂的环境中，许多不同的外部因素相互作用并影响组织；在一个简单的环境中，只有少数几个相似的因素影响组织。稳定—非稳定方面是指环境因素的稳定性。稳定的环境中，相关因素经过一年或几个月仍然保持不变；在不稳定的环境中，相关因素的变化是频繁的。对于今天的大多数组织而言，环境正变得更加不稳定。简单—复杂和稳定—非稳定两方面相结合形成一个评价环境不确定性的框架，如图2-3所示。

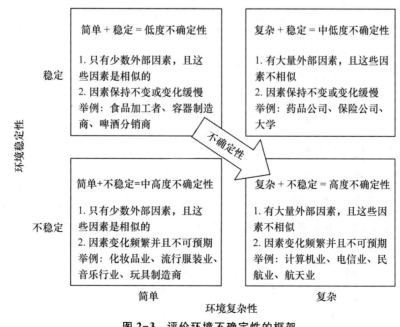

图2-3 评价环境不确定性的框架

在确定性环境中的组织,其控制与管理不同于在不确定性环境中的组织。这表现在职位和部门、组织的差别和一体化、控制过程、机构模仿以及未来的计划与预测等方面。组织需要在内部结构和外部环境之间寻求平衡。环境不确定性对组织特征产生影响的方式见图2-4,在该图中稳定性与复杂性方面相结合,构成不确定性的四个层次。低度不确定性环境中的组织具有机械式结构和少量的部门;中低度不确定性环境中的组织需要较多的部门与较多的整合作用一起去协调各部门,可能会进行某些计划和模仿的工作;中高度不确定性环境中组织的结构是有机和分散的,计划受到重视并且管理者能很快模仿成功的竞争对手的特点;高度不确定性环境中的组织具有有机式结构和许多部门,其中大量的管理人员被分派从事协作与整合,并且组织运用边界跨越、模拟、计划和预测等方法来应对环境的不确定性。

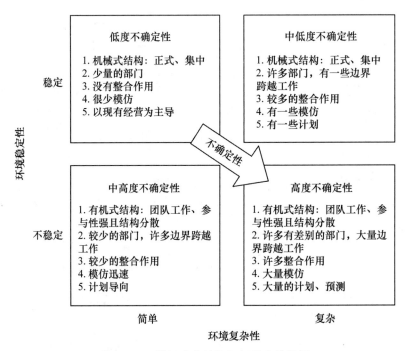

图 2-4 环境不确定性和组织反应的框架

(二) 组织的目标和战略

组织的目标常常作为组织长远计划的说明被记载下来。组织的战略是为应对环境挑战和达到组织目标而描述资源分配和活动的行动计划。目标和战略决定组织的经营范围,以及员工、客户和竞争者之间的关系。组织结构应当服从组织战略,组织战略的变化先行于组织结构的变化。

波特的竞争战略模型为竞争行动提供了一个包括三个竞争战略的框架,这些战略及其组织特征见表2-1。

表 2-1 波特的竞争战略及其组织特征

竞争战略	组织特征
低成本领先	高度的中央集权,严格的成本控制 标准化操作程序 容易掌握的制造技术 高效的获取和分销系统 密切监督,有限的员工授权 经常的和详细的控制报告
差别化	有机的、宽松的行动方式,部门间较强的协调性 创造性强,思维开阔 基础研究能力扎实 市场能力强 奖励员工的创新 公司名誉依靠质量和技术领先
集中化	高层指导性政策在特定战略目标上结合 奖酬制度灵活,与客户关系亲密 衡量提供服务和维护的成本 客户忠诚

1. 低成本领先战略

低成本领先战略试图通过强调比竞争对手更低的成本来增加市场份额。选择该战略的组织将极力寻求有效的方法去降低成本,并运用严格的控制来达到比竞争对手更有效的生产,使组织能够以低于竞争对手的价格提供与之质量相当的产品,从而获得可观的利润。

2. 差别化战略

采用差别化战略的组织,将努力把自己的产品或服务与行业中其他组织的产品或服务区别开来。组织可能利用广告、产品特色、附加服务或新技术等使其产品具有独特性。这种战略一般是面向那些不十分关心价格的顾客,能够减少竞争对手的竞争并可以消除替代品的威胁,因此采用这种战略是相当有利可图的。然而,成功的差别化战略需要花费较大的代价,如大量的产品研发、设计和大范围的广告。组织追求差别化战略需要较强的市场能力,并且需要有创造性的员工花费时间与资源去寻求创新。

3. 集中化战略

集中化战略是指组织集中于一个特定的区域性市场或购买者集团,在特定的较窄的市场区域内努力地实现低成本优势或差别化优势。运用集中化战略的组织能够得到迅速的成长。

组织的管理者应该根据集中化战略,形成有助于组织优秀的大量的内部特征。其中,与组织设计相关的特征是简化的形式和精简的人员、分权化,以及在业绩衡量的财务与非财务方法之间的平衡。

简化的形式和精简的人员意味着组织的基本形式以及整个系统相当简化,并且没有冗员,不存在官僚制。大公司为简化可以分成若干小型事业部,以增强适应性。

分权可以鼓励各层级员工的创新和变革,使技术人员与市场人员更容易相互配合。保持较小的单位可以形成员工的归属意识,以解决共同面临的问题。

衡量员工的业绩时,采用财务与非财务方法相结合的综合评估方法,有助于管理者和所有员工在关键的战略目标上密切合作,为组织业绩提供一个较好的前景,使组织长期更为成功。

(三)组织的规模

规模是以组织中人数来反映的组织的大小。它可以根据整个组织或具体构成(如工厂或事业部)来衡量。由于组织是一个社会系统,规模一般用人数来衡量。

组织的规模对其结构具有显著的影响。大型组织具有许多与小型组织相区别的特点:具有较多的规章制度;文字工作、书面沟通和文件较多;更高的专业化程度;更强的分权化;高层管理人员的人数较少;办事人员、维修人员和专业人员的占比较高。

(四)组织技术

组织技术是生产子系统的属性,它包括用以改变组织从投入到产出的行动和技术。如一条装配线、一间教室和一个炼油厂等都是组织技术。技术对组织的影响是多层次、多方面的:有来自组织层次的技术的影响,也有来自部门层次的技术的影响;部门间工作流程的依赖性不同,组织结构也不同;以计算机为基础的信息技术的应用同样对组织结构产生了影响。

1. 组织层技术

组织层技术有制造技术和服务技术两种类型。

(1)制造技术。制造技术主要应用于制造性企业,它包括传统的制造过程及新的以计算机为基础的制造系统。

制造技术的复杂性反映了制造过程的机械化程度。较高的技术复杂性意味着绝大多数工作由机器来完成,而较低的技术复杂性意味着在生产过程中工人起主要作用。根据技术复杂性可以将制造技术分为四类,由低到高依次是:小批单件生产(手工操作为主)、大批大量生产(具有标准化部件生产线)、连续加工生产(无间断的机械化生产过程)和计算机集成制造(Computer Integrated Manufacturing, CIM)。

技术复杂性不同,其组织结构所呈现的特征也不同。从事小批单件生产和连续加工生产的组织都具有有机式结构,以及较高的自由流动性、较少且非标准化的程序。从事大批大量生产的组织具有机械式结构,以及标准化的工作和正式的程序。

CIM 是最先进的技术的统称,包括机器人、数控机床工具以及产品设计、工程分析和远程控制等计算机软件,也叫敏捷制造或适应性制造系统。CIM 的应用使工厂体制发生了彻底的改变,大型工厂也能以较低的成本大量生产各种定制的产品。它还使原来的组织结构发生了巨大的变化。与传统的大批大量生产技术相比,CIM 的管理跨度窄、层级少、适应性强、专业化程度低、权力分散,全部环境以有机和自我规制为特点;员工加入团队须具备一定的技能,并且经常进行广泛的训练,让知识可以得到及时的更新。

(2)服务技术。服务技术主要应用于服务性企业。服务性企业的特征是:同时进行生产和销售,产出是无形的。无形的产出意味着服务性企业通常是劳动密集型的。服务技术的特点对提供服务的企业的组织结构和控制系统产生了明显的影响。这些影响表现在处于技术核心的员工与顾客的关系非常紧密。

2. 部门层技术

部门层技术对组织设计的影响可以从两个方面进行分析:工作流程的不确定性、任务的不确定性。

(1)工作流程的不确定性。

工作流程的不确定性指的是管理者或员工对什么时候可以收到信息并进行处理的了解程度。当工作流程的不确定性较低时,一个部门有很少的决定权来决定执行什么任务、在什么时候或在哪儿来完成,工作就变得容易多了。参与者在解决问题时,可以运用客观的、计算性的程序,也可以运用标准化程序。例如,教程和手册中的指令、指南或技术知识。

(2)任务的不确定性。

任务的不确定性指的是管理者和员工对产品的了解程度。当任务的不确定性较高时,员工对如何完成手头的任务知之甚少。例如,实验室里正在努力寻找癌症和艾滋病疗法的工作人员,他们所面对任务的不确定性就很高。在这种情况下,部门的主要成员通常必须应用经验、判断力和直觉共同对问题进行界定和提出解决办法,以获得理想的结果。

图2-5表示的是部门层技术的两个方面——工作流程的不确定性和任务的不确定性所形成的技术框架。一旦部门层技术的性质被认定,就可以确定适当的结构。部门层技术与一系列的部门特点相联系,如员工的技能水平、规范化和沟通方式等。图2-6对分别与四种部门层技术相对应的管理特征、结构特点进行了总结。

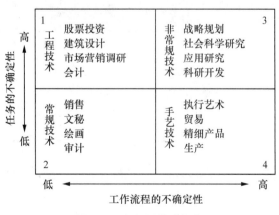

图2-5 部门层技术框架

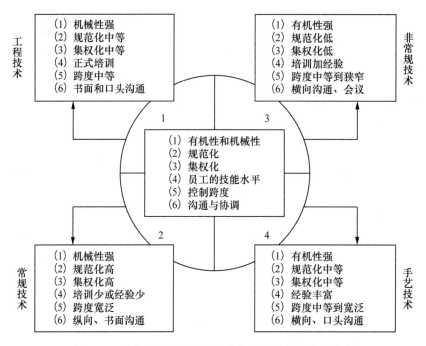

图 2-6 四种部门层技术相对应的管理特征和结构特点

3. 部门间工作流程的依赖性

工作流程的依赖性就是任务的相互依赖性,是指为获得资源和材料以完成工作的部门之间相互依赖的程度。依赖性低是指部门能够独立地完成其工作而无须相互协商或交换资源;依赖性高则意味着部门必须不断地交换资源。詹姆斯·汤普森(James Thompson)根据依赖程度的高低定义了依赖性的三种类型:集合性依赖、序列性依赖和互惠性依赖,如表 2-2 所示。

表 2-2 汤普森关于依赖性的分类及内涵

种类	单位位置接近的程度	横向沟通的需要	需要协调的类型	举例
集合性依赖	低	沟通程度低	标准化、规章、程序	银行
序列性依赖	中	沟通程度中等	计划、安排、反馈	生产线

（续表）

种类	单位位置接近的程度	横向沟通的需要	需要协调的类型	举例
互惠性依赖	高	沟通程度高	彼此调整、跨部门会议、团队	医院

由此可见，部门之间在原材料、信息或其他资源等方面的相互依赖程度不同，它们之间需要相互协调的程度也不同。依赖性越高的组织，对协调性的要求越高，组织设计必须与其正确的沟通和协调的程度相适应。

（五）组织的生命周期

组织的发展要经历四个主要阶段：创业阶段、集体化阶段、规范化阶段和精细阶段。在生命周期的各个阶段，组织的结构、领导体制及管理制度都具有相当的可预测性。需要注意的是，组织的四个发展阶段并不是离散的，而是一个连续的过程。

1. 创业阶段

组织产生之初，重点是生产产品和在市场中求得生存。生产技术活动和营销是组织创立者即业主的工作重心。创业阶段组织的特点是：组织规模小；非规范化、非官僚制；工作时间较长；高层管理者建立组织结构和控制系统，控制也是由业主个人进行监督。组织的主要目标是生存和提供单一的产品或服务。

2. 集体化阶段

在集体化阶段，组织开始提出明确的目标和方向，部门也随着权力层级、工作分派及劳动分工而建立，员工与组织的使命一致并花费很长的时间去协助组织获取成功。每个组织成员都感到自己是集体的一部分，尽管规范的制度已开始出现，但沟通与控制基本上是非规范化的。这个阶段的组织处于青年期，继续成长是组织的目标。

3. 规范化阶段

规范化阶段包括规章、程序及控制系统的建立与运用。在此阶段，沟通虽不频繁但更为规范，可能需要增加工程师、人力资源专家或其他人员。高层管理者通常只关心诸如战略和计划等问题，而将企业的经营权授予中层管理者。产品事业部或其他分权化单位的形成可能会提高企业的协调性。以利润为基础的激励制度的实施可能会保证管理者朝着对全公司而言最好的方向去努力。其效果是新的协调和控制系统能够通过建立高层管理者与经营单位之间的关系来使组织继续成长。此时，组织开始进入中年期并出现官僚制的特征。这一阶段，集团人员、规范化程序增加，清晰的层级制和劳动分工得以建立，组织的主要目标是实现内部稳定和市场扩张。

4. 精细阶段

此阶段，组织业已成熟，其规模巨大，拥有广泛的控制系统、规章和程序。组织管理者提高了应对问题和共同工作的技能。此时，组织管理者试图在官僚制中发展团队导向，以防止组织进一步官僚化；组织的形象和名誉变得非常重要。社会控制和自我约束降低了增强规范化控制的必要性。规范制度可以被管理层和工作人员简化和替代。为实现合作，通常需要公司跨部门形成团队。

组织的成长要经过生命周期的各个阶段。生命周期现象有助于理解组织所面临的问题，为管理者如何以积极的方式对包括组织结构在内的各方面因素进行调整提供理论支持，从而有利于组织更好地向下一阶段过渡。

第二节 组织设计的方法

为了直观起见，组织结构通常用组织图来反映。组织图是对一个组织的一整套基本活动和过程的生动描述。从组织图中，我们能清楚地看到一个组织基本的结构特征，如正式的报告关系（命令链或指挥链）、层级数量、管理跨度、部门组合方式、横向协调方式等。在上一节提到的众多因素的综合影响下，不同的组织在不同的时期所选择的组织设计方法是不同的。根据组织设计的依据不同，最基本的设计方法有七种：根据职能设计、根据产品设计、根据区域设计、混合式设计、矩阵式设计、根据工作流程设计和网络式设计。随着全球竞争的加剧，以这七种基本设计方法为基础，处于国际化进程中的公司创造了新的更加适应国际化运作的组织设计方法。

一、组织设计的基本方法

从影响组织设计的两个关键因素——环境和技术出发，图2-7对比了七种基本的组织设计方法最可能有效的条件。

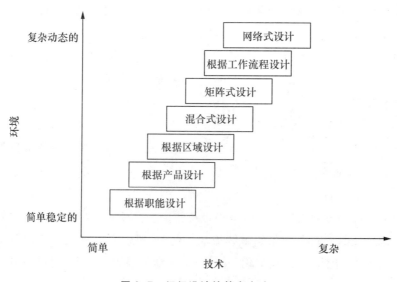

图2-7 组织设计的基本方法

(一) 根据职能设计

根据职能进行设计的组织,是从上至下按照相同的职能来组合各种活动的,其组织结构是职能式组织结构。所有的工程师被安排在工程部,主管工程的副总裁负责所有的工程活动。市场、研究开发和生产等方面也是一样的。对员工按职能分组既高效又节约,是划分部门时最广泛采用和受认可的组织设计方法。

职能式组织结构所适用的条件包括:组织具有的产品生产范围很窄,外界环境稳定,遵循的是低成本领先或集中化的战略,组织技术相对简单,不必对服务于不同种类的顾客做出反应。该类组织的目标是实现内部效率化和技术专门化,组织规模从小型到中型不等,需要很少的横向协调。稳定的环境、例行的技术、内部的效率化和较小的规模意味着组织可以主要通过纵向层级来实现控制和协调。在组织中,员工致力于完成各自职能部门的工作目标。计划和预算这两种职能反映了各个部门的资源耗用成本。职能部门的高层管理者具有正式的权利和影响。

职能式结构既有优势又有劣势。其优势表现在它能明确地界定和分配任务,因而员工很容易理解它。承担同样任务和面临同样问题的人在一起工作,增加了交互反应和相互支持的机会,员工也可以共享资源,从而提高了职能部门中的规模经济效应。同时,职能式结构也有助于员工技能的进一步开发。其劣势是对外界环境变化反应缓慢,因为这需要部门间进行协调。员工可能看不到组织的全局,对组织的整体目标认识有限,因为这种结构培养了由于集中于狭窄的工作任务范围而形成的带有局限性的观点。同时,由于缺少协调,员工很少创新。

只有一种产品领域的典型的制造公司一般按职能(如工程、人力、制造、运输、采购、销售和财务)来划分部门。其任务通常也是按过程中运用的职能(如接收、打印、用金属固定、安装、上漆以及检查)来划分的。卡拉威-高尔夫公司是美国最大的高尔夫产品制造商。图2-8呈现了该公司的职能式组织结构,从中可看出该公司既按管理职能又按管理过程来划分部门。

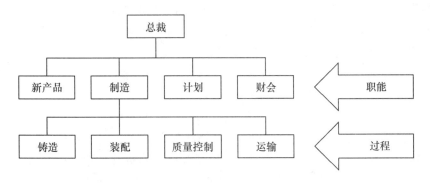

图2-8 卡拉威-高尔夫公司的职能式组织结构

根据职能设计是最基本的组织设计方法,是其他设计类型演变发展的基础。由于组织环境趋向于不确定,组织结构逐渐朝扁平化、横向结构的方向发展,几乎没有哪个成功的公司能够保持严格意义上的职能式结构。在职能式结构中增加横向联系,如专业化的参谋部门,可以使组织有效地应对一定程度的环境复杂性和动态变化性。

(二) 根据产品设计

根据产品设计指的是建立独立自主的单位,每个单位都能开发、生产和营销自己的产品和服务。根据产品设计的组织结构也被称为事业部结构,那些独立的单位就是事业部,其最显著的特点是:事业部的组合建立在组织产出的基础之上。事业部结构和职能式结构的不同之处如图2-9所示。事业部结构可以重新设计成独立的产品组,每个产品组都包括研发、生产、财务、营销等部门,各个产品组内职能部门之间的协调最大化。

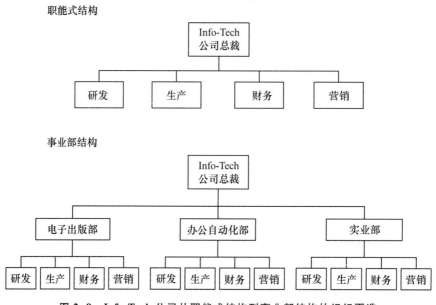

图2-9　Info-Tech公司从职能式结构到事业部结构的组织再造

事业部结构实行分权,权力在较低的层级聚合。在跨职能部门协调方面,事业部结构的效果极佳。事业部结构通常适用于环境不确定、技术较为复杂、部门间需要相互依赖的情况。如果一个组织经营多种产品或提供多种服务,并可以给各自独立的职能单位配置足够的人力资源,那么对于这样的组织,事业部结构将特别有效。大规模的组织往往采用事业部结构,如通用电气、百事可乐以及强生等。它们有着规模巨大、结构复杂的组织,为了实现更好的控制与协调,各自都划分为一些较小的、自主经营的组织单元,即事业部。这种单元有时也被称为分部或战略经营单位。

事业部结构主要有以下优势:

(1) 它能适应不稳定环境中的快速变化,并具有高度的产品前瞻性。

(2) 因为每种产品是一个独立的事业部,顾客能够与确切的事业部联系并获得满意的服务。

(3) 部门之间可以进行很好的协调,每种产品均能满足不同的消费者或地区的需求。

事业部结构的劣势有:

(1) 组织失去了规模经济效应。在职能式结构中,50名研究工程师可以共同工作,而在事业部结构中50名工程师可能被分派到5个事业部去。对深入研究而言,非常重要的规模效应不存在了。此外,为了装备每一条生产线,组织不得不成倍地增加需要的设备。

(2) 产品线各自独立,相互之间的协调可能会很困难。正如中兴通讯公司的一位经理所说:"我们必须不断提醒自己,我们在为同一个公司工作。"为了实现跨事业部的协调,有时不得不采取任务组或其他联系形式。

(3) 缺乏技术专门化,员工的分配以产品而非专业为标准。例如,研发人员倾向于进行应用研究从而使某个产品获益,而非进行基础研究从而使整个组织受益。

(三) 根据区域设计

根据区域进行设计,是指在保留职能设计的重要方面的同时,按区域建立组织的基本单位,即一个地理区域的所有职能部门都在一个地方。这种设计方法的最大特点就是组织把服务于一个地理区域所要求的许多任务交给一个经理负责,或者把所有任务集中于一个中心办事处,而不是按职能分置于不同的经理领导之下。一些大公司如美洲航空公司、联邦快递公司以及许多政府机构如美国联邦税务局、联邦储备委员会、联邦法院等都是按区域进行组织设计的。

区域式结构最常出现在跨国公司中,因为不同国家或不同地区可能会有不同的品位和需求。大多数跨国公司在世界不同的国家或地区都会设立分公司,每个分公司都有齐全的职能部门。例如,20世纪80年代晚期,为便于向全世界的用户生产和配送电脑,苹果电脑公司(现苹果公司)按区域进行了重组,从职能式结构转变为区域式结构,如图2-10所示。区域式结构使苹果电脑公司的管理者和员工专注于特定的区域性消费者和销售目标。又如加拿大的百货公司也经常采用这种结构,其中往往有一个针对魁北克省的独立实体,因为那里的顾客身材较小,品位完全不同于其他省份。

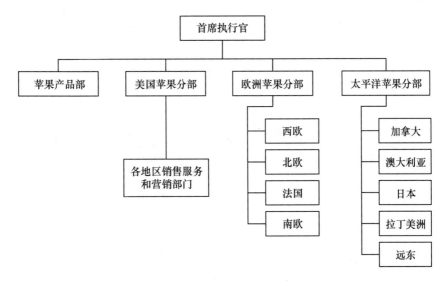

图 2-10　苹果电脑公司的区域式结构

资料来源:John Markoff, "John Sculley's Biggest Test", *New York Times*, 26 February 1989, Sec. 3, pp. 1, 26。

区域式结构的优劣势与事业部结构的优劣势相似。根据区域设计组织,使得每个部门或分支机构能直接接触它们所服务的当地顾客,因此可以及时进行调整,以适应顾客的需求。Hoechst Celanese 化学公司根据区域设计组织,将工厂建在离原材料或供应商近的地点,从而降低了原材料和劳动力的成本并缩减了运费。对市场营销部门而言,部门设在顾客附近可能意味着成本降低或服务改善,因为销售人员可以用较多的时间销售、较少的时间出行,具体确定在这一地区最有可能成功的营销策略。

但是,按区域设计增加了控制和协调问题。如果区域单位的人事、采购和分销程序各有不同,管理部门就很难取得统一。而且,区域经理可能想控制他们的内部活动以满足当地顾客的需求。员工可能更重视以他们区域为基础的单位目标,而忽视组织整体目标。

(四) 混合式设计

混合式设计是以前面三种结构为基础而进行的,其设计成果可能会同时强调产品和职能或者产品和区域。将两种特征结合在一起的结构被称作混合式结构,它兼具两种特征的优点,同时避免两种特征的缺陷。

当一家公司成长为大公司,拥有多个产品或市场时,通常会成为某种类型的自主经营单位,对每个产品和市场都重要的职能也会成为独立的自主经营单位。相对稳定的职能则集中于总部,它们需要规模经济和高度的专业化。例如,美国太阳石油公司过去是一个传统的职能式组织,每个职能部门的经理直接向经营总裁或副总裁报告。为了能对变化的市场做出快速的反应,该公司进行了重组,将组织分为三个产品部与数个职能部门,由职能式结构转变为混合式结构,如图 2-11 所示。重组后,每条产品线的副总裁既管该产品的销售又管理其生产,便于协调;所有的精炼设备在一起工作,能够取得规模经济效益;同时,设立人力资源部、技术部、财务部和资源与战略部等职能部门,向整个公司提供服务,也获得了规模经济效应。

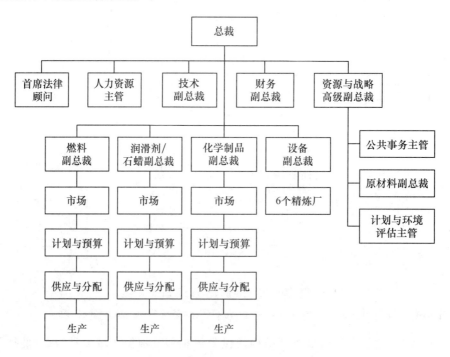

图 2-11 美国太阳石油公司的混合式组织结构

混合式结构与事业部结构的环境背景类似,都是在不确定的环境中应用。组织技术可以是简单的,也可以是复杂的,但在产品组内部的各部门之间存在依赖性。组织规模一般较大,从而能为各个产品组的重复需求提供足够的资源。组织的目标是使顾客满意并取得创新,同时提高职能部门的效率。

混合式结构的优势有:

(1) 使组织在追求产品事业部的适应性和有效性的同时,提升职能部门的内部效率。
(2) 促使产品事业部与组织的目标保持一致。
(3) 产品组合实现了事业部内部的有效协调,集中的职能部门实现了跨事业部的协调。

混合式结构的劣势有:

(1) 存在发生过多管理费用的可能性。为了监控事业部,有些组织不得不增加管理人员。组织的职能部门不得不在各个产品事业部重复地进行某些活动。
(2) 组织和各事业部人员之间可能会产生冲突。因为一般情况下,总部的职能部门对各事业部的活动没有直接管理的权力,事业部经理可能会抱怨总部的干预,而总部的管理者可能会抱怨事业部各行其是的要求,他们难以理解各事业部尽力满足不同市场的一些特殊需求。

与单纯的职能式结构或单纯的事业部结构相比,组织更喜欢混合式结构,因为这种结构兼具二者的优势,同时也克服了二者的一些劣势。

(五)矩阵式设计

矩阵式设计与混合式设计一样,也是强调多重效果的一种设计方法。矩阵式结构(也叫平衡矩阵)同时具有事业部结构和职能式结构的特征(见图2-12),是实现横向联系的一种有力模式。与混合式结构不同的是,矩阵式结构的产品经理和职能经理在组织中拥有同样的正式的权力,员工必须同时向两个经理报告。

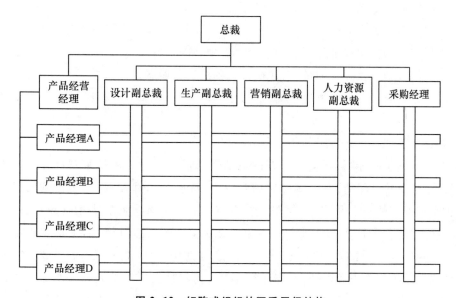

图2-12 矩阵式组织的双重层级结构

现实生活中，很少有组织采用像矩阵式这样的双重层级结构，因为这种结构的适用范围比较窄。通常，矩阵式结构最适用于下面描述的情况：

（1）组织规模中等，产品线的数量相对而言也是中等。因此，组织必须在各产品线之间灵活地分配人员和设备。

（2）组织面临的环境很复杂，常常存在对组织结构两种或两种以上的要求。例如，对技术质量（职能式结构）和经常性产品更新（事业部结构）的要求。这种双重要求使组织必须在组织的职能与产品之间维持一种平衡，这就要求组织建立一种双重层级的结构——矩阵式结构。

（3）组织面对的环境有很高的不确定性。频繁的外部变化和部门之间的高度依赖性，要求组织在纵向与横向两方面都要进行大量的信息处理，并进行大量的协调。

近年来，我国军队成功实现了联合作战指挥等方面的体制改革，打破了长期实行的总部体制、大军区体制、大陆军体制，形成了"军委管总、战区主战、军种主建"的**矩阵制**新格局，改变了长期以来陆战型、国土防御型的力量结构和兵力布势，实现了我军组织架构和力量体系的整体性、革命性重塑，有效解决了在体制结构等方面制约我军建设的突出矛盾问题。

值得关注的是，矩阵式结构对组织信息与权利共享的要求非常高，这一点甚至决定了组织系统的成败。管理者们如果无法实现这一点，那么这种结构的实施必然是无效的。因此，在进行决策时，管理者必须相互协调合作，而不能依靠纵向的权力实施。经常采用的协调方式是召开连续性的协调性会议。

与前面几种结构相比，矩阵式结构具有明显的优势：

（1）通过满足环境的二元需要来实现协调。

（2）组织的人力资源能够跨产品部门实现共享，提高了人力资源利用率。

（3）能够适应不稳定环境下的复杂决策和频繁变化。

（4）提供职能和产品技能双重发展的机会，有利于实现人力资源多途径的发展。

由于矩阵式结构的双重管理体制，其劣势也非常明显：

（1）一些接受双重领导的员工，往往会感到沮丧或迷惑。

（2）由于参与者经常要解决冲突，所以他们需要良好的人际交往能力，并需要受到专门的培训。

（3）迫使管理者将大量时间用于各种会议。

随着全球竞争的加剧，环境对组织的灵活性与适应性的要求越来越高，此时，矩阵式结构变得十分有效。然而，在现实的实施过程中，许多公司都发现：书里提到的矩阵式结构，其建立和维持都非常困难，原因在于权力结构的一方常常占据支配地位。由此，有人提出了矩阵式结构的两种演化形式——职能式矩阵和项目式矩阵。在职能式矩阵结构中，职能经理拥有主要权力，项目或产品经理起辅助协调作用；相反，在项目式矩阵结构中，项目或产品经理负主要责任，而职能经理仅仅为项目安排技术人员并在需要时提供专业技术咨询。对于很多组织而言，这两种演化的矩阵式结构中的任意一种都要比平衡矩阵更为有效。

(六) 根据工作流程设计

前面介绍的五种组织设计方法都是建立在按职能设计基础上的,这样的设计模式有一个明显的缺点是层级负担过重。按工作流程设计的方法彻底摆脱了层级的束缚,而转向了另一种模式,其基本的结构特点是:取消纵向层级和旧的部门界限,将纵向层级扁平化,组织的基本组成单位是自我管理团队。这种结构下的管理是横向管理,管理任务被分配到最低层。多数员工在包括多个职能的自我管理团队中工作。图 2-13 呈现了一个按工作流程设计的横向型公司的组织结构。

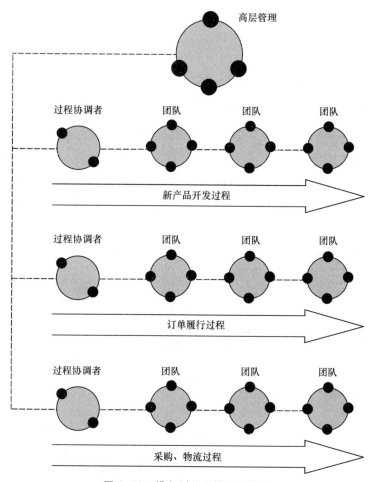

图 2-13 横向型公司的组织结构

资料来源:John A. Byrne, "The Horizontal Corporation", *Business Week*, 20 December 1993, 76-81; Thomas A. Stewart, "The Search for the Organization of Tomorrow", *Fortune*, 18 May 1992, 92-98。

按工作流程设计的组织是横向型组织,其基本构成是自我管理团队。自我管理团队也称自我指导团队,这种团队一般由 5~30 名员工组成,这些员工拥有不同的技能,进行轮换工作,生产整个产品或提供整个服务,并进行自我管理,如安排工作和假期、订购原材料、雇用新成员等。

具有自我管理团队的横向型结构的优势有：

（1）能迅速有效地改善业绩，短暂的反应时间和快速的决策提高了顾客满意度。

（2）部门间的障碍减少或消失，增强了员工的合作意识，提高了士气。

（3）节省管理费用，因为管理工作由团队进行。

横向型结构的劣势有：

（1）向横向型结构转变要花费很长的时间，而且需要在工作设计、管理哲学以及信息和报酬体系方面进行重大调整。

（2）对管理者和员工的要求较高。管理者需要懂得参与式管理的思想，学习新的技能，转变角色——由"监工"转变为教练和指导者；员工需要培训，以便在团队环境中高效地工作。

根据流程进行组织设计时需要注意一点，即必须将流程与组织的关键目标相联系，否则会带来很多负面效果，进而导致设计的失败。

（七）网络式设计

进行网络式设计的组织以一种自由市场模式组合替代了传统的纵向层级组织，它只保留了本组织的关键活动，对于其他职能，如销售、会计、生产等，则进行资源外包——交给独立的公司或个人进行，本组织内则成立一个小的总部来协调或代理这些职能。大多数情况下，这些独立的组织通过电子手段与总部联系在一起。图2-14呈现了某时装公司的网络结构。

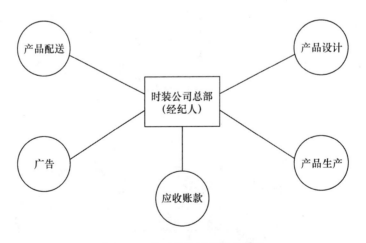

图2-14　某时装公司的网络结构

网络结构是21世纪90年代组织设计的发展趋势之一。在一些快速发展的行业，如服装业或电子业，这种结构尤为兴盛。计算机公司，如戴尔、Gateway，要么直接购买产品，要么购买所有的配件，它们仅在装配线上进行最后的装配。

动态的网络结构有很多的优势：

（1）这种结构非常简单，几乎没有管理费用，因为工作活动被抽象化了，而且彼此的合作是通过电子方式来实现的。

（2）这种设计方法可以帮助新的企业迅速将产品投放市场,而无需大量的开办成本。在一些不景气的成熟行业,它可以使公司无需巨额投资即可开发新产品,这能够重新激发企业的活力。

（3）网络结构非常灵活、反应迅速,其安排和再安排资源的能力,可以满足顾客不断变化的需求,从而为顾客提供最佳的服务。

网络式设计也带来了一些与其特征相联系的劣势：

（1）缺乏可控性。经营运作相分离使管理者必须适应对独立承包商的依赖。当涉及多个不同的分包商时,组织可能会遇到质量控制方面的问题。

（2）分包商一旦与组织的产品或服务建立起密切联系,就有大幅提价的趋势,导致组织成本的上涨。

（3）组织识别变得很困难,因为组织经常随着分包商组合的变化而变化。

（4）组织的经营风险与分包商密切相关,如果某个分包商脱离组织和业务并且无法代替,那么该组织就会失去一部分业务。

（5）网络结构使建立大组织中那样的有凝聚力的组织文化变得很困难,员工的忠诚度非常有限,组织的人员流动率很高。这是因为员工仅仅被委托负责他们自己的工作,他们可能会由于某个新的承包商而随时被解雇。

二、国际化经营的组织设计方法

在国际范围进行经营的公司,其组织设计所遵循的逻辑同在本国经营一样,都应该能提供足够的信息以便于协调和控制,并将员工分配于特定的职能、产品和地理区域上,通过这种方法来实现对环境的适应。不同的是,国际化经营的公司更加关注国际化战略机会。

国际化战略大致有多国战略和全球化战略两种形式。多国战略鼓励针对各国的特殊需求来进行产品设计和营销,这意味着公司可以通过差别化和个性化来赢得在当地的竞争优势;全球化战略与多国战略相反,它鼓励在产品设计和广告战略方面在世界范围内实现标准化。

采用不同国际化战略的公司,在组织设计方面也不同。图2-15表明了组织设计与国际化战略如何相匹配。当一家公司在开发全球化战略和多国战略方面都不太成熟时,只要在原有的结构中增加国际事业部就足以应付国际业务;当公司的根本优势来源于全球化战略,即在全球范围内销售相同的产品时,最适合该公司的结构为全球产品事业部结构;当公司是通过区域基础上的个性化而实现多国战略时,全球区域型事业部结构更加适合它;当公司同时拥有全球和当地机会时,可以使用全球矩阵式结构或跨国模式。在国际市场上,国际厂商使用的最典型的结构是全球产品事业部结构和全球区域型事业部结构。

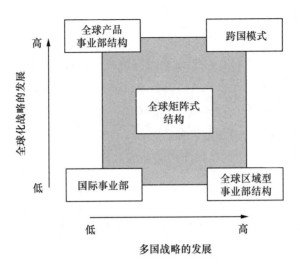

图2-15 获取国际化优势的组织结构设计

资料来源:Roderick E. White and Thomas A. Poynter, "Organizing for Worldwide Advantage", *Business Quarterly* (Summer 1989):84-89. Adapted by Permission of *Business Quarterly*, Published by the Western Business School, the University of Western Ontario, London, Ontario, Canada。

(一)国际事业部结构

当公司开始国际化进程时,通常由一个出口部门开始。该部门会逐渐成长为国际事业部。国际事业部有自己的层级组织,在公司内与其他主要部门或事业部地位相同,如图2-16所示。国际事业部主要负责下列事务:管理位于不同国家的企业(特许经营、合资企业),销售由国内事业部提供的产品或服务,开设分厂,以及推动组织走向更成熟的国际化运作。

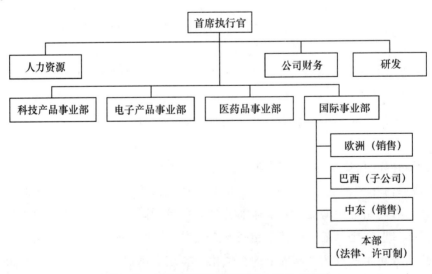

图2-16 配备国际事业部的国内混合式结构

(二)全球产品事业部结构

全球产品事业部结构也是按产品设计组织的一种方式,与国际事业部结构不同的是,全球产品事业部结构中的产品事业部负责的是其具体产品范围内的全球业务,每个事业部经理负责计划、组织和控制在全球范围内该产品的所有生产和分销职能。当事业部分管的产品在技术上相近,并能够实现规模经济,达到生产、销售和广告标准化时,该结构的效果最好。

爱尔兰伊顿(Eaton)公司曾经设立全球产品事业部结构,如图2-17所示。在此结构中,汽车配件部、工业部和其他一些部门负责生产和在全球范围内销售产品。国际业务副总裁负责每个地区的协调员,包括日本、澳大利亚、南美和北欧地区的协调员。协调员负责协调各地区的设备共享问题,尽力改善所有在本地销售的产品的生产和配送。

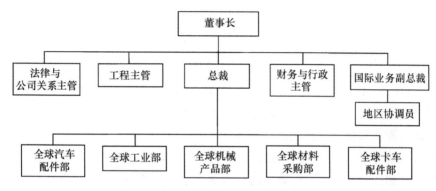

图2-17 伊顿公司设立的全球产品事业部的部分结构

资料来源:*New Directions in Multinational Corporate Organization*, New York: Business International Corp., 1981。

全球产品事业部结构适用于需要在全球范围内进行标准化生产和销售的公司。这种结构最大的问题是产品事业部之间的协调,因为在一些情况下,它们之间的关系更多的是竞争而非合作。这个问题有时候会被产品经理忽略。伊顿公司采取的解决办法是使用地区协调员,地区协调员所具有的明确职能有助于解决这些问题。

(三) 全球区域型事业部结构

全球区域型事业部结构也是按区域进行组织设计的,它将全球分成不同的区域,每个区域有相应的事业部来负责该区域范围内的各种职能活动。各区域事业部都向公司的首席执行官汇报工作。这种结构要求公司拥有成熟的产品线和稳定的技术,既能在各区域的制造业中保持低成本,又能满足各区域对市场和销售的不同需求。从战略上讲,这种结构有利于公司抓住许多机会来获得当地的竞争优势。

全球区域型事业部结构的主要问题是各区域事业部的自主权问题。因为每个事业部的行为都以满足该区域的需求为目的,公司的高层管理者很难从全球的角度来制订计划,比如新产品研发。每个事业部都认为自己可以开发其所需的产品和技术,所以新的国内技术和产品很难转移到国际市场。同样,将国外先进产品迅速引入国内市场也是件困难的事,而且在区域之间经常存在产品线或职能经理的重复。道氏化学公司等采用这种结构的公司在利用区域型结构(见图2-18)的同时,也在努力克服上述缺点。

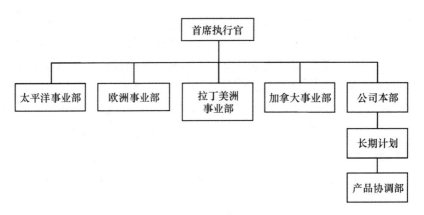

图 2-18 道氏化学公司的全球区域型事业部结构

(四) 全球矩阵式结构

与前面提到的矩阵式结构相似,全球矩阵式结构同样实现了纵横两个方面的协调,只不过跨国公司采用的矩阵式结构在地理上的距离更远、协调更为复杂。如前面所述,当存在平衡产品标准化和地理区域化之间利益关系的决策压力,并且进行协调合作以实现资源共享非常重要时,矩阵式结构最有效,跨国公司也不例外。欧洲的电子设备公司 ABB 公司是使用全球矩阵式结构的一个典型的成功案例,其组织结构如图 2-19 所示。

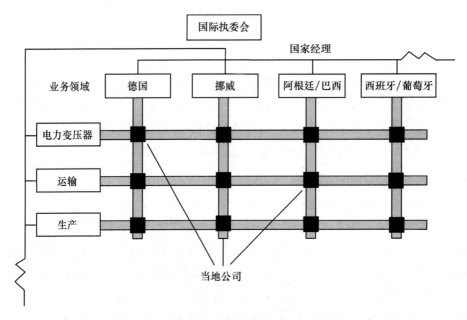

图 2-19 ABB 公司的全球矩阵式结构

(五) 跨国模式

全球矩阵式结构能够很好地协调产品和区域的问题,但是如果需要解决的问题超过两个,就需要更加复杂的结构形式,而跨国模式就满足了这种需求。当全球性公司必须在多个方面同时竞争时,公司可能会向跨国模式演进。跨国模式是一种横向型组织形式,可细分为多个中心,其下属分支机构管理者将公司视为整体来进行战略安排。跨国模式代表了复杂的全球组织需要的最先进的组织结构观念——它绝不仅仅是一个组织图,更是一种思想、一种价值观、一个使全球系统运转的愿望,以及一种有效管理全球系统的理想化组织结构。我们很难给跨国模式进行精确的定义,但是它独有的特征使其区别于矩阵式结构。

第一,跨国模式可以划分为多种类型。与全球矩阵式结构只有一个总部、在每个国家只有一个控制中心不同,跨国模式的经营原则是"灵活地集中"。采用这种模式的跨国公司可能将一些职能集中于一个国家(地区),而将另外一些职能集中于另一个国家(地区),剩余的职能则在各个国家(地区)进行分权。飞利浦公司的跨国模式结构如图 2-20 所示。飞利浦公司的研究与开发中心可能集中在荷兰,采购中心位于瑞士,财务与会计职能则被分散在许多国家(地区)。

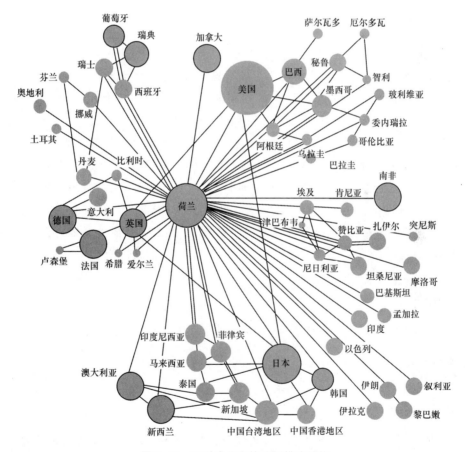

图 2-20 飞利浦公司的跨国模式结构

资料来源:Sumantra Ghoshal and Christopher A. Bartlett, "The Multinational Corporation as an Interorganization Network", *Academy of Management Review* 15 (1990):605。

第二,在跨国模式中因为没有单一的总部概念,任何一个国家(地区)的任何一个级别的经理都可以对变化的地方市场进行反应,并提出计划,然后将他们的创新向世界各地传播。因此,子公司经理提出的战略和革新可以成为整个公司的战略。跨国模式认为组织的不同部分拥有不同的能力,并且不同国家(地区)的环境与机会各不相同,将整个组织展现在这种广阔的环境中,可以取得更多的进步和创新。

第三,跨国模式下的协调与合作是通过公司文化、共同的看法与价值观以及管理风格来实现的,而非通过纵向的层级制来实现。

第四,跨国模式通过与公司的其他部门或其他公司建立联盟来建立强有力的相互依存,从而实现整合。例如,新加坡的一家世界规模的生产厂家依赖澳大利亚、墨西哥和德国的世界规模的配件厂商,而主要销售分公司则要依靠新加坡提供的产成品。

跨国模式是一种复杂的、涵盖组织设计各种基本方法的设计方法,它越来越适用于超大规模的全球性公司。这些公司将整个世界作为经营领域,不以任何一个国家(地区)为基础。目前,许多国家(地区)的拥有子公司的大型跨国公司都采用了跨国模式。

本章小结

人力资源的管理是在组织中进行的,组织设计与组织结构是否符合企业的发展是企业核心能力的重要考察指标。本章主要内容是组织的原理与组织设计方法。组织的基本概念包括组织设计、组织的八个内部特征、五种影响组织设计的因素。组织的八个内部特征是规范化、专门化、标准化、权力层级、复杂性、集权化、职业化与人员比率。五种影响组织设计的因素有环境、组织的目标和战略、组织的规模、组织技术和组织的生命周期。在当今全球化趋势下,组织变革是适应现代企业发展的方法,组织设计的基本方法有七种,分别是根据职能设计、根据产品设计、根据区域设计、混合式设计、矩阵式设计、根据工作流程设计、网络式设计。五种国际化经营的组织设计方法更适用于大型企业与跨国公司,它们分别是国际事业部结构、全球产品事业部结构、全球区域型事业部结构、全球矩阵式结构、跨国模式。

关键概念

组织　组织结构　组织设计　组织类型　组织生命周期

课堂练习

选择题

1. (　　)组织结构的缺点是容易造成组织机构重叠,管理人员膨胀,考虑问题时容易忽视企业整体利益。
   A. 直线制　　　　B. 直线职能制　　　　C. 事业部制　　　　D. 矩阵制
2. "结构简单,统一;权责关系明确;内部协调容易;管理效率比较高。"
   具有以上特点的组织结构类型是(　　)。
   A. 直线型　　　　B. 直线职能制　　　　C. 事业部制　　　　D. 矩阵制

3. 下列有关组织设计的表述错误的是（　　）。
   A. 组织设计是对企业的组织结构及其运行方式所进行的设计
   B. 对组织结构和运行制度进行的设计称为动态组织设计
   C. 古典的组织设计理论是动态的
   D. 组织设计的基本内容包括企业的组织结构设计和保证企业正常运行的各项管理制度与方法设计

4. 对组织结构定义的理解不包括（　　）。
   A. 设计组织结构的目的是实现组织的目标
   B. 组织结构的三要素是复杂性、规范性和集权度
   C. 组织结构的内涵是企业员工在责、权、利三方面的结构体系
   D. 组织结构的本质是企业员工的分工协作关系

5. 组织结构的（　　）是进行组织结构设计、对企业的组织结构进行比较和评价的基础。
   A. 特征因素　　　B. 权变因素　　　C. 集权程度　　　D. 人员结构

6. 管理层次与管理幅度两者存在（　　）的数量关系。
   A. 正比
   B. 反比
   C. 无比例
   D. 既可以正比，也可以反比

7. 矩阵组织形式的主要特点不包括（　　）。
   A. 组织的稳定性强
   B. 组织内部有两个层次的协调
   C. 一名员工有两位领导
   D. 产品部门（或项目小组）所形成的横向联系灵活多样

8. 下面关于组织形式的说法，错误的是（　　）。
   A. 大型组织中可以采用团队结构形式
   B. 戴尔公司没有生产工厂，采用的是虚拟组织形式
   C. 事业部制实行相对的独立经营、独立核算、自负盈亏，并设有相应的职能部门
   D. 无边界组织会取消各种职能部门，代之以授权的团队

9. （　　）已成为目前组织工作活动的最流行的方式。
   A. 团队　　　B. 虚拟组织　　　C. 无边界组织　　　D. 事业部制

10. 扁平化结构的组织不具有的优点有（　　）。
    A. 信息传递速度快
    B. 每位主管能够对下属进行详尽的指导
    C. 有利于下属发挥主动性和首创精神
    D. 信息失真的可能性小

判断题

1. 组织结构是组织内部权力与责任的分配形式。（　　）
2. 组织由无形要素与有形要素构成。（　　）
3. 在非正式组织中，有明确条文规定了成员的行为方式。（　　）
4. 组织的生命周期与组织结构没有直接联系。（　　）

5. 组织技术与组织结构没有直接联系。（　　）
6. 网络公司的最大特点就是立足于本公司的最强项，而将其他业务分包出去，通过联盟和协约的方式建立联合关系。（　　）

讨论题

1. 组织结构的类型有哪些？怎样看待组织结构与其他因素的匹配性？
2. 组织设计的过程中必须考虑哪些因素？
3. 组织结构设计的内容是什么？

讨论案例

京东组织结构调整全梳理

截至 2021 年 3 月 31 日，国内电商巨头京东年度活跃用户达 4.998 亿，一年净增 1.12 亿元，创历史最大同期增幅。2019 年第二季度始，京东变革动作频频。首先，京东高调宣布末位淘汰 10% 副总裁级别以上的高管；紧接着是张晨卸任京东集团首席技术官（CTO），隆雨辞去集团首席法务官（CLO）职务；然后，又传出京东从 3 月 27 日起要求员工梳理亲属及同学关系的消息。这一系列的操作，外界猜测京东可能要对自身组织结构进行比较大的调整。

下面我们回顾一下京东自成立以来所进行的比较大的组织结构调整。

京东发展背景

京东成立于 1998 年，彼时刘强东在北京中关村开始创业。创立初期，京东的规模太小，谈不上组织结构。2004—2007 年，京东开始涉足电子商务领域，相继成立了上海、广州的全资子公司；2010 年，京东商城上线；2012 年，京东正式注册物流公司。随着公司规模越做越大，就要牵涉组织结构及设计的相关问题。

京东的历次组织结构调整

2013 年 3 月，京东调整了组织结构，从最初的职能化的体系结构改变为事业部的组织结构。第一个调整依据是按照客户调整组织结构。列入营销研发部的主要使命是把前端的网站、营销系统、零售系统、供应链系统和开放平台做好；硬件部门主要负责关于订单的流程，从配送管理到客服直至售后的管理过程；数据部负责整个系统的数据流。企业制定了三大战略：移动战略、云计算战略及大数据战略。其中，大数据战略旨在为其他研发部提供统一的大数据平台及相关的工具，同时负责整个工具的大数据的挖掘和利用。移动业务方面，客户端装机量已经突破 6 000 万，也有非常多的创新。第二个调整依据是采用扁平化的组织结构。扁平化更容易沟通，组织的效率也大大提升。

2014 年，京东与腾讯宣布建立战略合作伙伴关系。腾讯入股京东约 15% 的股权，并在后者上市时追加认购 5% 的股权。同年 4 月，京东宣布调整组织结构，成立两个子集团公司、一个子公司和一个事业部，分别为京东商城集团、金融集团、拍拍网和海外事业部，QQ 网购平台与京东平台进行整合。刘强东担任京东集团 CEO，京东发展战略部及京东研院将划转至 CFO 体系,直接向集团 CFO 汇报。这次组织结构调整的一大看点就是京东开始"对标"阿里巴巴,例如京东商城对应天猫,京东金融对应阿里金融,拍拍网对应淘宝,而京东海外事业部对应阿里国际。

2016 年,京东宣布整合营销资源,设立营销平台体系,向商城 CEO 汇报,商城营销平台体系下设平台运营部、平台研发部、市场营销部、公共关系部、广告部和用户体验设计部。

2017 年 5 月,京东实现全面盈利。京东宣布正式组建京东物流子集团,向全社会输出京东物流的专业能力,京东还成立了广告事业部、集团战略部、国际业务拓展部,重新设立集团 CMO 体系,全面负责包括商城、金融、保险、物流、京东云等业务在内的整合营销,以及集团整体的国内市场公关策略策划。

2018 年 12 月,京东商城从此前三大事业群的架构划分为前台、中台、后台。而调整后的所有事业群以及各业务部的负责人,都将直接向京东商城轮值 CEO 汇报。前台包括平台运营业务部、拼购业务部等部门,主要围绕 B 端和 C 端客户。中台包括了新成立的三大事业群(3C 电子及消费品零售事业群、时尚居家平台事业群、生活服务事业群),以及研发部门和商城用户体验设计部。各业务部门的市场职能进行集中管理,由商城市场部统一提供支持。其后台部门主要为前台、中台提供保障和专业化支持。其中,京东将成立 CEO 办公室,它将负责重大组织及业务变革的整体协调。

2019 年 3 月,京东商城正式升级为京东零售集团。

2019 年 5 月,京东整合旗下医药零售、医药批发、互联网医疗、健康城市四个业务板块,组建京东健康子集团。

2020 年 9 月,京东在香港交易所发布公告,拟通过以京东健康股份于香港联交所主板独立上市的方式分拆京东健康。

资料来源:作者根据相关资料整理。

▎问题:

京东经历了几次组织结构调整?请结合实际分析京东每次调整后组织结构的特征,并谈谈对京东未来组织结构调整方向的看法。

复习思考题

1. 一个有能力的管理者如何将组织塑造成更富有创造性的团队?
2. 如何理解"在组织中管理者不要去做别人能做的事,而只做那些必须由自己来做的事"?

延伸阅读

1. 达夫特.组织理论与设计[M].12 版.王凤彬,等译.北京:清华大学出版社,2017.

2. 赵宇楠,程震霞,井润田.平台组织交互设计及演化机制探究[J].管理科学,2019,32(03):3-15.

3. 王凤彬,王骁鹏,张驰.超模块平台组织结构与客制化创业支持——基于海尔向平台组织转型的嵌入式案例研究[J].管理世界,2019,35(02):121-150.

4. 明茨伯格.卓有成效的组织[M].魏青江,译.杭州:浙江教育出版社,2020.

5. 克雷纳.管理百年[M].闾佳,译.杭州:浙江教育出版社,2021.

第三章

职位分析与工作设计

管理者应当学会分析和识别工作环境,然后就可以将下面的管理人员安排到适合他的风格的环境中去工作。每个环境到底需要什么样的管理风格,取决于环境对管理者的有利程度,而这种程度是由若干因素决定的。

——弗雷德·菲德勒
("领导权变理论")

角色这一概念是行为科学从舞台术语中借用过来的,角色就是属于一定职责或者地位的一套有条理的行为。

——亨利·明茨伯格
("管理者角色理论")

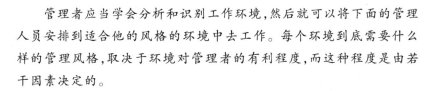

本章学习目标

1. 理解职位分析的流程。
2. 掌握职位分析的结果。
3. 掌握常用的职位分析的方法。
4. 了解工作设计的总体要求和内容。
5. 理解工作设计方法与技术。

引导案例

沃尔玛的职位分析和岗位设计

截至2021年,闻名全球的沃尔玛已连续9年在《财富》美国500强排行榜上荣登榜首。

传统的零售企业组织结构为"金字塔型"层级结构。该结构在稳定的环境下,是一种比较高效的组织结构,适合企业的发展。但当前形势下,企业面临的环境多变,零售业所面临的市场环境变化尤其迅猛,消费者需求日益多样化和个性化。金字塔型的组织结构已明显不利于零售企业的发展。同时,信息技术在零售业的广泛应用使扁平化结构和管理成为可能。世界零售巨头沃尔玛开始不断减少企业的管理层级,向下分权。现今,沃尔玛组织结构的特点是集中化和层级化,并有一定程度的权力下放。层级化和集中化的组织结构指的是由公司总部来监督和指导组织中的所有活动。公司总部对沃尔玛的所有门店都有管辖权,但对门店还是有一定程度的权力下放。比如,每个门店都会设立自己的人力资源部门并设立人力资源经理,由其根据门店的特性来具体应用公司的人力资源战略。这种权力下放能保证门店的经理更灵活地应对业务中出现的新问题。

在职位分析上,沃尔玛采用的是"匹配式"的职位分析方法。这种方法主要包括问卷调查法、访谈法和观察法等,通过不断地对职位申请人、员工和主管进行面谈和调查,以确定员工的实际问题和需要。沃尔玛的目标是将实际需求与现有人力资源结合起来,及时确定两者之间可能存在的差距,以保证职位描述和任职资格要求贴合实际。

在沃尔玛,职位分析中对于岗位的工作描述各式各样,大不相同,且对各个岗位做具体描述的负责人也各不相同,具有很强的针对性。比如,沃尔玛的人力资源部门主要负责开发与销售活动有关的工作描述。因为,沃尔玛大部分的员工都是销售人员,工作描述针对的是销售员、销售主管、销售经理和门店经理。沃尔玛的任职资格也各不相同,但大部分的任职资格都要求具备销售与营销方面的知识和技能。公司人力资源部门要求,对于销售经理和门店经理这样的职位,通常至少有一个销售或相关专业的学位。

资料来源:《关于沃尔玛的人力资源计划以及工作分析案例》,https://www.hrsee.com/?id=582,访问时间:2022年5月。

▎问题:

1. 公司的组织结构会对职位分析和工作设计带来什么影响?
2. 沃尔玛的职位分析对其职位再设计有何影响?

第一节 职位分析概述

一、职位分析的内涵

职位分析(Job Analysis)的前提是正确认识工作流设计以及组织结构有关的宏观层次的问题。工作流设计是指在将工作任务分配或委派给某一特定类型的职位或人之前,对为生产某种产品或服务必须完成的各项工作任务进行前期分析的过程。只有在对工作流设计有了充分理解之后，组织才能明智地决定应当如何把需要完成的各种工作任务落实到不同的职位上去，而每个职位都可以由一个人来单独承担。

如果说工作流设计对从投入到产出的动态转化关系做了一种纵向考察，那么组织结构则对参与产出创造过程的人与工作单位之间的静态关系做了一种横向考察。组织结构通常是通过组织结构图的形式表现出来的，在组织结构图中既包括纵向工作报告关系，也包括横向职能性职责。在组织结构中，最关键的两个维度是集中化和部门化。集中化是指一个组织的决策权集中于组织中顶层的程度，它与把决策权分配给组织中各个较低层级的做法（也就是说决策权分散化）是相反的。部门化则是指工作单位在多大程度上是根据职能相似性或工作流程相似性来对组织进行分类的。

职位分析是人力资源管理的一项核心基础职能，是收集、分析、确定组织中职位的定位、目标、工作内容、职责权限、工作关系、业绩标准、人员要求等基本因素的过程。

一般来说，职位分析可划分为工作导向性的职位分析系统和人员导向性的职位分析系统。工作导向性的职位分析系统侧重于强调完成工作任务所需要的行动或行为；人员导向性的职位分析系统则强调完成工作任务所需的个体工作者的知识、经验、技能、能力、天赋和性格特征等。在职位分析的文献资料中，工作导向性的职位分析系统比较常见，而人员导向性的职位分析系统则作为一个分支在不断地发展。

职位分析的主要成果是形成职位说明书及职位分析报告。前者既是一般员工工作的指南，也是企业确定企业人力资源规划、员工能力模型、考核薪酬、培训开发等人力资源职能管理的参考依据。后者则是通过职位分析发现企业经营管理过程中存在的问题，为组织有效性的诊断提供依据。

尽管职位分析与职位设计在内容上存在大量的交叉，但过去很多人一直将它们作为两个不同的概念进行区分。职位分析主要集中在对现有的职位进行分析，它的主要目的是为其他一些人力资源管理实践（比如甄选、培训、绩效评价以及薪酬管理等）采集信息。而职位设计则主要集中在对现有职位进行重新设计方面，其目的在于使这些现有职位的效率变得更高，或者能够对任职者产生更大的激励。因此，职位设计在改变职位方面有着更为积极的导向性，而职位分析则相对被动，它是以收集信息为导向的。

（一）职位分析中常用的术语

1. 工作的输出

指一项工作的最终结果表现形式，在职位分析中，输出通常定义为产品、劳务等。

2. 工作的输入

指为了获得上述结果，应当输入的所有影响工作完成的内容要素，包括物质、信息、规范和条件等。

3. 工作的转化特征

指一项工作的输入是如何转化为输出的,其转化的程序、技术和方法是怎样的,以及在转化的过程中,人的活动、行为和联系又有哪些。转化特征是界定工作方式的基础。研究转化特征对提高组织运行效率具有非常重要的意义。

4. 工作的关联特征

指该工作在组织中的位置如何,工作的责任和权利是什么,以及对人的体力和智力有什么要求。工作的关联特征是界定工作关系和任职资格的基础。

5. 工作要素

指工作中不能再继续分解的最小工作单位。工作要素是形成职责的信息来源和分析基础,并不直接体现于职位说明书中,例如接听电话。

6. 任务

指为达到某种目的所从事的一系列活动。它可由一个或多个工作要素组成,是职位分析的基本单位,并且它常常是对工作职责的进一步分解,例如回答客户的电话咨询。

7. 责任

指个体在工作岗位上需完成的大部分任务。它可由一个或多个任务组成。

8. 职位

指承担一系列工作职责的某一任职者所对应的组织位置,它是组织的基本构成单位。职位与任职者一一对应,例如市场部经理。

9. 职务

指一组重要责任相似的职位。

10. 职系

指一些工作性质相同,而责任和困难程度不同的职位系列。例如,各种职称的教师系列。

11. 职组

也称职群,指工作性质相近的若干职系的总和。

12. 职级

指将工作内容、困难程度、责任、所需资格皆很相似的职位划为同一职级,实行基本相同的薪酬体系。

13. 职等

指对工作性质不同或主要职务不同,但其困难程度、责任、工作所需资格等条件基本相同的职级的归纳。

14. 职业

指在不同组织、不同时间从事相似活动的一系列工作的总称。

下面通过表 3-1 来说明职组、职系、职级、职等之间的关系与区别。

表 3-1 职组、职系、职级、职等之间的关系与区别

职组	职系	职等				
		V	IV	III	II	I
		职级				
		员级	助级	中级	副高级	正高级
高等教育	教师		助教	讲师	副教授	教授
	实验人员	实验员	助理实验师	实验师	高级实验师	正高级实验师
	图书、资料、档案	管理员	助理馆员	馆员	副研究馆员	研究馆员
科学研究	研究人员		研究实习员	助理研究员	副研究员	研究员
医疗卫生	医疗、保健、预防	医士	医师	主治(主管)医师	副主任医师	主任医师
	护理	护士	护师	主管护师	副主任护师	主任护师
	药剂	药士	药师	主管药师	副主任药师	主任药师
	其他	技士	技师	主管技师	副主任技师	主任技师
企业	工程技术	技术员	助理工程师	工程师	高级工程师	正高级工程师
	会计		助理会计师	会计师	高级会计师	正高级会计师
	统计		助理统计师	统计师	高级统计师	正高级统计师
	经济		助理经济师	经济师	高级经济师	正高级经济师
农业	农业技术人员	农业技术员	助理农艺师	农艺师	高级农艺师	正高级农艺师
新闻	记者		助理记者	记者	主任记者	高级记者
	广播电视播音		二级播音员	一级播音员	主任播音员	播音指导
出版	编辑		助理编辑	编辑	副编审	编审

对于公务员,我国公务员级别分为 27 个级别,公务员领导职务分为国家级正职到乡科级副职等 10 级,综合管理类公务员职级分成一级巡视员到二级科员等 12 级。公务员的级别高低,既体现了公务员所任职务的等级高低、责任轻重和职位难易程度,又反映了公务员的德才表现、工作实绩和资历等素质条件和工作状况。

(二) 职位分析的内容

1. 该职位的基本资料

包括职位名称、职等、职级、直接上级职位、直接下级职位。

2. 该职位的本职工作

即用一句话说明该职位工作的最终目的,一般在 20 字以内。

3. 该职位的直接工作责任

直接工作责任是指不管级别多高,都要亲自完成的工作。应按照主次列出该职位各项直接责任及其频率、重要程度、占总业务量的比重。最基层的工作人员也应该列出 10

条左右的直接工作责任。

4. 该职位的任职资格

说明该职位需要做哪些决定及将产生哪些影响。

5. 该职位的工作环境

包括工作地点、采光条件、卫生条件状况、危险性,等等。

6. 其他内容

指与工作分析相关的其他内容,可根据实际情况填写。

(三) 职位分析的结果

一个职位分析项目可以有多个目的,每个职位分析项目的目的也不一定相同;可根据不同的目的选择不同的分析方法,采用不同的方法所产生的结果也不同。概括起来,有两种区别明显的结果——工作描述与工作规范。一般而言,以任务为基础的分析方法得到的结果是工作描述,以人为基础的分析方法得到的结果是工作规范。通常一个分析项目要同时得到这两个结果,综合起来形成职务说明书。

1. 工作描述

工作描述是指对职位本身的内涵和外延加以规范的描述性文件。其主要内容包括工作职责、联系、权限、范围,以及工作条件、工作负荷等,详见表3-2。

表3-2 工作描述的内容

分类	内容项目	项目内涵	应用目标
核心内容	工作标识	工作名称、所在部门、直接上级职位、薪点范围等	
	工作概要	关于该职位的主要目标与工作内容的概要性陈述	
	工作职责	该职位必须获得的工作成果和必须承担的责任	
	工作联系	该职位在组织中的位置	
选择性内容	工作权限	该职位在人事、财务和业务上作出决策的范围和层级	组织优化,职位评价
	履行程序	对各项工作职责的完成方式的详细分解与描述	绩效考核,上岗引导
	工作范围	该职位能够直接控制的资源的数量和质量	管理人员的职位评价,上岗引导
	职责量化信息	职责的评价性和描述性量化信息	职位评价,绩效考核
	工作条件	职位所处的物理环境	职位评价
	工作负荷	职位对任职者造成的工作压力	职位评价
	工作领域特点		上岗引导,职位评价

工作描述包括核心内容和选择性内容。前者是任何一份工作描述都必须包含的部分,这些内容的缺失,会导致我们无法对本职位与其他职位加以区分;后者并非任何一份工作描述所必需的,可由工作分析专家根据预先确定的工作分析的具体目标或职位类别,

有选择性地进行安排。

2. 工作规范

工作规范又叫任职资格,是指与工作规范高度相关的一系列人员特征,包括为了完成工作并取得良好绩效,任职者所需具备的知识、技能、能力以及个性特征要求等。这些任职资格可以被分为显性资格与隐性资格两类。显性资格包括接受正式教育程度、工作经验或职业培训经历、工作技能等;隐性资格包括承担工作所需的内在能力和素质要求等。

工作规范有计分图示式、表格式等不同的表现形式,下面举例说明:

(1) 计分图示式工作规范。这种方法一般将操作活动所涉及的心理能力归纳为25~30种,然后通过谈话和问卷手段,对所分析职务的每种能力用5点(也可用7点或11点)李克特量表计分。5点量表的计分标准为:① 不需要这种能力;② 不太需要这种能力;③ 可以考虑这种能力;④ 比较需要这种能力;⑤ 非常需要这种能力。

(2) 表格式工作规范。用表格的形式来描述任职资格,既能突出重点,又能用定量的方法来分析问题,但进行比较时不如计分图示式直观,如表3-3所示。

表3-3 某公司秘书任职资格说明书

编码:140020	岗位名称:中级文书
一、职责总述 在一般监督之下,完成文书工作。包括准备各类数据资料,并编辑、汇总、分类;草拟各种报告、请示、文件、通知、公告、工作总结;速记会议发言等。	
二、工作时间 一般在正常工作时间内完成,无须加班加点。	
三、资格条件 1. 学历。至少大专毕业,本科毕业更为理想。 2. 经历。担任低一级岗位工作3年以上。 3. 熟练度。具有较好的工作熟练程度,如每分钟至少打字45字,55~80字最为理想。	
四、考核项目 1. 校对稿件。每分钟至少40字,超过60字最为理想。 2. 打字。每分钟至少45字,超过55字最为理想。 3. 速记。每分钟至少100字,超过120字最为理想。 4. 专业知识。具备秘书学、速记方法、公文写作等相关知识。 5. 写作能力。行文格式规范,语言通顺简洁,内容充实,结构严谨。 6. 心理测验。考察情绪稳定性、接收外界信号的灵敏性。	
五、本岗位后备来源 1. 初级文书(企业现任)。 2. 担任过此类工作且正在自学深造的人员。 3. 从专业学校招收。 4. 从社会招聘符合条件的人员。	
六、健康状况 良好,身高1.60米以上,身体健康,五官端正。	

(续表)

编码:140020	岗位名称:中级文书
七、性别和年龄要求 男女均可,一般应在 30 岁以下。	
八、工作条件 办公室内完成工作任务。	
九、其他补充事项 符合上述条件的残疾人,如有跛足,也可聘用。	

3. 职务说明书

职务说明书是最完整、最常见的职位分析结果,它包括工作描述、工作规范等更多的内容。一般来说,职务说明书包括以下项目:工作状况、工作概要、工作关系、工作任务、工作权限、考评标准、工作过程与方法、工作环境(包括工作工具)、任职资格、福利待遇及其他说明等。根据具体需要,职务说明书实际上会有所变化。

在编写职务说明书时,需要注意几个原则:

第一,统一规范。职务说明书的具体形式可以多样化,但其核心内容不应当改变。

第二,清晰具体。只有内容简单明了,语言符合使用者的习惯,才能发挥职务说明书本身的价值。

第三,指明范围。界定职位时,要明确工作的范围和性质,并把所有重要的工作关系都纳入职务说明书。例如,一个机床操作工不小心把大量的液体洒在机床周围的地板上。车间主任叫操作工把地板上的液体清扫干净,操作工拒绝执行,理由是职务说明书里没有包括地面清扫的条文。车间主任顾不上去查职务说明书,就找来一名服务工来做清扫工作。但服务工同样拒绝,他的理由是职务说明书里没有包括这一类工作。车间主任威胁说要把他解雇,因为这个服务工还是分配到车间来做杂务的临时工。服务工勉强同意,但是干完后即向公司投诉。有关人员看了投诉后,审阅了三类人员的职务说明书:机床操作工有责任保持机床的清洁,使之处于可操作状态,但未提及清扫地板;服务工的职务说明书规定了其有责任以各种方式协助操作工,如领取工具和原材料,随叫随到,即时服务,但也没有提及清扫工作;杂务工的职务说明书中确实包含了各种形式的清扫,但是他的工作时间是从工人下班后开始的。这个例子充分说明了界定工作范围和性质的重要性。

第四,共同参与。只有担任该职务的工作人员、上级主管、人力资源专家共同分析协商,将各方面的意见考虑进去,编制出的职务说明书才能真正发挥价值。

二、职位分析的流程

职位分析是一项系统化的活动,需要专门的技术做支撑。一套科学实用的职位分析流程能有效地指导企业的职位分析活动,使企业少走弯路,节约管理成本。因此,企业职位分析必须统筹规划、有序进行。

不同背景的组织,其职位分析流程不完全相同,即使是同一家企业在不同发展时期所使用的职位分析流程也未必完全相同。但是,一般情况下,职位分析流程由计划阶段、设计阶段、分析阶段、描述阶段、使用阶段和运行控制阶段等环节构成,如图3-1所示。

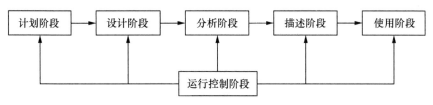

图3-1 职位分析的一般流程

计划阶段也就是职位分析的准备阶段,它是开展职位分析活动的第一个环节。在职位分析之前,需要进行一系列的计划、准备工作,主要包括建立职位分析小组,明确职位分析目的,明确职位分析对象,以及营造良好的工作氛围。

设计阶段是为了使职位分析迅速有效地进行,是职位分析小组在要求管理部门提供有关信息的基础上,对职位分析的具体安排进行设定的过程。设计阶段的工作内容主要包括信息来源的选择、信息收集方法的设计两个方面。

分析阶段是整个职位分析流程的核心环节,包括信息的收集、分析和审核等相关活动。

描述阶段是职位分析人员将所获得的信息诉诸文字,形成书面资料的过程。这个阶段的工作主要包括形成职务说明书、工作列表和问卷描述、活动分析描述以及总结职位分析活动。

使用阶段是对职位分析的验证,只有通过实践检验,职位分析才具有可行性和有效性,才能不断适应外部环境的变化,进而不断完善职位分析的运行程序。此阶段的主要工作包括培训职位分析的使用人员,以及制定各种具体的应用文件(如职务说明书)。

最后,职务说明书不是一成不变的。随着时间的推移,组织的生产经营活动会发生变化,这些变化会直接或间接地引起组织分工协作体制进行相应的调整,从而引起职位的变化。因此,一个职位要有成效,就必须因时、因人地加以修改。比如,保罗·奥尼尔(Paul O'Neill)在担任美国铝业公司(Alcoa)CEO后首次召开的股东大会上,着重指出了大楼里最近的安全出口在哪里。正是奥尼尔对安全和工作流程的强调让他成为历史上最优秀的CEO之一。他在接管美国铝业公司后发布了一项新政策,即一旦发生员工伤亡事故,部门主管就要写一个详细的计划,说明如何改变本部门的工作流程,以确保同样的事故不再发生。高层管理人员如果没有按照这个新的工作流程进行管理,就会被解雇。这项新的政策发布后,每个部门领导都需要非常熟悉工作流程,这一举措也使高层管理人员和低级别的员工有了更多的交流,员工提供的好建议不仅保障了生产安全,也使工作流程更加合理化。最终,不仅安全状况得到改善,而且成本降低了,质量提高了,生产效率也急剧增长。

三、职位分析的作用

职位分析在企业中起着非常重要的作用。一方面,通过职位分析,可以明确企业中各职位设置的目的,知晓目前的职位是怎样为企业创造价值的,以及这些价值是否符合企业战略和企业文化。因此,职位分析是检验企业战略是否正确向下传递的重要手段。另一方面,职位分析的结果是人力资源管理其他各职能得以实现的基础,其具体作用如图3-2所示。因此,职位分析是现代企业人力资源管理体系的基础。如果职位分析没有做好,将会对人力资源管理工作造成很大的影响。

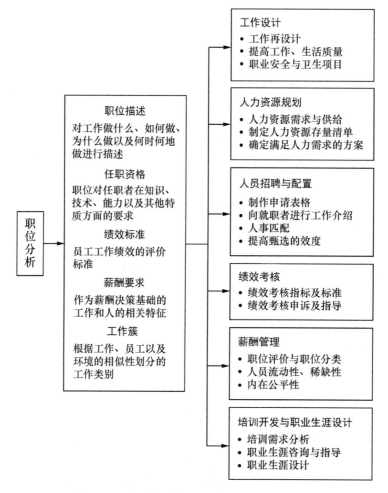

图 3-2　职位分析在人力资源管理中的主要用途

第二节　职位分析的方法

职位分析的方法种类繁多,每种方法对职位进行分析时的角度各有侧重,实施过程的难易程度各不相同,因此适用范围也不一样。在一个工作分析项目中,为获得有关工作的全面信息,通常要用到多种方法。根据职位分析方法的目标导向、适用对象以及操作要点等的差异,将其归为三类:通用方法,以人为基础的职位分析方法,以及以工作为基础的职位分析方法。

一、通用方法

通用方法主要指这些方法不仅适用于职位分析活动,也适用于为其他管理活动(如评价、决策等)。通用方法的一般特征是灵活性强、操作简便、适用范围广泛,几乎所有的职位分析都能用这些方法。由于这些方法本身的结构化程度低,收集的职位分析信息以定性信息为主,叙述较多,因而难免带有主观判断的色彩;另外,在语言文字上的"语义"问题,也使此类信息的使用存在某些缺陷。因此,在实际职位分析中,通用方法一般都结合其他方法应用。

(一) 访谈法

1. 访谈法简介

访谈(Interview)法又称面谈法,是一种职位分析人员就某个职务或职位面对面地询问任职者、主管、专家等的看法和意见的方法,既适用于短时间可以把握的生理特征的分析,又适用于长时间才能把握的心理特征的分析,是对中高层管理职位进行深度分析效果最好的方法。访谈程序可以是标准化的,也可以是非标准化的。

在职位分析中,访谈法的应用形式是:职位分析专家分别访问任职者及其主管人员,通过面谈了解职位的有关信息,或确认以前填写的工作任务和内容的正确性,或对已了解的信息做进一步澄清和补充。

对一些不可能通过观察直接了解的职位,需要通过与任职者及其直接主管进行面对面的交谈,详细且较深入地了解任职者的工作内容、工作目的和要求、工作态度及具体做法等。访谈法通常适用于脑力工作者的职位分析,如研发、设计、管理等。访谈法对职位分析专家的语言表达能力和逻辑思维能力有较高的要求。

2. 访谈法的运用与实施

有效的职位分析需要从访谈中得到尽可能全面和清晰的职务信息。因此,访谈法要想实现预期目标,需要设立一定的工作流程,按照一定的访谈准则进行。一般来说,工作流程由访谈前准备、确定访谈方法和提纲、培训访谈者、实施访谈并做好访谈记录以及整理和确认访谈信息等环节构成。

(1)访谈前准备。在进行正式访谈之前,准备工作主要包括以下几点:① 明确访谈目的,收集所需的信息。通常情况下,根据访谈目的,收集、了解与访谈职务相关的信息,如之前相关的访谈记录、有关该职务的文件记录等。② 了解访谈对象。包括访谈对象所在岗位名称、主管部门、所属部门、工作地点等,并了解访谈对象之间的差异性。③ 时间与地点的安排。尽可能安排在无人打扰的场所进行面谈,以及选择对双方来说都比较方便的访谈时间。

(2)确定访谈方法和提纲。一般而言,需要确定工作任务和责任时运用访谈法比较恰当。访谈者必须明确访谈的目的,以得到任职者四个方面的信息:① 工作目标,即组织为什么设置这个工作岗位,并根据什么给予报酬。② 工作的范围与性质(面谈的内容),即该工作在组织中的关系,所需的一般技术知识、管理知识、人际关系知识,需要解决问题的性质及自主权,工作在多大范围内进行,员工行为最终结果如何度量。③ 工作内容,即任职者在组织中有多大作用,其行为对组织的影响有多大。④ 工作责任,它涉及组织战略决策、执行等方面的情况。

由于访谈法在很大程度上依赖于现有任职者及其主管向职位分析专家提供有关某一职位的相关行为或个人特征信息,因此,为确保从访谈对象处收集的职务信息客观、准确,通常需要拟定一份比较详细的访谈提纲。相对于问题形式的访谈提纲,列表形式的访谈提纲更便于记录、归纳和比较,并能更好地将访谈内容限制在与工作有关的范围内。问题形式的访谈提纲如表3-4所示。

表3-4 问题形式的访谈提纲示例

1. 请您用一句话概括您的职位在本公司中存在的价值,以及它要完成的主要的工作内容和要达成的目标。
2. 与您进行工作联系的主要人员有哪些?联系的主要方式是什么?
3. 您认为您的主要工作职责是什么?请至少列出八项职责。
4. 对于这些职责您是怎样完成的,在执行过程中遇到的主要困难和问题是什么?
5. 请您指出以上各项职责在工作总时间中所占的百分比(请指出其中耗时最多的三项)。
6. 请指出以上您的工作职责中最为重要、对公司最有价值的职责。
7. 组织所赋予您的主要权限有哪些?您认为这些权限哪些是合适的,哪些需要重新界定?
8. 请您就以上工作职责,谈谈评价这些职责是否出色完成的标准。
9. 您认为在工作中您需要其他部门、其他职位为您提供哪些方面的配合、支持与服务?在这些方面,目前做得好的是什么,尚待改进的是什么?
10. 您认为要出色地完成以上各项职责需要具备什么样的学历和专业背景?需要拥有什么样的工作经验(类型和时间)?
11. 您认为要出色地完成以上各项职责需要具备哪些专业知识和技能?您认为要出色地完成以上各项职责需要什么样的个性与品质?
12. 请问工作中您自主决策的机会有多大?您是否经常加班?工作繁忙是否具有很大的不均衡性?工作中是否要求精力高度集中?工作负荷有多大?

(3) 培训访谈者。在实际工作中,并不是每个访谈者都可以主持好访谈。访谈需要一系列技巧,例如,积极地倾听与沟通,在引导的同时使访谈对象处于放松状态,引导访谈对象提供真实信息,对访谈内容随时进行准确记录等。这些技巧对于专业的职位分析专家而言可能不是问题,但是,大多数访谈者可能还需要进一步加强。

(4) 实施访谈并做好访谈记录。在实施访谈阶段,通常分为三个步骤:开始、提问与交流、结束。

由于访谈的问题一般较多,为保证质量,以及便于归纳、比较,访谈记录最好采用标准形式,这也有助于将访谈内容限制在与工作有关的范围内。

(5) 整理和确认访谈信息。在面谈结束后,职位分析专家需要对访谈资料进行归纳和整理,并做必要的检查和核对。通常,应该与访谈对象或其主管一起对记录及收集的工作信息进行最后的检查和确认。

(二) 观察法

1. 观察法简介

观察法是指研究者根据一定的研究目的、研究提纲或观察表,用自己的感官和辅助工具去观察研究对象,从而获得第一手原始信息和感性材料。

在职位分析中,观察法一般都是直接观察法,也称自然观察法或现场观察法。根据观察法的特点,职位分析人员可以较全面地观察到所分析工作的整体情况,包括员工的工作过程、行为、内容、特点、性质、工具、工作环境等,并用文字或图表的形式记录这些信息;还可以利用有关仪器测量噪声、光线、湿度、温度等工作条件。观察法的实质是通过观察、记录、分析职务的整体情况,如工作流程和工作方法等,发现不合理之处,以便寻找改进方法,提高工作效率。

观察法一般不适用于以下情境的职位分析:隐蔽性强,复杂度高,不确定性高,脑力活动较多,或者工作周期太长,工作时间和空间没有规律(如突发性、应急性的工作)。例如,对设计师、律师、管理者等需用较多脑力的工作者,观察法并不适用。又如,对为紧急医护任务待命或在急救病房待命的护士也不宜用观察法。

观察法一般会结合访谈法一起使用,比较适用于大量标准化的、周期较短的、以体力活动为主的外显行为特征的职位分析,常用于相对简单、重复性高且容易观察的职位分析。

观察法具有以下使用原则:

(1) 被观察者的工作应相对稳定,即在一定的时间内,工作内容、程序以及对工作人员的要求不会发生明显的变化。

(2) 适用于大量标准化的、周期较短的以体力劳动为主的工作,不适用于以脑力劳动为主的工作。

(3) 要注意工作行为样本的代表性,有时有些行为在观察过程中可能未表现出来。

(4) 观察者尽可能不要引起被观察者的注意,不应干扰被观察者的工作。

(5) 观察前要有详细的观察提纲和行为标准。

2. 观察法的运用

运用观察法主要有两种方式:第一种是职位分析人员可以在员工的工作期间观察并记录员工的工作活动,然后和员工进行面谈,请员工进行补充;分析人员也可以一边观察员工的工作,一边和员工交谈。这种方式有利于分析人员专心观察和记录,而且不会干扰员工的工作。第二种是通过问卷获得基本信息,再通过访谈和直接观察来确认和补充已了解的情况。它有效地把观察法和问卷法、访谈法结合在一起。究竟选择何种方式,既要考虑到企业的特色和实际情况,又要兼顾调查时间和经费。

(三) 工作日志法

工作日志(Diaries or Logs)法也称现场日志法或工作日记法,它实际上也是一种观察分析法,只不过观察者与观察对象合二为一,是任职者进行自我观察的方法。任职者每天按时间顺序详细记录自己的工作任务、程序、方法、职责、权限以及各项工作所花费的时间等,形成工作日志,然后经过归纳、分析,达到职位分析的目的。工作日志一般要连续记录10天以上。工作日志通常由员工以日志的形式自己填写,但有时为节省填写者的时间或保持记录水准,也会提供统一格式。例如,航海日志、维修记录、保安人员的值班记录等,都是这一方法的具体应用。

工作日志法应用的前提是任职者对自己所从事的工作情况与要求最为了解,因此,这种方法能提供较具体、详细的工作情况,适用于对内容复杂的或技能要求高的职位进行分析。例如,一家上海的公共关系公司有几十名业务员,他们每天负责某一方面的客户工作,职位分析面谈及其他调查经常高估了他们的主要工作,因此,人力资源部门就建议业务员们记工作日志。一开始,大部分员工都拒绝执行,后经反复说明,业务员们同意试行一个月。结果,人力资源部门获得了所需要的工作信息,同时业务员们也更好地了解了他们的工作重点和时间安排等事宜,有助于改进工作。

工作日志法的关键在于工作日志的写法。在采用工作日志法收集职位信息时,必须做好充分的准备工作,并设定一定的信息记录规范和要求,包括必要的表格和填写说明等,以确保整个日志填写及随后信息整理分析过程的顺利进行。

一般来说,在职位分析中应用工作日志法,需要事先根据职位分析的目的和要求,设计相应的工具表格。工作日志的内容包括"做什么""如何做"和"为什么做"三个方面。其中,在描述任职者做什么时,应以职位的脑力和体力活动描述为特征。

在设计工作日志记录表格的同时,还需要设计填写表格的指导说明语。指导说明语可以较概括,也可以较具体,这取决于职位信息收集范围大小、填写工作日志人员多少、时间长短及组织管理程序繁简等因素。但需要指出的是,指导说明语应尽可能简洁明了,便于填写者理解和领会。

基于工作日志法的特点,在职位分析中,它常与其他方法相结合,而很少作为唯一的信息收集方法使用。在实际工作中,许多职位分析专家将组织既有的日志作为设计问卷、计划访谈的参考资料。

(四)主管人员分析法

这种方法是指由主管人员记录与分析所管辖人员的工作任务、责任与要求等因素。主管人员分析法最大的优点是记录方便,他们与所分析的工作天天打交道,因此非常了解,尤其是他们以前从事过这些工作,目的比较明确,分析得很深入。但主管人员的分析中也可能存在一些偏见,尤其是那些只干过其中一部分工作而对全部工作不是很了解的人,他们往往偏重于自己所从事过的那部分工作,为此可以通过将主管人员分析法与工作日志法相结合来消除这种偏差。

(五)文献分析法

为降低职位分析的成本,应尽量利用原有的资料,例如责任制文本等人事文件,以大致了解每项工作的任务、责任、权利、负荷、任职资格等,为进一步调查分析奠定基础,这就是文献分析法。这种方法一般用于收集工作的原始信息、编制任务清单初稿等。

使用该方法时要注意:对现有文献分析时,一定要坚持所收集信息的"参考"地位,切忌先入为主,而影响职位分析乃至其他管理活动的最终结果。

(六)主题专家会议法

主题专家(Subject Matter Experts,SMEs)会议通常指与熟悉被分析职位的组织内部人和外部人集思广益的过程,这些人包括任职者、直接主管、曾经的任职者、内部客户、其他熟悉该职位的人,以及咨询专家、外部客户、其他组织中对应职位的任职者。这个过程在组织行为学中被称为群体决策,其实现方法有多种。传统方法就是互动群体法,即所有与会者自由发言,提出自己的观点。但是这种方法潜藏着较多的人际冲突,在很多情况下,一些与会者因为级别、身份的差异而承受较大的从众压力,因此,从中得到的观点与意见数量有限。

除互动群体法外,还有以下三种实现方法:

1. 脑力激荡法

脑力激荡法的实质是让参加会议的成员畅所欲言,不许任何人对这些观点加以评论,以克服讨论过程中的从众压力。在典型的脑力激荡法讨论中,6~12人围坐在一张桌子旁,会议组织者先用清楚明了的方式把问题说明白,让每个人都了解。然后,在给定的时间内,大家可以自由发言,尽可能地提出自己的观点与意见。在这段时间,任何人都不得对发言者加以评价。所有的观点与意见都记录在案,直到最后才允许与会者来分析这些观点与意见。

2. 名义群体法

名义群体法是指在决策过程中对与会者的讨论或人际沟通加以限制,这就是"名义"一词的含义。开会时,与会者首先进行个体决策。具体方法是,在问题提出后,采取以下几个步骤:

(1)参加会议的人聚在一起,在进行讨论前,每个与会者写下自己对解决该问题的看法与观点。

(2)之后,每个与会者都要向其他与会者说明自己的观点,依次进行,每种观点都记录在纸或板上。待所有观点都被记录下来后再进行讨论。

(3)与会者围绕各观点进行讨论,并进一步澄清和评价这些观点。

(4)每个与会者独自对这些观点进行排序。最终决策结果是排序最靠前、选择最集中的那个观点。

名义群体法允许出主意的人聚在一起,但是又不像互动群体那样限制个体的思维,这是它的主要优点。

3. 电子会议法

电子会议法是名义群体法与复杂的计算机技术的混合,前提是具备相应的技术条件。典型的电子会议的场景是:50人左右围坐在马蹄形的桌子旁,面前只有一台计算机终端。问题通过会议室中的大屏幕传达给与会者,并要求他们把自己的观点与意见输入计算机终端。个人的观点、意见或投票都显示在投影屏幕上。

这种方法的优点是匿名、可靠、迅速。具体来看,与会者一旦把自己的想法输入计算机终端,所有人都可以在屏幕上看到;由于匿名,与会者可以真实地表明自己的态度;会议过程中由于没有闲聊,讨论不会偏离主题,大家可以在同一时间互不妨碍地相互"交谈",

不会打断别人。

主题专家会议法在整个组织管理过程中有着极其广泛的用途,在具体的职位分析中,常常被用来收集基础信息。此外,它还担负着最终确认职位分析成果,并且加以推广运用的重要职能。

(七) 问卷法

1. 问卷法简介

问卷法是工作分析中最常用的一种方法,是采用调查问卷来获取工作分析的信息、达到工作分析目的的一种方法。首先,由职位分析人员事先设计出一套职务分析的问卷;其次,由任职者填写问卷,也可以由职位分析人员填写;最后,将问卷加以归纳分析,做好详细记录,并据此写出工作职务描述。这里需要注意,形成的工作职务描述要再征求任职者的意见,并进行补充和修改。

职位分析中使用的调查问卷有很多种,既有适合各种职位调查的通用问卷,又有针对某一专业岗位的问卷;既有信度、效度都很高的标准化问卷,又有非标准化问卷;既有针对脑力劳动者的问卷,又有针对体力劳动者的问卷。问卷设置的问题一般分为开放式问题和封闭式问题两类。开放式问题指不给被调查者提供具体答案,而由被调查者自由填答的问题。其优点是被调查者可自由地按自己的方式表达意见,不受限制;缺点是要求回答者具有较高的知识水平和较强的文字表达能力,完成问卷所花的时间和精力比较多,只能进行定性分析,难以进行定量统计的处理和分析。封闭式问题指在提出问题的同时,也给出若干答案,要求被调查者进行选择回答。其优点是填写方便,对被调查者的文字表达能力没有过高的要求,易于进行定量统计分析;缺点是失去了开放式问题的丰富多样的回答。一般问卷都是将这两种问题结合,以封闭式问题为主、开放式问题为辅。

这里我们主要讨论职位分析中问卷法的一般应用。事实上,国外理论专家已经研究设计出应用于职位分析的专业性问卷法,如职位分析问卷法、管理职务描述问卷法等。这些专业性问卷法将在以人为基础的职位分析方法中进行具体讨论。

2. 问卷法的基本流程

在职位分析中,问卷法通过预先设计的调查问卷来获取职位分析的相关信息,从而达到职位分析的目的。问卷法的基本流程是:首先设计出问卷,然后将问卷发给选定的员工,要求员工在一定时间内(有时是当场)填写,以获取有关信息。通常这种方法比较节约职位分析人员的时间与经费,也可从较多工作人员处获得资料。但是它的成败不仅取决于问卷本身设计的质量,还受到被调查者文化素质的高低及其填写时的态度等因素的影响。

二、以人为基础的职位分析方法

通用的、传统的职位分析方法往往费时耗资,所得的信息以叙述性的信息居多,容易产生主观性偏差。

以人为基础的职位分析在一些教材里又被称为人员分析,主要是针对不同等级、类型的工作与个人特征之间的关系进行分析,即从任职者角度出发,侧重于分析任职者在履行工作职责时所需要的知识、技术、能力以及其他行为特征等。因此,人员分析的成果是工作规范。这些方法大多通过量化的方式刻画职位特征,体现出较高的结构化特征。下面介绍几种常用的以人为基础的职位分析方法。

(一)美国劳工部系统

1. 美国劳工部系统简介

美国劳工部(U. S. Department of Labor,DOL)系统是美国劳工部开发和使用的一个职位定向分析系统,其结果用工作描述的形式表现出来。标准的工作描述包括工作概况、工作任务和工作的量化。工作描述要对各相关因素进行叙述性说明,其中个人特征包括教育与培训、才能、人格、兴趣、身体要求和环境条件六大类,以达到人员分析的目的。

2. 个人特征

表 3-5 是对揉面师工作的描述,我们根据这个例子来简单介绍一下个人特征的具体含义。

表 3-5 对揉面师工作的描述

工作名称:揉面师
产业类别:面包制作
SIC 码及名称:2051 面包及其他烘焙制品,饼干除外
DOT 码:520-782
工作概要:
根据设定程序操作机器搅拌纯面粉和酵母粉,指导其他工人进行面粉发酵和手工切块
任职条件量化描述:
一般学历教育:1　②　3　4　5　6
特定职业培训:1　2　3　④　5　6　7　8　9
才能:G3　V3　N3　S3　P3　Q4　K3　F3　M3　E4　C4
人格:D　F　I　J　(M)　P　R　S　(T)　V
兴趣:(1a)　1b　2a　2b　3a　3b　4a　(4b)　5a　(5b)
身体要求:S　L　M　(H)　V　1　2　③　④　5　⑥

(1)教育与培训。指某一特定职位对任职者应具备的一般学历教育与特定职业培训的平均要求。

一般学历教育开发了任职者的推理水平和继续学习的能力,使任职者掌握基础性的知识,如语言、数学等。相应量表包含推理、数学、语言这 3 个变量,每个变量分为 6 个水平。最后得分由这 3 个变量的水平合成。表 3-5 中揉面师工作的该指标得分为 2。

特定职业培训包含以下几个方面:职业教育、学徒训练、厂内培训、在职培训和从事其他相关工作的经验(其中不包括环境适应的学习)。它将测量结果分为 9 个水平。水平 1 代表的时间最短(1~30 小时),水平 9 代表的时间最长(超过 10 年)。表 3-5 中揉面师工作的该指标值为 4,代表 3~6 个月的培训时间。

(2)才能。指任职者具有一定的从事或学习从事某项任务的能力。DOL 系统共列出 11 种才能,每个才能分 5 个水平。水平 1 指全部员工中前 10% 所具备的水平,水平 5 是后 10% 所具备的水平。字母是各才能的代号,例如 C 表示辨别颜色的能力,数字表示才能的

水平。从表 3-5 中可以看出揉面师工作的才能量化要求,一般来讲,揉面师的工作所需才能水平为 3,属中等水平。

(3) 人格。指与不同的工作环境和要求相适应的个体特征,人格的描述是工作场所对行为要求的体现。DOL 系统给出 10 种人格描述。就揉面师而言,有两种相关的人格类别:一个是 M,指与概括、评价和数量决策相适应的个性特征;另一个是 T,指与限制、容忍和标准等严格要求相适应的人格特征。

(4) 兴趣。指个体选择某种类型的工作活动或经验的内在倾向,它同时具有排斥与之相反的活动或经验的倾向性。DOL 系统列出了 5 对兴趣因素。在每对因素中,选择某一方面的同时也就意味着对另一方面的排斥。表 3-5 中显示出与揉面师的工作相关的兴趣因素:1a 是倾向于与事物打交道的活动;4b 是倾向于与过程、机械、技术有关的活动;5b 是倾向于能预测结果和成效的工作。

(5) 身体要求。DOL 系统包含 6 种身体要求,它们都以量化的形式表现出来。第一个因素(强度)是指工作对身体的要求的繁重程度,分为轻(S)、较轻(L)、中等(M)、重(H)、很重(V)5 个等级,从表 3-5 中可以看出,揉面师的工作处于"重"这一类别(H 是最多能举起 100 磅的东西,并且经常举起或携带 50 磅的东西)。其他五个身体要素用来衡量/描述其他体力和感官功能,是依据频数量表来量化的。对揉面工作来说,第三、第四和第六个因素具有具体的实际意义(在表 3-5 中被圈起)。

此外还有环境条件,在 DOL 系统中,环境条件是与身体要求联系在一起的。

3. DOL 系统的优缺点

在实际运用过程中,我们看到 DOL 系统对人员分析的作用。首先,从很大程度上说,它是工作分析的基础系统,美国劳工部应用它指导美国地方各级政府的工作实践,产生了很大的影响。其次,它又是易于理解和使用的可扩展系统。它的研制者率先提出了与绝大多数的工作相关的信息结构要求,并证实了这些内容的有效性。据我们所知,没有任何其他系统可在观念上、工作情境的描述上和技术手段上完全取代它。最后,DOL 系统所提供的方法与细节,对其他分析系统的理解有很大的帮助。

然而,DOL 系统的量表较为粗糙,甚至有些量表存在严重的术语混淆,使用时由于理解的不同会造成较大的误差。另外,该系统在量化工作方面做得不够到位。DOL 系统要求职位分析人员参与分析,但未制定出规则来决定什么样的人有资格做量化工作、理想的职位分析人员的数目是多少、评定者达成共同决议的方法是什么、采纳评定结果的标准是什么等。因此,DOL 系统还不是一个严格、完善的系统。

(二) 医疗人员分析系统

1. 医疗人员分析系统简介

医疗人员分析系统(Hospital Man Analysis System,HSMS)包含 18 个量表,其中 1 个用来测查任务出现的频率,还有 1 个用来测查知识水平,其他 16 个都用来测查人的一般技能。因此,我们仍把它归为以人为基础的职位分析方法。

HSMS 在描述技能与知识的区别时,提出了一种有趣的观点,这种观点在 HSMS 的量表编制中占据了主导地位。HSMS 认为:技能是一种可传授的行为特征,个体为完成某项任务而进行智力或体力活动时会显露出这种特征,并假定完成任务所需的技能的等级和数量是可以被评估的,还假定技能是可以随着学习而提升的;而知识是指细节信息、事实、概念和理论,这种理论是特定学科或领域信息的一部分,它阐述事物的功能及如何运用这些功能。如果说技能和知识都是可传授的,那么技能的学习必须通过实践,而知识基本上是通过讲解式的传授方法与个体的了解及理解获得的。然而在工作中运用和使用知识时需要技能。这些定义强调了技能是那些需在从事某项任务时才表现出来的特征,而知识却是在完成某项任务时用到的信息。HSMS 还认为:做出决策并不是基于人的能力,而是基于所要满足的需求;依据的是任务,而非人的特质或能力。

2. HSMS 的方法要点

HSMS 是指通过一系列精心制定的规则、准则和步骤,采用现成的量表来认定各项任务所需的技能。其要点如下:

(1)任务中的所有要素,包括任务中各个阶段及其中的事务,都应作为量化工作的一部分。

(2)在量化每一个项目前,职位分析人员要充分地考虑可能出现的最小量化值,使每个项目都能得到相应的量化且量化值大于零。每个项目的量化方法应分别考虑,量化等级是从左至右递增的。

(3)对一定技能而言,要确定任务实例和要素所能达到的最大量化值。这个值是根据完成该任务可以达到的水平以及可接受的标准来确定,而不是根据一般的、通用的或高水平的作业结果来确定。

3. 对 HSMS 的评价

HSMS 所需的技能一般是直接从其他任务描述中提炼出来的,所以,此系统的贡献是界定了特定任务所要求的品质。HSMS 在技能的定义中关注工作者应有的行为的类型和水准,而不是寻求抽象的人的特质。由该系统作出的工作者描述能更好地经受实际工作的考验,也在平等就业机会方面获得好评。

但是,该系统在人力资源管理的应用中有以下两个局限:

(1)在这一系统下,技能需求的界定完全依赖于对任务的描述过程。对那些机械的 HSMS 分析员来说,必须首先按系统的要求来定义任务。

(2)该系统中一般的技能在很大程度上是与医疗保健相关的,所以其他产业或领域的职位分析可能不适合借鉴。

(三)职位分析问卷法

1. 职位分析问卷法概述

职位分析问卷(Position Analysis Questionnaire,PAQ)是美国普渡大学(Purdue University)的研究员 E. J. 麦考米克(E. J. McCormick)等在 1972 年研究开发的,它是一项基于计算机的、以人为基础的、高度结构化的系统性职位分析方法。它采用清单的方式来收集、分析和确定职位信息,涉及工作行为、工作条件和职位特征等。其研究设计者最初的设计理念有以下两点:① 开发一种一般性的、可量化的方法,用以准确确定工作的任职资格

（代替传统的测试程序）；② 开发一种量化的方法，用来估计每项工作的价值，进而为制定薪酬提供依据（以补充传统的、以主观判断为主的工作评价方法）。因此，PAQ 在研发之初即试图分析所有的工作，而在纷繁复杂的工作中，只有人的行为是"共通"的，所以 PAQ 的定位是人员倾向性的，即从普遍的员工行为角度来描述工作是如何被完成的，可用于多种职位类型。而且由于其问题措辞的一般性，PAQ 适用于公共和私营部门的许多职位。

PAQ 主要包括 194 个项目，其中 187 项被用来分析员工工作活动的特征（工作元素），另外 7 项涉及薪酬问题。这些项目所描述的是包含在工作活动中的"人的行为"，比如工作中人的感觉、知觉、智力发挥、体力消耗和人际活动等，表现了一般的工作行为、工作条件和职位特征。所有项目被划分为六大类别，其结构维度如表 3-6 所示。

表 3-6　PAQ 维度示例

1. 信息输入：从何处以及如何获得工作所需的信息？ • 知觉解释：解释感觉到的事物 • 信息使用：使用各种已有的信息资源 • 视觉信息获取：通过对设备、材料的观察获取信息 • 知觉判断：对感觉到的事物做出判断 • 环境感知：了解各种环境条件 • 知觉运用：适用各种感知	4. 工作情境：工作所处的自然环境和社会环境如何？ • 潜在压力环境：环境中是否存在压力和消极因素 • 自我要求环境：对自我严格要求的环境 • 工作潜在危险：工作中的危险因素
2. 体力活动：工作中包含哪些体力活动，需要使用什么工具设备？ • 使用工具：使用各种机器、工具 • 身体活动：工作过程中的身体活动 • 控制身体协调：操作控制机械、流程 • 技术性活动：从事技术性或技巧性活动 • 使用设备：使用大量的各种各样的装备、设备 • 手工活动：从事与手工操作性相关的活动 • 身体协调性：身体一般性协调	5. 人际关系：工作中需要与哪些人发生何种内容的工作关系？ • 信息互换：相互交流相关信息 • 一般私人接触：从事一般性私人联络和接触 • 监督/协调：从事监督/协调等相关活动 • 工作交流：与工作相关的信息交流 • 公共接触：公共场合的相关接触
3. 脑力处理：工作中有哪些脑力加工活动？ • 决策：做出决策 • 信息处理：加工处理信息	6. 其他行为、条件和特征 • 典型性：典型和非典型性工作实践的比较 • 事务性工作：从事事务性工作 • 着装要求：自我选择与特定着装要求的比较 • 薪资浮动比率：浮动薪酬与固定薪酬的比较 • 规律性：有无规律工作实践的比较 • 强制性：在强制的环境下工作 • 结构性：从事结构性和非结构性工作活动 • 灵活性：敏锐地适应工作活动、环境的变化

每一个项目既要评定其是否属于职务要素,还要使用量表来评定其重要程度、花费时间及困难程度。PAQ 给出了六个计分标准,即信息使用程度(U)、工作耗费时间(T)、对各个部门以及各部门内各单元的适用性(A)、对工作的重要程度(I)、发生的可能性(P)、特殊计分(S),每个计分标准又被划分为六个等级。在使用职位分析问卷时,用这六个评价因素对所需分析的职务进行一一分析核查,按照 PAQ 给出的计分标准,确定职务的得分。表 3-7 列出了对工作资料来源这一系列项目的信息使用程度的评分标准。

表 3-7　对工作资料来源这一系列项目的信息使用程度的评分标准

使用程度:NA. 不曾使用　1. 极少　2. 少　3. 中等　4. 重要　5. 不重要
资料投入
工作资料来源(请根据任职者使用的程度,审核下列项目中各种资料的来源)
工作资料的可见来源(按照等级由高至低排列)
1. ＿＿＿＿书面资料(书籍、报告、文章、说明书等)
2. ＿＿＿＿计量性资料(与数量有关的资料,如图标、报表、清单等)
3. ＿＿＿＿图画性资料(图形、设计图、X 光片、地图、描图等)
4. ＿＿＿＿模型及相关器具(模板、钢板、模型等)
5. ＿＿＿＿可见陈列物(计量表、速度计、钟表、画线工具等)
6. ＿＿＿＿测量器具(尺、天平、温度计、量杯等)
7. ＿＿＿＿机械器具
8. ＿＿＿＿使用中的物料(工作中、修理中和使用中的零件、材料和物体等)
9. ＿＿＿＿尚未使用的物料(未经过处理的零件、材料和物体等)
10. ＿＿＿＿大自然特色(风景、田野、地质样品、植物等)
11. ＿＿＿＿人为环境特色(建筑物、水库、公路等,经过观察或检查已成为工作资料的来源)

从表 3-7 中可以看到,书面资料被评定为第一等级,这说明书面材料在工作中扮演了重要角色。

2. PAQ 的操作

PAQ 的操作过程可具体划分为七个步骤,如图 3-3 所示。虽然具体的步骤可能在不同的组织和管理部门中发生变化,但是这里所描述的操作过程涉及大多数 PAQ 的应用活动。

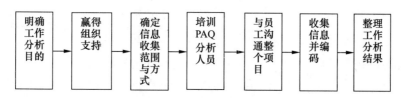

图 3-3　PAQ 操作的七个步骤

PAQ 非常复杂,因此一般由专业的职位分析人员填写,但是首先要通过访谈法、主题专家会议法等通用方法来收集工作的基本信息。PAQ 也可以由任职者或主管人员填写,但是需要由专人指导,由此导致实施的成本较高,而且理解程度的差异也会使分析结果的准确度下降。

3. PAQ 的优缺点

PAQ 的优点主要有以下四个方面：

第一，同时考虑了员工与工作两个因素，并将各种工作所需要的基础技能与基础行为以标准化的方式罗列出来，从而为人事调查、薪酬标准制定等提供了依据。

第二，大多数工作皆可由五个基本尺度加以描绘，因此 PAQ 可将工作分为不同的等级。

第三，由于 PAQ 可得出每一项（或每一类）工作的技能数值与等级，因此它还可以用来进行工作评估及人员甄选。

第四，PAQ 不需要修改就可用于不同的组织和工作，使得比较各组织间的工作更加容易，也使得工作分析更加准确与合理。

PAQ 的缺点体现在以下四个方面：

第一，耗时较长，也非常烦琐。

第二，问卷的填写人要求是受过专业训练的分析人员，而不是任职者或其上级。

第三，它的通用化或标准化的格式导致工作特征的抽象化，所以不能描述实际工作中特定的、具体的任务活动。

第四，可读性差，任职者须具备较高的阅读水平才能够理解其各个项目。

综上所述，对于工作描述与工作再设计而言，PAQ 不是理想的工具。

（四）工作要素法

1. 工作要素法概述

工作要素法（Job Element Method，JEM）是一种典型的开放式的、以人为基础的职位分析方法。它是由美国人事管理局的 E. S. 普里默夫（E. S. Primoff）研究开发的。由于工作要素或任职者所具备的人员特征对于工作而言是最简单、最基本的方面，因此，这种方法的目的就是确定对成功完成某项工作有显著作用的行为及该行为的依据。

需要注意的是，JEM 所关注的工作要素不是本章第一节所定义的工作中的最小动作单位，而是包括知识、技术、能力、工作习惯和个性特征等在内的与任职者的特征密切相关的一系列要素，具体包括如下几类：

（1）知识。例如，专业水平、外语水平、知识面的宽窄等。

（2）技术。例如，计算机技术、驾驶技术、叉车操作技术等。

（3）能力。例如，口头表达能力、判断能力、管理能力等。

（4）工作习惯。例如，对工作的热爱程度、承担超负荷工作的意愿、工作时间的规律性等。

（5）个性特征。例如，自信心、主动性、独立性、外向与否等。

这里需要特别说明的是，只有那些对完成所研究的工作有重要影响的要素才能被列入考虑范围，这也是 JEM 与 PAQ 的区别所在。

运用 JEM 时,首先要收集被分析工作的相关要素,并进行整理归类,将其划分为一系列分析维度(即待分析的工作要素)和子维度(即子要素);然后利用工作要素表对每一要素进行分析,从而达到职位分析的目的。比如,准确性是收银员工作的工作要素之一,它的子要素可能包括找零的准确性、收款机操作的准确性和价格演算的准确性等。

2. JEM 的操作

使用 JEM 时,一般要按以下步骤进行:

(1)收集工作要素。

这一过程通常要通过主题专家会议法来实现。工作要素的提出应该以完成目标工作所需的知识、技能、能力和个人特征为根据,并和该工作相联系。与会者应从工作的各方面反复考虑每个被提出的要素,确保这些要素可以完全覆盖目标工作的要求。在实际应用中,可以借鉴 PAQ 中的维度对工作要素进行思考,以收集全面、准确的工作要素。最后将所有被提出的要素罗列在工作要素清单上。关于专业技术人员这类工作的工作要素清单如下:

> 专业知识、专业技术、应对困难和挫折的能力、记忆能力、变化适应能力、孤独排遣能力、平抑不满能力、主动性、勇气、激励、组织能力、理论转化能力、协调能力、抽象能力、判断能力、逻辑思维能力、成就动机、信息接受能力、快速思维能力、想象力、决策能力、亲和力、创造力、敏感性、手工操作能力、体力、健康的体魄、独立性、团队合作性、毅力、自信、责任感、预先计划能力、内向性、外向性、果断性、理解能力、职业道德、创新精神、好奇心、承担超负荷的工作、学习愿望、多方面考虑问题的能力、主要与次要区分能力、自律、自尊、工作时间不规律、心理控制能力、口头表达能力、书面表达能力、时间管理能力、外语运用能力、计算机运用能力、调查研究能力、沟通能力、学历、应付高压力工作的能力、谦虚、同时处理多个问题的能力、冒险意识、社交能力、推理能力、忍耐力、工作细节把握能力

(2)整理工作要素。

收集好工作要素,主题专家小组的成员们要将工作要素资料进行归类和筛选,把相同或相近含义的工作要素整合在一起。可以采用类属分析法将相同或相近含义的工作要素归入同一类别,为每一类别赋予相应的名称,并根据该类别所包含的工作要素的内容和特点对其进行明确的界定及解释。还要筛选出各大类的下属类别,以初步确定工作分析的维度及子维度。整理结束后要形成一份工作分析要素类属清单。对关于专业技术人员的工作要素进行整理后,所得到的工作要素类属清单如表 3-8 所示。

表 3-8 专业技术人员工作要素类属清单

维度	心理调节能力	突出的智力能力	鲜明的个性特征	特定的工作习惯	熟练的知识和技能	身体素质
界定	有效完成工作所需的心理素质和能力	有效完成工作所需的智力方面的能力和天赋	有效完成工作所需的性格特点	有效完成工作所需的行为习惯或意愿	有效完成工作所需的更多依赖后天习得的知识和技能	有效完成工作所需的身体方面的特征

（续表）

子维度	• 应付高压力工作的能力 • 应对困难和挫折的能力 • 心理控制能力 • 变化适应能力 • 孤独排遣能力 • 平抑不满能力 • 忍耐力 • 勇气	• 判断能力 • 抽象能力 • 记忆能力 • 逻辑思维能力 • 推理能力 • 信息接受能力 • 快速思维能力 • 理解能力 • 想象力 • 创造力 • 敏感性	• 创新精神 • 独立性 • 团队合作性 • 自尊 • 毅力 • 成就动机 • 自信 • 主动性 • 责任感 • 好奇心 • 冒险意识 • 社交能力 • 亲和力 • 内向性 • 外向性 • 果断性 • 谦虚	• 工作时间不规律 • 承担超负荷的工作 • 职业道德 • 学习愿望 • 同时处理多个问题的能力 • 工作细节把握能力 • 预先计划能力 • 多方面考虑问题的能力 • 主要与次要区分能力 • 自律	• 口头表达能力 • 书面表达能力 • 学历 • 专业知识 • 专业技术 • 时间管理能力 • 外语运用能力 • 计算机运用能力 • 调查研究能力 • 沟通能力 • 理论转化能力 • 决策能力 • 协调能力 • 组织能力 • 激励	• 手工操作能力 • 健康的体魄

（3）评估工作要素。

在对工作要素资料进行初步的归类和筛选后,可以采用焦点小组的方法对工作分析的维度与子维度进行最终的划分。在本阶段,职位分析人员可以是主题专家小组的成员,也可以是对所分析工作熟悉和有所了解的其他非主题专家小组成员。焦点小组的每个成员分别根据自己的标准,运用工作要素表对上一步骤所得出的工作分析要素类属清单中的工作要素进行独立评估,并确定维度和子维度。在这个过程中,焦点小组成员要评估的是工作分析要素类属清单中已经被打乱的,且不区分维度和子维度的一个个独立的工作要素。各成员独立地对这些要素进行评估之后,再集合在一起,运用焦点小组的讨论方法,将各个子维度分别归类到不同的工作分析维度内,从而最终得到目标工作的分析维度及其子维度。

这一过程的具体操作步骤如下:第一步,组成焦点小组。焦点小组成员一般为六人。第二步,培训小组成员。培训内容为:明确任务与相关要求、发放相关材料和工具(主要是工作要素表)、介绍要素表的结构及各指标的含义。培训结束后,每个焦点小组就成为一个主题专家小组。第三步,各小组成员对工作要素进行独立评估。第四步,汇总评估结果,对评估结果进行数据处理。对专业技术人员的工作分析要素评估结果如表 3-9 所示。

表 3-9 专业技术人员工作分析要素评估结果

要素	B	S	T	P	IT	TV
应付高压力工作的能力(S)	50	92	58	67	61	98
应对困难和挫折的能力(S)	50	92	58	67	58	93

（续表）

要素	B	S	T	P	IT	TV
心理控制能力(S)	67	83	58	58	53	72
变化适应能力(S)	58	83	75	50	53	83
孤独排遣能力	83	83	33	50	23	-21
忍耐力(SC)	78	83	58	82	42	67
勇气	83	50	33	50	28	0
激励	92	50	17	75	31	-16
平抑不满能力(RS)	75	58	50	78	53	41
心理调节能力(E)	8	100	92	68	59	150
判断能力(S)	62	100	67	52	53	93
抽象能力(S)	43	92	67	75	56	94
记忆能力(RS)	75	58	67	75	53	47
逻辑思维能力(S)	53	92	92	50	58	84
推理能力(S)	42	83	67	50	50	83
快速思维能力	33	58	92	83	83	119
信息接受能力(S)	50	83	42	42	38	16
理解能力(E)	67	92	58	50	59	89
想象力	50	50	33	33	22	10
决策能力	42	42	92	58	67	150
创造力(S)	37	92	45	65	35	65
敏感性	58	42	54	34	67	86
突出的智力能力(E)	8	100	43	67	89	53
创新精神(S)	25	92	23	64	32	-10
独立性	42	67	34	52	36	75
团队合作性(S)	42	67	36	74	34	63
自尊(SC)	92	50	25	63	63	42
毅力(SC)	83	67	46	62	32	75
成就动机(S)	25	100	34	54	78	66
自信(S)	42	67	23	46	37	5
主动性(S)	42	83	38	58	45	-5
责任感	42	67	27	96	54	-36
好奇心	42	33	47	86	53	-26

（续表）

要素	B	S	T	P	IT	TV
冒险意识	50	33	53	21	36	-57
社交能力	67	17	26	64	46	75
亲和力	58	25	54	48	83	-26
内向性	50	8	32	47	53	21
外向性	50	25	27	89	64	134
谦虚	60	22	46	32	68	64
果断性(SC)	77	50	66	85	47	35
鲜明的个性特征(E)	25	100	37	86	54	52
工作时间不规律(S)	50	67	77	54	47	119
承担超负荷的工作(S)	50	67	23	58	41	14
职业道德(E)	42	100	31	46	63	83
学习愿望(S)	25	100	32	74	49	77
同时处理多个问题的能力	33	92	78	42	48	85
工作细节把握能力(S)	50	75	37	64	63	70
预先计划能力(S)	58	58	23	67	85	25
多方面考虑问题的能力(S)	25	92	62	36	76	46
主要与次要区分能力(S)	58	75	84	56	87	32
自律	67	25	57	24	64	63
特定的工作习惯(E)	8	100	36	85	23	65
熟练的知识和技能(E)	33	100	84	25	75	64
口头表达能力(RS)	75	58	36	76	34	75
书面表达能力(RS)	82	50	46	78	64	43
学历(S)	25	58	57	57	78	53
专业知识(E)	33	92	47	97	46	64
专业技术(E)	33	92	46	55	43	34
时间管理能力(S)	44	83	45	78	53	37
外语运用能力(S)	25	83	94	47	85	48
计算机运用能力	8	67	28	75	57	94
调查研究能力(S)	17	83	32	93	27	42
沟通能力(SC)	75	33	25	75	53	64
理论转化能力(S)	33	67	43	46	46	86

（续表）

要素	*B*	*S*	*T*	*P*	IT	TV
协调能力	75	17	43	67	97	54
组织能力	58	25	35	78	64	56
手工操作能力	75	33	53	46	54	43
健康的体魄	67	17	47	64	35	33
身体素质	92	17	47	55	75	45

B：表示最低评估要求，是指勉强合格的员工都需要具备的工作要素，是所有在此类岗位的员工都应该具备的最低限度素质。

S：表示对优秀员工的要求，用于突出在甄选优秀员工过程中该项工作要素的重要程度，这些要素是区分优秀员工的重要特征。

T：用于评估问题或麻烦出现的可能性，如果忽略此工作要素，就会导致程度不一的问题或麻烦出现。

P：用于评估工作要素在实际实施过程中的可能性，是指在岗位出现空缺的情况下，将该工作要素作为招聘标准能否补充空缺的岗位。

IT：表示此工作对任职人员的一般能力要求的大小，也可以理解为某一子维度对求职者进行区分的重要性。

TV：表示对任职者综合能力的要求，用来判断某一工作要素对该类工作的求职者是否存在区分的价值。

SC、RS、E 未改动。

（4）确定各类要求的工作要素。

这一过程仍需召开主题专家会议，讨论评估结果。首先，要检查工作要素清单，修改不恰当的维度与子维度的名称，删除或修改不科学的维度。其次，将标有 *S* 或 RS 的子维度划归到相应维度内。如果某些子维度无法划归到任何一个维度中，可以适当放宽 TV 值的限制标准，选择一个 TV 值低于 100 的要素作为维度来对这些子维度进行划分。最后，确定各工作要素。

对专业技术人员的工作分析要素评估结果整理如下：

第一，专业技术人员工作分析维度。根据评估结果将标有 *E* 的工作要素确定为该类工作的工作分析维度，结果如下：

心理调节能力、理解能力、突出的智力能力、鲜明的个性特征、特定的工作习惯、熟练的知识和技能、职业道德、专业知识、专业技术

第二，专业技术人员工作分析子维度。根据评估结果，将标有 *S* 或 RS 的要素确定为该类工作的工作分析子维度，结果如下：

应付高压力工作的能力、应对困难和挫折的能力、心理控制能力、变化适应能力、平抑不满能力、判断能力、抽象能力、记忆能力、逻辑思维能力、推理能力、信息接受能力、创造力、创新精神、团队合作性、成就动机、自信、主动性、工作时间不规律、承担超负荷的工作、学习愿望、工作细节把握能力、预先计划能力、多方面考虑问题的能力、主要与次要区分能力、口头表达能力、书面表达能力、学历、时间管理能力、外语运用能力、调查研究能力、理论转化能力

第三，专业技术人员最低要求要素。根据评估结果，将标有 SC 或 RS 的要素确定为该类工作人员的最低要求要素，结果如下：

忍耐力、自尊、毅力、果断性、平抑不满能力、记忆能力、口头表达能力、书面表达能力、沟通能力

第四，专业技术人员选拔性最低要求要素。根据评估结果，将标有 RS 的要素确定为该类人员的选拔性最低要求要素，结果如下：

平抑不满能力、记忆能力、口头表达能力、书面表达能力

第五，专业技术人员剔除要素。根据评估结果，将不能够被划分到上述四种情况的要素确定为剔除要素，将其剔除掉，结果如下：

孤独排遣能力、勇气、激励、快速思维能力、想象力、决策能力、敏感性、独立性、责任感、好奇心、冒险意识、社交能力、亲和力、内向性、外向性、谦虚、同时处理多个问题的能力、自律、计算机运用能力、协调能力、组织能力、手工操作能力、健康的体魄、身体素质

将评估结果与原来类属清单中的要素进行比较，可以得出以下结论：

第一，一些对于专业技术人员选拔效果不显著的要素将被剔除，如勇气、激励、协调能力、组织能力等。

第二，一些原来界定比较困难而实际涵盖范围比较广，或者是与清单中的其他子维度相关性很强的子维度，由于其 TV 得分超过 100，从而被提取出来作为单独的维度，如理解能力、专业知识、专业技术、职业道德等。

第三，涉及身体素质方面的维度和子维度全部被剔除，这说明身体素质在此类人员的选拔方面不是重点要素。

第四，原来类属清单中的一些子维度不再适合作为人员选拔的子维度，而是作为最低要求要素存在，如平抑不满能力、自尊等。

将上述评估结果所得到的维度，即心理调节能力、理解能力、突出的智力能力、鲜明的个性特征、特定的工作习惯、熟练的知识和技能、职业道德、专业知识、专业技能，交由焦点小组进行讨论，在小组成员一致同意的基础之上，将每个维度划分出主要的结构，并将每一个子维度划归到相应的维度中，详见表 3-10。

表 3-10 专业技术人员工作分析子维度划分

维度	子维度
心理调节能力	应付高压力工作的能力、应对困难和挫折的能力、心理控制能力、变化适应能力、平抑不满能力
突出的智力能力	判断能力、抽象能力、记忆能力、逻辑思维能力、推理能力、信息接受能力、创造力

（续表）

维度	子维度
鲜明的个性特征	创新精神、团队合作性、成就动机、自信、主动性
熟练的知识和技能（通用）	口头表达能力、书面表达能力、学历、时间管理能力、外语运用能力、调查研究能力、理论转化能力
特定的工作习惯	工作时间不规律、承担超负荷的工作、学习愿望、工作细节把握能力、预先计划能力、多方面考虑问题的能力、主要与次要区分能力
理解能力	未列出
专业知识	未列出
专业技能	未列出
职业道德	未列出

通过讨论和投票得出以下结论：

第一，由于将专业知识和专业技术作为独立的维度，因此熟练的知识和技能将特指那些非专业的通用知识和技能。

第二，将理解能力作为一个独立的维度是合理的，因为一个人的理解能力与其智力能力、心理能力和受教育程度甚至个性都有直接的正相关关系，因此它所涵盖的范围很广，从而其子维度也应该与其他维度下的某些子维度相同。但是由于理解能力还与经验、背景等特点有关，而其他维度并未涵盖这些要素，所以理解能力作为一个单独的维度可以存在，其下属的子维度暂时不列出。

第三，对于专业技术性工作来说，专业知识、专业技术和职业道德的范围非常广，可以将其作为一个维度，其子维度就应该是各类工作所需的专业知识、专业技术和职业道德，这里暂不列出。

（五）管理职位描述问卷

1. 管理职位描述问卷

管理职位描述问卷（Management Position Description Questionnaire，MPDQ）是专门针对管理人员而设计的工作分析系统，其针对性在整个工作分析系统中是最强的。最早的MPDQ产生于1974年，当时是用来对某公司的管理职位进行描述、比较和评价的。后来经过多次测试与修改（其间诞生了多个版本），MPDQ日趋成熟，最终形成了今天的版本，能用来分析各种企业的管理职位。

MPDQ是一种结构化的、工作导向的问卷，分析对象是管理职位和督导职位，由任职者自己完成。MPDQ所收集的回答是可量化的，能够通过电脑对其进行分析。这些信息包括工作行为、工作联系、工作范围、决策过程、素质要求及上下级之间的汇报关系等，为实现某些人力资源管理的目标服务。这些信息经过分析,形成供高层管理者和人力资源管理人员使用的、以应用为导向的决策支持性分析报告。报告有多种形式,可应用到工作描述、工作比较、工作评价、管理人员开发、绩效评价、甄选、晋升以及工作设计等人力资源管理职能中。

2. MPDQ 的结构与分析报告

(1) MPDQ 的内容。

MPDQ 通过因素分析将所包含的题目分为 15 个模块,每个模块包含一定量的相关题目,其结构见表 3-11。

表 3-11　MPDQ 的结构

模块名称	题目数量(个)	
	描述工作行为的题目数	其他内容的题目数
1. 一般信息(General Information)	0	16
2. 决策(Decision Making)	22	5
3. 计划与组织(Planning and Organizing)	27	0
4. 行政(Administering)	21	0
5. 控制(Controlling)	17	0
6. 督导(Supervising)	24	0
7. 咨询与创新(Consulting and Innovating)	20	0
8. 联系(Contacting)	16	0
9. 协作(Coordinating)	18	0
10. 表现(Representing)	21	0
11. 监控商业指标(Monitoring Business Indicators)	19	0
12. 综合评定(Overall Ratings)	10	0
13. 知识、技能与能力(Knowledge, Skills and Abilities)	0	31
14. 组织层级结构图(Organization Hierarchy Chart)	0	0
15. 评论(Comments)	0	7
总计	215	59

(2) MPDQ 的评价尺度。

MPDQ 的第二模块至第十一模块所用的评价尺度是五级评定[①]。针对每个题目所描

[①] 0:该活动与本工作完全无关;1:该活动只占本工作的一小部分且重要程度不高;2:该活动属于本工作的一般重要部分;3:该活动是本工作的重要组成部分;4:该活动是本工作的关键部分或者说至关重要的部分。

述的活动,问卷填写者需要评定该活动相对于该活动所包含的所有其他项目的重要程度和发生频率。

MPDQ 的某些模块还会用到其他一些评价尺度,例如"计划与组织"模块,不仅用到了"重要性"的评价尺度,还用到了关于"决策权限"的评价尺度。

"综合评定"模块将管理工作分为 10 个职能范围,并要求问卷填写者明确每种职能所占用的时间比重,从而评定每种职能的重要程度。在确定时间比重时,要提醒填写者注意时间比重的总和是 100%。

(3) MPDQ 的管理工作维度。

MPDQ 收集的工作描述性信息经转化能满足多种不同的人力资源管理需求。人们往往从不同角度看待、分析、研究和描述工作以实现不同的人力资源管理职能,比如:薪酬管理人员往往从"报酬因子"(Compensable Factors)的角度分析和描述工作;培训与开发专家往往从"胜任素质"(Competencies)的角度来研究工作和任职者;绩效评价主管往往从"绩效维度"(Performance Dimensions)的角度来分析工作;定岗定编人员和工作设计人员则往往从"工作因子"(Work Factors)的角度来描述工作。MPDQ 从三种有关管理职位的因子出发对工作进行分析,即管理工作因子、管理绩效因子和工作评价因子。

(4) MPDQ 的分析报告。

MPDQ 作为一种比较成熟的针对管理人员的工作分析工具,能够为人力资源决策提供参考。利用 MPDQ 对工作进行分析,最终可以形成八份工作报告,这八份报告都具有规定的格式,可以用来支持人力资源决策的制定,这些决策可能包括人员招聘、工作评价、工作分类、培训、职业生涯设计以及工作设计等。

这八份报告包括：

第一,管理职位报告。该报告是对管理职位的详细描述,包括对某个管理职位财务职能、人力资源管理职能、重要活动、人际关系以及职位所要求的知识水平、技能和能力水平的描述。

第二,管理工作报告。与管理职位报告类似,但是它是对一组人的工作内容进行复合性或一般性的描述。

第三,个体职位价值报告。该报告将通过与参照性职位的比较对被分析的管理职位的管理工作因子进行说明,然后从工作评价因子出发评价该职位的相对价值。

第四,团体工作价值报告。与个体职位价值报告类似,但它是对团体的工作进行价值评价。

第五,个体职位任职资格报告。该报告反映了被分析职位的每个管理绩效因子的重要程度,以及对于 MPDQ 所包含的 31 项 KSAs(Knowledge,Skills and Abilities,即知识、技能和能力)的要求。

第六,团体职位任职资格报告。与个体职位任职资格报告类似,但是它反映的是团体工作的每个管理绩效因子的重要程度以及对于 MPDQ 问卷所包含的 31 项 KSAs 的要求。

第七，团体比较报告。它是一个以表格形式制作的分析报告，该报告可以总结六个或六个以上的团体的工作内容的相同点和不同点。

第八，与职位相对应的绩效评价报告。它是为评价员工绩效、制定员工发展规划而产生的表格形式的报告，该报告根据任职者对其所承担的工作任务的认知对 9 个管理绩效因子的意义做了进一步的界定。

（六）弗莱希曼工作分析系统

弗莱希曼工作分析系统是另一种能够获得某工作对任职者要求的职位分析方法，它把能力定义为引起个体绩效差异的持久性个人特征。该系统建立在一种能力分类法的基础上，这种能力分类法能够充分代表与工作有关的所有维度，具体包括如表 3-12 所示的 52 种能力。

表 3-12　52 种能力的划分

1. 口头理解能力	12. 归纳推理能力	23. 多方面协调能力	34. 动态力量	45. 外围视觉
2. 书面理解能力	13. 信息处理能力	24. 反应调整能力	35. 躯干力量	46. 景深视觉
3. 口头表达能力	14. 范畴灵活性	25. 速率控制	36. 伸展灵活性	47. 闪光敏感性
4. 书面表达能力	15. 终止速度	26. 反应时间	37. 动态灵活性	48. 听觉敏感性
5. 思维敏捷性	16. 终止灵活性	27. 手臂稳定性	38. 总体身体协调性	49. 听觉注意力
6. 创新性	17. 空间定位能力	28. 手工技巧	39. 总体身体均衡性	50. 声音定位能力
7. 记忆力	18. 目测能力	29. 手指灵活性	40. 耐力	51. 语音识别能力
8. 问题敏感度	19. 知觉速度	30. 手腕—手指速度	41. 近距视觉	52. 语音清晰性
9. 数学推理能力	20. 选择性注意力	31. 四肢运动速度	42. 远距视觉	
10. 数字熟练性	21. 分时能力	32. 静态力量	43. 视觉色彩区分力	
11. 演绎推理能力	22. 控制精度	33. 爆发力	44. 夜间视觉	

实际的弗莱希曼工作分析系统首先对能力进行描述，然后再根据 7 点李克特量表来分别对按顺序排列的每一种能力水平都列举出一个行为基准的例子。例如，对于书面理解能力的评价，弗莱希曼工作分析系统使用的尺度如图 3-4 所示。

使用弗莱希曼工作分析系统时，一般要配合采用主题专家会议法。召开会议时，需要把这 52 个维度都展示给主题专家们，专家们要指出每一尺度图中的哪一点数能最恰当地代表某一特定工作所要求的能力水平。这些等级评价能精确反映某种工作的能力要求。这种方法适用范围较广，能够应用于职业生涯设计、甄选和培训等多种人力资源管理活动。

```
书面理解能力
书面理解能力是指理解书面文句和段落的能力
书面理解能力与其他能力之间的区别:

书面理解能力              其他能力
理解书面英语单词和句子的能力   相对于    口头理解能力(1):听以及理解口头英语单词和段落
                                 的能力
                        相对于    口头表达能力(3)或书面表达能力(4):说或写英语
                                 单词和句子,从而让他人理解的能力
```

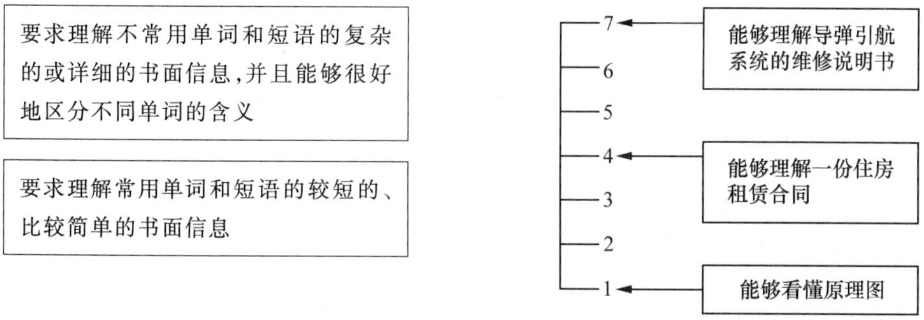

要求理解不常用单词和短语的复杂的或详细的书面信息,并且能够很好地区分不同单词的含义 —— 7 ← 能够理解导弹引航系统的维修说明书
—— 6
—— 5
—— 4 ← 能够理解一份住房租赁合同
要求理解常用单词和短语的较短的、比较简单的书面信息 —— 3
—— 2
—— 1 ← 能够看懂原理图

图 3-4　弗莱希曼工作分析系统中的书面理解能力评价

三、以工作为基础的职位分析方法

除了以人为基础进行职位分析,还能以工作为基础开展职位分析。以工作为基础的职位分析方法,其分析方向集中于工作本身。这类方法主要包括职能工作分析(Functional Job Analysis, FJA)、任务清单分析(Task Inventory Analysis, TIA)和关键事件法(Critical Incident Technique, CIT)。

(一) FJA

1. FJA 概述

FJA 最早起源于美国培训与职业服务中心的职业分类系统,以任职者应发挥的职能为核心,对工作的每项任务要求进行详细分析。FJA 对工作的描述非常全面具体,一般能覆盖全部工作内容的 95% 以上。

FJA 有以下五个基本假设:

(1) 实际完成什么事件与员工应完成什么事件有明确的界限。

(2) 每项工作均在一定程度上与人、事、信息相关。

(3) 事件需要用体能完成,信息需要经过思考才能处理,而对于人的管理则需要运用人际关系方法。

(4) 尽管员工的行为方式或他们执行任务的方式多种多样,但所要完成的职能是非常有限的。这些职能在难度和内容上有较大的差异,但均在相对较窄的范围内或特定的范围内依赖于员工的特性与资格来达到预期的绩效。

（5）与人、事、信息相关的职能按照从复杂到简单的顺序进行排列，复杂的职能包含了简单的职能。例如，编辑数据包括了比较、复制、计算，但不包括分析等。

FJA 主要是针对工作的每项任务要求来分析完整意义上的任职者在完成这一任务的过程中应当履行的职能，即任职者实际所做的工作。所谓完整意义上的任职者，是指同时具备了通用技能、特定工作技能和适应工作环境的能力这三种素质的任职者。因为只有这三种素质达到某种程度的统一，任职者才能以满意的标准完成工作任务。在 FJA 中，最基本的分析单元是任务，而不是工作本身。相同的任务可以在多种工作中反复出现，因此，任务是我们进行工作分析的最基本的分析单元，也是培训和绩效评估等人力资源管理活动关注的重点之一。

运用 FJA 的目标是完成如表 3-13 所示格式的任务陈述，职位分析人员的职责就是获取足够的信息来完成这张表，从而有可能得到绩效标准和培训时间的信息，以及与任职资格有关的知识、技能和能力。

表 3-13　FJA 任务陈述（以打印任务为例）

行为（动作）
↓
行为的目的
信息来源
工作帮助
指导
工具设备
↓
工作结果

行为（动作）	打印/誊写
行为的目的	形成信件
信息来源	通过记录提供
指导	标准的信件形式 特定的信息 按照现有的操作规范操作，但为了文字的清楚和通顺可以调整标准格式
工具设备	打印机和相关的桌面设备
工作结果	待寄的信件

2. FJA 的框架

（1）工作行为与工作结果。

在 FJA 中，每项任务的陈述必须以能描述任职者行为的特定动词开始，例如打印、誊写、阅读等，而以"目的是"或"为了"等对工作结果描述的词为任务描述的结尾。只有同时具备工作行为与工作结果，任务陈述才算完整。

(2）任职者的职能——数据、人和事。

FJA认为所有任职者都涉及与数据、人和事三者的关系。任职者与数据、人和事发生关系时所表现的工作行为，可以反映工作特征、工作目的和人员的职能。实际上，每一项任务陈述都必须反映出任职者与数据、人和事的最重要的联系。只有当任职者与数据、人和事的关系并不显著时，才可以在任务陈述中加以忽略。描述任职者与数据、人和事的关系所使用的动词应从实际的工作过程中选取，并进行精确的描述和定义。表3-14显示了任职者职能的水平等级和取向。

表3-14　任职者职能的水平等级和取向

职能描述	水平等级	取向
数据	3B	大约75%的工作用于编辑
人	1A	大约5%的工作涉及人
事	2B	大约25%的工作用于操作/控制
理解能力	3	工作涉及一些具体的变量时，具备一般的理解能力去执行指令
数据处理能力	1	简单的加减；阅读、抄写或记录数字
运用语言能力	4	起草日常的商务信函；同职位申请者面谈，确定最适合他们能力和经验的工作；在第三方服务机构的帮助下与雇主联系；能阅读和领会技术手册、书面指导或图示

(3）完整意义上的任职者。

前面我们已经提过，任职者完成工作职能时必须具备的三种素质包括通用技能、特定工作技能和适应工作环境的能力。

通用技能是指任职者能够将人、事和信息有机联系在一起的能力，由于受个人偏好和个人能力（例如理解、计算、语言和人际交往能力）的影响，联系的程度会存在差异。在任务分析中通用技能表现在培训单元中的通用部分。

特定工作技能是指任职者能够根据工作标准从事特定工作的能力。在任务分析中特定工作技能表现在培训单元中的特定部分，可以依照绩效标准将其分为不同的等级。

适应工作环境的能力是指任职者在工作所处环境（物理条件、人际环境和组织结构等）的影响下趋同或求变的能力。从工作指导书或绩效标准中并不能直接得到该能力的要求。一般来说，分析以下问题往往能够得到工作对该能力的要求，如"为完成工作必须具备哪些条件""为达到某种绩效标准必须获得哪些指导"等。

一个工作系统包括任职者、工作组织和工作本身。在任务描述的结尾我们能找到工作的目标，多项任务的结果累积形成了工作的目标，而多项工作的目标又累积形成了组织的目标。因此，从这个意义来说，工作行为直接关系到如何实现组织的目标。详细的绩效目标来自组织的目标，以及组织提供给任职者完成工作的技术。显然，FJA任务描述的只是一个子单元或子系统，任务库（组织中所有任职者需要完成的任务的集合）才能描述整个工作系统。

3. FJA 的职能等级

FJA 的核心是通过分析任职者在执行工作任务时与数据、人和事的关系来分析任职者的职能。工作行为的难度越大,所需的能力水平越高,任职者职能等级就越高。表 3-15 是 FJA 的职能等级表,每项职能描述了广泛的行为,概括了与数据(信息)、人和事发生关系时任职者的工作行为。

表 3-15　FJA 的职能等级表

数据(信息)		人		事	
水平等级	描述	水平等级	描述	水平等级	描述
高					
6	综合	7	顾问	4A	精确操作
5A	创新	6	谈判	4B	装配
5B	协调	5	管理	4C	操作控制 2
中等					
4	分析	4A	咨询	3A	熟练操作
3A	计划	4B	指导	3B	操作控制 1
3B	编辑	4C	处理	3C	开动—控制
		3A	教导	3D	发动
		3B	劝导		
低					
2	抄写	2	信息转换	2A	机械维护 2
1	比较	1A	指令协助	2B	机械维护 1
		1B	服务	1A	处理
				1B	移走

这些职能从复杂到简单进行排列,如最简单的数据职能是比较数据,而最复杂的数据职能是综合数据。如何有效地将实际工作信息同 FJA 的职能等级表联系起来,是应用 FJA 方法的关键一环。

4. FJA 的操作过程

为了建立职能工作分析的任务库,需要按照一些基本的步骤才能覆盖任职者必须完成的 75% 以上的工作内容。

这些步骤如下:

(1) 回顾现有的工作信息。每一份工作都有其独特的语言,因此,工作分析者必须先熟悉主题专家(Subject Matter Experts, SMEs)的语言(行话)。现有的工作信息包括工作描述、培训材料、组织目标陈述等,它能使职位分析人员深入了解工作语言、工作层次、操作程序以及工作产出。职位分析人员应该尽可能准备一些借助 FJA 可得的信息,即便不能准备所有信息,也可以达到两个目的:一是说明在哪些方面需要补充信息;二是可以根据得到的部分信息向 SMEs 演示。这个步骤通常会花费 1~3 天的时间,这主要取决于可得信息量以及时间的压力。

(2)安排同 SMEs 的小组会谈。该过程通常要持续 1~2 天的时间,选择的 SMEs 从范围上要尽可能广泛地代表任职者。会议室要配备必要的设备,如投影仪、活动挂图等,会议室的选址要远离工作地点,把对工作的影响减到最小。

(3)分发欢迎信。自我介绍后,职位分析人员应当向与会者分发一封欢迎信,来解释小组会谈的目的,尤其要点明参与者是会议的主体,要完成大部分工作,而职位分析人员只是扮演获取信息的向导或促进者的角色。

(4)确定 FJA 任务描述的方向。职位分析人员事先应该至少准备好三张演示图。第一张图是类似于 FJA 职能等级表的图,显示了任务的结构。第二张图是关于打印任务的示例。第三张图最好准备一个难度和复杂程度中等的任务的示例,实际上在回顾现有的工作信息时我们就可以做相应的准备。准备这三张演示图的目的是为 SMEs 提供任务陈述的格式和标准。这个过程一般会花费 20~30 分钟。

(5)列出工作结果。通常职位分析人员会问专家们这样一些问题:"你认为被雇用的任职者应该要提供什么产品或服务?""工作的主要结果是什么?"一般来说,小组用 15 分钟就能以他们自己的语言将工作结果列出来。工作结果可能是物(各种类型的实物),数据(报告、建议书、信件、统计报表、决议等)或服务(对象是人或动物)。通常工作结果很少超过 10 条,多数的情况是 5~6 条。职位分析人员将这些工作结果整理好列在活动挂图上,然后挂在墙上。

(6)列出任务。让 SMEs 从任何一个工作结果着手,请他们描述完成哪些任务才能得到这个工作结果。通常开始时由于大家对技能掌握得不太熟练,会存在一个逐渐适应的过程。职位分析人员应该不断进行鼓励,给大家创造一个好的开始。职位分析人员可以借助这样的问题来激发大家的思维:"工作是以工作说明或指示开始的吗?""工作是日常例行的事务,不需要特殊的指导吗?""任职者个人需要主动干些什么?首先干什么?""你是怎么知道该这样干的?"在完成了几个任务之后,大家会很快掌握该项工作的关键和诀窍,接下来进程会大大加快。

这项工作一直要持续到小组达成一致意见,其所列出的任务应能覆盖工作所包括的 95%以上的工作任务,并要确信没有遗漏重要的任务。当然,中间可以安排几次休息,注意保持良好的工作节奏。

列出每项任务后,职位分析人员将其写在活动挂图上。因为这个过程有多人参与,很可能还要进行字句上的斟酌和替换。开始时大家常常有一个倾向,就是直接给出工作最终的结果,而不说明带来这种结果的工作行为,此时就需要职位分析人员进行指导,帮助小组将过程行为从最终结果中挑选出来。比如,SMEs 通常会以"决定"或"推荐"这样的词汇来开始描述任务。实际上,"决定"一般是分析和协调行为的最终结果,同样"推荐"也是数据处理和咨询这类行为的结果。职位分析人员应该强调"目的",应该询问:是什么导致"决定"和"推荐"行为?

(7) 推敲修改任务库。一些任务会在几个工作结果中反复出现,比如说"沟通"。在某些情形下,同样的任务会在信息来源或最终结果上有细微的差别。另外,SMEs 应该说明有多少任务会以相同的行为开始。这些工作使小组对他们的工作有一个全面深刻的认识,不仅让他们认识到不同工作之间的相似之处,而且使他们看到哪些任务是琐碎的,应该作为一个整体而存在,而哪些是可以拆散为多个部分的。

(8) 产生绩效标准。完成任务库之后,SMEs 要让小组列出能满意地完成任务的任职者所需具备的素质,职位分析人员一般使用下面的问题来引导小组进行分析:"大家可能注意到我们只是整理和分析了工作行为、最终结果、信息来源、指导以及工作设备,而没有谈及需要具备什么素质才能做好工作。我们可以设想自己是某项工作的管理者,需要为这项工作找一个合适的雇员,在这种情形下我们会以什么标准来进行甄选呢?请大家在考虑素质特征的时候,尽量同任务尤其是任务对应的行为联系起来考虑。"

这些素质中可能会包含很多一般性的东西,有必要做进一步分析,最好能让大家举出例子,如:这些素质特征会以什么方式在何处体现出来?由于很多任务的完成需要相同的素质特征,因此应该请 SMEs 进一步说明其中哪些素质特征是比较重要的,哪些素质特征是最为关键的,同样在分析这些素质特征赖以成长的经验时也是如此。完成这些工作后,小组会议就可以结束了。

(9) 编辑任务库。职位分析人员将活动挂图上的信息收集起来,在此基础上用前文所述的格式进行任务库的编辑,即整理信息、疏通语句、斟酌用词等。数据库即将完成时,应该抄录一份给 SMEs 小组做最后的修改纠正。

5. FJA 的评价

FJA 的分析结果也可以应用到其他人力资源管理职能中去,例如培训和绩效评估等。FJA 非常清晰地阐述了组织内部关于工作与人的一些理论,但操作起来比较复杂,而且也难以把握,实际运用起来比较困难。

(二) TIA

TIA 系统是一种典型的工作倾向性职位分析系统,它是由美国空军人力资源研究室的雷蒙德·克里斯托(Raymond Christal)及其助手开发的。对该系统的研究始于 20 世纪 50 年代,通过从 10 万名以上雇员那里收集试验数据进行验证,前后经历了 20 年时间才趋于成熟完善。

TIA 系统用一种高度结构化的调查问卷来收集工作信息,然后运用特定的计算机应用程序软件对收集来的信息进行处理、分析、综合,并向管理者提供工作分析报告。问卷的内容包括背景信息和任务清单两部分。

背景信息包括传记性问题和清单性问题。传记性问题主要包括调查对象的姓名、性别、职位序列号、职位名称、任职部门、服务期限、教育水平、工作轮换愿望、职业生涯意向等,这些信息可以帮助分析人员对调查对象进行分类。清单性问题是为了更加广泛深入地了解有关工作方面的背景信息而设计的问题,为调查对象提供了一套包含问题与答案选项的清单。清单的内容可能包括所用的工具、设备,所要培训的课程,对工作各方面的态度等。

在 TIA 系统中,"任务"被定义为"任职者能够清晰辨别的一个有意义的工作单元"。任务清单部分其实就是把工作任务按照职责或其他标准以一定顺序排列起来,然后由任职者根据自己工作的实际情况对这些工作任务进行选择、评价等,最终理顺并形成工作内容。如果任务清单构建得成功,那么在该职业范围内每个调查对象都可以选择清单中的某些任务,将它们按一定标准组合在一起从而准确地描绘他的工作。

TIA 系统的调查对象一般是某一职业领域的任职者及其直接管理者。任职者填写背景信息部分,并在任务清单中选择符合他所做工作的任务并给予评价(如相对时间花费、重要程度等)。任职者的直接管理者通常提供有关工作任务特征的信息,如任务的难度、对工作绩效的影响等,然后运用特定的计算机应用软件处理信息,并提供报告。

TIA 系统的一个主要优点在于它为许多管理的应用领域提供了有用的信息。对 TIA 系统获得的数据进行分析后得到的结果可以应用于人力资源预测、人员招募甄选、绩效考核、薪资管理、培训开发、工作分类以及工作设计等许多方面,可以满足组织多方面的职能需求。

TIA 系统是一种较为常用的工作分析系统,具有较高的标准化程度、信度和职业适应性,分析结果质量较高。同时,TIA 系统所需费用较低,难度较小,容易被任职者接受。

TIA 系统的缺点在于它的使用范围小,只适用于循环周期较短、内容比较稳定、变化较小的工作;另外,其整理信息的工作量大,归纳工作比较烦琐。

(三) CIT

CIT 是 J. C. 弗拉纳根(J. C. Flanagan)和 R. 贝勒斯(R. Baras)于 1954 年提出的,它的主要原则是认定员工与职位有关的行为,并选择其中最重要、最关键的部分来评定其结果。事件是以描述成功或失败的工作行为的故事形式加以收集的;关键事件则指有可能决定所分配的一项任务成败的具体工作行为。

CIT 是一种由职位分析专家、管理者或工作人员在大量收集与工作相关信息的基础上,详细记录其中关键事件,以及具体分析其岗位特征、要求的职位分析方法。其特殊之处在于基于特定的关键行为与任务信息来描述具体工作活动。这种方法最初用于培训需求评估与绩效考核,虽然使用范围有限,但也是一种重要的职位分析方法。

与工作描述、任职资格分析等活动相比,由于 CIT 能有效地提供任务行为的范例,因而被更频繁地应用于培训需求评估与绩效考核中。在最初应用 CIT 进行工作分析的时候,需要工作人员回忆并记录下那些能反映出特别好或特别差工作绩效的特定(即关键的)行为或事件。随着 CIT 的不断发展,更有代表性地描述绩效行为以及更加精确刻画完成工作的方法也不断涌现。

CIT 主要用于周期较长、员工工作行为对组织任务的完成具有重要影响的工作。与其他方法相比，CIT的特殊性表现在它是基于特定的关键行为与任务信息来描述具体工作活动的，并不对工作构成一种完整的描述，无法描述工作职责、工作任务、工作背景和最低要求的工作资格等情况。因此，在职位分析中，CIT通常结合其他方法，如问卷法、访谈法等使用。

以上介绍的几种职位分析方法各有优缺点，在实际工作中应结合使用。表3-16是对几种常用的职位分析方法优缺点的比较。

表3-16 几种常用的职位分析方法优缺点的比较

方法	优点	缺点	应用
访谈法	• 可获得完全的工作数据以免去被采访者填写职位说明书的麻烦 • 可进一步使分析人员和被访者沟通观念，深入了解 • 可以不拘形式，提问内容较有弹性，还可以随时补充和反问，这是问卷法所不能实现的	• 信息可能受到扭曲——因被访者主客观因素，或分析人员访谈技巧不佳等因素而造成 • 分析项目复杂时，费时又费钱，需要占用被访者工作时间	• 适用于脑力劳动比较多的工作和处理紧急情况的间歇性工作 • 包括许多思想和心理活动等内容，要求具备创造力和分析能力的工作
观察法	• 根据被分析者自己陈述的内容，直接到工作现场深入了解情况	• 分析活动可能干扰工作正常行为或任职者的心理活动 • 无法感受或观察到特殊事件 • 如果工作本质上偏重心理活动，则成效有限	• 适用于那些易于从外部观察的工作以及标准化、任务周期短、以体力劳动为主的工作
文献分析法	• 职位分析成本低，工作效率较高 • 可以更好地总结实践经验 • 可以作为信息化职位分析的基础数据	• 一般收集到的信息不够全面 • 一般不能单独使用，要与其他职位分析方法结合使用	• 适用于岗位设置成熟，职责清晰，历史资料丰富的岗位 • 适用于职位分析初期的准备工作
工作日志法	• 对工作可充分地了解 • 采取逐日或在工作活动后及时记录，可以避免遗漏 • 可以收集到最详尽的数据	• 被分析者可能会夸张或隐藏某些活动，同时掩盖其他行为 • 费时费成本且干扰工作	• 适用于任务周期较短，工作状态稳定的工作
职位分析问卷法	• 工作分析成本低，工作效率高 • 容易进行，且可同时分析大量职位 • 被调查者有参与感，有助于双方增进了解	• 成本高 • 很难设计出一个能够收集完整数据的问卷表 • 一般被调查者不愿意花太多的时间填写问卷 • 互动不足	• 适用于脑力劳动比较多的工作 • 包括许多思想和心理活动等内容，要求具备创造力和分析能力的工作

(续表)

方法	优点	缺点	应用
职能工作分析方法	• 对工作内容提供一种详尽的描述	• 费时费力,不记录有关职位的信息	• 适用于以培训与绩效评估为目的的职位分析
关键事件法	• 建立的行为标准准确 • 能更好地确定每一行为的利益和作用	• 费时费力,无法描述工作职责、任务、背景、任职资格等 • 对中等绩效员工难以涉及	• 适用于以招聘选拔、培训、绩效评估等为目的的职位分析

除以上所述三种角度外,还有以战略为导向的工作分析(Strategic Job Analysis,SJA),它是基于激烈的市场竞争、科技的飞速发展和组织结构的不断变化而产生的一种系统方法。其主要目的是使企业更好地适应经济全球化的挑战和组织内外的变革。SJA 强调自上而下的工作分析信息收集方式,即在信息收集过程中,由企业的战略制定者和人力资源管理者以及相关领域的行业专家根据未来市场变化评估企业需要,并开展合理的工作分析。

第三节 工作设计的方法

一、工作设计概述

(一) 工作设计简介

工作设计(Job Design)与职位分析就像一对孪生姐妹,二者几乎同时产生。我们可以从职位分析的结果中分析出目前的工作内容设置是否合理、当前的工作安排能否让员工有效地工作;如果不能,就应该对此做出一些调整,或是对工作进行重新设置,即工作设计。由此可见,工作设计是在职位分析的基础上实现的。

工作设计是指根据组织需要,并兼顾个人需要,对工作完成的方式以及某种特定工作所要求完成的任务、承担的责任、享有的权利和在组织中与其他职位的关系进行界定的过程。而工作再设计是指改变某种已有工作中的任务或者改变工作完成的方式。

工作设计理论的发展迄今为止经历了以下四个时期。

1. 工作专业化时期(从 19 世纪初到 20 世纪 40 年代)

这一时期的重点是提高工作的专业化程度。工作专业化的特点有:

(1) 机械的节拍决定工人的工作速度;

(2) 工作的简单重复性;

(3) 每个工人所要求掌握的技术水平低;

(4) 每个工人只完成每项工作任务中的某个环节;

(5) 工人被固定在流水线上的某一岗位,限制了工人之间的交往;

(6) 管理部门决定工作中采取什么设备和工作方法，工人处于被动服从地位。

2. 工作轮换和工作扩大化时期（从 20 世纪 50 年代到 60 年代）

这是一个为解决工人对工作的不满而采取了一些临时性措施的时期。由于科学管理运动带来过分专业化，工人的工作越来越简单重复和单调乏味，导致大量的消极怠工对抗现象产生，缺勤率和离职率居高不下。面对这种情况，管理部门采用了工作轮换和将工人的工作范围扩大的方法，暂时缓解了工人的对抗情绪。

3. 工作丰富化和工作特征再设计时期（从 20 世纪 70 年代到 80 年代）

这一时期的工作设计主要采取了降低工作专业化程度和改变工作内容、职能和反馈方式等措施来提高工人的工作满意度和工作效率。这个时期采用的主要方法是工作丰富化和工作特征再设计。

4. 社会技术系统方法时期（20 世纪 90 年代至今）

它主要是在系统理论指导下，运用工作特征模型，借助信息技术对工作进行再设计。社会技术系统方法通过全面完善工作特征和营造良好的组织氛围来激发员工的工作积极性，它是对工作丰富化和工作特征再设计方法的进一步扩展。

（二）工作设计的总体要求

1. 全部工作的总和应该能够覆盖组织的总任务

即组织运行所需要的每一项任务都应该落实到职务要求细则中去。比如，为了完成临时性任务，往往要在职务要求细则中加上"完成领导交办的其他事宜"这一条。

2. 全部工作构成的责任体系应该能够保证组织总目标的实现

即组织运行所要达到的每一个结果、组织内每一项资产的安全和有效运行都要落实到某一岗位上，不能出现没有人负责的情况。

3. 工作设计应该能够发挥员工的个人能力、提高组织效率

这就要求工作设计充分考虑经济效率原则和员工的生理及心理上的需求，找到最佳的平衡点，保证每个人满负荷地工作。如果工作负荷过低，会导致人、财、物的浪费；但如果工作超负荷，又会影响员工的身心健康，并给机器设备带来不必要的伤害。

4. 工作设计应该考虑到现实的可能性

例如，一家企业需要一名高级财务主管，要求他既能处理国际财务问题，又能做出风险小的投资决策。企业在甄选时会综合衡量内部选拔及在社会上公开招聘的成本，从中选择合适的招聘渠道。如果因为资源约束，穷尽已有招聘渠道而找不到合适的人员，则应当考虑修改职务要求细则。

（三）工作设计的内容

工作设计的内容主要包括以下六个方面：

1. 工作内容

这主要是关于工作范畴的问题，包括工作种类、工作自主性、工作复杂性、工作难度和工作完整性。

2. 工作职责

这主要是关于工作本身的描述,包括工作责任、工作权限、工作方法、协作和信息沟通。

3. 工作关系

主要是指工作中人与人之间的关系,包括上下级之间的关系、同事之间的关系、个体与群体之间的关系等。

4. 工作结果

主要是指工作所提供的产出情况,包括工作产出数量、质量和效率,以及组织根据工作结果对任职者所给予的奖惩。

5. 工作结果的反馈

主要是指任职者从工作本身所获得的直接反馈,以及从上下级或同事那里获得的对工作结果的间接反馈。

6. 任职者的反映

主要是指任职者对工作本身以及组织对工作结果奖惩的态度,包括工作满意度、出勤率和离职率等。

二、工作设计的方法与技术

工作设计的方法有很多,根据关注点及设计对象的不同,传统的工作设计方法可分为微观方法和宏观方法两大类:微观方法关注工作系统本身,按各自的学科理论依据可以归纳为机械型、激励型、生物型和知觉运动型四种类型;宏观方法的设计对象是整个组织,其代表是社会—技术系统理论。

(一)机械型工作设计法

如果工作人员尽可能地高效工作,不仅组织将受益于每个员工的更低成本和更大产出,而且员工也将较少感到疲劳。这个观点已成为经典的工业工程学(Industrial Engineering)的基础。工业工程学旨在寻找构造工作的最简单方式,以使效率最大化。通常,工业工程学可以帮助降低工作的复杂程度,使其变得简单到绝大多数人经过培训就能很快、很轻松地从事。这些工作往往高度专业化并具有重复性。这种设计工作的方法就是机械型工作设计法。

在实践中,这种方法一般通过开展"时间—动作"研究来识别出工人所做的最有效的动作,从而找到"最佳"的工作方式。一旦工程师找到对他们最有效的动作顺序,组织就应该根据员工此项工作的能力来进行甄选,然后对他们进行培训,让他们详细学习做该工作的"最佳"方式。公司还应当制定合理的薪资结构以激励员工尽力做好。

尽管工业工程学能够带来一些必然的好处,但是单单关注效率所造成的结果是:设计出的工作过于简单和重复,以致工人感到厌烦。做这些工作的工人会感到他们的工作没有意义。所以,许多组织在工作设计中把工业工程学和其他方法结合起来使用。

(二) 激励型工作设计法

单纯以效率为中心难以实现人力资源目标,尤其当组织必须为人才展开竞争、必须依靠熟练的知识型员工,或者需要一支关心顾客满意度的员工队伍的时候。这些组织需要令员工对工作感兴趣和对工作感到满意,因此工作设计应该考虑的因素是如何使工作对员工具有激励作用。

激励型工作设计法以组织心理学和管理学为基础,设计工作时强调可能会对任职者的心理价值和激励潜力产生影响的那些工作特征,并且把态度变量(如满意度、内在激励、工作参与)以及像出勤、绩效这样的行为变量看成工作设计的最主要结果。激励型工作设计法往往强调通过工作扩大化、工作丰富化、工作轮换等方式来提高工作的复杂性,同时还强调要围绕社会—技术系统来进行工作的构建。

以 A 信息科技有限公司(以下简称 A 公司)为例,这是一家典型的中小企业,成立于 2005 年,注册资金为 1 000 万元人民币,以嵌入式软硬件技术为核心,从事嵌入式产品研发、生产、销售,公司产品涵盖工业控制、医疗、物联网、区块链、人工智能、商业电子、安防等众多行业领域。自成立以来,A 公司为用户交付了大量优秀产品,与众多大型企事业单位建立了稳定的长期合作关系。公司具有下列特点:人力成本高、人才流动性大、技术要求高、产品研发投入高以及财务现金流周期长。A 公司在设计基于项目管理的产品开发时应采用激励型工作设计方法的思路,研发人员以角色的身份参与项目组,服从由技术任务驱动的项目管理,以任务完成度为主要业绩评价指标。以交付质量、开发效率、协作友好度为主流价值判断的口碑式评价模式,使研发人员从晦涩的被迫主动的"基于人际关系的自我营销"转变为明晰的积极主动的"基于产品开发口碑的个人品牌推广",能者多劳多得将成为公司研发部门主要的价值导向。借助研发辅助岗的对外隔离和相应制度规范的约束,研发人员可以从低效的琐碎事务中解脱出来,专心从事擅长的、丰富的项目化产品开发任务。

理查德·哈克曼(Richard Hackman)和格雷格·奥尔德汉姆(Greg Oldham)设计的工作特征模型(Job Characteristics Model)显示了如何使工作变得更有激励作用。

该模型从以下五个方面的特征来描述工作:① 技能多样性,指工作要求任职者运用多种技能来完成任务的程度;② 任务完整性,指工作要求任职者从头到尾完成某项"完整"工作的程度;③ 任务重要性,指工作对他人生活所产生影响的重要程度;④ 自主性,指工作允许个人在工作完成方式方面进行自我决策的程度;⑤ 反馈,指一个人能够从工作本身所获得的工作有效性程度的相关信息。

具体模型如图 3-5 所示。

根据工作特征模型,一项工作越是具备上述特征,这项工作越是能够激励员工。该模型预期,从事这样一项工作的人将感到更满意,也会做更多、更好的事情。这类设计工作的方法包括工作扩大化、工作丰富化、建立自我管理的工作小组、弹性工作制和远程工作等。

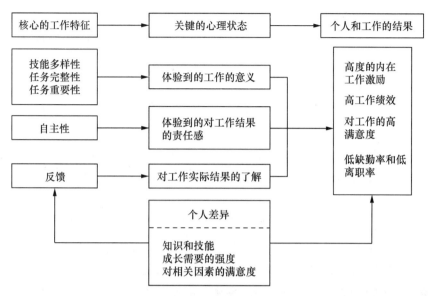

图 3-5 哈克曼和奥尔德汉姆的工作特征模型

1. 工作扩大化

在工作分析中,工作扩大化是指增加所执行任务的类型。其目的是减少工作的重复性,增加工作趣味。工作扩大化的方法包括工作延伸和工作轮换。

工作延伸是一种工作扩大化的方式,它把几种相对简单的工作结合起来,形成一个具有更宽职责范围的工作。比如,把接待员、打字员和档案管理员的工作结合起来形成包含三种任务的工作。这种工作扩大化的方式相对简单,但是如果所有任务都很简单,新设计的工作不一定对员工有更大的激励。

工作轮换实际上并不对工作进行重新设计,而是让员工在几项不同工作之间轮换。这种方法在生产小组中是比较常见的。在一周的时间里,一个小组的所有成员可以轮流从事这个小组所承担的每项工作。小组成员可以一天组装元件,另一天将产品打包装箱。与工作延伸相比,这种范围更广的工作仍然包含重复性活动,但是存在更多的变化。

2. 工作丰富化

工作丰富化是指在工作中授予员工更多的决策权,这个概念来自弗雷德里克·赫茨伯格(Frederick Herzberg)的双因素理论。根据他的双因素理论,人们受工作的内在因素(如工作的意义)的激励要大于受外在因素(如收入)的激励;五个有关的工作激励因素为成就感、认同感、发展、责任感和完成整个工作。所以为了丰富一项生产工作,可以赋予员工在达不到质量标准的时候停止生产的职权;也可以让每个员工执行几个任务以完成生产过程的一个特定阶段,而不是把这些任务分配给几个员工。对于一个商店的销售人员来说,工作丰富化可能涉及解决顾客问题的权利,包括决定是否退换商品。

3. 建立自我管理的工作小组

除了丰富每个人的工作,一些组织还通过把工作交给自我管理的工作小组的方式来对员工授权。这些小组负责整个工作过程或者部分工作过程。一般来讲，工作小组成员拥有的权利包括安排工作日程、聘用小组成员、解决与小组绩效有关的问题，以及履行其他一些传统上由管理层承担的责任。团队工作能够赋予一项工作自主性、技能多样性和任务完整性等激励因素。

因为小组成员的责任较大，他们的工作也常常被定义得很宽泛，其中包括对工作任务的分担，小组成员可能在某些时候要求承担该小组的每项职责。对于组织来说，其面对的挑战是提供足够的培训，使小组成员都掌握必要的技能。当小组负责特定的工作过程或特定的顾客时，一个办法是把该过程或顾客的责任交给这个小组，然后让小组自己决定由哪些成员执行哪些任务。

团队工作肯定会使工作更加有趣，但是团队工作的效率并没有保障。当小组由6—18名员工组成，他们分享同样的技术（工具或创意）、地点和工作时间的时候，自我管理的小组最有可能取得成功。当小组的技能相对简单易学（这样员工很容易学做别人的工作），而且要求每天倒班（要求灵活性）的时候，这样的小组尤其具有优越性。另外，工作规范应该帮助组织找到那些以团队成功为目标、愿意且能够与人合作的员工。这样的员工可能具备较好的解决问题的技巧，也能够较好地与人沟通。

4. 弹性工作制

通过弹性工作制，组织可以给员工一些发言权，让他们自行安排工作。根据组织与各项工作的要求，组织可以灵活安排员工的工作时间。灵活的做法包括弹性工作时间和工作分担。弹性工作时间是一种安排工作日程的政策，其规定全日制的员工可以根据组织制定的指导方针自行选择开始和结束工作的时间。弹性工作时间政策只是要求员工在某个时段（比如上午10点到下午3点）必须在岗。而为了完成一整天的工时，员工还要在除该时段外的其他时间工作。比如，一个员工可以很早来上班，以便在下午3点下班去接放学的孩子。另一个员工可能是一只"夜猫子"，习惯从上午10点工作到下午6点或7点，甚至更晚。弹性工作制可以使员工调整某一天的日程，从而抽出时间来看医生、参加孩子的活动、满足业余爱好，或者参加志愿者活动，对一些员工来说极具吸引力。

工作分担是指两个希望用工作日部分时间工作的员工执行与同一项工作有关任务的安排。当员工需要更多时间进行深造或者照顾家庭成员的时候，这种工作安排使组织能够吸引或保留有价值的员工。这种安排要求员工能够与他人合作，并且能够协调自己和另一个人的工作细节。

还有一种可供选择的工作日程安排方式——压缩工作周，尽管从严格意义上来讲它并没有为每个员工提供多大程度的灵活性。压缩工作周是指全日制职工用少于5天的时间完成每周工作时长。例如，员工可以每天工作10小时、每周工作4天，而不是每天工作8小时、每周工作5天，这种方法最常见。也有一些公司选择其他方式，比如9天内工作80小时（每隔一周可以有一个三休日），或者把每周工作时间压缩到38小时或36小时。员工可以利用空闲出来的时间进行娱乐、处理家庭事务或参加志愿者活动。但是这种安排方式也有一些缺陷,比如员工可能因工作日的工作时间延长而感到疲劳。

5. 远程工作

除了工作日程安排,灵活性还可以延伸到工作地点的选择上。在工业革命之前,大多数人要么在家工作,要么在离家很近的地方工作。大规模生产技术改变了这一切,它把家庭生活和工作生活分离开来,人们转而到固定的地点集体办公。但是今天写字楼租金飞涨,而便携式通信设备和计算机价格大幅下跌,看起来具备了改变集中办公趋势的条件。一个人离开集中办公地点工作的主要方式是远程工作或电子通勤,远程工作大大节约了办公费用。

(三) 生物型工作设计法

生物型工作设计法以人类工程学(Ergonomics)为基础,它所关注的主要问题是个体心理特征与物理工作环境之间的相互作用。它的目的在于以个体工作的方式对工作环境进行结构性安排,从而将员工的心理紧张程度降到最低水平。生物型工作设计法已经被应用到对体力要求较高的工作领域。生物型工作设计法还强调对机器和技术的再设计,例如调整计算机键盘高度,以减少计算机操作人员腕部血管综合征的发生。这种再设计常常以降低某些工作的身体要求为目的,以便所有人都能从事这些工作。

通常,再设计工作在使任职者更加轻松的同时,也会带来效率的提升。例如,在国际卡车和发动机公司(International Truck and Engine Corporation),卡车生产中最困难的一个工序是把车轴固定到卡车车身上。传统的做法是,工人先把车身降低放到车轴上面,然后手拿特大的锤子和撬棍,将车身固定到车轴上。为了完成车身的固定,工人们要拧紧螺钉,但是螺钉在车身下面,工人们看不到,所以这些螺钉常常拧得不合适,而且工人在这道工序中容易受伤。通过集思广益,工程师们提出,如果把车身底朝上翻过来,然后从上面固定车轴,情况就会好得多。结果是,完成这个工作的工人数量减少一半,速度却加快了一倍,而且工人们也较少犯错误或受伤。

(四) 知觉运动型工作设计法

与生物型工作设计法主要关注人类的身体能力和身体局限不同,知觉运动型工作设计法侧重于人类的心理能力和心理局限。这种方法通过降低工作对信息加工的要求来改善工作的可靠性、安全性以及使用者的反应程度,以确保工作要求不会超出人的心理能力和心理界限。使用这种方法时,设计者往往以能力最差者所能够达到的能力水平为标准来进行工作设计。这种方法和机械型工作设计法一样,能起到降低工作认知度的作用。

以上四种微观设计方法代表了四种不同的设计理念,根据其中任何一种理念都可以提出很多工作设计方案。因此,这四种方法并不是具体详细的操作步骤,而是四种不同的工作设计原理,它们的学科理论依据各不相同,设计目的也各不相同。设计工作时要根据原理,结合企业的实际情况,灵活运用各种方法。

(五) 社会—技术系统理论

随着现代科学技术的快速发展,企业的生产技术变得更加机械化和自动化,而任职者对于专业知识、技术水平以及生活质量的需求也有所提高。企业想要成功应对这些变化，就应该以企业经济需求为出发点，并且对人性以及心理需求等方面进行考虑。为此，埃里克·特里斯特（Eric Trist）和弗雷德里克·埃默里（Frederick Emory）等在 20 世纪 70 年代提出了社会—技术系统理论，具体如图 3-6 所示。

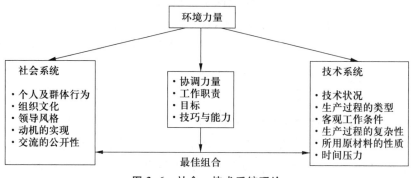

图 3-6　社会—技术系统理论

该理论指出企业既是一个社会系统，又是一个技术系统。其中：社会系统是指由具有相互作用的个人和群体组合而成，反映了企业组织具有人性的一面，它包括个人的价值观、态度和动机、人际关系和群体动力等方面。它不但会受到外界环境的影响，还会因为企业的价值观和目标、工作任务以及专业技术等方面的改变而改变。社会系统在这些影响因素的共同作用下，形成了企业组织的氛围。而技术系统是指对企业组织所需要运用的专业知识和技能、先进设备使用技术等的学习与应用。这两种性质的系统既互相独立发展，又具有密切的联系且相互影响。企业要进行有效的工作设计，就应该把这两种系统结合起来。

该工作设计理念主要表现在：结合社会性和技术性的工作设计与人的需求，创造一个有利于员工身心健康的技术系统和工作环境，从而有利于人才的创造性发挥和员工自我价值的实现。在对工作内容进行设计时，应该根据工作的特征理论来有针对性地设计员工任务，提高员工的工作积极性和主动性。基于新工作设计创造的工作环境，既能使员工的工作效率有所提高，又能提升员工对工作的满意度。

因此，社会—技术系统理论蕴含了整合性思想，涵盖了工作的内容、环境以及生产技术等相关环节，具有一定的整体性特点。但实际工作实践中，同时满足对一定的生产效率水平和人性的需求是很困难的，在这个企业竞争激烈、以人为本的现实社会中，最可行的工作设计只能是在企业生产效率与人性需求中找到一个平衡点，使社会系统和技术系统有效地结合到一起。这种较为系统和理想的工作设计思想在 20 世纪 80 年代被发达国家广泛推行。

上述五种工作设计方法各自的侧重点不同，在设计工作的应用中各有利弊，具体分析见表 3-17。

表 3-17　五种工作设计方法的比较

设计方法		积极结果	消极结果
微观方法	机械型	更少的培训时间；更高的利用率；更低的差错率；更小的压力	更低的工作满意度、激励性；更高的缺勤率
微观方法	激励型	更高的工作满意度、激励性、工作参与度和工作绩效；更低的缺勤率	更多的培训时间；更低的利用率；更高的差错率；更大的压力
微观方法	生物型	更少的体力付出、健康抱怨、医疗事故；更低的缺勤率；更高的满意度	更高的财务成本
微观方法	知觉运动型	出现差错、事故和压力的可能性降低；更少的培训时间；更高的利用率	较低的满意度和激励性
宏观方法	社会—技术系统理论	更高的工作积极性和主动性；更好的团队合作；更多的人才创造性发挥和自我价值的实现	更高的设计与实施成本；更多的磨合时间

社会—技术系统理论不是将个人作为分析单元，而是把工作划分为若干小组，强调当工作会削弱人与人之间的互惠型依存关系时，就应当以小组或团队的方式重新安排组织工作。这种方法的实践重点是建立起新的工作组合方式，身处团队之中的每个员工自主负责其中一部分的工作，这样的团体也被称为"自主性工作团体"。有学者在工作特征模型的基础上，研究了如何改变组织内社会子系统的特征来提高工作绩效，提出：员工的自我管理、积极参与、群体的构成、人与人之间的相互依赖关系、团队气氛等因素会显著影响工作绩效，因此在工作设计中若把握好对这些因素的控制，就有可能提高工作绩效。

由此可见，宏观方法相比于以员工和工作匹配度为研究中心的微观方法，最大的突破之处在于研究的不仅是工作内容本身，还将重点放在组织形式上。众多相关研究丰富和深化了工作设计的方法，尤其是工作团队和绩效之间的关系研究。微观方法与宏观方法相辅相成，最大限度地拟合现实环境，为工作设计提供了更多更为精准的方案和策略。

本章小结

职位分析与工作设计是人力资源管理中的一项基础工作。本章在职位分析概述中介绍了职位分析的基本内涵、职位分析中的常用术语、职位分析的内容及最终结果。职位分析内容一般包括基本资料、本职工作、任职资格等方面；职位分析的结果最终要产生职务说明书。职位分析的流程涉及计划、设计、分析、描述与使用五个步骤。职位分析一方面明确了各职位设置的目的，另一方面是人力资源其他职能得以实现的基础。

职位分析的方法有通用方法、以人为基础的职位分析方法、以工作为基础的职位分析方法。通用方法包括访谈法、观察法、工作日志法、主管人员分析法、文献分析法、主题专家会议法、问卷法。以人为基础的职位分析方法有美国劳工部系统、医疗人员分析系统、职位分析问卷法、工作要素法、管理职位描述问卷、弗莱希曼工作分析系统。以工作为基础的职位分析方法有职能工作分析方法、任务清单分析系统、关键事件法。

工作设计是在职位分析的基础上实现的,其不仅要考虑现实的可行性,还要使全部工作的总和能够覆盖组织的总任务,保证总目标的完全实现以及员工积极性的发挥。工作设计的方法主要有微观的机械型、激励型、生物型和知觉运动型以及宏观的社会—技术系统理论。

关键概念

工作描述　工作规范　职务说明书　职位分析方法　职位分析流程　工作日志法　关键事件法　工作要素法　任务清单分析系统

课堂练习

选择题

1. 以下关于工作与职位正确的说法是(　　)。
   A. 工作和职位的内涵其实是相同的
   B. 工作是若干任务的组合,职位是一个人完成的任务和职责的集合
   C. 工作是一个人完成任务和职责的集合,职位是若干任务的组合
   D. 工作和职位是为了达到特定的组织目标而必须完成的若干任务的组合

2. 在职位分析的访谈法中,访谈的核心是(　　)。
   A. 工作设置目的　　　　　　　　B. 工作内容
   C. 工作性质和范围　　　　　　　D. 任职者所负的责任

3. 职位分析的问卷法是以(　　)为重点的工作分析方法。
   A. 薪酬　　　　B. 岗位特性　　　　C. 绩效　　　　D. 个人特性

4. 让秘书起草一份文件是一种(　　)。
   A. 任务　　　　B. 职位　　　　C. 职务　　　　D. 职业

5. 职位分析的基本步骤是(　　)。
   ① 确定职位分析的目的
   ② 收集与职位相关的背景信息
   ③ 选择被分析的职位
   ④ 与有关人员共同审核和确认职位信息
   ⑤ 收集和分析职位信息
   ⑥ 编写职务说明书和工作规范
   A. ①②③④⑤⑥　　　　　　　　B. ①③②④⑤⑥
   C. ①②③⑤④⑥　　　　　　　　D. ①③②⑤④⑥

6. (　　)的结果——职务说明书、岗位规范以及职位晋升图必须以良好的岗位设计为基础,才能发挥应有的作用。

　　A. 人员分析　　　　B. 岗位分析　　　　C. 任务分析　　　　D. SWOT 分析

7. 职位分析小组通常由(　　)组成。

　　A. 分析专家　　　　　　　　　　　　B. 人力资源部门人员

　　C. 工会主席　　　　　　　　　　　　D. 生产工艺工程师

8. 某企业采用两两比较法进行岗位评价,将所有岗位进行成对比较,结果是:乙的工作价值高于甲、丙、丁;甲的工作价值低于乙,高于丙、丁;丙的工作价值低于甲、乙,高于丁;丁的工作价值低于甲、乙、丙。那么将四个岗位的工作价值从高到低排序为(　　)。

　　A. 甲、乙、丙、丁　　　　　　　　　B. 乙、甲、丙、丁

　　C. 丙、甲、乙、丁　　　　　　　　　D. 丁、乙、甲、丙

9. 职位分析的基本单位是(　　)。

　　A. 工作要素　　　B. 任务　　　　　C. 职责　　　　　D. 权限

10. 工作责任大小、工作复杂性与难度,以及对任职者的能力水平要求近似的一组职位的总和,常常与管理层级相联系的术语是(　　)。

　　A. 权限　　　　　B. 任职资格　　　C. 职级　　　　　D. 职位簇

11. 不属于观察法的缺点是(　　)。

　　A. 分析活动可能干扰工作正常行为

　　B. 无法感受或观察到特殊事件

　　C. 占用被访者工作时间

　　D. 如果工作本质偏重心理活动,则成效有限

12. 关键事件法记录的内容不包括(　　)。

　　A. 导致事件发生的原因和背景　　　　B. 员工特别有效或多余的行为

　　C. 关键行为的后果　　　　　　　　　D. 解决事件的方法和措施

13. 使员工有更多的工作可做,指的是下列哪一种工作设计方法?(　　)

　　A. 工作轮换　　　B. 工作扩大化　　C. 工作丰富化　　D. 工作内容充实

14. 工作描述的具体内容中,机器、工具、装备属于哪一项目?(　　)

　　A. 工作概要　　　B. 工作手段　　　C. 工作材料　　　D. 技术和方法

15. 最直接、最原始、最基础的工作分析结果形式是(　　)。

　　A. 工作说明书　　B. 资格说明书　　C. 工作描述　　　D. 职务说明书

16. (　　)是指改变一个现有职位需要完成的工作任务或者完成工作的方式。

　　A. 工作设计　　　B. 工作再设计　　C. 工作分析　　　D. 工作描述

17. 按能岗匹配原则为每项工作配备最合适的工人的工作设计方法是(　　)。

　　A. 机械型工作设计法　　　　　　　　B. 激励型工作设计法

　　C. 生物型工作设计法　　　　　　　　D. 知觉运动型工作设计法

判断题

1. 职位分析是运用科学方法收集与职位有关的信息的过程,主要包括该职位应该承担的职责以及所需的任职资格等,职位分析的最终产出表现为职务说明书。(   )
2. "因人设岗"是设置岗位的基本原则。(   )
3. 责任是工作活动中达到某一工作目的的要素集合。(   )
4. 职级是分类结构中最重要的概念,指将工作内容、困难程度、责任、所需资格皆很相似的职位划为一个职级。(   )
5. 工作职责不是职务说明书的基本内容。(   )
6. 关键事件法是通过设计一定的表格,专门记录工作者工作过程中那些特别有效(成功)与特别无效(失败)的工作行为,作为将来确定任职资格的一种依据。(   )
7. 职务是指承担一系列工作职责的某一任职者所对应的组织位置,它是组织的基本构成单位。(   )
8. 工作描述是以工作的"人"为中心,工作规范的侧重点在"事"和"物"。(   )
9. 观察法的分析人员应注意研究的目的是工作而不是个人的特性。(   )
10. 知觉型工作设计法相比宏观方法,具有更高的激励性,可以提升员工的工作积极性和主动性。(   )
11. 为了确保职位分析的结果能够在未来一段时间内都适用,在进行职务说明书的编写时,应面向未来而不是仅考虑当前。(   )

讨论题

1. 互联网时代下,职位分析面临什么样的挑战?
2. 为什么要编制职务说明书?职务说明书在企业人力资源管理中具有什么重要作用?
3. 工作设计在员工招聘中有何作用?在进行工作设计时,你认为哪一种方法所占的比重应该最大?
4. 为什么说具备职位分析能力对于一位管理者来说非常重要?如果一位管理者不了解向自己汇报工作的下级职位的情况,可能会产生怎样的消极后果?

讨论案例

A 公司失败的职位分析

A 公司是一家正快速发展的公司,但是公司现有的组织机构是基于创业时的公司情况,并随着业务扩张自行扩充而形成的,缺乏科学的规划,在运行过程中组织机构与业务发展的矛盾已逐渐凸显。由于部门间、职位间的职责与权限缺乏明确的界定,扯皮推诿的现象不断发生。有的部门抱怨事情太多,人手不够,任务不能按时、按质、按量完成,而有的部门觉得人员冗杂,人浮于事,效率低下。

面对这种情况,A 公司人力资源部开始着手人力资源管理的变革。首先进行的是职位分析、确定职位价值。如何开展职位分析、职位评价,如何抓住职位分析、职位评价过程中的关键,为公司本次组织变革提供有效的信息支持和基础保证,是摆在A公司面前的重要课题。

一、问卷调查

首先,人力资源部开始寻找进行职位分析的工具与技术。在阅读了国内流行的基本职位分析书籍之后,他们从中选取了一份职位分析问卷来作为收集职位信息的工具。然后,人力资源部将问卷发放到了各部门经理手中,并在公司的内部网上发布了一份关于开展问卷调查的通知,要求各部门配合此次问卷调查。据反映,问卷在下发到各部门之后,一直搁置在各部门经理手中,并没有发给其他员工。很多部门是直到人力资源部开始催收时才把问卷发放到部门其他员工手中。同时,由于大家都很忙,很多员工在拿到问卷后,都没有时间仔细思考,草草填写完事。还有很多员工由于在外地出差,或者任务缠身,自己无法填写,而由同事代笔。此外,据一些较为重视这次调查的员工反映,大家都不了解这次问卷调查的意图,也不理解问卷中那些生疏的管理术语,何为职责、何为工作目的,许多人对此并不理解。很多人想就疑难问题向人力资源部进行询问,但不知道具体该找谁,因此,在回答问卷时只能凭借自己的理解来进行填写,无法把握填写的规范和标准。一个星期之后,人力资源部对问卷进行了回收。他们发现,问卷回收效果并不好:有的问卷填写的效果不太理想,有的问卷填写不全,有的问卷答非所问,还有的问卷根本没有收上来。耗费心血开展的调查并没有发挥它应有的价值。

二、工作访谈

与此同时,人力资源部也着手选取一些职位进行访谈。但在试着约谈了几个职位之后,他们发现访谈的效果也不好。因为在人力资源部,能够对部门经理进行访谈的人只有人力资源部经理,部门其他员工都无法与其他部门经理进行沟通。同时,由于经理们都很忙,要把双方凑在一块,实在不容易。两个星期后,人力资源部只访谈了两个部门的经理。人力资源部的几位主管负责对经理级别以下的人员进行访谈,但在访谈中,情况却出乎意料。大部分时间都是被访谈人在发牢骚,指责公司的治理问题,抱怨自己的待遇不公等。而在谈到与职位分析相关的内容时,被访谈人往往又言辞闪烁,顾左右而言他,似乎对人力资源部的访谈不太信任。访谈结束之后,被访谈人都反映对该职位的熟悉程度还是停留在模糊的阶段。这样持续了两个星期,人力资源部主管访谈了大概1/3的职位。人力资源部经理认为时间不能拖延下去了,因此决定进入项目的下一个阶段——撰写职务说明书。

三、撰写职务说明书

可到了这个阶段,收集的职位信息却还不完全。怎么办呢?人力资源部在无奈之中,不得不另觅他法。于是,他们通过各种途径从其他公司收集了许多职务说明书,试图以此为参照,结合问卷和访谈收集到的信息来撰写职务说明书。在撰写阶段,人力资源部还成立了几个小组,每个小组专门负责起草某一部门的职位说明,并且还要求各小组在两个星期内完成任务。在起草职务说明书的过程中,人力资源部的员工都颇感为难,一方面,大家不了解其他部门的工作,问卷和访谈提供的信息又不准确;另一方面,大家缺乏撰写职务说明书的经验,因此,写起来都感觉很费劲。规定的期限快到了,很多人不得不匆匆忙忙,东拼西凑了一些材料,再结合自己的判断,最后成稿。

四、职务说明书的应用

职务说明书终于出台了。人力资源部将成稿的职务说明书下发到了各部门,同时还下发了一份文件,要求各部门按照新的职务说明书来界定工作范围,并按照其中规定的任职条件进行人员的招聘、选拔和任用。但这引起了其他部门的强烈反对,很多直线部门的管理人员甚至公开指责人力资源部,说人力资源部的职务说明书是一堆垃圾文件,完全不符合部门实际情况。于是,人力资源部专门与相关部门召开会议来推动职务说明书的应用。人力资源部经理本来想通过这次会议来说服各部门支持这次项目。但结果却适得其反,在会上,人力资源部遭到了各部门的一致批评。同时,人力资源部由于对其他部门不了解,对于其他部门所提的很多问题,根本无法进行解释和反驳,因此,会议的最终结论是,让人力资源部重新编写职务说明书。经过多次重写与修改,职务说明书始终无法令人满足。最后,职位分析项目不了了之。

资料来源:《HKW公司一次失败的工作分析案例》,http://www.hrsee.com/?id=773,访问时间:2022年5月。

■ 问题:

1. A公司为什么决定从职位分析入手来实施变革,这样的决定正确吗?
2. 在职位分析项目的整个组织与实施过程中,A公司存在哪些问题?
3. A公司所采用的职位分析工具和方法主要存在哪些问题?

复习思考题

1. 结合现代企业的实例,思考为什么要进行工作再设计。
2. 为什么说职位分析是整个人力资源管理的基础?思考职位分析和工作设计与其他人力资源管理职能的关系。

延伸阅读

1. 诺伊,等.人力资源管理:赢得竞争优势[M].9版.刘昕,柴茂昌,译.北京:中国人民大学出版社,2018.
2. 何金念,马晓苗.基于游戏化思维的新生代员工的工作设计[J].上海商学院学报,2018,19(3):47-53.

第四章
人力资源规划

> 凡事预则立,不预则废。言前定则不跲,事前定则不困,行前定则不疚,道前定则不穷。
>
> ——《礼记·中庸》

📖 本章学习目标

1. 理解什么是企业人力资源规划,掌握人力资源规划的内容有哪些。
2. 理解企业经营战略、人力资源战略与人力资源规划的关系。
3. 掌握人力资源规划的操作程序。
4. 掌握人力资源需求预测与供给预测的方法。
5. 掌握人力资源供需平衡规划的方法。

> **引导案例**

西门子公司的人力资源规划

德国西门子公司作为一家老牌跨国企业,一直将创新视为发展的核心。因此,西门子公司投入大量资源用于员工培训与发展,以满足企业对于创新的需求。对于企业培训来讲,第一步要做的事情就是确定培训需求。西门子公司的业务主要集中在能源、医疗、工业、基础建设等领域,它要求员工具备一流的个人素质,特别是在工程、信息技术、医学等专业方面拥有出色的知识和能力。但是随着业务环境的变化,西门子公司对于员工能力的要求也在发生变化。

西门子公司对于人力资源规划非常重视,将其纳入整体的战略规划。通过人力资源规划,公司能够从系统的角度去确定实现既定目标所需的人力资源数量;也能通过现有技能的盘点确定与实现业务目标所需的技能差距。因此,西门子公司员工培训需求的来源正是基于企业的人力资源规划。西门子公司确定员工培训需求主要根据以下几个因素:

(1) 环境分析。每当西门子公司由于生产计划需要搬迁到新的城市和地区的时候,就要展开环境分析。新环境对企业而言既意味着新机会,也对其提出了新的要求,比如需要额外的工作人员,需要现有员工去学习掌握新的技能等。

(2) 当前劳动力盘点。通过对员工以往档案的分析,西门子公司分析和掌握现有员工拥有什么样的工作能力和技能。

(3) 未来劳动力分析。西门子公司确定未来的需求,即员工需要学习什么样的技术或者需要哪种类型的培训。

(4) 分析和确定目标。确定培训需求后,企业就可以拟定未来的预期或者培训目标。

(5) 缩小差距。有了目标,企业就可以通过一系列的措施来缩小或弥补技能上的差距。

针对培训需求的分析可以分为两类:基于任务的分析和基于员工绩效的分析。无论是新员工还是现有员工,西门子公司都将评估他们的培训需求。由于西门子公司非常重视创新,如何快速地去应对业务环境不断的变化就显得格外重要。例如,在当前全球气候变化以及碳足迹的环保理念越来越流行的背景下,西门子公司专注于风力涡轮机和可再生能源的使用。这样一来,西门子公司就有两种办法来解决问题:一是雇用更多的能够操作风力涡轮机的新员工;二是对现有员工进行培训,让他们掌握风力涡轮机的操作技能。

西门子公司通过人力资源规划,力图保持竞争优势,它建立了一个人才发展模式:通过新老员工的替换来缩小技能差距,通过让现有员工提升技能来填补空白,并帮助确定其培训需求和目标。

资料来源:《西门子通过人力资源规划来确定培训需求和目标》,http://www.hrsee.com/?id=799,访问时间:2022年5月。

> **问题:**
>
> 1. 影响西门子公司人力资源需求的因素有哪些?
> 2. 在预测人力资源需求时,企业可以采用哪些技术?

第一节　人力资源战略概述

一、企业战略

（一）企业战略的定义

"战略"一词是企业战略的核心，是指企业为实现其长远目标而做出的一系列规划，企业要想在复杂多变的环境中谋求生存和发展，就必须要对企业的经营管理进行长期的、全面的规划。

战略管理的理论发展经历了三个阶段：

第一阶段（20世纪60—70年代）：古典战略管理理论。这一时期主要以战略规划学派和环境适应学派为代表。其中，战略规划学派的代表人物是哈佛大学商学院的肯尼斯·安德鲁斯（Kenneth Andrews）教授，他强调企业战略要适应外部环境的变化，为此，他提出了制定企业战略的过程模型——SWOT分析，用以分析企业的优势、劣势、机会以及存在的威胁，通过企业自身条件与所遇到机会之间的匹配，实现扩大企业市场份额的目标。

第二阶段（20世纪80年代）：竞争战略理论。这一时期主要以波特的竞争优势理论为核心。波特认为竞争战略的实质是在企业与其所处环境二者之间建立联系，他提出了企业竞争战略的五种竞争作用力：进入威胁、替代威胁、买方讨价还价能力、供应商讨价还价能力、现有竞争对手间的竞争。他还强调竞争力的强弱取决于产业利润率的高低，因而要选择潜在利润率高的产业，或者在已有的产业中获得竞争有利地位。

第三阶段（20世纪90年代至今）：企业的资源基础理论。该理论的核心思想是将企业看成资源的集合体。通过将拥有的无形和有形资源转变为企业独特的资源和能力，企业可以获得持久的竞争优势。在此基础上，核心竞争能力理论、动态能力观以及知识基础观三大分支逐渐发展起来：核心竞争能力理论认为，企业要想获得竞争优势，必须具备独特的竞争优势。加里·哈默（Gary Hamel）和 C. K. 普拉哈拉德（C. K. Prahalad）作为该学派的代表人物，提出了获得企业竞争优势的五种方式：更有效地将资源集中于战略目标，更有效地积累资源，整合互补资源以创造高层次的附加值，尽可能保存资源，缩短消耗与回收之间所需要的时间。动态能力观主张，在面对不断变化的环境时，企业必须及时整合并利用资源，形成新的竞争优势。其中，"动态"是企业持续获得竞争优势的根本动力。知识基础观的产生是由于企业能够比市场更好地整合并运用知识，持这种观点的人认为知识能够帮企业赢得竞争优势。

因此，企业战略是确定企业的目标和方向，并采取一定的行动以实现目标。企业战略管理是将企业的目标和行为整合为一个有机整体的过程。

（二）企业战略管理的过程

企业战略管理的过程至少包括五个基本步骤：

（1）定义企业的宗旨和使命。企业的宗旨和使命一般包含以下几方面的内容：①确定企业所要服务的特殊利益群体；②确定满足这些利益群体的行动，如强调为员工提供发展机会,为社会提供就业机会等。

（2）考察企业经营的外部环境。即对影响企业实现宗旨的政治、经济、技术等进行系统性的考量。

（3）评价企业的优势和劣势。重点分析企业内部资源相对于竞争对手有哪些优势,同时受到哪些因素的制约。

（4）确定企业的战略发展目标。基于对企业内外部环境的分析,第一步要做的是确定企业战略。根据自身情况和外部环境,企业可选择一种适合自己的战略。与此同时,还需要确定中长期发展目标,包括企业的销售额、利润、预期的资本收益率等关键事项的目标。

（5）制订企业战略行动方案。即企业应该在企业结构、人力资源、财务、营销等职能方面做出怎样的改进,采取什么样的政策方案,以实现企业的战略目标。在这个阶段,企业开始对人力资源进行战略性考虑。当企业的管理层制订企业战略行动方案,并对员工招聘、选拔、发展和奖励等相关事项进行思考时,就为企业的人力资源战略与规划奠定了基础。如果管理层在制定企业战略时,没有考虑企业的人力资源战略,没有对人力资源做出相关决策,那么就很难形成有效的企业战略。

二、人力资源战略

企业战略目标的实现有赖于一系列职能战略,而在这些职能战略中,人力资源战略最为重要。但是二者之间又有一定的区别:企业战略是针对整个企业做出的全局性、长远性的目标规划,是企业制订并实施具体战略方案的基础;而人力资源战略主要针对人力资源进行,是对人力资源规划等方面所做出的方向性、目标性、计划性的工作。

（一）人力资源战略的定义

对人力资源战略的理解有两种:一种认为人力资源战略是关于市场定位的过程,可以划分为成本领先、质量领先和差异化三种战略;另一种认为其是一种管理过程,即通过人力资源管理实现企业目标的过程。综合这两种观点,本书认为,人力资源战略是企业根据内外部环境分析确定企业目标,进而制定人力资源战略目标,并通过各种人力资源管理职能活动实现企业目标和人力资源目标的过程。

（二）人力资源战略的分类

1. 根据关注重点进行分类

根据关注重点的不同,人力资源战略可分为四类:利用战略、聚集战略、促进战略和投资战略,如表4-1所示。

表4-1 四类人力资源战略

人力资源战略	关注重点
利用战略	怎样利用好每个人,更多的是从挖掘现有人才的角度去思考问题
聚集战略	通过现有人员进行人才的积累

(续表)

人力资源战略	关注重点
促进战略	企业对个人投资,促进其成长
投资战略	企业在员工身上大量投入,同时对员工的期望和要求也非常高,即相互投资

资料来源:孙健敏.人力资源管理[M].北京:科学出版社,2009.

2. 根据实施条件进行分类

根据人力资源战略的实施条件,人力资源战略可分为三种模式:以美国为代表的劳动契约型、以日本为代表的资源开发型和权变模式,如表4-2所示。

表4-2 西方的人力资源战略模式

名称	定义	特点	实施条件
以美国为代表的劳动契约型	人力资源管理体系建立在以雇佣关系为基础的契约之上,企业与员工的关系完全是一种合同关系,或者说是一种契约关系,一切制度都以这个契约为前提	强调个人能力,不管过去与未来,只强调签约的一段时间,晋升快	整个社会的雇佣劳动体系是自由的
以日本为代表的资源开发型	通过个人能力的积累达到整体实力提高的目标	稳步晋升,终身雇佣	劳动力市场发达,雇主有充分的选择余地,劳动力供大于求
权变模式	把能力和资历联系起来	以上两种类型的结合	文化是个人主义的,因为合同是跟个人签订的

资料来源:孙健敏.人力资源管理[M].北京:科学出版社,2009.

(三)企业生命周期不同阶段的人力资源战略

企业是一个生命有机体,其发展经历诞生、成长、成熟、衰退直至死亡等过程,在不同的阶段,企业生产经营和人力资源管理有着不同的特点。企业生命周期通常被划分为四个阶段:创业期、成长期、成熟期和衰退期。各个阶段企业的主要矛盾不同,人力资源战略也不同。

1. 创业期的人力资源战略

创业期对应企业的诞生过程。这一阶段,企业需要考虑很多不利因素的影响,包括产品品种单一、成本高、价格高、市场占有率低、知名度低、管理水平低、人才匮乏等。这一阶段,企业人力资源战略的核心是充分发挥创办者的人格魅力、影响力和创造力,不断借鉴经验;在工作中发现人才;促进人才组织化,同时为员工提供良好的职业生涯规划。

2. 成长期的人力资源战略

这一阶段，企业的典型特征是：销售量增加，市场份额扩大，生产人员和销售人员大量增加，企业规模扩大。在这种情况下，企业规章开始建立，组织结构也逐渐明确，企业开始进入规范管理阶段。但是，企业在快速发展的同时，通常会暴露出一些问题，如结构脆弱、人才短缺、人力资源配置不合理等。这一阶段，企业人力资源战略的核心在于完善组织结构，加强组织建设和人才培养，适量吸收高级人才，培养员工更多地参与挑战性高的工作以及承担更多责任；根据市场法则确定员工与企业双方的权利和义务；企业与员工建立共同愿景，并在此基础上达成一致的核心价值观；员工对企业的心理期望与企业对员工的心理期望达成默契，在员工与企业间建立信任与承诺关系，实现员工的自我发展和管理。

3. 成熟期的人力资源战略

成熟期是企业的黄金时期，销量、规模、利润、员工、市场占有率、生产能力、研发能力、竞争能力、社会认可度等都达到了最佳状态。但在此阶段，企业容易出现骄傲自满、沟通不畅、创新精神减弱等问题。这一阶段，企业人力资源战略的核心体现在激励企业的灵活性，包括建立学习型组织，提供企业发展的愿景规划；建立人才储备库，采取比竞争对手更有力的人才垄断战略；设计组织职位，明确员工责任；制定应对关键人才突发短缺情况的预案；采用多种手段吸引、保留企业所需人才等。

4. 衰退期的人力资源战略

在衰退期，企业容易出现管理不善、利润大幅下降、设备和工艺落后、市场占有率下降、财务状况恶化、员工士气低落等问题。此时，企业人力资源战略的核心是帮助人才转型，对员工的培训和开发给予指导，在新的领域对人才进行招聘与培训，实现企业的二次创业等。

企业在生命周期的不同阶段有着不同的主要矛盾，其人力资源战略的核心不同，采取的措施也有所不同。企业只有结合自身的条件，合理地解决这些矛盾，才有可能实现企业的可持续发展。

表4-3列出了"东风"淘宝村在生命周期的不同阶段人力资源管理模式的特点。

表4-3 "东风"淘宝村不同发展阶段人力资源管理模式分析

发展阶段	商户数量	发展特征	人力资源管理模式特征
萌芽阶段（2006—2007）	1～100家，逐步增长	首创者开始涉及板式家具生产和网络销售，主要以家庭作坊为生产方式，成功后周围关系较为亲密的亲朋好友模仿学习，尝试进入行业	（1）网点参与经营者为家庭闲置劳动力 （2）家庭成员未全部参与网店经营 （3）网店收入尚未成为家庭收入的主要来源 （4）通过自我管理约束或家庭成员内部简单分工完成日常经营

（续表）

发展阶段	商户数量	发展特征	人力资源管理模式特征
简单复制阶段（2008—2009）	101～1 200家，爆发式增长	（1）验证网店的可行性后，越来越多的人主动学习开网店的经验 （2）网店销售产品单一，网点数量急剧增加 （3）上下游及周边产业链不断完善，开始出现公司制商户，但仍以作坊式生产、家族式管理为主要模式	（1）全部家庭成员投入网店经营 （2）村外家庭成员主动或被动加入网店经营 （3）大量雇佣人员出现 （4）核心技术工人供不应求 （5）劳动力缺口不断扩大 （6）网点之间挖人、员工跳槽现象频发
快速增长阶段（2010—2012）	1 201～3 000家，持续增长	同质化竞争负面影响开始显现，利润率明显下降，一部分商户开始尝试扩大规模并提升工艺，由板式家具向实木家具转型	（1）家庭成员掌握生产经营销售的核心环节，内部分工相对稳定 （2）随着生产经营规模的扩大，劳务外移现象出现 （3）外来专业人才前来创业落户 （4）对于高端人才的需求凸显
规范化阶段（2013年至今）	3 000家以上，稳定增长	淘宝村内外部竞争日趋激烈，商户数量日趋稳定，促进商品不断改良创新，利润率逐渐平稳	（1）家族式管理局限性逐渐显现 （2）行业协会和当地政府对行业管理的指导作用日益突出 （3）技术、管理、经营高层次人才需求日益迫切 （4）尚未构建规范的现代人力资源管理模式

资料来源：王秋莲."东风"淘宝村人力资源管理模式分析[D].西南交通大学,2017.

第二节 人力资源规划概述

一、人力资源战略与人力资源规划的关系

目前，学术界对人力资源战略与人力资源规划这两个概念范畴的理解可分为三种：第一种观点认为，人力资源规划包括人力资源战略。持这种观点的学者常常将企业的人力资源规划分成"广义的"和"狭义的"两种，认为广义的人力资源规划包含了企业人力资源的"战略计划"与"战术计划"两个方面。其中"战略计划"就是企业较长期的、宏观的人力资源战略的制定，而"战术计划"也就是狭义的"企业人力资源规划"，或者称"企业人力资源计划"。第二种观点认为，人力资源战略包括人力资源规划。同第一种观点类似，这种观点将人力资源战略分为"广义的"与"狭义的"两种，其中"广义的"人力资源战略是指企业制定所有与人相关的方向性规划，"狭义的"人力资源战略则是具体的人力资源计划。

第三种观点将人力资源规划与人力资源战略当成是两个完全独立的、并列范畴的概念,并且认为人力资源战略是人力资源规划的基础,人力资源规划是人力资源战略的延伸与具体体现。

本书采用第三种观点的界定方法,即认为人力资源战略与人力资源规划是两个独立的概念。人力资源战略以企业的总体战略为依据,是企业的职能战略之一。它从宏观上把握企业的人力资源发展方向,提出纲领性的人力资源发展目标,使有限的人、财、物资源能够得到更好的使用。而人力资源规划则是根据人力资源战略,制订出人力资源各个模块具体的实施计划,形成可操作的实施方案。两者的关系是:人力资源战略是人力资源规划的前提与方向性基础,人力资源规划是人力资源战略的延伸与具体体现。两者相辅相成,但是在具体操作中有先后次序。人力资源战略的工作层面比人力资源规划的高。

二、人力资源规划的含义

人力资源规划是企业的一种综合性发展规划,指企业根据战略规划,通过对企业未来人力资源的需求和供给状况的分析及预测,制定相应的人力资源获取、利用、保持和开发政策,采取职务编制、员工招聘、测试甄选、培训开发、薪酬设计及未来预算等人力资源管理手段,以确保企业在需要的时间和需要的岗位上获得所需的人才,使企业人力资源与企业发展相适应。

人力资源规划与企业战略紧密相连,它以企业战略目标为基础,当企业战略目标与经营方式发生变化时,人力资源规划也随之发生变化,所以人力资源规划常常被称为人力资源战略规划。人力资源战略规划源于战略,又涉及招聘、甄选、薪酬、培训等人力资源中的诸多板块,在整个人力资源管理的大系统中处于领头羊的位置。人力资源规划应对人力资源管理大系统中的其他板块——企业员工的获取与配置、培训与开发、薪酬和福利等各种人力资源管理活动的目标、任务、实施步骤和资金预算,在时间上做出详细的计划和安排。因此,人力资源规划是企业人力资源各项管理工作的依据,具有战略性和先导性。在人力资源管理的各项职能中,人力资源部门必须先履行战略规划职能,否则企业人力资源管理活动会带有很大的盲目性。

人力资源规划在国家发展层面也有着重要作用。2022年4月29日召开的中共中央政治局会议专题审议了《国家"十四五"期间人才发展规划》。会议指出,编制《国家"十四五"期间人才发展规划》是党中央部署的一项重要工作,是落实中央人才工作会议精神的具体举措,也是国家"十四五"规划的一项重要专项规划。这次会议表明了党中央对人才工作的关心和重视已经提升到一个新的历史高度,人才作为经济新发展的第一资源再一次被摆在突出位置。

三、人力资源规划的内容

人力资源规划的内容包括三个方面:人力资源数量规划、人力资源结构规划和人力资源素质规划。其中,数量规划是依据未来企业业务模式、业务流程和组织结构等因素,确定未来企业各级组织人力资源编制及各职类、职种人员配比关系(或比例),并在此基础上制订企业未来人力资源需求计划和供给计划,其实质是确定企业目前有多少人以及未来需要多少人。结构规划是依据行业特点、企业规模、未来战略重点发展的业务及业务模式,对企业人力资源进行分层分类,同时设计和定义企业的职类、职种、职层功能及其职责与权限等,从而理顺各职类、职种、职层人员在企业发展中的地位、作用和相互关系。素质规划是依据企业战略、业务模式、业务流程和组织对员工的行为要求,设计各职类、职种、职层人员的任职资格要求,包括素质模型、行为能力及行为标准等,是企业开展选人、用人、育人和留人活动的基础与前提。这三方面的规划是同时展开的。

在实施人力资源规划时,人力资源数量规划、结构规划和素质规划将融入各种具体的人力资源计划。这些具体的人力资源计划又可以分为总体计划和业务计划两种。其中,总体计划是指在有关计划内,根据企业的战略目标确定人力资源开发和利用的总目标、总政策、实施步骤和总预算;业务计划是根据总体计划对人力资源管理的各职能制订详细的实施计划。

总体计划应该包括如下三个方面的内容:① 阐述在企业战略规划期内组织对各种人力资源的需求和配置的总体框架;② 阐明人力资源方面(如人才的招聘、晋升、降职、培训与发展、奖惩和薪酬福利等)的重要方针、政策和原则;③ 确定人力资源投资预算。

业务计划包括职务编制计划、人员补充计划、人员使用计划、晋升或降职计划、培训计划、薪酬计划、退休计划、劳动关系计划等。业务计划是总体计划的展开和具体化,每一项业务计划都是由目标、任务、政策、步骤和预算等部分构成的。业务计划的执行结果决定了人力资源总体计划能否实现。

四、人力资源规划的程序

人力资源规划一般分为以下五个具体步骤,如图4-1所示。

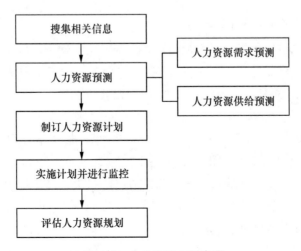

图4-1 人力资源规划步骤

（一）搜集相关信息

信息是一个十分重要的生产要素，是制订计划的基础与依据。信息是否正确、充分，直接关系到人力资源计划的制订与实施效果。与人力资源计划相关的信息可分为内部信息与外部信息两种。

内部信息主要包括：现阶段的企业经营战略，业务计划，职位的调整情况（职位类型与基本要求），企业的人力资源现状（如人员素质、人员能力、各类人力的数量、结构、利用及潜力、流动率等），员工的考核、培训及教育情况，员工的薪酬、福利待遇情况，等等。

外部信息主要包括：宏观经济形势和行业经济形势，科学技术的发展水平，市场竞争程度，劳动力供求状况，人口和社会发展状况，政府的相关方针政策和法规，等等。外部信息主要用于人力资源的外部供给预测，本章第四节将详细介绍。

（二）人力资源预测

人力资源预测是人力资源规划过程中技术性最强的一个环节。企业人力资源部门需要判断各种不同类型的人力资源的供求状况，估计企业内部哪些部门在未来的经济运行中会出现劳动力短缺或劳动力过剩的情况。

人力资源预测包括人力资源需求预测和供给预测两个方面。人力资源需求预测主要是根据企业的发展战略规划和本企业的内外部条件选择预测技术，然后对人员需求的结构、数量和质量进行预测，它包括短期预测和长期预测、总量预测和各个岗位需求预测。人力资源供给预测包括内部供给预测和外部供给预测：内部供给预测是根据现有人力资源及其未来变动情况，确定未来所能提供的人员数量和质量；外部供给预测是对外部人力资源供给进行预测，确定未来可能的各类人员供给状况。

（三）制订人力资源计划

人力资源计划的制订主要从人力资源数量、结构和素质三个方面入手，包括制订总体计划和各项业务计划，如增加或减少劳动模范、改变技术组合、开展管理职位的接续计划、实施员工生涯计划等。

（四）实施计划并进行监控

人力资源计划应包括预算、目标和标准设置，同时也应承担执行和控制的责任，并建立一整套报告程序来保证对计划实施的监控：报告全公司的雇佣总数量和为实现招聘目标而招聘的人员数量，同时应报告雇佣费用情况（尤其与预算相比）、损耗量和雇佣量的比率变化趋势等。

在分类计划的指导下，确定企业如何具体实施计划，是实施计划这一步骤的主要内容。一般来说，在技术上或操作上没什么困难。

在计划执行过程中要实施监控。实施监控的目的在于为总体计划和具体业务计划的修订或调整提供可靠信息。

（五）评估人力资源规划

虽然人力需求的结果只有过了预测期限才能得到最终检验，但为了给企业人力资源规划提供正确决策的可靠依据,有必要事先对预测结果进行初步评估,由专家、用户及有关部门主管人员组成评估小组来完成评估工作。评估的内容涉及人力资源规划的各个方面及其所带来的效益,评估工作就是要对其内容进行综合的审查与评价,同时对人力资源规划所涉及的有关政策、措施以及招聘、培训发展和薪酬等方面进行监督与控制,提供关于人力资源计划系统的反馈信息,为下一个人力资源计划奠定基础。

五、人力资源供需平衡

企业在进行人力资源规划的过程中要时刻注意人力资源供需平衡的问题。由于人力资源供需的刚性,企业人力资源供需不平衡是一种必然的现象。因此,在完成人力资源需求与供给预测后,需要对人力资源进行综合平衡,为下一步的人力资源计划提供依据。人力资源供需不平衡的表现有时候是需求大于供给(供不应求),有时候是供给大于需求(供过于求)。这种不平衡不仅表现在数量上,还表现在结构上。例如,公司在人员总量上是供过于求,但是独独缺乏营销人员。所以,人力资源部门必须对供需平衡做出全面分析,以便对人力资源计划及时进行调整。下面针对供不应求和供过于求这两种情况分别进行讨论。

(一) 需求大于供给

当出现需求大于供给的情况时,企业不应急于招聘人员,而应该首先分析需求大于供给这种情况出现的原因,例如是由于部门结构问题,还是生产工艺、流程问题。同时还要分析这种状况是暂时的,还是长期的,然后再制订应对计划。

如果是短期的供不应求,可以通过加班、内部借调或雇用临时工来满足需求。对于长期的供不应求,则要根据不同情况来做决策。首先,若因部门设置过于复杂和重叠,则应考虑对组织结构进行调整和精简;若因生产工艺或生产流程问题,则可以考虑优化工作设计。其次,考虑企业内部招聘,如对内部人员进行提升或平调等。最后,考虑外部招聘。

对于一些工作或一部分产品零配件的生产,如果企业人手不够,可以考虑外包加工这一途径,即将其转给外部单位承包,这样可以减少企业的一些配套成本。

(二) 供给大于需求

当供给大于需求时,企业同样要首先分析人力资源过剩的原因,是产品问题还是市场原因,是机构设置问题还是管理问题,然后再分别进行处理。处理企业人力资源供过于求问题的难度远远大于处理供不应求问题的难度,而且很容易产生劳动纠纷,所以对这类问题的处理要慎重。具体可以按以下顺序考虑:

1. 增加销售渠道

对企业内部的富余人员进行培训,将其转为销售人员。增加销售人员会相应带动生产部门的人员需求。

2. 改进产品质量和功能

企业人员供过于求的情况往往发生在企业产品的衰退期。改进产品质量和功能就是产品的扩展,或者说是产品的更新,这样可以给产品带来新的生命力,增加产销量,从而增加对人员的需求。不过,采取这一措施需要一定的时间才能看见成效。

3. 减少工作时间,相应降低工作量

这会减少员工的收入,而且这一措施容易使一部分有能力的员工提前辞职,另谋出路,出现"庸才沉淀"的现象。

4. 对一部分人员进行培训

员工培训计划可为企业储备人才,为后期员工调往新的岗位而做准备。但是,这种方法需要一定的资金投入。

5. 提前退休

劝说接近退休年龄的员工自己提出提前退休的要求,相应地给予他们适当补偿。采取这项措施时要注意,对于尚未达到法定退休年龄的员工,其提前退休必须由本人自愿提出,企业无权责令其提前退休。

6. 临时性停工

让一部分人员暂时待业或自谋其他职业,这时他们仍可以领取一定的生活补贴。

7. 永久性辞退人员——裁员

裁员本应作为最后的措施,但在许多企业中却往往是最常用的应对人员供给过剩的手段。虽然裁员可以直接和快速地减少成本开支,但是,许多研究表明,裁员并不是最好的方法。因为大批裁员会使留下来的员工产生恐慌和消极的情绪,增加了员工谨慎保守的行为,使企业失去活力;而且裁员也会使优秀人才因看不到企业的前景而纷纷及早跳槽,另谋出路。

第三节 人力资源需求预测

一、定性预测法

(一)现状规划法

现状规划法是一种最简单的预测方法,此方法比较容易操作。它假定企业原有的生产规模和生产技术不变,那么,企业的人力资源也应处于相对稳定状态,即企业当前的职务设置和人员配置是恰当的,并且没有职务空缺,各种人员的配备比例和人员的总数将完全能适应预测规划期内人力资源的需要,所以不存在人员总数扩充的问题。人员的需求完全取决于退休等情况的变化。所以,人力资源需求预测就相当于对人员退休等情况的预测。为此,人力资源规划人员所要做的工作就是测算出在规划期内有哪些人员将晋升、降职、退休或调出本组织,再准备调动人员去弥补就行了。

现状规划法是假定企业各岗位上需要的人员为原来的人数,它要求企业运行特别稳定,生产技术不变、生产规模不变等条件同时成立,因而这种方法较适合短期人力资源需求预测。

(二)经验预测法

经验预测法是用以往的经验来推测未来的人员需求,适合较稳定的小型企业。它是根据过去经验将未来活动水平转化为人力资源需求的主观预测方法,即根据每一产量增量估算劳动力的相应增量。经验预测法建立在启发式决策的基础上,这种决策的基本假设是:人力资源的需求与某些因素的变化之间存在某种关系。西方不少企业常采用这种方法来预测本组织在将来某段时期内对人力资源的需求。例如,某企业每个员工每天能产出 1 000 个产品,如果需要多产出 10 000 个产品,那么再补充 10 个员工即可。又如,某企业根据以往的经验认为,在生产车间里的管理人员(如一个班组长或工头)一般管理 10 个人为最好。因此,根据这一经验,就可以从生产工人的增减数来预测对班组长或工头一级管理人员的需求。

该方法简便易行,但由于完全依靠管理者的个人经验和能力,所以预测结果的准确性不能保证,通常只用于短期预测。现实中可以通过多人综合预测或查阅历史记录等方法提高预测的准确率。企业在有人员流动的情况下,如晋升、降职、退休或调出等,可以采用经验预测与现状规划相结合的方法来制定规划。

(三)管理人员判断法

管理人员判断法是一种较为简单、常用的方法,可以分为"自上而下"和"自下而上"两种方式。

"自上而下"主要依赖高层管理者的判断,是指由组织的高层管理者先拟定组织的总体用人目标和计划,然后逐级下达到各具体职能部门,开展讨论和进行修改,再将有关意见汇总后反馈回高层管理者,高层管理者据此对总的预测和计划做出修正后,公布正式的目标和政策。这个方法要求高层管理者对组织的发展方向有明确的认识。

"自下而上"是指由各部门管理人员根据自己部门的经营目标和未来各时期的业务变化情况,估计出本部门各类人员的需求量,然后将各部门的预测数累积起来得出企业的人力资源需求量的方法。这种方法通常只用于简单的预测,它只需清楚地了解当前的需要,而不必反映未来的目标,也不需要这些管理人员了解整个组织的目标,当环境变动速度不快、组织规模较小时采用这一方法往往可以得到满意的结果,所以这种方法一般只用于短期预测,若用于中、长期预测就很不准确。但是在缺少足够的信息资料时,这种方法不失为一种简单、快速的方法。在实际操作中,特别是在一些中小规模的企业中,这种方法被普遍采用。

另外,用这种方法对其他预测手段的结果进行修正也非常有效。由于无论哪种预测都不可能一成不变地延续下去,因此,企业领导需要以自己认为在未来可能会发生变化的那些因素为依据,对预测结果进行修正。

(四)德尔菲法

德尔菲法(Delphi Method)是美国兰德公司(RAND Corporation)于 20 世纪 50 年代发明的。它是结合函询调查法与专家会议两种方法,听取有关专家对组织某一方面未来发展的分析意见和应采取的措施,并通过多次反复以达到在重大问题上的较为一致意见的结构性方法。通常经过三到四轮咨询,专家们的意见可以达成一致,而且专家的人数以10~15人为宜。使用该方法的目的是通过综合专家们各自的意见来预测组织某一方面的发展。由于简便易行,其被广泛地运用于经济预测分析之中。

由于专家组成员之间存在身份和地位上的差别以及其他社会原因,其中一些人会因不愿意批评或否定其他人的观点而放弃自己的合理主张。为防止这类问题的出现,必须避免专家们面对面集体讨论,而是由专家们单独提出意见,然后将第一轮单独预测意见集中起来,加以归纳后反馈给专家们。之后重复这一循环,使专家们有机会去修改他们的预测并说明修改的理由。

德尔菲法的具体步骤如图 4-2 所示。

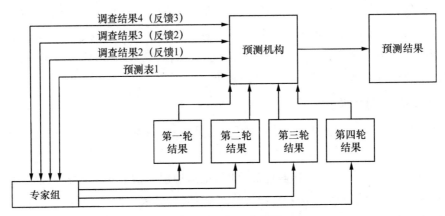

图 4-2 德尔菲法步骤图示

第一步,做预测的筹划工作,包括确定预测的课题及各预测的项目,设立预测组织工作的机构,选择若干熟悉该课题的专家。

第二步,预测机构将预测表及有关背景材料交由专家们进行预测,并对结果进行统计反馈。

第三步,设计人力资源调查表,在汇总各专家意见后,预测机构对意见进行统计分析,综合成新的预测表。

第四步,进行第一轮的调查,把新的预测表再次分给各专家,并列出可用统计方法处理的人力资源问题,由专家们对新预测表做出第一轮判断或预测,然后再对反馈的调查表进行统计分析。

第五步,根据分析结果设计第二轮调查表,将统计结果再次发予专家们判断预测,并给出相关分数。

第六步,对第二轮的反馈进行处理,总分最高的方案就是较佳方案。

第七步,根据上轮的较佳方案设计第三轮的调查表,并提出若干方案,请专家们进行判断预测。

第八步,将预测机构中专家经过几轮预测所形成的结果以文字和图表的形式呈现出来,最后公布专家们的预测结果。

使用德尔菲法应注意以下两个问题:

(1) 尽量避免专家们在预测中出现倾向性选择信息和冒险心理效应。在对预测专家的培训中,必须强调要进行独立判断;在预测过程中,应注意保密,避免专家们受到人际压力的影响。最好的办法是由独立机构而不是由人力资源部门来汇总、处理信息。

(2) 与名义群体法配套使用。德尔菲法的难点在于如何提出简单明了的问题,如何使专家对预测中涉及的各种概念和指标理解一致,以及如何将专家意见进行归纳总结。如果在预测前能对专家们进行全面的培训,预测后再集中专家们采用名义群体法进行讨论,最后达成一致意见,效果会更好。

(五) 描述法

描述法是指人力资源规划人员通过对本组织在未来某一时期的有关因素的变化进行假设性描述、分析,并制订多种备选方案,从描述、假设、分析和综合中对将来人力资源的需求进行预测。例如,对某一企业今后三年的情况变化可能会有三种描述(或假设):第一种是在三年内,同类产品可能稳定地增长,同行业中没有新的竞争对手出现,同行业中的技术也没有新的突破;第二种是同行业中出现了几个新的竞争对手,同行业中的技术也有较大的突破;第三种是同类产品可能跌入低谷、物价暴涨、市场疲软、生产停滞,同行业中的技术可能会有新的突破。人力资源规划人员可以根据上述不同情况,预测和制订出相应的人力资源需求备选方案。

描述法通常用于环境变化或企业变革时的需求分析,但是,对于长期预测有一定困难。因为时间跨度越长,对环境变化的各种不确定因素就越难以进行描述和假设。

(六) 工作研究预测法

工作研究预测法是通过工作研究(包括动作研究和时间研究)来计算完成某项工作或某项产品的工时定额和劳动定额,并考虑内在的变化因素,确定需要的员工人数。

二、定量预测法

(一) 趋势预测法

趋势预测法是根据组织过去几年的员工数量,分析它在未来的变化趋势并以此来预测组织在未来某一时期的人力资源需求量。其基本做法是:先确定组织中与劳动力数量和结构关系最大的因素,然后找出这一因素随员工数量的变化趋势,由此推出将来的趋势,从而得出未来劳动力的需求量。

趋势预测法简单直观,但是由于在使用时一般都要假设其他一切因素保持不变或者变化幅度保持一致,而未来不确定因素太多,过去毕竟不能代表未来,因此具有较大的局限性,多适用于经营稳定的企业或作为企业人力资源需求分析过程的初步分析。为保证人力资源需求预测的准确性,还应该借助其他分析方法。下面以一个企业为例说明该方法的步骤,如表4-4所示。

表 4-4 趋势预测法示例

年份	销售额(千元)	劳动生产率(千元/人)	员工需求量(人)
2017	2 351	14.33	164
2018	2 613	11.12	235
2019	2 935	8.34	352
2020	3 306	10.02	330
2021	3 613	11.12	325
2022	3 748	11.12	337
2023	3 880	12.52	310
2024*	4 446	12.52	355

* 预测数据。

1. 确定适当的与员工数量相关的组织因素

组织因素的选择至少应该满足两个条件：一是组织因素应该与组织的基本特性直接相关，以便根据这一因素制订组织计划；二是所选因素的变化必须与所需员工数量的变化成比例。在不同的组织中，所选的组织因素不尽相同。对于医院来说，可能是病人数量；对于商店来说，可能是销售收入；对于生产企业来说，可能是产值。表 4-4 中的组织因素是销售额。

2. 找出历史上组织因素与员工数量之间的关系

组织因素一经确定，接下来就要找出过去的员工数量与过去的组织因素之间的数量关系。在表 4-4 中，2017 年 164 名员工的销售总额为 235.1 万元，人均 1.433 万元。如果组织是第一次进行人力资源规划以及这种历史数据不存在或很难收集，这种关系就难以确定。

3. 确定劳动生产率的趋势，对将来的趋势进行必要的调整

利用收集到的一定期间的组织因素与员工数量的数据，计算出平均劳动生产率变化和组织因素的变化，然后就能够预测未来的变化。当然，未来变化与平均变化可能不同，因此对这些变化要进行准确的分析和研究，预测其影响程度，并根据这种影响程度对已得出的趋势进行修正。在表 4-4 中，根据前几年的趋势，预测 2024 年的劳动生产率不变。

4. 预测未来某一年的劳动力需求量

根据收集的数据分析影响劳动生产率变化的因素后，就可以预测未来劳动力的需求量。表 4-4 列出了企业 2017—2024 年实际和预测的组织因素、劳动生产率和员工需求量。

(二) 回归预测法

回归预测法是用回归模型来进行人力资源需求预测。回归模型常被用于分析不同生产或经营要素之间相互影响和变化的规律。

回归分析主要解决三个方面的问题：① 确定几个特定变量之间是否存在相关关系，如果存在，就找出它们之间合适的数学表达式；② 根据一个或几个变量的值，预测或控制另一个变量的取值，并且要知道这种预测或控制的精确度；③ 进行因素分析，确定因素的主次关系以及因素之间的相互关系。

在人力资源需求预测方面，回归模型强调用统计方法建立人力资源和其他可量化因素之间的关系。这些因素可能和人力资源具有较明显的因果关系，也可能只存在相依关系，而无因果关系。回归模型一般认为除人力资源数量外，其他变量均为解释变量，而且认为这些变量是确定的，把全部随机因素都折合成影响人力资源的系统干扰因素。这样，当预测年份的解释变量被设定以后，就可以实现对于人力资源需求的预测。

回归模型分为线性回归模型和非线性回归模型，线性回归模型又可分为一元线性回归模型和多元线性回归模型。一元线性回归是整个回归分析方法中最基本、最简单的一种；当对人力资源需求产生影响的因素为两个以上时，就要使用多元线性回归了；如果某个因素与人力资源需求没有线性关系，就得采用非线性回归的分析方法了。下面仅对线性回归的两种方法进行介绍。

1. 一元线性回归模型预测法

用一元线性回归模型进行预测，首先要根据历史数据找出与人力资源需求高度相关的一个变量，然后根据过去的相关资料确定它们之间的数量关系，再用数理统计的方法定量地把这种关系表示为一个一元线性回归方程 $y = a + bx$，最后根据这个因素的变化以及确定的方程来预测未来人力资源需求。其中，x 是与人力资源需求高度相关的变量，可以是产值、投资额等可量化的因素，也可以是单纯的年份；y 代表人力资源需求量；a、b 是回归系数，可用最小二乘法进行估计。其公式为：

$$a = \sum y/n - b(\sum x/n)$$
$$b = [n(\sum xy) - \sum x \sum y]/[n(\sum x^2) - (\sum x)^2]$$

最小二乘法：对于一元线性回归模型来说，假设 $y = a + bx$（a 和 b 均未知），同时还提供 i 个观测值：$(x_1, y_1), (x_2, y_2), \cdots, (x_i, y_i)$。为了尽可能地接近真实值，我们需要让观测值与真实值之间的差值或差值的平方尽可能小，即 $E_i^2 = \sum (y - y_i)^2 = \sum (a + bx - y_i)^2$ 最小。为了使其最小，对 a、b 分别求偏导，令其等于 0，计算出的结果即为上述列出的公式。

按要求，回归分析都要进行参数检验。但是，对于人力资源管理人员来说，这种要求恐怕偏高，因此，在这里就省去对参数检验的介绍。

例 某公司过去 8 年人员数量的数据如表 4-5 所示，预测今后第二年和第四年公司对人力资源的需求。

表 4-5 某公司过去 8 年的人员数量

年度	1	2	3	4	5	6	7	8
人数	450	455	465	480	485	490	510	525

由上述公式可以算出 $a = 435.357, b = 10.476$，由此得出一元线性回归方程为 $y = 435.357+10.476x$，也就是说，每过一年，企业的人力资源需求量增加 10.476（通常取整数 11）。这样就可以预测出第二年和第四年的人力资源需求量了：

$$y_1 = 435.357 + 10.476 \times (8 + 2) = 540.117 \approx 541（人）$$

$$y_2 = 435.357 + 10.476 \times (8 + 4) = 561.069 \approx 562（人）$$

所以，今后第二年和第四年公司对人力资源的需求分别为 541 人和 562 人。

2. 多元线性回归模型预测法

对于企业人力资源的需求量，往往有多种主要因素（如产量、劳动生产率、技术水平等）共同对其变化起作用，而且这些因素基本上与人力资源需求量的变化存在线性关系。而一元线性回归方程只关注其中最重要的一个因素而忽略了其他因素的影响，因此，没有多元线性回归方程预测的准确度高。在需要更加精确的预测结果时需要建立多元线性回归方程。多元线性回归方程与一元线性回归方程的原理一样，只是将一个变量扩展为多个变量，其表达式为：

$$y = \alpha_0 + \alpha_1 x_1 + \alpha_2 x_2 + \cdots + \alpha_n x_n$$

其中，y 仍然代表人力资源需求量；$\alpha_0, \alpha_1, \cdots, \alpha_n$ 为回归系数；$x_1, \cdots, x_n$ 为影响人力资源需求的多个变量。

但是，多元线性回归方法在运用中也有很大的局限性：一方面，我们在进行多元线性回归分析时往往容易引入一些相互之间相关性比较强的变量，从而与使用多元线性回归模型的基本假设前提相违背，也使多元线性回归预测的效果受到很大的影响，准确度下降。另一方面，多元线性回归模型的使用要求各个变量符合正态分布，而在实际生产实践中，往往有些样本的分布并不完全符合正态分布的规律，这也会影响回归分析的效果。为了克服上述问题，可将主成分分析和多元线性回归方法相结合，这种新的方法叫作主成分回归预测方法。下面以一案例进行说明：

例 某沿海地区外贸行业的人力资源需求量的增长与该地区的国内生产总值、外贸商品存储量和消费量的变动具有某种联系。换句话说，该地区的国内生产总值、商品存储量和消费量对该地区外贸行业的用人需求有一定的影响，但影响的强弱程度还没有定量的估计。外贸商品存储量和消费量发生变化，会导致该地区的外贸行业进行人力资源方面的调整，引起外贸行业增加或减少自己的人力使用，这是对该案例进行统计分析的基础。表 4-6 是该地区经济数据与外贸行业人力资源需求数据统计表。

表 4-6 某沿海地区经济数据与外贸行业人力资源需求数据统计表

年份	国内生产总值（亿元）	外贸商品年度存储量（亿元）	外贸商品年度消费量（亿元）	外贸行业人力资源需求量（千人）
2011	149.3	4.2	108.1	15.9
2012	161.2	4.1	114.8	16.4
2013	171.5	3.1	123.2	19.0

(续表)

年份	国内生产总值（亿元）	外贸商品年度存储量（亿元）	外贸商品年度消费量（亿元）	外贸行业人力资源需求量（千人）
2014	175.5	3.1	126.9	19.1
2015	180.8	1.1	132.1	18.8
2016	190.7	2.2	137.7	20.4
2017	202.1	2.1	146.0	22.7
2018	212.4	5.6	154.1	26.5
2019	226.1	5.0	162.3	28.1
2020	231.9	5.1	164.3	27.6
2021	239.0	0.7	167.6	26.3

（1）设定相关变量。

因变量（被解释变量）是该地区外贸行业人力资源需求量 y，自变量（解释变量）是对人力资源需求量产生影响的因素，包括国内生产总值 x_1、外贸商品年度储存量 x_2、外贸商品年度消费量 x_3。自变量数量 $p=3$、样本容量 $n=11$，满足多元线性回归条件：$n>p$。

（2）变量相关性分析。

主成分分析方法适用于原始变量（x_1,x_2,x_3）之间相关性较强的情况，如果原始变量的数据之间相关性不强，主成分分析方法将无法进行适当的降维，从而失去原有的意义。原始变量的相关系数大于 0.3 时，主成分分析方法的效果比较明显。所以要对原始变量进行相关性分析。

用统计软件 SPSS15.0 进行相关性分析，输出结果显示：x_1 和 x_3 之间的相关系数为 0.997，x_2 和 x_3 之间的相关系数为 0.036，x_1 和 x_2 之间的相关系数为 0.026，x_1 和 x_3 之间有很强的相关性，满足使用主成分分析法的前提条件。

（3）主成分分析。

运用 SPSS15.0 统计软件对表 4-6 的数据进行主成分分析，得到了主成分（a,b）与原始变量（x_1,x_2,x_3）的函数关系：

$$a = 0.999 x_1 + 0.062 x_2 + 0.999 x_3$$
$$b = -0.036 x_1 + 0.998 x_2 - 0.026 x_3$$

由此数据推导出一组新的数据如表 4-7 所示。

表 4-7 一组新数据

y	a	b
15.9	257.40	-3.99
16.4	275.98	-4.70

(续表)

y	a	b
19.0	294.60	−6.28
19.1	302.29	−6.52
18.8	312.66	−8.85
20.4	328.21	−8.25
22.7	347.88	−8.98
26.5	366.48	−6.06
28.1	388.32	−7.37
27.6	396.12	−7.53

对因变量 y，主成分 a、b 进行线性回归的结果如表 4-8 所示。

表 4-8 模型系数表（Coefficients*）

模型	非标准化的回归系数		标准化的回归系数	t 值	显著性水平
	p 值	标准误差	测试值		
常数项	−9.854	1.822	—	−5.408	0.002
a	0.106	0.006	1.043	19.037	0.000
b	0.518	0.168	0.169	3.082	0.022

* 表明因变量是 y。

a、b 对应的统计量的 p 值分别为 0.000 和 0.002，都小于 0.05，所以这两个回归系数显著。故得出外贸行业人力资源需求量 $y = -9.854 + 0.106a + 0.518b$。其中：

$$a = 0.999 x_1 + 0.062 x_2 + 0.999 x_3$$
$$b = -0.036 x_1 + 0.998 x_2 - 0.026 x_3$$

无论是一元线性回归方程还是多元线性回归方程，应用回归模型预测的关键都是正确选择合适的自变量，即影响因素要找准，否则会影响预测的准确度，有时甚至导致预测错误。

（三）比率分析法

比率分析法是通过计算某些原因性因素和所需要员工数之间的精确比率来确定未来人力资源需求的一种方法。它的依据是员工数与某些因素有一定的比率关系，即要达到某一产量或销售额必须有一定数量的员工。进行预测时，首先要计算出人均生产率，然后根据企业未来的业务量预测出对人力资源的需求，即所需的人力资源＝未来的业务量／人均生产率。

比率分析与趋势分析有相似之处，它们都假定生产率保持不变，都根据历史记录进行预测，但比率分析更为精确。例如，假设通常一名销售人员每年能实现 60 万元的销售额。在过去的两年中，企业每年需要 20 名销售人员来完成 1 200 万元的销售额。假如企业计划在下一年度完成 1 500 万元的销售额,那么企业需要增加 5 名销售人员来完成增加的销售额。以此类推下一年度企业销售额增加或减少时所需销售人员的数量,即销售人员数量=销售总额/人均生产率。

比率分析法还可以做进一步的延伸,利用各类人员之间的比率关系,根据已知的某类人员的数量来预测对其他人员的需求。例如,我们可以计算销售人员与文秘人员的比率关系,然后以此来确定需要增加多少文秘人员来与增加后的销售人员相匹配。只要两类人员之间在数量上有相对稳定的比率关系,又知道其中一类人员的数量需求,我们就可以通过这种方法来预测另一类人员的数量。

另外,像工作负荷法、工作量定员法实际上都是比率分析法的一种,都是通过计算与所需人员数量相关的某种比率来确定需要多少人员。工作量定员法将在下面进行详细介绍。

使用比率分析法的前提是假定生产率保持不变,如果劳动生产率发生变化,那么比率分析法就不准确了,这时还要借助其他方法进行预测。

(四) 工作量定员法

若采用工作量定员法,首先需要将企业各类人员按职能分类,如技术类、财务类、生产类、管理类等。

1. 技术类人员

劳动力—资本产出率表明企业的生产技术水平,可用公式表示为:

$$G = (P/L) \times (P/C)$$

其中,G 为某年的技术水平;P 为该年的生产总值;L 为该年的劳动力投入量;C 为该年的资本投入量。

所以,技术类人员的人数可用公式表示为(a、b、c 为常数):

$$Y = a + bP + cG$$

2. 财务、生产、管理类人员

根据影响工作量的因素来计算所需财务、生产或管理类人员的数量,可用公式表示为(k 为常数):

$$Y = kX_1 d_1 X_2 d_2 \cdots X_n d_n$$

其中,Y 为财务、生产或管理类人员的数量;$X_1,\cdots,X_n$ 为影响该类人员工作量的 n 种因素;$d_1,\cdots,d_n$ 为各因素的权重。

例如,影响财务人员工作量的因素主要有职工人数、固定资产的设备台数、主要产品零件总数、签订各种经济合同的份数等。确定了这些因素的数值,再为各因素分配恰当的权重,就可以算出所需财务人员的数量。

(五) 生产函数模型法

生产函数模型法是根据企业在 t 时刻的产出水平和资本总额,估算 t 时刻企业人力资源需求量的一种方法。

根据柯布-道格拉斯生产函数,假定生产水平取决于劳动力和资本的投入水平,则 $Y = AL^\alpha C^\beta u$,可以推出 $\lg L = (\lg Y - \beta \lg C - \lg u - \lg A)/\alpha$。

其中，Y 是总产出水平；L 是劳动力投入量；C 是资本投入量；A 是总生产率系数；α、β 分别为劳动力产出弹性系数和资本产出弹性系数（一般地，$|\alpha| \leq 1$，$|\beta| \leq 1$）；u 为对数正态分布误差项。

生产函数模型的特点是经济意义较明确，但应用该模型时，必须先预测产出水平和资本储备水平，同时要求具备较充分的统计资料。

（六）散点分析法

散点分析与趋势分析、比率分析原理相同，只不过是用制作散点图的方法来预测人员的需求数量。散点图形象直观地描述了所需人员数量与变量之间的关系，适用于精确度要求不高的预测。图 4-3 就是某企业月生产产值与员工人数的散点图。

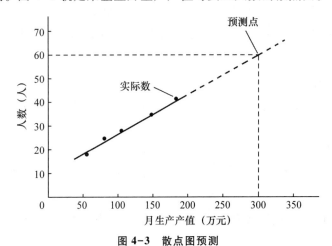

图 4-3　散点图预测

（七）时间序列预测法

时间序列预测法是通过搜集与整理企业人力资源需求的历史资料，从中寻找其随时间演变的趋势，来预测未来人力资源需求量的一种方法。它是只以时间为自变量的单变量模型，或者它假定人力需求量仅仅取决于过去人力需求的数值，并以此为根据研究内部的规律。

需要指出的是，时间序列预测法因突出时间序列暂不考虑外界因素影响，因而存在预测误差的缺陷。当外界发生较大变化时，其预测结果就会与实际情况严重不符，会有较大偏差。时间序列预测法应用于中短期预测的效果要比应用于长期预测的效果好。

第四节　人力资源供给预测

一、人力资源内部供给预测

人力资源供给预测是人力资源规划中的核心内容，是预测在某一未来时期，组织内部所能供应的（或经培训有可能补充的）及外部劳动力市场所能提供的一定数量、质量和结构的人员，以满足企业为实现目标而产生的人员需求。人力资源供给预测包括两方面内容:一是内部供给预测,即根据组织内部现有人力资源及其未来变动情况,确定未来组织内部所能提供的人员数量和质量;二是外部供给预测,是指通过研究外部劳动力市场对组织的员工供给,对外部人力资源供给进行预测,确定未来可能的各类人员供给状况。

人力资源内部供给预测的技术和方法主要有人力资源盘点法、人员替换图法、转移矩阵法、人力资源"水池"模型、计算机人才库。

(一) 人力资源盘点法

人力资源盘点法是对现有企业内人力资源质量、数量、结构和各职位上的分布状态进行核查,以便确切掌握人力拥有量。在企业规模不大时,核查是相当容易的。若企业规模较大、组织结构复杂,人员核查应建立员工信息系统。

员工信息系统就是将每位员工的资料信息整理归档,记录在"员工档案卡"上,建立员工信息资料库。员工档案卡有时又被称为员工的技能管理图,如图 4-4 所示。员工档案卡上的信息应包括背景资料、教育水平、个人能力或特殊资格、职称、培训经历、持有的证书、目前职位、工作绩效、兴趣爱好、职业生涯目标、主管对其能力评价等。其中有关技能的信息可反映员工的竞争力,可用于判断哪些现有的员工能够被提升或调配到空缺职位上来。员工信息资料库也可以作为人才库,将不同类型的人才归类。有了这样的资料库就可以随时找到能够被调配到空缺职位上的最合适的人选。资料库中首次资料的收集一般采用问卷法,以后每年进行补充,以便在盘点时能够获得员工准确的最新资料。

技能管理图					
姓名:×× 代号:28036			日期:×年×月×日 部门:319		
主要工作			工作经历		
职务	描述	活动	时间(年)	描述	
1. 会计 2. 簿记员 3. 审计	税务会计 总分类账 计算机记录	监督与分析 监管 分析	1. 2013—2018 2. 2006—2012 3. 2004—2005	XYZ 商店总税务会计 XYZ 制造厂商簿记员 XY 银行审计培训	
教育			主要课程		会员资格
学历	专业	时间(年)	课程	时间(年)	1. 美国会计学会 2. 美国管理协会
1. MBA 2. 经济学学士	企业管理 会计	2004—2005 2000—2004	1. 管理理论 2. 企业规划 3. 审计电算化	2004 2001 2005	
证书	语言能力		工作喜好	地区偏好	爱好
1. CPA 2005 年	1. 西班牙语 流利 2. 法语 阅读		1. 会计 2. 审计	1. 旧金山 2. 圣地亚哥	1. 桥牌 2. 无线电 3. 划船
员工签字: 日期:			人事部签字: 日期:		

图 4-4 技能管理图范例

在进行人力资源盘点的过程中,可以先对组织的工作职位进行分类,划分其级别,然后确定每一职位、每一级别的人数。表4-9为某企业的人力资源现状核查表。

表4-9 某企业的人力资源现状核查表　　　　　　　　　　单位:人

级别	管理类	技术类	服务类	操作类
一级	2	3	2	23
二级	9	11	7	79
三级	26	37	19	116
四级	61	98	75	657

从表4-9中可以看出,该企业把员工划分为管理类、技术类、服务类和操作类四类职系,每类职系有四个级别。该企业的管理类员工的一级员工为2人、二级员工为9人、三级员工为26人、四级员工为61人,其他技术类、服务类和操作类员工均可以从表4-9中了解到。

人力资源盘点法是静态的,它不能反映人力拥有量未来的变化,因而多用于短期人力拥有量预测。

(二)人员替换图法

人员替换图法是通过职位空缺来预测人力供给的方法,而职位空缺的产生主要缘于离职、辞退、晋升或业务扩大。这种方法用人员替换图(见图4-5)来显示每一职位未来可供替换的人选,从而预测出组织内的人力资源供给。在人员替换图中(必要的话)应当标出现有职位候选人的简单情况,如部门、职位名称、在职员工姓名、每位员工的绩效与潜力等。

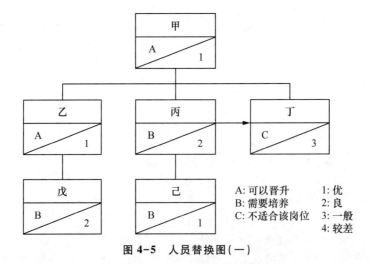

图4-5 人员替换图(一)

通过替换图,我们可以得到由职位空缺表示的人员需求量,也可以得到由于在职者年龄和晋升可能性所要产生的职位空缺,以便采取录用或提升的方式弥补空缺。

根据人员替换图可以判断出某一具体职位的继任者有哪些。在图4-5中,甲的接替者有3位,但只有乙现在具备了继任的资格和能力,丙还需要再培养,而丁连现在的职位都不能胜任。当企业出现职位空缺,需要提升内部员工时,由多张人员替换图就可以推导出人员替换模型,如图4-6所示。

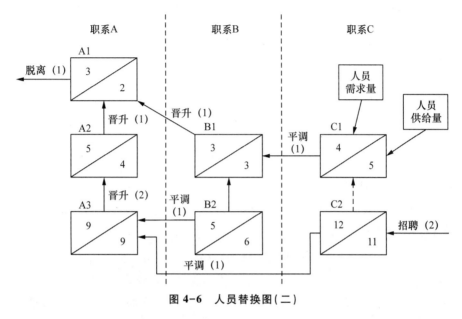

图4-6 人员替换图(二)

从图4-6中可以看出,职系A中出现了3个空缺,从企业内部可以提供2名合格的继任者,一名是从A2级晋升上去的,另一名则是从B1级跨职位晋升上去的。同时,这两个级别的空缺再通过下级晋升或同级平调弥补,最后将空缺转化为比较基层的职位(如C2级的职位),再进行外部招聘以填补职位空缺。

人员替换图法侧重于内部员工的晋升,可以起到鼓舞员工士气、激励员工的目的,同时降低了招聘成本,因为基层员工比较容易招到。

这种方法在操作过程中也可以通过制作职位替补卡片来实现。其具体做法是:将每一职位制成一张卡片,在上面标明所有可能的替补人员以及他们当前的主要状况。这样可以更加详细地反映替补人选的有关信息,让使用者对职位替补人员的具体情况一目了然。同时,为了保证预测的准确性,需要及时更新人员的替换信息。例如,某员工经过培训后,具有相应的技能,能够调动到别的职位上工作,那么在下一年度的替换图中就要把这一信息添加进去。

(三)转移矩阵法

转移矩阵法也叫马尔可夫(Markov)分析法,是通过建立马尔可夫模型来进行人力资源供给预测的一种方法。其基本思路是:假设企业内部员工的转移都是有规律的,而且转移的概率也有一定的规律,因此找出过去企业人力资源转移的比率,就可以预测企业未来人力资源变动的趋势。这是一种比较有效和合理的方法,有利于管理者综合考虑各种影响因素,系统考虑企业内部人力资源的供给情况,目前被广泛应用于人力资源供给预测。

马尔可夫模型将时间序列看作一个随机过程,通过对事物不同状态的初始概率及转移概率的研究预测事物的未来状态。同时为了便于研究,模型将连续变化的时间进行"离散化"的处理,即将事物所属的状态分成若干等级,分别与状态空间相对应。马尔可夫模型建立的前提是"无后效性"和"平稳性"假设,其中无后效性是指事物本阶段的状态只与前一阶段的状态有关,而与以前其他任何阶段的状态都无关,即 $t+1$ 时刻的员工状态只依赖于 t 时刻的状态,而与 $t-1$、$t-2$ 时刻的状态无关;平稳性是指在状态变化的过程中,转移概率不受任何外部因素影响,基本保持稳定。

马尔可夫模型的基本表达式为:

$$N_i(t) = \sum N_j(t-1) P_{ji} + V_i(t) \quad (i, j = 1, 2, 3, \cdots, n; t = 1, 2, 3, \cdots, n)$$

其中,$N_i(t)$ 表示 t 时刻 i 类人员数;P_{ji} 表示人员从 j 类向 i 类转移的转移概率,转移概率=转移出本类人员的数量/本类人员原有总量;$V_i(t)$ 表示在 $(t-1, t)$ 内 i 类人员所补充的数量。

采用马尔可夫模型预测人力资源内部供给的步骤大致如下:

第一步,根据组织的历史资料,计算出每一类或每一级别职位上的每位员工向另一类或另一级别职位转移的平均概率。

第二步,根据第一步计算出的概率,建立一个员工变动矩阵表。表中每一个元素表示一段时期内,在两个职位之间发生人员变动的员工数量的平均百分比(用小数表示)。这些数据反映了每个职位的人员变动情况,一般以 5~10 年为周期来估计平均百分比。周期越长,预测就越准确。

第三步,根据组织计划初期的每一类职位上的员工数和第二步中建立的矩阵,预测未来组织可供给的人数,即将计划初期每类员工的数量与该类员工的变动率相乘,然后进行纵向相加,即可得到组织内部未来劳动力的净供给量。

下面举例说明马尔可夫模型的应用。

例 假设某企业有四类职位,从高到低依次是 A、B、C、D,各类人员的分布情况见表 4-10,请预测未来各类人员的供给情况。

表 4-10 某企业人员的分布情况

职位	A	B	C	D
人数	40	80	100	150

根据上述步骤,首先要确定各类人员的转移概率,本例中假定转移概率已知,因此得出如表 4-11 所示的转移矩阵表。

表 4-11 该企业人员的转移矩阵表

	A	B	C	D	离职率合计
A	0.9				0.1
B	0.1	0.7			0.2
C		0.1	0.75	0.05	0.1
D			0.2	0.6	0.2

表4-11中的每个数字都表示,在固定的时期内,两类职位间员工转移的平均概率。例如,A类职位的员工有90%留在公司;B类职位的员工有80%留在公司,其中10%转移到A类职位,70%留在原来的职位。这样就可以将初期的人数与每类转移概率相乘,然后进行纵向相加,就能得到每类职位第二年的内部人员供给量,如表4-12所示。

表4-12　该企业第二年各类人员供给量预测　　　　　　　　　　　　　　单位:人

	初期人数	A	B	C	D	离职人数合计
A	40	36				4
B	80	8	56			16
C	100		10	75	5	10
D	150			30	90	30
预测的供给量		44	66	105	95	60

由表4-12可以看出,第二年A类职位的供给量为44人,B类职位的供给量为66人,C类职位的供给量为105人,D类职位的供给量为95人,整个企业的供给量则为310人。将这一供给预测和需求预测进行比较,就可以得出企业第二年人力资源的净需求量。

例　假设某零售企业有以下五种职位,按级别由高到低的顺序进行排列,已知2019和2020年度的职位变动,请找到各职位的变化趋势,并预测未来的供给状况。

2019年度"商业经理"有12人,到2020年度,1人退出(占8%),11人留任(占92%);"商业经理助理"在2019年度36人,到2020年度,4人晋升为"商业经理"(占11%),30人留任原职位(占83%),2人退出(占6%)。同理,2019年度有"销售代理"1 440人,到2020年度,86人晋升为"部门经理"(占6%),1 066人留任原职位(占74%),288人退出(占20%)。将数字纵向相加,可以得到各职位的预期供给人数。由此可知,马尔可夫分析法是通过对两个年度职位变动情况的统计分析,找到变化趋势或规律,由此预测未来供给人数。

表4-13　一家零售公司的马尔可夫模型分析举例　　　　　　　　　　　　单位:人

2019年度	2020年度					
	商业经理	商业经理助理	分部经理	部门经理	销售代理	退出
商业经理($N=12$)	11					1
商业经理助理($N=36$)	4	30				2
分部经理($N=96$)		11	63	8		14
部门经理($N=288$)			29	207	6	46
销售代理($N=1\ 440$)				86	1 066	288
预期的供给量	15	41	92	301	1 072	351

使用马尔可夫模型进行人力资源供给预测的关键是确定转移矩阵,然而在实际预测中,由于受各种因素的影响,人员转移矩阵有时难以确定,只能进行大致的估计,这样会影

响预测结果的准确性。经过对比研究，现在许多政府机关、高等院校、事业单位比较适合采用马尔可夫模型进行预测，因为它们的编制总量基本固定，而且人才均采用若干等级来分类，人才需求的变化量不是很大。

（四）人力资源"水池"模型

人力资源"水池"模型又被称为人员接替模型，它与人员替换图法有相似之处，都是在分析企业内部人员流动的基础上预测人力资源的内部供给。二者所不同的是，人员替换图法是从员工出发来进行分析，而且预测的是一种潜在的供给；而"水池"模型则是从职位出发进行分析，预测的是未来某一时间现实的供给。这种方法一般要针对具体的部门、职位层级或职位类别来进行，由于它要在现有人员的基础上通过计算流入量和流出量来预测未来的供给，这就好比是计算一个水池未来的蓄水量，因此被称为"水池"模型。对企业中各职位员工的供给预测可以使用下面的公式确定：

内部供给量 = 现有员工数量 − 流出总量 + 流入总量

流出总量 = 退休人数 + 离职人数 + 降职人数 + 晋升人数

流入总量 = 晋升进入人数 + 外部招聘人数 + 降职进入人数

人力资源"水池"模型如图 4-7 所示。

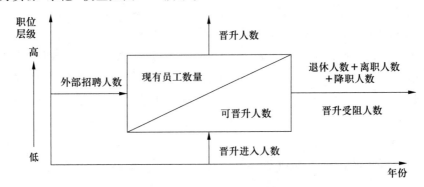

图 4-7　人力资源"水池"模型

借助"水池"模型，可以看出每一职位从外部招聘人数、晋升进入人数、晋升人数、退休人数、离职人数、降职人数及具备晋升实力的人数等信息。对所有的职位分析完之后，把它们合并在一张图中，就可以得出企业未来各职位层级的内部供给量以及总的供给量。

（五）计算机人才库

计算机人才库也叫人力资源管理信息系统，它是利用计算机技术对企业现有人员和曾经应聘的外部人员进行信息处理的系统管理方法。在现代企业中，计算机信息系统已经被越来越多地采用，使用计算机进行档案管理，可以做到更全面、更便捷；更重要的是，它还可以将各种不同的数据联系起来进行综合处理。最初，人力资源管理信息系统内嵌在企业资源计划（Enterprise Resource Planning，ERP）系统中。目前，很多软件公司纷纷开始开发单独的人力资源管理信息系统，为包括人力资源规划在内的人力资源管理提供了更加便捷有效的工具。

二、人力资源外部供给预测

企业所需的人力资源除了通过充分挖掘内部潜力进行补充,从企业外部引进也是一条必不可少的途径。外部供给可以给企业注入新鲜的血液、带来新的活力、激发原有员工的工作积极性,还可以为企业带来新的技术和管理经验。人力资源外部供给预测主要从以下三个层面进行:

(一)总体经济和人口状况的预测

对企业外部人力资源供给进行预测,首先要了解整个宏观经济的发展趋势。一般来说,经济增长速度快,失业率就低,劳动力供应就少,人员招聘的难度就大。另外,人口状况直接影响企业人力资源的素质结构,其主要影响因素包括人口规模、人口密度、人口年龄结构、人口素质结构、适龄劳动人口比重等。

(二)当地劳动力市场状况的预测

当地劳动力市场是企业人力资源供给的主要来源,所以,对它的预测也是企业人力资源外部供给预测至关重要的一步。这方面的预测主要包括对当地劳动力市场发育状况和就业政策倾向的预测、对当地劳动力供给现状的预测。当地劳动力市场状况主要包括本地的就业状况,大中专院校、职业学校、中学毕业生、复员军人的就业状况,在职人员的流动状况,外地劳动力流入和本地劳动力流出的状况等。同时,还要注意劳动力供给的季节性变化。我国沿海发达地区每年春季的"民工潮"就是季节性变化的表现。

(三)行业发展状况和专业人才状况的预测

根据企业所要招聘的特定职位,预测该职业市场的潜在候选人的数量、薪酬水平等方面的状况。行业发展状况影响同类型和同专业人才的供给。如果某一行业处于兴旺发达时期,那么这一行业的专业人才就相对紧缺。

企业外部人力资源供给的主要来源有大中专院校、职业学校、中学毕业生,失业人员,其他组织的在职人员,退伍军人等。对毕业生的预测比较容易,相关信息可以通过相关部门获取,而对其他方面来源的预测就比较困难。在对外部人力资源供给进行预测时,还要考虑与人们择业相关的社会心理,本企业的规模、品牌、声誉对人们的影响等因素。

本章小结

本章主要介绍人力资源规划的基本内涵和操作程序。人力资源规划的内容包括三个方面:人力资源数量规划、人力资源结构规划和人力资源素质规划。人力资源规划一般分为以下五个具体步骤:搜集相关信息、人力资源预测、制订人力资源计划、实施计划并进行监控、评估人力资源规划。人力资源需求的定性预测法主要有现状规划法、经验预测法、管理人员判断法、德尔菲法、描述法、工作研究预测法;定量预测法分为趋势预测法、回归预测法、比率分析法、工作量定员法、生产函数模型法、散点分析法、时间序列预测法。人力资源内部供给预测的技术和方法主要有人力资源盘点法、人员替换图法、转移矩阵法、人力资源"水池"模型与计算机人才库。人力资源外部供给预测主要从三个层面进行,分别是总体经济和人口状况的预测、当地劳动力市场状况的预测、行业发展状况和专业人才状况的预测。

关键概念

人力资源战略　人力资源规划　人力资源规划程序　转移矩阵　人力资源需求预测　人力资源供给预测

课堂练习

选择题

1. 在人力资源规划的程序中,最先进行的程序是（　　）。
   A. 需求预测　　　　　　　　　　B. 战略规划
   C. 供给预测　　　　　　　　　　D. 现有人力资源核查

2. 人事部经理准备建议将一职工提升为车间主任,这一规划属于人力资源规划中的（　　）。
   A. 补充规划　　B. 培养开发计划　　C. 晋升计划　　D. 配备规划

3. 人力资源需求预测方法中的专家判断法又称（　　）。
   A. 回归分析法　　B. 经验预测法　　C. 德尔菲法　　D. 马尔可夫分析法

4. 人力资源规划的社会环境包括（　　）。
   A. 法律　　B. 法规　　C. 政策　　D. 平均工资水平

5. 在人力资源规划中,为了保持组织在中、长期内可能产生的职位空缺而制定的人力资源规划称为（　　）。
   A. 人力分配规划　　B. 调配规划　　C. 晋升规划　　D. 招聘规划

6. 人力资源规划的首要任务是（　　）。
   A. 人力资源需求预测　　　　　　B. 人力资源供给预测
   C. 核查现有人力资源　　　　　　D. 确定企业发展目标

7. 预测企业内部人力资源供给量必须考虑的因素是（　　）。
   A. 劳动力市场发育程度　　　　　B. 人口政策及人口现状
   C. 企业内部人员的自然流失　　　D. 社会就业意识和择业心理偏好

8. （　　）是归纳专家对影响组织发展的某一问题一致意见的程序化方法。
   A. 德尔菲法　　　　　　　　　　B. 回归分析方法
   C. 劳动定额法　　　　　　　　　D. 转换比率法

9. 根据某种可变指标与所需人数之间的比率关系进行预测的方法称为（　　）。
   A. 德尔菲法　　B. 散点分析法　　C. 经验判断法　　D. 比率分析法

10. 企业在进行人力资源需求预测时,要考虑多方面因素。以下哪一个是在企业人力资源需求预测中不需要考虑的?(   )
   A. 企业生产计划   B. 企业经营战略
   C. 企业技术和操作方法的变化   D. 劳动力市场的变化
11. 人力资源规划制定的依据是(   )。
   A. 组织战略目标   B. 组织外部环境
   C. 员工个人需要   D. 组织战略目标和外部环境
12. 组织战略规划与人力资源规划的关系(   )。
   A. 战略规划在人力资源规划之后进行   B. 二者没有关系
   C. 战略规划与人力资源规划同时进行   D. 战略规划应优先于人力资源规划

判断题

1. 人力资源规划是各项具体人力资源管理活动的起点和依据,直接影响着企业整体人力资源管理的效率。(   )
2. 企业人力资源状况总是与战略要求存在一定差距,人力资源的配置总是在适应未来战略的需要。(   )
3. 人力资源预测需要考虑劳动力市场的变化。(   )

讨论题

1. 在当今竞争环境中,企业为什么要将人力资源问题提升到战略高度?
2. 寻找一家你熟悉的企业,分析:该企业的发展战略是哪种?该企业的人力资源战略是怎样的?其人力资源战略是如何与企业战略相匹配的?

讨论案例

华为的战略性人力资源规划

华为是全球领先的电信解决方案供应商,根据收入规模计算,至2021年,华为已成功跻身全球第一大综合通信设备供应商,超过瑞典供应商巨头爱立信。目前,华为在全球拥有超过17万员工,有效管理如此庞大的队伍,对于人力资源管理而言是一项艰巨的工作。华为的战略性人力资源规划不仅非常成功地支持了企业的人力资源管理工作,还有力地支撑了企业战略的实施。

华为的组织愿景及企业战略概况

一直以来,华为始终坚信只有艰苦奋斗才能赢得客户的尊重和信赖。华为实行全球化的战略,秉承"以客户为中心"的理念,基于客户需求,逐步建立在电信网络、全球服务和终端三大业务领域的综合优势,为客户提供云、管、端产品和解决方案,帮助运营商提高收益、提升带宽竞争力和降低总成本,实现商业成功。在企业战略指导下,华为趋向于走质量领先的人力资源战略之路。而在质量领先战略基础上,华为从战略高度对员工招聘、员工培训及职业生涯、人员流动和薪酬福利等方面进行了规划。

华为战略性人力资源规划的成功经验

第一,人力资源战略规划的制定、实施和评估及反馈用以《华为基本法》来规范和约束,逐渐由"人治"向"法治"转变。用制度来规范企业的人力资源战略规划工作,确保企业战略性人力资源规划符合人力资源战略,从而与企业战略有机结合,满足推进企业战略实现的需要。

第二,华为根据公司在不同时期的战略和目标,深入分析企业的人员需求和供给状况,试图为企业确定合理的人才数量和质量结构。通过建立内部劳动力市场,在企业的人力资源管理中引入竞争和选择机制。通过内部劳动力市场和外部劳动力市场的转换,促进优秀人才的脱颖而出,实现人力资源的合理配置和激活沉淀层,不仅使人适合于职务,而且使职务适合于人。

第三,重视校园招聘计划,华为每年会在各大高校大举招聘优秀应届毕业生。在招聘和录用规划中,注重应聘者的素质、潜能、品格、学历和经验等综合特征。坚持选择最合适的而非最优秀的,根据企业已经建立的任职资格认证体系和企业发展的需要,来选择和确定最合适的人才。强调双向选择的原则,与应聘者平等、客观地交流,双向考察,看彼此是否真正能产生良好的"化学反应"。从不故意夸大企业,也不会对企业存在的问题避而不谈,而是在整个招聘录用的过程中实事求是地向应聘者做客观介绍。这样可以不至于使应聘者过分相信企业的宣传而对企业满怀希望,却在真正进入企业后发现与自己的期望相悖。按照双向选择的原则,在人才的使用、培养和发展上,提供客观且对等的承诺。

第四,华为强调人力资本的不断增值始终优先于财务资本的增值,因此非常重视人力资源培训和开发规划。华为将持续的人力资源开发作为实现人力资本增值的重要条件,采取在职培训和脱岗培训相结合、自我开发和教育开发相结合的形式,并建立人力资源开发投入—产出评价体系,以评估人力资源开发取得的效果。

第五,在人力资源流动上推行一般员工能进能出、管理人员能上能下的制度。每个在华为的员工,通过努力工作以及在工作中增长才干,都可能获得职务或任职资格的晋升。在晋升规划中,华为遵循人才成长规律,坚持公平竞争,依据客观公正的考评结果,让最有责任心的明白人担任重要的责任。同时不拘泥于资历与级别,按公司组织目标与任职要求,依据制度性甄别机制,对有突出才干和突出贡献者实施破格提升。

第六,员工考评规划的优越性。在华为,对员工和干部实行纵横交互的全方位考评。按照明确的目标和要求,华为会在一定的考评周期内,对每个员工和干部的工作绩效、工作能力和工作态度做例行性的考核和评价。工作绩效的考评侧重在绩效的改进上,宜细不宜粗;工作能力和工作态度的考评侧重在长期表现上,宜粗不宜细。此外,还创新性地将沟通列入对各级主管的考评项目。

资料来源:《华为战略性人力资源规划的研究》,https://max.book118.com/html/2018/0305/155949139.shtm,访问时间:2022年5月。

■ 问题：

华为的人力资源规划现实中可能存在什么问题？有什么优化建议？

复习思考题

1. 企业要实现战略人力资源管理,要在组织文化、组织结构、业务流程等方面进行哪些转变？

2. 人力资源如何实现与战略的匹配？思考不同成本导向的企业战略对人力资源管理有什么样的要求。

推荐阅读

1. 吴玲.关于人力资源规划及其实施步骤研究[J].中外企业家,2019(5):76.

2. 彭剑锋.企业"十四五"人力资源战略规划的十大命题:战略分析与要点把握[J].中国人力资源开发,2020,37(12):8-16.

第五章
人力资源招聘与甄选

> 企业是一部机器。部门是齿轮,人也是齿轮,齿轮与齿轮如果不咬合,这部机器就不会运转。
>
> ——汪洋(《先成长后成功:柳传志商业智慧》)
>
> 将合适的人请上车,不合适的人请下车。
>
> ——吉姆·柯林斯(《从优秀到卓越》)

本章学习目标

1. 理解招聘和甄选的相关概念。
2. 了解招聘和甄选的内容和流程。
3. 理解内部招聘、外部招聘的方法和优缺点。
4. 掌握甄选的各种技术与方法。

引导案例

联邦快递的招聘选拔

联邦快递(FedEx)是一家创立于1971年的跨国快递服务公司。联邦快递为全球超过220个国家及地区提供快递服务,在《财富》杂志2022年世界500强企业名单中名列第39位。2022年,联邦快递年营业收入超过了839.59亿美元,更让人眼前一亮的数据是利润比上一年度增长了306.8%。

为什么在竞争如此激烈的快递行业里,联邦快递还能保持这么高的利润增长率?也许答案就在它那"简陋"的官网中。打开联邦快递的网站,可以找到它的经营哲学是"员工—服务—利润",即员工能够为客户提供优质的服务,由此客户贡献足够联邦快递成长的利润。因此,联邦快递坚信,只要能够为客户创造价值,最终就能为自己创造价值。那么,如何为客户创造价值?这就离不开联邦快递那40万之多的员工将客户放在心里,凭借强烈的工作使命感,为客户提供优质可靠的服务。

这么多具有服务意识的员工是如何招聘选拔出来的呢?

招聘人才的三条标准

由于快递业是服务性行业,在联邦快递,能够把客户放在心里的员工,才是优秀的员工。为了保证公司服务宗旨"使命必达"的实现和"隔夜快递"服务标准的执行,联邦快递在招聘员工时会考虑三条标准:是否是一个善良正直的人,是否有比较开阔的世界观,以及是否具有乐观、积极的性格。为什么联邦快递会选择这三条标准呢?

第一,只有善良、正直的人,联邦快递才能相信他会不遗余力地为客户提供良好的服务,才放心赋予他们权力。

第二,联邦快递是一个国际性的服务公司,在工作时,员工会不时地和国外的客户、同事交流,因此,具备开阔的世界观、了解国际惯例、具有很强的服务意识非常重要。

第三,联邦快递的工作每天都会遇到不同的情况,比如有时候天气非常不好、飞机故障不能准时起飞或到达等。如果没有积极乐观的性格,如何沉着面对种种突发情况并采取及时有效的应对措施?

招聘合适的人才

现在,联邦快递在中国服务的城市超过200个,员工将近1.2万名。为了保证业务的良好发展,联邦快递一直坚持人才本地化政策,目前联邦快递在全球范围内大约65%的总监和管理人员都是本地人,普通员工中有98%都是本土的。

但这就面临着一个问题,不同国家和地区的人能否认同公司的服务宗旨,能否不折不扣地按照公司的服务标准执行工作。让不同国家和地区的人去真正理解和接受同一价值观是一件困难的事。那么,作为一个在全球开展业务的公司,联邦快递是如何解决这一问题的呢?

长期以来,联邦快递都在通过招聘"文化匹配"的管理人员到合适的位置来降低文化差异的影响。所谓的"文化匹配",就是招聘那些与目标地区相适应、拥有相似文化背景的人员到合适的岗位上。这其实就是联邦快递的招聘战略,它使员工感到他们的声音受到管理层的重视。只有这样,联邦快递的文化和价值观才能真正被员工理解、接受和分享。

招聘程序

联邦快递的招聘程序主要分为两大关卡,第一关是性格测试,第二关是面试。

关卡一:

联邦快递非常看重员工的性格,因此在对外招聘过程中,第一关不看学历,也不看专业知识,而是测试求职者的性格是否合适。尤其是一线员工,公司会通过一些手段考查对方是否有吃苦精神、能否接受不同的挑战等。有的人面试回答得很好,学历也很高,但是测试下来性格不合适,联邦快递也会忍痛割爱。

关卡二:

联邦快递的面试非常实际,不需要那种只懂得理论、原则,却不会将其运用到具体工作中的人,而是考查求职者的实际工作能力。面试主要通过案例的形式,如提问对方"如果两名员工发生了很激烈的矛盾,你会怎么办""如果员工的职业发展方向和公司的发展方向不一致,你会如何处理"等。

根据各个岗位的不同要求,联邦快递还会设置不同的考查方式。比如对于销售人员,联邦快递通常不会采用一对一的交谈方式来面试,而是让五六名求职者一起参与活动,面试官在一旁观察。这种方法非常有效。

人才选拔

另外,联邦快递非常注重内部人员的培训和选拔。每当公司内有职位空缺时,首先会在内部公开选拔。只有在所有内部申请者已全部被考虑并面试,且找不到符合要求的人员时,联邦快递才会展开外部招聘。人力资源部门每周都会在公司的内部网站上公告本周有哪些职位空缺,一定时期内还会拿出一定数量的领导岗位在公司内部公开招聘。凡具有竞争实力的员工均可在一周内提出申请,之后相关部门会安排面试。

资料来源:《联邦快递的招聘选拔案例》,http://www.hrsee.com/?id=868,访问时间:2022年5月。

■ **问题:**

联邦快递在招聘机制上的优势是什么?其中有哪些是值得企业借鉴的?

第一节　人力资源招聘与甄选概述

一、招聘概述

招聘是指组织在人力资源战略规划的指导下确定工作需要,根据需要从组织的内部或外部吸引候选人来填补工作空缺的活动。人员招聘是组织获取人力资源过程中的一个重要步骤,其目的是形成一个工作候选人的"蓄水池",这个"蓄水池"要尽可能多地蓄积组织需要的人才,为接下来的人员甄选储备充分的候选对象。通过招聘与甄选,组织能够挑选出合适的人与合适的工作相匹配。

整个招聘过程可以分为招聘前的准备和招聘的实施两个阶段。其中，招聘前的准备是关键环节，包括制定招聘策略、确定招聘方法、选择并培训招聘者等。同时，还要确保组织招聘和甄选活动的合法性，确保吸引候选人的过程是公开透明的，以及确保人员招聘工作能够支持组织的战略目标，并与组织协调一致。

招聘策略的制定以组织优劣势分析为基础。组织应该以"优秀的雇佣者"的身份来吸引更多的优秀者，因此，在实施招聘活动之前，组织首先应该详细分析组织声誉、组织文化、职位吸引力、角色的自主性、报酬水平、职业生涯发展、培训开发的机会、工作场所的吸引力等多方面的因素，确定与竞争对手相比本组织所具有的优势和劣势，以制定招聘策略，选择招聘手段和设计招聘广告。

招聘方法的确定取决于组织的实际情况。从大的方面讲，招聘途径分为外部和内部两种，各有其优缺点。两种途径包括的具体方法，在下面的段落中将有详细的介绍，这里不再赘述。研究表明，内部招聘与外部招聘相结合会产生最佳的结果。具体的结合方式取决于环境、组织战略、职位类别以及组织在劳动力市场上的相对位置等因素。例如，政府组织的招聘机制，就是采用内部招聘和外部招聘相结合的形式，既保留了内部晋升的机制，又通过公务员考试等形式给予外界社会人士公平竞争的机会，以源源不断地为政府组织注入新鲜血液。

选择并有针对性地培训招聘者对组织而言非常有必要，因为招聘者的行为能够影响求职者的最终选择。合格的招聘者应具备专业技能、协调沟通能力以及诚实公正等品质。组织可以参考这些基本素质来选择招聘者，然后对其进行有针对性的培训。组织可以通过以下措施来提高招聘者对于候选人的影响力：① 招聘者必须能够提供及时的反馈；② 招聘者必须避免做出一些会导致求职者对组织产生错误印象的行为；③ 用团队的方式进行人员招聘。

只有做好以上准备活动，招聘才能有效实施。组织实施招聘的时间也要经过科学的选择。合理地确定招聘时间，能够避免企业因缺少人员而影响正常运转。

二、招聘理念

（一）正确的招聘理念

1. 以人为本

招聘过程应该始终奉行"以人为本"的理念，尊重并重视每一位应聘者以及潜在的应聘者，尽可能地从应聘者角度出发，为其提供周到的人性化服务，包括让应聘者详细地了解企业信息、安抚落聘者，等等。例如，很多企业对应聘者进行多次面试，除了更深入地了解应聘者，还能为应聘者提供深入了解企业的机会，让应聘者自己体会并判断是否适合该企业。比如，英特尔公司将"以人为本"的招聘理念贯穿其整个招聘、甄选活动的始终，其招聘的人才也许并不是学历最高、成绩最好的，但一定是适合本企业、价值观与本企业价值观相符的人，只有这样的人才能与企业一同成长。

2. 重视企业文化

招聘理念的一个重要组成部分就是重视企业文化,不仅在招聘过程中体现并灌输企业文化,而且在挑选应聘者时,要选择那些与本公司企业文化相容的人。这样做的好处是:首先,优秀的企业文化能够对优秀人才产生强大的吸引力;其次,及时让应聘者了解本公司的企业文化,可以为应聘者判断将来能否适应该企业提供依据;最后,向应聘者灌输企业文化,无形中把岗位培训提前到招聘甄选环节,使新进员工更早地适应本公司文化。比如,IBM 公司在对应聘者进行第一次面谈时,就开始把公司的哲学灌输给他们;电子数据系统(Electronic Data Systems,EDS)公司在招聘时,首选那些课程和学生与本企业文化相容的大学作为招聘的目标学校。

3. 真实工作预览

真实工作预览(Realistic Job Preview,RJP)是近年来出现的一种新的招聘理念。这种理念认为:招聘者需要给应聘者提供真实、准确、完整的有关工作的信息,这样才能最大限度地实现应聘者与企业的匹配,从而降低雇员流失率。所谓真实、准确、完整的工作信息,是指既包括工作内容、工作的一般要求,又包括工作的特殊要求以及工作本身缺陷等全面信息,目的是便于应聘者准确衡量自己是否适合该职位。真实工作预览把招聘工作从以往的战术层面提升到战略层面,因此,人力资源规划对其实现有重要意义。例如,EDS 公司的招聘工作在该公司长远的人力资源规划的指导下长年不停。在招聘过程中,该公司客观地描述空缺岗位的方方面面,全面介绍公司所能提供的一切机会,既包括公司在员工职业发展方面将会做出的各种投资,也包括那些可能会令应聘者不太满意的制度。尽管该公司所提供的薪酬并不是最高的,但总能雇用到各方面最优秀的人才。

(二)我国企业招聘的认识误区

我国企业对招聘往往有一些认识误区,招聘理念有时不正确,从而影响了招聘的质量和效率。主要的认识误区有以下几个:

1. 认为从人才市场上可以得到更好的人才

人才市场上存在大量的求职者,这里不乏好员工,但是需要仔细甄别。优秀的大学毕业生早在毕业前就可能被校招的企业选中。有工作经验的应聘者,要么是被其他公司解雇的,要么就是对原来的工作环境或薪酬等不满而主动辞职的。因此,极有可能出现如下两种情况:要么害怕再次丢掉工作而变得保守、亦步亦趋,在工作中缺乏创新,要么不满新的工作单位而继续跳槽或出工不出力。因此,在人才市场上,可以招聘到比较令人满意的员工,但是想招聘到真正的人才会非常困难。

2. 轻招聘,重使用

很多企业不重视人力资源的招聘,在招聘广告中对应聘职位的描述非常简单,而且把吃苦耐劳、诚实守信以及相关工作经验作为应聘条件。这些都反映出招聘者对招聘的重视程度不够,只注重要使人做什么工作,而无视员工的成长。这样做的危害是显而易见的:其一,企业招聘到的人上岗后可能根本不适合该岗位;其二,会错失很多成长性高的优秀人才。

3. 认为招聘是个孤立的、历史的事件

很多招聘者都认为：人力资源部门招聘到符合需求的员工，经进一步考核合格并上报相关部门任用后，自己的任务就完成了。事实上，企业的战略、组织结构、发展阶段等都在不断变化，对人力资源的需求也随时在变，岗位调动、培训、激励甚至是解雇都时刻影响到招聘工作。另外，企业内部员工的培训、晋升也是有效的招聘方式。因此，招聘不是一个历史的、孤立的事件，而是一个与企业战略息息相关、与人力资源的其他环节环环相扣、循环往复的过程。

4. 认为所有的职位都是"职位＝专业＋学历"

社会上普遍存在这样一种观点：职位＝专业＋学历。对于技术性要求较高的企业，的确需要坚守这样的用人原则。但是，对于那些技术性要求不高的职位或综合职位，不仅没必要而且不应该坚守这个原则。这是因为：首先，自然规律和社会规律都有其内容的相通性和方法的普适性；其次，员工可以通过自学、培训或继续教育来适应企业需求；最后，在学校里学习的内容真正用于本专业工作领域的少之又少。因此，这种片面的招聘观点会阻碍很多有能力但非本专业或者学历不高的人才进入企业。

三、甄选概述

（一）甄选的概念

甄选是组织为了聘用某人而收集并评估有关他的信息的过程，既包括从组织外部招聘员工，也包括从组织内部招聘员工。组织的甄选活动既受法律的限制，也受环境的制约；既强调组织的利益，也强调个人的利益。

甄选直接影响员工的工作绩效，进而影响组织的绩效，因此，甄选应该与组织的战略直接挂钩。组织的战略规定了组织未来的发展蓝图，组织的所有决策和活动都应该参考它的战略目标和策略，甄选活动也不例外。

在人力资源管理的各项活动中，甄选与招聘的关系最为密切，因为二者都涉及通过一定的程序将个人安排在工作岗位上的问题。招聘是吸引足够多的人到组织中来的过程，而甄选则是在招聘完成以后，从中选出与组织空缺岗位相符的人员的过程。尽管在实际操作中，招聘与甄选常常是独立进行的，但是将二者分割开来的观点却是不切实际的。因为，对应聘者甄选的标准既影响招聘渠道的选择，也影响招聘广告中与工作相关的信息。相应地，应聘者群体与职位要求的匹配程度也是甄选的制约因素之一。如果应聘者群体不符合职位的要求，那么甄选的有效性就要大打折扣了。

（二）甄选的一般流程

甄选就是先根据人力资源战略设计甄选方案，然后实施方案的过程，其典型的流程如图5-1所示。其中，制订完善的甄选方案对于优化甄选过程有重要意义。如果组织不重视甄选方案的制订，那么甄选的实用性就会大打折扣。甄选过程实施起来很容易——可以很容易地印制或购买一张求职申请表，不需要做过多的准备就可以进行面谈，对应聘者进行就业测试也可以花钱请专业的公司来做。然而,关键的问题不是组织能否从应聘者那里收集到信息,而是组织能否从应聘者那里收集到与工作绩效密切相关的个人特征的信息,并且根据这些特征从众多应聘者中有效地识别出最适合工作的人。

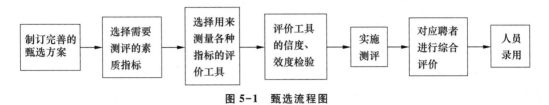

图 5-1 甄选流程图

1. 选择素质指标

选择素质指标的基本途径有两种:一种是先进行工作分析,收集与工作相关的基础数据;然后测量相关的工作绩效,收集和使用诸如"成功的工作绩效是由哪些要素带来的"的信息。在这两项工作的基础上,人力资源专家运用工作分析的信息和工作绩效数据来识别知识、技术和能力以及其他员工特征,从而确定需要进行测评的素质指标。另一种途径是通过胜任素质模型确定素质指标。胜任素质模型是指担任某一特定的任务角色需要具备的胜任特征的总和。它是针对特定职位表现要求组合起来的一组胜任特征;是用行为方式来定义和描述员工完成工作需要具备的知识、技术、品质和工作能力;是通过对不同层次的定义和相应层次的具体行为的描述,确定完成一项特定工作所要求的一系列不同胜任素质要素的组合。因此,通过胜任素质模型可以很容易地找到每种职位所需要的素质特征。

2. 选择评价工具

当识别了具有重要利害关系的知识、技术和能力以后,就需要选择或构建从应聘者那里收集信息的适当的评价工具。这些工具包括招聘申请表、自传性数据表、推荐材料核查、甄选面谈、智力和特殊能力测验、个性测量量表,以及工作模拟和绩效测量等。

在选择评价工具时,有两个基本原则:一是工具必须能够测量前面所识别的知识、技术和能力;二是工具必须能够对应聘者进行区分。第一个原则看起来相对简单,但实际上常常是很复杂且困难的。因为从诸多评价工具中做出选择,必须既要考虑评价工具的原理,又要考虑评价工具所测量的知识、技术和能力是否就是工作所需要测量的知识、技术和能力。满足第二个原则也不容易,因为从大量的差不多的应聘者中挑选出几个来很显然是困难的。以下几种情况都会导致缺乏区分度的问题:在面试时强调有关职业目标和对个人长处和短处进行自我评价这类一般性问题;个性量表的测量意图非常明显(比如,测量喜欢社会交往的程度或者对不诚实行为的态度的量表)。有关如何实施测评的知识、来自工作分析的信息和工作绩效分析都有助于专业化地处理这些问题。

3. 评价工具的信度、效度检验

无论组织选择使用何种工具进行评价,都必须确保这些工具的信度与效度。如果组织使用的是无效度的评价工具,将会浪费资源。缺乏信度的测评也同样无法具有效度。

信度是指特定评价方法的一致性程度,特别强调评价方法能够衡量其预设的可衡量的任何事物,且没有随机误差。信度有再测信度和复本信度两类。其中,再测信度是指对同一群受测者前后实施同一测验两次,然后计算两者之间的相关系数。如果一套测验有两种以上的复本,则可以交替使用,这种测验通常是根据相同的设计说明表分别独立编制而成。两个复本测验实施于一群相同的受测者,依据所测量到的分数求得的相关系数,即为复本信度系数。它可以说明两个复本测验测量相同行为或内容的程度。

效度是指衡量测量指标的有效反映程度,即一个测验能够测量到它所想要测量的特质的程度。效度可分为内容效度、结构效度和准则相关效度。其中,内容效度是指测验内容适当的程度;结构效度是指测验能测量理论的概念、结构或特质的程度;准则相关效度是指测验的结果与效标相关的程度(效标是指用测验来预测的某种特质或行为)。

事实上,没有任何一种评价工具是完全可信和有效的,因此在实际操作中,组织往往要使用多种评价工具来进行甄选。比如,应聘者往往要先提交履历表,然后经历一次笔试,再经过一次或多次的面试,才能最终进入组织。这些程序中的每个步骤都能让招聘者分辨出应聘者的某些优势与劣势。

4. 对应聘者进行综合评价

对人才素质进行评价一般常用的方法是定性评估法。在实施测评阶段,测评者会对应聘者的每种素质进行打分。对应聘者进行综合评价的过程,通常是对每项素质指标的得分进行汇总的过程。

由于每项指标的含义和重要程度不同,因此具有不同的量纲。在综合评价应聘者素质时,不能对各种指标的得分进行简单的平均,而应该根据不同素质对该职位工作绩效的影响程度,对相应指标的得分赋予一定的权重,以保持评价的无偏性、有效性和一致性。在确定指标权重时,可以运用层次分析法,根据不同的需要、目的确定各指标的重要程度,再用判断矩阵法求得不同权重值。最后,根据应聘者的最终得分对其进行取舍、录用。

四、测评标准体系

在员工素质测评方面,国内学者萧鸣政提出了测评与选拔员工的一个较为完善的基本框架,即测评标准体系,如图 5-2 所示。该体系分为横向结构和纵向结构两个方面。横向结构是指将需要测评的人员素质的要素进行分解,并列出相应的项目;纵向结构是指将每一项素质用规范化的行为特征或表征进行描述与规定,并按层次细分。

横向结构由结构性要素、行为环境要素和工作绩效要素构成。其中,结构性要素是从静态角度来反映人员素质及其功能和行为特征,它包括身体素质、心理素质等;行为环境要素是从动态角度来反映人员素质及其功能和行为特征,主要是考察人员的实际工作表现及其所处的环境条件,可分为外部环境和内部环境;工作绩效要素是一个人的素质与能力水平的综合表现,主要包括一个人的工作数量、工作质量、工作效率、工作成果、群众威信、人才培养等。

纵向结构就是在测评标准体系中,根据测评目的来规定测评内容,在测评内容下设置测评目标,在测评目标下设置测评项目、指标。测评内容、测评目标、测评项目与测评指标是测评标准体系的不同层次。其中,测评内容是测评所指向的具体对象与范围;测评目标

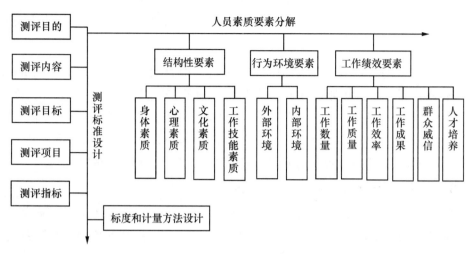

图 5-2 测评标准体系

是对测评内容的明确规定;测评项目是对测评对象的测评科目;测评指标则是对测评目标的具体分解。

第二节 招聘的方法

一、内部招聘的方法

内部招聘指在组织出现职位空缺后,从组织内部选择合适的人选来填补这个位置,其实质是组织内部人力资源的再配置。内部招聘的做法通常是组织在内部公开空缺职位,吸引员工来应聘。这种方法起到的另一个作用,就是使员工有一种公平、公开竞争的感觉,它会使员工更加努力奋斗,更加积极地发展自己。内部招聘主要有内部晋升、工作调换、工作轮换、内部公开招聘、员工推荐、技能清单法和内部储备人才库等方法。

(一)内部晋升

这种做法一方面给员工以升职的机会,使员工感到有发展的机会,对于激励员工非常有利。从另一方面来讲,内部晋升的人员对本组织的业务工作比较熟悉,能够较快适应新的工作。然而内部晋升也有一定的不利之处,如内部晋升的员工不一定是最优秀的,小部分员工还有可能在心理上产生"他还不如我"的思想。一个人在一个组织待的时间越长,别人越少看他的优点,而越多地看他的缺点,尤其是在他被提拔的时候。而且,还可能造成"近亲繁殖"的弊病。

(二)工作调换

工作调换也叫作"平调",是在组织内部寻找合适人选的一种基本方法。这样做的目的是填补组织职位空缺,但实际上它还起到许多其他作用。例如可以使内部员工了解其他部门的工作,与本组织更多的人员有深入的接触、了解。这样,一方面有利于员工今后的晋升,另一方面可以使上级对下级的能力有更进一步的了解,也为今后的工作安排做好准备。

(三) 工作轮换

工作轮换和工作调换有些相似,但又有些不同。例如,工作调换从时间上来讲往往较长,而工作轮换则通常是短期的、有时间限定的。另外,工作调换往往是单独的、临时的,而工作轮换往往涉及两个以上的岗位,需要有计划地进行。工作轮换可以使组织内部的管理人员或普通员工有机会了解不同类型的工作,为那些有潜力的员工打下晋升基础,同时也可以减少部分员工由于长期从事某项工作而产生的烦躁和厌倦情绪。

(四) 内部公开招聘

内部公开招聘是指通过组织的内部沟通系统,如内部刊物、局域网等发布内部职位公告,对职位进行公开招聘。公告的内容包括职位的责任、义务、任职资格、对技能的要求、薪酬水平、截止日期、申请程序等。

布告招标是在组织内部招聘人员所采取的方法之一,过去的做法是在组织的布告栏发布工作岗位空缺的信息,现在已开始采用多种方法发布招聘信息。采用布告招标时允许员工有一段时间去"投标","投标"时要求员工填一张表格。

在使用布告招标时,要满足以下要求:第一,至少要在内部招聘前一周发布所有的招聘信息;第二,应该清楚列出工作描述和工作规范;第三,使所有申请人收到有关申请书的反馈信息。

在西方,布告招标这种方法主要用于蓝领阶层的招聘工作,但其应用范围近来正在扩大,包括政府部门。布告招标有利于发挥组织中现有人员的工作积极性,激励士气,鼓励员工在组织中建功立业。因此,它是刺激员工职业发展的一种好方法。它的另外一个优点是比较省时和经济。

(五) 员工推荐

人力资源部门将空缺的职位信息公布出来后,员工可以自我推荐,也可以互相推荐。人力资源部门搜集到相关人员的信息后,采取公开竞争的方式,选拔适合该岗位的人才。

小案例

英特尔独特的招聘渠道

英特尔的招聘渠道很多,其中包括委托专门的猎头公司帮其物色合适的人选。另外,通过公司的网页,你可以随时浏览有哪些职位空缺,并通过网络直接发送简历。只要他们认为你的背景适合,你就有机会接到面试通知。

还有一个特殊的招聘渠道,就是员工推荐。它的好处首先在于现有的员工对英特尔很熟悉,而对自己的朋友也有一定了解。基于这两方面的了解,员工会有一个基本把握:那个人是否适合英特尔,在英特尔会不会获得大概率成功。这比仅通过两个小时的面试要有效得多,相互的了解也要深得多。英特尔非常鼓励员工推荐优秀的人才给公司,一经录用,推荐者还会收到公司的奖金。当然,进人的决策者是没有奖金的。如果因为人情招了不适合的人,决策者会负一定责任,所以决策者会紧紧把握招聘标准,绝不会出现裙带关系。

（六）技能清单法

技能清单法就是利用现有员工技术档案中的信息选拔空缺职位的候选人。技术档案是计算机化的技能档案，包括员工的资格、技能、智力、教育和培训等方面的信息。当出现职位空缺时，人力资源部门可以邀请符合条件的人参加竞争。这些信息不仅可以帮助招聘者确定是否有合适的人选，而且可以与候选人接触以了解他们是否想提出申请。这种方法可以和布告招标共同使用，以确保职位空缺引起所有有资格申请人的注意。

利用技术档案的优点是可以在整个组织内发掘合适的候选人，同时技术档案可以作为人力资源信息系统的一部分。如果技术档案包含的信息比较全面，采用这种方法就比较省时和节约成本。图 5-3 为技术档案示意。

姓名：		职位：		部门：	
出生年月：		婚姻状况：		到职日期：	
教育背景	类别	学校		毕业日期	主修科目
	大学				
	研究生				
技能	技能种类			所获证书	
培训背景	培训主题		培训机构	培训时间	
志向	是否愿意从事其他类型的工作？			是	否
	是否愿意到其他部门工作？			是	否
	是否愿意接受工作轮换以丰富工作经验？			是	否
	你最喜欢从事哪种工作？				
你认为自己需要接受何种训练？		改善目前技能和绩效的训练			
		晋升所需的经验和技能训练			
你认为自己可以接受何种工作？					

图 5-3　技术档案示意

（七）内部储备人才库

人才库系统记录了每一位员工在教育、培训、经验、技能、绩效、职业生涯规划等方面的信息，并且这些信息会随着员工的自身发展不断得到更新，用人部门和人力资源部门可以在人才库里找到合适的人补充职位空缺。

二、外部招聘的方法

如果组织中没有足够的内部候选人可供挑选，就必须把目光转向外部，以补充劳动力。外部招聘的方法很多，常用的有以下八种。

（一）媒体广告

广告是组织从外部招聘人员最常用的方法之一。通常是在一些大众媒体上刊登出职位空缺的信息，吸引对这些空缺职位感兴趣的潜在人选应聘。采用广告的形式进行招聘，职位空缺的信息能够迅速发布，在很短时间内传达给外界，同时有广泛的宣传效果，可以展示组织实力。发布广告有两个关键的问题：

1. 广告媒体的选择

一般来说，可选择的广告媒体主要有报纸、杂志、广播电视、网站以及随机发放的宣传材料等。表5-1比较了主要媒体招聘广告的特征。

表5-1　主要媒体招聘广告的特征

媒体类型	优点	缺点	适用范围
报纸	标题短小精炼；广告大小可灵活选择；发行集中于某一特定的地域；各种栏目分类编排，便于积极的求职者查找	容易被潜在求职者忽视；集中的招聘广告容易导致招聘竞争的出现；发行对象无特定性，组织不得不为大量无用的读者付费	当你想将招聘限定于某一地区时；当可能的求职者大量集中于某一地区时；当有大量的求职者在翻看报纸，并且希望被雇用时
杂志	专业杂志会到达特定的职业群体手中；广告大小富有灵活性；广告的印刷质量较高；有较高的编辑声誉；时限较长，求职者可能会将杂志保存起来再次翻看	发行的地域太广，故组织希望将招聘限定在某一特定区域时，通常不能使用；广告的预约期较长	当所招聘的工作较为专业时；当时间和地区限制不是最重要时；当与正在进行的其他招聘计划有关联时
广播电视	不容易被观众忽略；能够比报纸和杂志更好地让那些不是很积极的求职者接收到招聘信息；可以将求职者来源限定在某一特定区域；极富灵活性；比印刷广告能更有效地渲染雇佣气氛；较少因广告集中而引起招聘竞争	只能传递简短的、不是很复杂的信息；缺乏持久性；求职者不能回头再了解（需要不断地重复播出才能给人留下印象）；商业设计和制作（尤其是电视）不仅耗时而且成本很高；为无用的广告接受者付费	当处于竞争的情况下，没有足够的求职者看印刷广告时；当职位空缺有许多种，而在某一特定地区又有足够多的求职者时；当需要迅速扩大影响时；当用于引起求职者对印刷广告的注意时
招聘现场的宣传资料	在求职者可能立即采取某一行动时，引起他们对企业的兴趣	作用有限；要使此种措施见效，首先必须保证求职者能到招聘现场来	在一些特殊场合，如为劳动者提供就业服务的就业交流会、公开招聘会、定期举行的就业服务会上；当求职者访问组织的某一工作场所时

2. 广告形式与内容的设计

好的广告形式有利于吸引更多的求职者的关注，而且设计精良的招聘广告具有一定的"形象效应"，有利于树立组织的公共形象，因此在选择合适的媒体之后，应根据组织的实际需要设计广告的具体形式。一般来说，招聘广告应满足"AIDA"原则。

（1）引起求职者对广告的注意（Attention）。要注意：印刷紧凑的广告容易被忽视；重要职位要单独做广告；语言的使用要特别，要吸引人的注意，如"年轻人，不要假装你什么都知道"。

（2）引起求职者对广告的兴趣（Interest）。应强调工作本身的性质，如挑战性；强调工作的其他方面，如薪酬、工作地点等。

（3）引起求职者申请工作的愿望（Desire）。应强调工作的成就感、职业发展的机会等。

（4）能够鼓励求职者积极采取行动（Action）。如"今天就联络我们""请马上打电话给我们，索取更详细的信息资料"等。

（二）招聘会

由于招聘会的参展单位和求职者众多，必须事先做好充分的准备，如果没有营销策略，甚至不懂营销的原则，就很难将单位推销出去。

（三）职业介绍机构

职业介绍结构是专门为企事业单位提供求职者有关信息，同时也为求职者提供有关单位信息的机构。通常这类机构都存有大量各类求职者的信息，以便提供给寻找可用人员的单位。企业利用职业介绍机构进行招聘的好处在于节省时间，候选人信息多。那些没有设立人力资源部门的小企业，能够利用职业介绍机构得到专业服务和咨询。这种招聘途径的不足之处在于企业需要花费一定的费用，而且对招聘过程不能进行有效的控制。

（四）猎头公司

猎头公司是专门为企业选聘有经验的专业人员和管理人员的机构。越来越多的企业开始利用猎头公司来搜寻中高层管理人员。与职业介绍机构不同的是，猎头公司一般不为个人服务，而且在每次服务过程中，无论企业是否招聘到中意的候选人，都必须向猎头公司付费。另外，猎头公司通常与它们的客户保持密切的联系，并且掌握所服务企业的目标、结构、企业文化以及所空缺的职位等信息。只有这样，才能为企业找到真正合适的人选。

专业猎头公司应至少具有以下几个特点：

1. 客观真实地推荐人才：从软、硬件两方面着手

硬件指个人的学历、工作经历、工作绩效等硬指标；而软件指能力、素质等软指标，具体包括候选人的性格特点、内在驱动力、团队精神、领导才能、情商，甚至包括其拥有的社会资本。猎头公司不对人才进行主观性的包装，而是采用科学有效的测评手段，提交事实性的评价和面试报告。

2. 注重竞争情报研究

不同行业的企业各有特点，因此相同的职位具体到不同的企业，差别非常大。只有配合强大的竞争情报研究，才能保证猎头公司在短时间内掌握企业的情况，迅速确定最大范围内的候选人名单，从而确保猎寻高级人才取得成功。在人才市场上流动的高级人才是有限的,竞争情报研究能帮助猎头公司挖掘在行业内的高级人才。

3. 系统、稳定的项目组作业

每个猎寻项目组中都配有一个具有人力资源专业背景的成员、一个商务人员、一个调查研究员和一个行业顾问,他们互为支持,以弥补各自专业的不足,增加挖掘的深度和成功的把握。如果只有一个猎头顾问,当他遇到比较大的困难时比较容易放弃,而团队协作则更有挑战困难、解决难题的资本。

一个真正优秀的猎头公司必须拥有足够庞大的信息网络,时刻关注行业、企业动态,关注行业媒体和行业热门人物;在尽可能多的区域或行业聘请兼职猎手和信息采集顾问;与国外猎头公司建立战略合作关系,不断提高自身的技能和专业水平;积极参加各类行业研讨会,结识知名企业老板和业务骨干并保持长久联系;与各行业协会建立良好的关系,以获取重要的一手资料;参与和举办人力资源论坛和就业讲座,与将来的高级管理人员(MBA 和 EMBA 学员)进行沟通;参加一些高级俱乐部和"金领"聚会,通过个人关系网,在精英聚会中搜罗人才。

优秀的猎头在猎寻过程中会尊重行业规则,比如在几年内不挖客户的人才、不挖国家重点项目和实验室的人才等;在整个猎寻过程中对高级人才和企业的相关情况进行高度保密,确保企业的商业机密和候选人的职业安全性。因此,从降低企业用人风险、选择合适人才为企业创造价值来看,选择专业和规范的猎头公司非常重要。

(五)网络招聘

网络招聘也称在线招聘或者电子招聘(e-Recruiting),它是指利用互联网技术进行的招聘活动,包括招聘信息和求职信息的发布、人才简历的搜集整理、电子面试以及在线测评等。它以费用低、信息量大、操作便捷、招聘效果好、无地域限制且具备远程服务功能等优点获得了越来越多的企业的认可,已经逐渐成为中小企业招聘人才的主要途径。利用网络,不仅可以招聘选拔组织外部人才,也可以招聘选拔内部人才。

与传统招聘方式比较,网络招聘具有信息量大、不受时空限制、信息查询搜索十分便捷、成本较低等优点。其缺点主要在于招聘双方信息不对称而且缺少互动、信息反馈少。

1. 发布招聘信息

网络招聘信息的发布直接关系到企业招聘的效果,如何根据企业的实际情况,选择适当的信息发布渠道十分重要。常见的网络招聘信息发布渠道有以下几种:

(1)人才网站。用人单位注册成为人才网站的会员,在人才网站上发布招聘信息,收集求职者信息资料,查询合适人才信息。人才网站的资料库大,日访问量高,加上收费相对较低,所以很多公司往往会同时在几家人才网站注册。这样可以收集到更多求职者的资料,可挑选的余地更大。

(2)大型网站。还有一些用人单位选择了在大型网站上登招聘广告这种方式,这些大型网站一般是相关专业网站,或者是本地的综合门户网站。由于专业网站能聚集某一行业的专门人才,在这样的网站上发布招聘信息,对吸引某一特定专业的人才效果良好。而在知名的综合门户网站上发布招聘广告,不仅会有很大的信息反馈量,而且会对公司产生一定的宣传作用。

（3）网络论坛。它是互联网上热门的服务项目之一,通过远端登录的方式,享有在远端主机上张贴布告、网上交谈、传送信息等功能。这种方式发布信息的成本几乎为零,但影响力有限,也不利于展现公司的形象,一般适用于小型公司的招聘。

（4）本公司主页。如果公司有自己的网站,也可以在上面发布招聘信息,同时将企业文化、人力资源政策以及更多信息发布在主页上,以便求职者了解。这样既可达到宣传目的,又能让求职者在了解企业实际状况后,有针对性地选择应聘岗位,招聘到的人员质量较高。公司还可以将在线简历收集起来,建立自己的人才储备库,留待日后需要时查询。

2. 电子面试

招聘信息的发布与收集整理仅仅是网络招聘的开始,电子面试更能体现网络招聘的互动性、无地域限制性,因而电子面试的应用是网络招聘的重要组成部分。

（1）利用电子邮件（E-mail）。电子邮件是网络上被应用最多的工具,它具有快捷、方便、低成本等优点。越来越多的人远离了传统的邮寄方式,开始利用电子邮件交流。招聘者与求职者利用电子邮件交流,可以节省大量的时间,进而提高招聘的效率。招聘者还可以通过求职者的电子邮件来了解他们的语言表达能力,为是否录用提供依据。但是,电子邮件的互动性不强,一般都用于面试前的联络、沟通。

（2）利用聊天室。公司可以利用一些聊天软件或者招聘网站提供的聊天室与求职者交流,招聘单位可以在独立的聊天室里进行面试。就像现实中一样,招聘单位可以借此全面了解求职者,也可以顺便考察求职者的一些技能,比如电脑常识、打字速度、网络知识等。求职者也可以向招聘单位就其所关心的问题提问,实现真正的互动交流。但是这种文字的交流还是有一定的局限性:一方面,它反映不出求职者的反应速度和思维的灵敏程度;另一方面,求职者也可能会请人代替他进行面试,在虚拟的网络世界里,企业无法识别求职者的真伪。为了能够在第一时间得到求职者的回答,用人单位还可以在聊天室利用语音聊天功能与求职者交流,这样既可以见到求职者的文字表述,又可以听到求职者的声音。

（3）网络"视频招聘会"。网络"视频招聘会"是一种跨越地域与时间限制的新型招聘形式。

随着企业人才争夺的加剧,异地人才交流已经成为人才交流中的一项重要内容。网络"视频招聘会"这种远程面试方式为招聘企业与异地人才提供了远距离交流互动的平台。与直接面试相比,远程面试既可突破现场招聘会场地、地域的限制,也可弥补网站所存在的虚拟招聘的缺陷,为企业和求职者创造了方便快捷的"面对面"沟通机会,大大节约了企业远赴外地的招聘成本。

现代企业的宽领域发展要求公司在全国甚至全球范围内广纳优秀人才,但绝大多数大公司都会要求分公司招聘的高层员工必须通过总公司审核。一般来说,大公司都有相对比较严格的招聘策略,不会因为异地招聘的不方便而把中高级人才的录用权下放给分公司。这就使得不仅招聘成本高,而且招聘的情况也不尽如人意,投入与回报不成比例。

而对于中高级人才来说,时间、成本和面试成功率显得格外重要。视频招聘会的兴起,弥补了传统人才交流方式的不足,为求职者和招聘方搭建了一个真正省时、省力、省钱而又实用的平台。

目前,网络招聘出现了国际化的趋势,很多跨国公司成为跨国招聘网络平台的企业会员。如今,世界500强企业中96%的人才招聘是通过网络实现的。但在我国,由于网络招聘刚刚起步,无论是技术上还是观念上都存在许多问题。我国的网络招聘模式一般为广告招聘模式,还只是传统招聘的延伸。相信在不久的将来,随着我国网络法规的完善、企业数字化程度的提高,网络招聘必将以它独特的优势,从众多招聘方式中脱颖而出。

(六) 电视招聘

2003年10月,中央电视台经济频道(现财经频道)推出了一档全新的人力资源节目《绝对挑战》。由知名企业提供真实的职业岗位,三位求职者现场打擂,资深职业顾问、著名人力资源主管担当"猎头考官",经过"压力面试""实力作证""人在职场"三个环节的考核,最终揭晓谁获得了招聘企业的青睐。同时,由现场观众选出的"最具人气求职者"还将获得1万元的培训基金。

此后,其他电视台也紧随央视推出类似节目。像中国教育电视台一套的《命运函数》,以校园招聘为切入点;湖南卫视的《新青年》以关注青年成长为视角;浙江卫视推出的《大红鹰天生我才》,以创业竞争和职场商战为内容,通过精心布置的实战关卡,以密拍纪实的方式真实记录创业竞争的全过程。

当时业界对此众说纷纭,争议最多的是:电视的娱乐性和招聘的严肃性能统一起来吗?如果只顾好看,那么招聘岂不成了娱乐观众的道具?如果只为了招聘,那么又岂不成了枯燥的说教?而事实证明,电视的娱乐性和招聘的专业性是可以"并行"的,近几年不断涌现的聚焦职场题材的新形态综艺已成为国内综艺市场的新热点。

电视招聘突破了求职者与招聘方面对面、一问一答的传统模式,采用角色扮演、职业案例选分析、情境面试等丰富多彩的手段,给求职者提供了展现才华与风采的舞台。

相对传统的面试,电视招聘的难度是有过之而无不及。由于面试全程直播,选手要赢取心仪的职位,除了要付出智慧与努力,心理承受能力也受到"绝对"的考验。

(七) 校园招聘

校园招聘是将企业招聘信息及时发往各院校毕业生就业管理办公室,选择专业对口的院校参加其举办的人才交流会、发布招聘信息并进行招聘活动。校园招聘的实施途径多种多样,德勤公司针对有意加入德勒的学生们量身定做了"德勤俱乐部"发展项目,帮助学生们提升个人技能、了解专业知识,以及拓展优质人脉。另外,很多企业在学校设立企业奖学金,吸引优秀学生,这也是常用的招聘手段。

校园招聘的优点是学生充满活力、富有工作热情、可塑性强,选择余地大,候选人专业且多样化,招聘成本低,有助于企业形象宣传。不足之处在于大学生没有工作经验,需要经过一定的培训才可以胜任工作;很多大学生在刚刚踏入社会时对工作往往有过于理想化的期待,对自身的能力也有不切实际的估计,因此往往容易对工作产生不满,在毕业的前几年中可能会有较高的跳槽率。

小案例

字节跳动的"HR哥伦布计划"

成立于2012年的字节跳动随着旗下抖音短视频、今日头条等App的走红,成为最受当代年轻人喜爱的"大厂"之一。

2020年8月,字节跳动为校园招聘提供了6 000个岗位,校招人数超过1.2万人,对于互联网公司来说,字节跳动2020年的校园招聘规模非常罕见,这是由于字节跳动当年推出了一个名为"HR哥伦布计划"的招聘项目。

什么是"HR哥伦布计划"? 简单来说,就是召集一群有想法、有能力的"新生代HR",他们有着和哥伦布一样的精神,致力于做人力资源体系的探险家,和字节跳动一起发现人力资源领域的"新大陆"。其本质上和当年华为的"战略预备队"类似,即选出HR(人力资源)中最精锐的那群人,把他们外派到全国、全球各地,培养他们成为优秀的"HRBP"(人力资源业务合作伙伴),甚至是地区的"HRD"(人力资源总监)。

精心设计校园招聘主题

对于面向年轻人的校园招聘,字节跳动设计了一个具有活力和激情的主题——"和优秀的人,做有挑战的事情"。这无疑有两个暗示:一是进入字节跳动的都是优秀的人才,在这样一个充满能力和活力的氛围中,个人能得到更好的发展;二是字节跳动的工作具有挑战性,加入字节跳动就要承担压力、不惧挑战。

校园招聘前的准备

为了此次的校园招聘,字节跳动对人力资源部门提了以下三点要求:写出职位的卖点,每个职位一共三组卖点,每组卖点控制在4个字内;向所有的面试官进行主题为"反面霸策略"的培训,提高招聘的效率;让公司的一把手和副手亲自面试候选人中的一部分,让他们保持一线状态,同时感受人力资源部门的不易。

科学的校园招聘流程

根据字节跳动校园招聘官网的介绍,其招聘流程为:网络申请/内部推荐→笔试→面试→offer发放。在网络申请时,如果字节跳动觉得你不适合该岗位要求,会通知本人改投公司建议的岗位,这一举动极具人性化,获得了很多应聘者的好感。此外,应届毕业生可以有2次投递简历的机会,每次可以投递2个岗位,可选择调剂3个城市,这大大提高了优秀人才的入职率。

字节跳动如此大费周章地进行大规模的校园招聘,实施"HR哥伦布计划",不仅可以为公司注入新鲜的、具有活力的血液,同时也可以淘汰一批在公司中薪酬高、贡献低、不让位的老人,焕新企业的人员系统。

资料来源:《学习字节跳动是如何做校园招聘的》,www.hrsee.com/?id=1949,访问时间:2022年5月。

(八) 员工推荐

员工推荐可用于内部招聘,也可用于外部招聘。它是由本组织员工根据组织的需要推荐其熟悉的合适人员,供用人部门和人力资源部门进行选择和考核。由于推荐人对用人部门与被推荐者均比较了解,使得被推荐者更容易获得组织与职位的信息,便于其决策,也使组织更容易了解被推荐者,因而这种方法较为有效,成功的概率也较大。

在员工推荐计划中,每一次出现职位空缺,员工都会得到消息。企业会提供工作说明书、教育和经历要求、工作责任等职位信息。员工据此推荐符合要求的人,如果推荐的人被录用,那么推荐人会得到奖励。

奖励通常是现金,也有其他奖励方式,如债券、礼品券和物品等。现在越来越流行的方法是抽签,即除了现金奖励,推荐成功的员工可以参加抽签,赢得更多的奖金。推荐的人越多,奖金越高。

例如,思科系统(中国)网络技术有限公司(以下简称"思科")40%~45%的新员工是通过内部员工介绍来的。思科有一项特别的鼓励机制,鼓励员工介绍人才加入思科,方式有点像航空公司累积旅程。思科的规定是:介绍一个人来面试就给你一个点数,每过一道面试关又有一个点数,如果这个人最后被思科雇用,则有事成的奖金,这些点数最后累积折成海外旅游。这是思科创造性的做法,让所有员工都成为猎头代理,有合适的人一定会介绍到公司来。

员工推荐一般情况下都行之有效。员工对奖励持欢迎态度,企业花的钱也要少于其他招聘方法。然而,使用员工推荐仍要小心谨慎,因为人们喜欢推荐同类人。因此,员工推荐要和其他招聘方法一起使用。

三、内部招聘与外部招聘的比较

内部招聘和外部招聘这两种招聘方式各有优缺点。不同文化、不同规模、不同发展阶段与不同管理模式的企业,所适合的招聘方式是不同的。比如,一家公司的管理高度制度化,分工非常细,员工的工作职责非常清楚,基本上是一个萝卜一个坑。那么,这家公司在招聘时就比较适合外部招聘方式,因为该公司的员工要想横向轮换工作是非常困难的,而外部招聘能提供更丰富的人才资源,并给公司带来新技术、新思想。而另一家公司在管理上采取基本制度化与较大随意性相结合的方式,部门内部岗位之间的分工比较粗略,对工作要求的描述比较笼统,公司看重工作结果而对工作过程或方法没有太多的要求,员工的工作范围和工作方法的自由度较大,并且公司规模较小。那么,这家公司更适合内部招聘的方式。首先,该公司的管理模式为内部招聘的实施提供了可能性;其次,公司规模小使得员工在现职位的发展机会相对较少,内部招聘可以为员工提供轮换工作的机会,拓展其发展空间,因此可以作为公司挽留人才的手段;最后,还可以为公司节约招聘成本。

内部招聘与外部招聘各自的优点与缺点总结如表5-2所示。

表 5-2 内部招聘与外部招聘的优缺点

	内部招聘	外部招聘
优点	• 了解全面、准确性高 • 可鼓舞士气，激励员工进取 • 应聘者可更快适应工作 • 使组织培训投资得到回报 • 选择费用低	• 人员来源广泛，选择余地大，有利于招到一流人才 • 新雇员能带来新思想、新方法，从而给组织带来新的活力 • 当内部有多人竞争而难以决策时，从外部招聘可在一定程度上平息或缓和内部竞争者之间的矛盾 • 人才现成，节省培训投资
缺点	• 来源局限于企业内部，水平有限 • 容易造成"近亲繁殖" • 可能会因操作不公或员工心理原因造成内部矛盾 • 管理容易形成一个固定模式，容易产生惰性，趋于按习惯办事，创新不足，逐渐保守	• 不了解企业情况，进入角色慢 • 对应聘者了解少，可能招错人 • 内部员工得不到机会，积极性可能受到影响 • 成本高

由此可见，没有绝对好与绝对不好的招聘方式。选择招聘方式时，要根据不同招聘方式的特点，视企业的具体情况而定。

第三节 招聘方法评估

人力资源部门应对招聘流程的每个环节进行跟踪，以检查招聘效果。例如，从职位空缺是否得到满足、雇用率是否符合招聘计划的设计来检查，或者从求职人员数量和实际雇用人数的比例、接受雇用的求职者的转换率等来检查。招聘活动结束后，人力资源部门应调查求职者及新员工对招聘组织工作的意见，测量新员工的工作绩效，研究每种招聘方法的时间、成本和效果等，作为招聘工作进一步改进的依据。

一、招聘成本效用评估

（一）招聘成本评估

招聘成本评估是指对招聘中的费用进行调查、核实并对照预算进行评价的过程。它是鉴定招聘效率的一个重要指标。

进行招聘成本评估之前，应该制定招聘预算。每年的招聘预算应该是全年人力资源开发与管理总预算的一部分。招聘预算主要包括招聘广告预算、招聘测试预算、体检预算及其他预算，其中招聘广告预算占据相当大的比例，一般来说按 4∶3∶2∶1 的比例分配预算较为合理。

组织在评估人员招聘成本的时候，除了核算人员招聘的直接成本，如果有条件，还应当对人员招聘的间接成本加以估计。特别是在招聘组织的高层人员或核心人才时，更要注意招聘中的无形成本支出,以便规范组织的招聘行为,有效地控制人员招聘的总成本。

招聘成本分为招聘总成本与招聘单位成本。招聘总成本即人力资源的获取成本,包括有形成本和无形成本。目前,组织在评估招聘成本时,因为无形成本在实际工作中很难计量,常常把它们略去不计。但是,在总体上评估人员招聘成本的时候,应当将其包括在内,这样才能对企业的招聘工作做出客观、公正的评价。

招聘单位成本(招聘单价)是招聘总成本与实际录用人数之比。

$$招聘单位成本 = 招聘总成本 / 录用人数$$

如果招聘总成本低,录用人数多,意味着招聘单位成本低;反之,则意味着招聘单位成本高。

(二)成本效用评估

成本效用评估是指对招聘成本所产生的效果进行的分析。它主要包括招聘总成本效用分析、招聘成本效用分析、人员选拔成本效用分析、人员录用成本效用分析等。计算方法是:

$$招聘总成本效用 = 录用人数 / 招聘总成本$$
$$招聘成本效用 = 应聘人数 / 招聘期间的费用$$
$$人员选拔成本效用 = 被选中人数 / 选拔期间的费用$$
$$人员录用成本效用 = 正式录用的人数 / 录用期间的费用$$

(三)招聘收益-成本比

它既是一项经济评价指标,也是对招聘工作的有效性进行考核的一项指标。

$$招聘收益-成本比 = 所有新员工为组织创造的总价值 / 招聘总成本$$

招聘收益-成本比越高,则说明招聘工作越有效。

二、录用人员评估

录用人员评估是指根据组织招聘计划和招聘岗位的工作分析,对所录用人员进行的数量、质量和结构等方面的评价过程。只有在招聘成本较低,同时录用人员数量充足且质量较好时,才说明招聘工作的效率高。

录用人员评估主要从录用比、招聘完成比和应聘比三方面进行。

1. 录用比

$$录用比 = 录用人数 / 应聘人数 \times 100\%$$

该比率越小,说明可供筛选者越多,实际录用员工的质量可能比较高;该比率越大,说明可供筛选者越少,实际录用员工的质量可能比较低。

2. 招聘完成比

$$招聘完成比 = 录用人数 / 计划招聘人数 \times 100\%$$

该比率说明招聘计划的完成情况。该比率越小,说明招聘员工数量越不足;如果为100%,则意味着企业按计划招聘到了所有需要的员工。

3. 应聘比

应聘比 = 应聘人数／计划招聘人数 × 100%

该比率说明员工招聘的挑选余地和信息发布状况。该比率越大,说明组织的招聘信息散布得越广、越有效,组织的挑选余地就越大;该比率越小,说明组织的招聘信息散布得不适当或无效,组织的挑选余地也越小。一般来说,应聘比至少应当在200%以上。招聘越重要的岗位,该比率应当越大,这样才能保证录用者的质量。

录用人员评估实际上是在人员选拔过程中对录用人员能力、潜力、素质等进行的各种测试与考核的延续,也可根据招聘的要求或工作分析中得出的结论,对录用人员进行等级排列来确定其质量,其方法与绩效考核方法相似。当然,录用比和应聘比这两个数据也在一定程度上反映了录用人员的质量。

三、招聘来源质量的评价

对某一既定职位空缺来说,到底哪一种招聘来源的质量更好一些,实际上并无太多的规则可依,所以总的来说,雇主注意对不同招聘来源的质量进行评价还是一种非常有必要的做法。评价不同招聘来源质量的方法之一是计算并比较每一招聘来源的产出率。产出率所表达的是应聘者从企业招聘和甄选程序中的一个阶段成功地进入下一个阶段的比率。比较不同招聘来源的产出率,可以确定对于被调查的职位来说,哪一种招聘来源最好或最有效率。每雇用一位员工所支付的成本也是评价某一招聘来源质量高低的非常有用的指标。

表 5-3 显示的是五种招聘来源的各阶段产出率以及单位雇佣成本。

表 5-3 五种招聘来源比较*

	招聘来源				
	地区大学	名牌大学	员工推荐	报刊广告	猎头公司
吸引来的求职简历的数量(份)	200	400	50	500	20
接受面试的求职者人数(人)	175	100	45	400	20
产出率	88%	25%	90%	80%	100%
合格的求职者人数(人)	100	95	40	35	19
产出率	57%	95%	89%	9%	95%
接受工作的求职者人数(人)	90	10	35	25	15
产出率	90%	11%	88%	71%	79%
累计产出率	45%	3%	70%	5%	75%
成本(元)	30 000	50 000	15 000	20 000	90 000
单位雇佣成本(元)	333	5 000	429	800	6 000

* 产出率均四舍五入至个位数。

从表 5-3 中可以看出，对于该公司所出现的这些空缺职位而言，地区大学和员工推荐是两个较优的招聘来源。报刊广告所吸引的求职者人数尽管是最多的，但是只有相对很少的人符合职位的要求。在名牌大学中虽然可以招聘到素质很高的求职者，但是只有相对很少的人最后会接受公司所提供的职位。而猎头公司虽然可以招聘到质量很高的候选人，但是与其他招聘来源相比，它的成本无疑太高了。因此我们可以得出结论：地区大学与员工推荐是首选的两大招聘来源（产出率高、成本低）；猎头公司产出率高、成本高；名牌大学产出率最低，其次是报刊广告。

第四节 甄选的技术与方法

一、书面材料分析

（一）申请表

1. 申请表的含义与作用

当求职者申请一个组织的某个职位时，组织通常要求他们填写申请表（申请书），然后分析申请表内的各项内容所提供的信息，并在此基础上做出挑选决定，这是甄选中最常用的方法之一。现实生活中，几乎所有的组织都采用申请表来收集录取前的信息。申请表常常与其他甄选方法搭配使用，而且总是作为整个甄选程序的第一步。

2. 申请表的构成

多数申请表包括两大部分：第一部分是申请表的填写与递交说明；第二部分是题项，这些题项的答案用于判断求职者是否适合组织职位。填写说明应该清晰、明确地告诉求职者如何填写表格。如果雇主面临非法雇佣起诉，填写说明可以作为雇主辩解的依据。题项部分应该有助于判断求职者的任职资格，否则将影响申请表的效力。

3. 申请表的内容

申请表能否在甄选中发挥作用，关键在其形式与内容的设计。

根据不同组织的不同需求，申请表的内容也不尽相同。国内的申请表一般包括姓名、性别、地址、婚姻状况、文化程度、工作经历、特长、直系亲属、社会关系、薪酬等级、兴趣爱好等，而美国等国家的申请表还包括人种、军事训练、假日/周末工作的可能性、身体健康与心理健康状况、国籍、非在职行为、组织成员资格、信用评估与担保等项目。

申请表内容设计的关键，在于保证每个题项均与能否胜任某项工作有一定的关系，而且比较客观，便于组织审阅和检核。例如，某公司研究发现，大部分称职的经理在大学期间就是品学兼优的学生干部；经济状况、婚姻状况与工作情绪、工作责任心、能否安心工作等有密切关系；兴趣爱好可以反映一个人的领导才能与性格等。在设计申请表的题项时可以考虑增加相关的内容。

另外，申请表的题项与工作职位的关系并非一成不变，它会随着时间、社会环境以及申请者个人情况的变化而变化。因此,申请表的设计者应该定期对申请表的题项进行检查,看看其中的内容是否仍有测评价值。当工作程序、社会生活或劳动力市场发生较大变化时,尤其需要这样做。

4. 申请表的优缺点

申请表的优点是不显示评价倾向,只表现事实、反映信息,因此被测者或申请者不会有所警惕,加上许多情况可以通过调查与查阅档案证实,故申请者在填写时一般不会作假。

其缺点是不便对申请者做出比较和选择,因为题项多,各项内容差异较大,尽管会反复地逐一比较,但是最终还是难以取舍。

(二)加权申请表

1. 加权申请表的含义与适用场合

如果不清楚申请表数据与工作成功之间的关系,那么申请表在甄选决策中只能发挥有限的作用。但是,申请表数据的统计分析,有助于得出能够预测工作成功的具体因子。这些分析能够促进我们更好地解释申请表信息,并以标准化方式使用申请表。这就要用到加权申请表。传统的申请表只能用于定性分析,而加权申请表则可以用于定量分析与计算机自动化处理。

使用加权申请表,需要通过甄别出某个题项(例如,过去工作经历或受教育年数)来区分成功和不成功的雇员。一旦甄别出与雇员工作成功相关的题项,就对其赋予权数,代表它在区分优秀绩效者和拙劣绩效者方面的重要程度。对于应聘某一具体职位的求职者,分别对这些题项进行计分,然后汇总相关题项的权数,即可获得求职者的总分,从而预测他们是否能够成功胜任工作。可以确定一个分数线,从而最大化地预测能够获得成功的求职者数目。

加权申请表特别适用于以下职位的招聘:

(1) 许多雇员从事类似工作活动的职位;

(2) 对于每个雇员有足够历史人事记录的职位;

(3) 需要长时间的培训,而且培训花费比较高的职位;

(4) 雇员流动率高的职位;

(5) 有大量求职者的空缺职位;

(6) 组织使用面试或测试甄选求职者的费用太高的职位。

2. 开发加权申请表

在设计好申请表的基础上,开发加权申请表的步骤简要概括如下:

(1) 选择效标。整个开发过程能否成功,取决于效标是否恰当和是否准确。可以使用在职时间(或雇员流动)、旷工、培训项目是否成功、加薪比率、主管评价、工作绩效等多种不同的效标。涉及工作绩效行为指标的效标(如在职时间、销售额、怠工、旷工、薪酬记录与工作产量)比主观指标(如主管评价)能够提供更加可靠的数据。应该注意确保这些行为指标能提供可靠的、有意义的评估数据。在职时间特别经得起预测检验,因此很多研究都将在职时间作为一个效标。

（2）识别效标组。一旦选择了某个效标，就必须设计两个雇员效标组：一个是高效标组（成功的或合意的雇员），另一个是低效标组（不成功的或不合意的雇员），分别将各个雇员归入适当的组。一般地，效标组中包含的人数越多，加权申请表计分系统的置信度也越高。

（3）选择加权申请表题项。用于开发加权申请表的题项取决于申请表中题项的内容和数目。有学者建议，应该使用尽可能多的题项，因为少量题项无法区分成功和不成功的雇员。申请表中最简单、最明显的题项可能不是最有用的。针对申请表中的一个题项可开发出几个子项。例如，当问及个人的过去职位时，可开发出两个子项：过去的职位数目和过去的职位类别。

（4）确定题项的回答类别。为了检验回答与效标之间的关系，首先需要针对每个可能作为效标预测工具的题项设置回答类别，然后根据这些类别对求职者的回答进行计分。例如，在寿险保单销售员的申请表中设置"你个人投保了多少寿险保单？"的题项，为了计分，可以设置不同的回答类别：A. 没有或少于 1 000 元；B. 1 000～25 000 元；C. 25 001～50 000 元；D. 50 001～75 000 元；E. 75 001～100 000 元；F. 多于 100 000 元。

（5）确定题项的权数。欲使申请表的某一题项能够预测雇员成功与否，加权组中成功和不成功雇员对该题项的回答必须有差异，而且两者的差异越大，该题项对于预测效标的重要性就越大。对题项赋予的权数反映了题项回答与雇员成功效标之间的相关程度，即体现了题项的重要性。

（6）将权数应用于控制组。必须通过另外一个求职者样本来检验计分权数，确保这些权数不是偶然获得的。这是因为，在开发加权申请表的题项权数时，如果继续利用同一组雇员来评估权数的有用性，将会获得误导性的结果。这种检验权数的过程称作交叉效度检验。交叉效度检验能够保证权数不是偶然获得的，而是必需的。

（7）评估控制组的加权申请表得分。该分数是通过加总对控制组雇员在各题项的回答得分而获得的，这些题项能够对用来确定题项权数的加权组做出区分。

（8）设定甄选分数线。在实际使用加权申请表时，需要知道可接受的最低分数线或分数线。得分超过分数线的求职者，可以接受进一步考察；得分低于分数线的求职者，则被淘汰。最理想的分数线应该能够最大限度地拒绝不成功的求职者，且最大限度地接受成功的求职者。

3. 使用加权申请表需要注意的问题

（1）加权申请表不能适用于一个组织的所有职位或不同组织的同类职位。职位的独特性要求我们必须为每个职位或职位簇开发一张加权申请表。

（2）当求职者与用以开发加权申请表的雇员在人种、性别或其他人口统计特征方面的差别达到一定程度时，计分标准可能就不适用于预测求职者的工作绩效了。在这种情况下，根据加权申请表计分标准制定的加权申请表就是一种无效的甄选工具。

（3）随着时间的推移，开发加权申请表所使用的雇员成功指标（效标）的重要性会发生变化。因此，如果出现新的或不同的甄选效标，就需要开发新的加权申请表计分程序。

（4）随着时间的推移,加权申请表对雇员成功的预测能力逐渐减弱。

（5）组织变革可能对加权申请表的适用性产生影响。

（三）履历表

履历表又叫简历,许多雇主对求职者的第一印象来自其递交的履历表。求职简历通常先于申请表递交给未来雇主。履历表和申请表一般都用于组织对应聘者的初步筛选。

履历表是一种有关被测者背景情况描述的材料,其内容与申请表类似,但又有所不同。从项目与内容上来说,履历表比申请表更详细、更全面;从时效上来说,履历表反映的是被测者过去的情况,而申请表反映的是当前情况。申请表与履历表的比较如表5-4所示。

表5-4 申请表与履历表的比较

	申请表	履历表
适用对象	更适用于计件工或初级岗位	更适用于专业或管理岗位
优点	• 直截了当 • 结构完整 • 限制了不必要的内容 • 易于评估	• 开放式:有助于创新 • 允许申请人强调他认为重要的东西 • 允许申请人点缀自己 • 费用较低,容易制作
缺点	• 封闭式,限制创造性 • 制定和分发费用较高	• 允许申请人略去某些东西 • 难以评估
建议	最好两者都用,先用履历表,再用申请表	

履历表的题项选择与申请表一样,也是以与职位要求或工作绩效的相关性为标准。常见的是选择那些与生产率、人事变动率、出勤率显著相关的题项,选择的方法也与申请表的题项选择方法类似。

（四）传记资料

目前出现了一种被称为"传记式项目检核记录表"的表格,其客观性比传统的履历表更高一些,表中的许多题项比加权申请表更主观,篇幅也比加权申请表长。其形式如表5-5所示。

表5-5 传记式项目检核记录表示例

婚姻状况	嗜好及态度
目前婚姻状况如何?	你常说笑话吗?
1. 未婚	1. 极常
2. 结婚、无子女	2. 一般
3. 结婚、有子女	3. 偶尔
4. 寡居	4. 很少
5. 分居或离婚	5. 根本不说

（续表）

健康状况
你曾患过什么病？
1. 强烈过敏
2. 哮喘
3. 高血压
4. 胃病
5. 头痛
6. 以上疾病皆未患过

经济状况
在正常情况下，你每年储蓄年收入的百分之几？（取整数）
1. 5%以下
2. 5%～10%
3. 11%～15%
4. 16%～20%
5. 20%以上

个人特点
你如何评价自己的创造性？
1. 富有创造性
2. 比自己所在领域中的大多数人更富有创造性
3. 创造性一般
4. 比自己所在领域中的大多数人创造性差一些
5. 没有创造性

学校和教育
你中学毕业时几岁？
1. 小于15岁
2. 15～16岁
3. 17～18岁
4. 19岁以上
5. 中学没有毕业

价值观、观点
下列中的哪一样对你来说最重要？
1. 舒适的家和家庭生活
2. 需要才干、令人兴奋的工作
3. 在社会上出人头地
4. 在社团事务中积极活跃、得到认可
5. 尽量发挥自己的一技之长

个人贡献
你觉得自己的贡献如何？
1. 贡献很大
2. 比同职位者贡献多些
3. 有一定的贡献
4. 比同职位者贡献少些

人际关系
你对邻居的感觉是：
1. 不感兴趣
2. 很喜欢他们，但不常见
3. 常相互访问
4. 很多时间一同相处

早期的家庭、童年和少年
18岁之前，你大部分时间是和谁一起度过的？
1. 双亲
2. 单亲
3. 亲戚
4. 养父母或者非亲戚
5. 在一个社会家庭或者在一个公共机构中

业余爱好和兴趣
去年你读了多少本书？
1. 一本也没有
2. 1～2本
3. 3～4本
4. 5～9本
5. 10本以上

自我印象
通常情况下你尽力干：
1. 每种工作
2. 只是自己喜欢的工作
3. 要求自己干的工作

工作情况
你通常工作速度如何？
1. 比大多数人快得多
2. 比大多数人快一些
3. 跟大多数人差不多
4. 比大多数人慢一些
5. 说不好

这种表格提供的求职者的传记资料,又称"自传资料""个人或生活经历资料"或"背景资料"。传记资料表一般包括工作情况、健康状况、社会关系、态度、兴趣爱好、价值观、自我评价等题项。加权申请表通常关注有限的、事实性的、可验证性的教育背景、培训与工作经历,而传记资料表涉及的范围更广,包括个人背景、经历、兴趣、态度与价值观。因此,传记资料表比加权申请表更加主观,其题项比加权申请表的题项更加不易验证。

传记资料表的设计依据是目前的素质与工作绩效同过去各种环境中的行为是相联系的,同时也与态度、兴趣爱好、价值观相关联。但是要确定需具体列出的问题与选项,则必须进行大量的实证研究与理论分析,从中找出关键性的因素。例如,一家制药公司研究发现,富有创造性的研发人员均具有以下特点:有主见、埋头工作、希望从事有挑战性的工作、父母比较宽容。虽然这些素质特征信息可以通过面试与心理测验来收集,但用传记式项目检核记录表既省钱省事,也更有效。

(五)证明材料核查

核查求职者的证明材料这种甄选方法要求雇主通过他人收集潜在求职者的信息,这些人曾经与求职者有过接触。收集的信息用于以下目的:① 验证求职者在其他甄选方式(例如,申请表、招聘面试或培训和经历评估)中提供的信息;② 作为预测求职者工作绩效的依据;③ 了解求职者没有提供或通过其他甄选程序无法甄别的背景信息(例如,犯罪记录或不安全驾驶记录)。

一般而言,证明材料核查者主要检查四种数据:① 就业与教育背景数据;② 求职者的性格和个性评价;③ 预测求职者的工作绩效的指标;④ 证明人(特指前雇主)再雇用求职者的意愿。

1. 收集证明材料的方法

(1)亲自核查。即亲自与证明人联系。通常,这种联系是背景调查的一部分。

(2)邮寄核查。通过邮寄方式进行证明材料核查,可以向证明人邮寄一张问卷。如果邮寄问卷,通常要求证明人评估求职者的多种特质或特征。这种方式与传统的雇员工作绩效评估类似,即根据分级评估量表,对个人特征进行评价。问卷中也可以留出空白,让证明人发表意见。

通过邮寄方式进行证明材料核查,是一种系统、高效的收集证明人提供数据的方式。但是,邮寄问卷的一个最大问题是回收率较低。为此,可以通过附上求职者的署名声明的方式提高回收率,即同意前雇主提供调查信息,而且证明人提供的信息将被保密。

(3)电话核查。电话核查比通过邮寄方式进行证明材料核查更为常用。进行电话核查时,可以使用预先准备的问题,或由核查者在电话中即时提问。电话核查如果采用非结构化形式,收集的数据质量将取决于电话核查者的技能和水平。

2. 证明材料来源

雇主可以通过许多渠道获得证明信息,证明材料核查应该考虑每一种信息来源。

(1)前雇主。前雇主是验证过去就业记录与评价求职者过去工作习惯和工作绩效的重要信息来源。来自前雇主的信息十有八九是由前雇主的人事部门提供的。如果前部门主管能提供这样的信息,则信息的含金量更高。

（2）个人推荐信。求职者提供的个人推荐信是另一种信息来源。多数求职者选择他们认为能够获得正面评价的个人作为推荐人。如果要求提供个人推荐信,必须对它们进行核查。通过认真设置题项,可以从推荐信中获得有用信息。特别重要的是,应该知道推荐人已经认识求职者多长时间,以及了解求职者哪些方面的能力。

（3）调查机构。可以通过调查机构对求职者进行背景调查。背景调查的重点是简历和申请表信息、信用评估、犯罪和驾驶记录、个人声誉、生活方式,以及其他关于求职者的信息。

（4）公共记录。雇主可以利用公共记录来收集信息,这些记录包括犯罪记录、驾驶记录、教育记录等。

（六）档案分析

在素质测评与人员录用中,档案分析也是一种应用较为广泛的方法。我国组织人事部门提拔与录用某个人时,总是要先看看他的档案材料。档案材料之所以能作为甄选的依据,一是因为档案中记录着一个人从上学到目前为止的所有经历,包括学习情况、家庭情况、社会关系、组织与群众的评价意见等,所有这些材料都可以成为甄选决策的重要依据;二是因为资历在甄选中起着重要作用,而档案中对资历的记录最为翔实。

有人认为档案分析法不一定可靠,因为档案中的材料由本人填写的部分并不一定真实,可能有隐瞒之处;组织鉴定部分可能因好面子而给予好评,也可能因打击报复、有意"整人"而给予差评或不负责任地含糊其词。有调查发现,以前领导和朋友提供的材料预测效度最高,以前人事部门提供的材料预测效度较低,家属或亲戚提供的材料预测几乎没有效度。因此,档案分析应该与实际调查相结合。

二、面试

（一）面试概述

长期以来,面试被公认为最频繁使用的甄选工具。也可以认为,面试是众多甄选工具中最重要的一个。但是,面试也是一种非常费时、费钱的甄选工具。据调查,对于每个空缺职位,面试需要花费的时间相当于两个工作日。

在整个甄选过程中,可以进行多次面试。用于评估求职者的一般特征,并对其进行初步筛选的面试被称为筛选面试,筛选面试的结果决定了哪些求职者能够接受其他甄选测试,例如校园招聘可能会采用这种方式。筛选面试后常常会用到另一种面试,用于评估具体的、与工作相关的知识、技术和能力,这种面试被称为甄选面试。筛选面试与甄选面试在行为和知识的具体性方面存在差异,后者比前者要具体很多。

采用面试这种甄选方式有以下优点:① 面试为组织提供机会,提供信度、效度相对更高的选择;② 如果需要测量许多具有不同知识、技术和能力的求职者,面试是一种高效、可行的方法;③ 关于求职者能否被录用,需要由一个组织成员判断这个人是否与应聘职位相匹配。面试有利于组织直观挑选匹配职位的求职者。

（二）有效的面试认知模型

早期的面试研究指出，面试这种甄选工具存在信度和效度方面的缺陷，于是，后来的研究试图从中发现那些导致低信度和效度的面试者特征、求职者特征以及面试过程的特征。然而，这种研究往往是非系统的，各种研究得出的结论也不一致。因此，最近的面试研究出现了一个重要的趋势，即开发面试过程与面试者决策的认知模型，这种模型为研究设计和结果解释提供了框架。这类模型假定，面试者收集和处理关于求职者的信息基本上是用以评估求职者是否适合某一职位的。目前有两个比较完整的面试认知模型，一个是乔治·德雷埃尔（George Dreher）和保罗·萨克特（Paul Sackett）模型，另一个是罗伯特·迪普博伊（Robert Dipboye）模型。这两个模型的共同之处在于，它们都以面试前的影响因素开始，以面试结束后影响面试者评估的因素终止。下面，我们只介绍迪普博伊模型。

迪普博伊模型的核心在于"知识结构"的构建，即面试者对工作要求与求职者特征的理解。知识结构体现了面试者过去接受的教育、培训及其面试经验，以及它们对面试者的印象、行为和决策的影响，如图5-4所示。

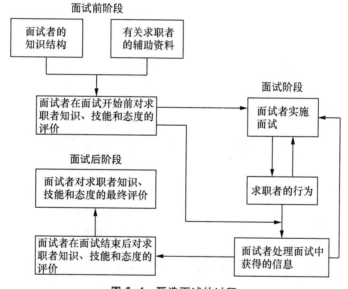

图5-4　甄选面试的过程

资料来源：盖特伍德，菲尔德.人力资源甄选[M].5版.薛在兴，等译.北京：清华大学出版社，2005.

在面试初始阶段——面试前阶段，面试者通过他所能获得的与求职者相关的信息，结合自己的知识结构，建立起初步印象。面试者的知识结构包括典型的任职者、印象分类及固有的个性理论。这些关于求职者的初步印象包括以下六类：外表、行为、社会关系、行为情境、个人特质与内部特征。这种分类表明，求职者的外表是影响面试者评估的重要因素。根据这些类别，面试者将自己对求职者的印象与其关于理想的或典型的任职者的知识结构进行对比。即使面试者所能获得的关于求职者的信息非常有限，也能进行这种对比。

在面试阶段，面试者对求职者进行归类、再归类，力图回答以下问题：求职者是谁？职位有哪些任职要求？求职者是否适合该职位？面试者的知识结构与由此形成的印象，不仅影响面试本身,而且影响面试者对在该阶段收集到的信息的解释。例如,研究表明,面试者的知识结构中包括"男性"职位与"女性"职位的分类。于是,面试者将根据职位类别,对男性求职者和女性求职者分别进行评估,即使他们的任职条件大致相同。还有证据表明,面试者将根据他在面试前阶段建立的初步印象,对求职者进行面试。这时面试者所要做的是,为证实他在上述六个方面对求职者的印象而收集信息。如果获得的资料与最初印象不一致,面试者需要分析不一致的原因。其中最重要的是,面试者对求职者行为进行归因分析。所谓归因分析,是指面试者判断求职者的个人特质可以在多大程度上解释他的行为,行为发生的情境可以在多大程度上解释他的行为。归因分析可以解释,为什么对于同样一个能获得高分数的行为,一个面试者可能认为它体现了个人责任心,而另一个面试者却可能认为是由于考试"容易"。

在面试的最后阶段——面试后阶段,面试者首先对收集到的信息进行解释,在此基础上对求职者进行评估,进而形成判断。这个阶段也会涉及面试者的知识结构。因为面试者不可能记住面试过程的所有信息,需要依赖知识结构对记住的信息进行加工。面试者最重要的任务是判断求职者是否适合某职位。工作要求与求职者特征的数量和明确性会影响面试者的评估结果。当工作要求与求职者特征不明确时,面试者根据知识结构做出判断;当这些信息都非常明确时,面试者直接根据评估做出判断。这表明:第一,使用与工作相关的面试问题是重要的;第二,为使所有求职者的面试问题保持一致,应该使用结构化面试。

(三) 面试的缺陷与改进办法

研究表明,面试的信度和效度较低可能是因为:第一,使用了不恰当的问题;第二,存在影响面试者对求职者进行评估的外部因素。人力资源专家采取了一些措施来克服这些缺陷,通常的做法有两个:一是对面试者进行培训,二是开发恰当的面试问题。经过改进,某些类型的面试问题的效度很高。因此,只有恰当设计并正确使用,面试才是一种良好的甄选工具。

1. 培训面试者

面试者会在面试过程和评估阶段犯下不少错误,例如:面试者说得太多,从而限制了从求职者处获得与工作相关的信息;不同求职者的面试问题不一致,从而从每个求职者处收集到不同的信息;面试问题与工作绩效无关,或者即使相关,关系也不紧密;使求职者感到约束,从而难以获得求职者自愿提供的信息或补充信息;面试者对自己的评估能力过分自信,从而武断地做出决定;面试者对求职者有成见,从而在评估结果中夹杂个人偏见;面试者受求职者的非语言行为影响;面试者给出的评估结果趋于一致,要么都为"优秀"(仁慈错误),要么都为"一般"(中心趋势错误),要么都为"较差"(严格错误);求职者身上一两个好的或坏的特征,影响面试者对其他特征的评估结果(晕轮效应);前一个求职者的素质影响面试者对后一个求职者的评估结果(对比效应);在面试开始后的最初几分钟内,对求职者进行评估(第一印象错误);由于求职者在某些方面与面试者有共同之处,从而评估时给他打高分(同我错误);等等。

针对这些常见的错误,人力资源专家已经开发出了相应的培训项目。这里不对其进行一一介绍。但是这些培训项目都有一些共同的主题,包括结构化面试、改进面试过程、决策方式和系统计分等。下面我们分别对其进行介绍。

(1) 结构化面试。根据是否使用预先确定的面试问题、计分方式和决策规则,可以将面试分为结构化面试和非结构化面试两类。结构化面试使用预先确定的面试问题、计分方式和决策规则,而非结构化面试则不使用这些问题、方式和规则。在非结构化面试中,面试者可以任意提问,面试问题之间的逻辑性取决于面试者。根据前面介绍的迪普博伊模型,可以发现这种面试方式存在很多潜在的问题——非结构化面试无法控制影响面试者决策的任何外部因素。

结构化面试是以与工作相关的主题为基础的。例如,某一职位要求任职者具有完成任务的毅力。在结构化面试中,可以通过设置专门问题收集有关"毅力"的信息,如"你是否曾经参加这样一类项目——没有明确告诉应该做什么或没有告诉应该如何完成项目?如果有,请具体描述"。所有求职者都必须回答这个问题。面试者可以提出探测性问题,直到获得足够信息为止。

结构化面试的主要优点是:从所有求职者处收集针对同一主题的信息,有助于在求职者之间进行对比。而在非结构化面试中,面试者主要通过印象和推测对比求职者。另外,结构化面试可以收集重要主题的信息,且大大提高了面试的效度。

(2) 改进面试过程。对面试者进行培训的另一个重要主题是如何成功实现面试者与求职者之间的自主互动,即改进面试过程。该主题包括以下内容:① 创造一种开放的沟通气氛;② 提供一致的面试问题;③ 控制面试过程;④ 培养良好的演说习惯;⑤ 学习倾听技术;⑥ 进行适当记录;⑦ 保持面试的连贯性,不得引导或威胁求职者;⑧ 对于面试的非语言特征,或进行解释,或予以忽略,或加以控制。

这些措施都是为了创造一种惬意的面试环境,从而使求职者放松。从理论上说,这些措施不仅有助于求职者回忆难以想起的信息,提供面试问题的完整答案,而且有助于减少面试过程的行政错误(Administrative Error),包括误解求职者的话、没有正确记住求职者提供的信息、向求职者透露面试问题的"最优"答案、时间利用方式不合理以致没有覆盖所有主题。培训的目的就是增加通过面试获得的信息量,同时提高准确性。例如,一项研究指出,面试者在面试中记下求职者的行为能够提高评估的效度。但如果记笔记只是例行程序,则效度不升反降。

(3) 决策方式。面试培训的第三个主题是决策方式。有以下几种培训方式:① 解释并举例说明常见的评估错误,包括对比效应、晕轮效应、仁慈错误与中心趋势错误等。通过实例,能够说明这些错误如何影响面试者的决策。② 通过建立模型,培训面试者如何对信息进行加权,然后得出关于求职者的整体评价。这些模型保证面试者对相同信息进行更恰当的加权,于是,遵照模型能够提高面试评估的效度。这些培训方式通常关注面试者的外表和特殊习惯,因为面试者的刻板印象和偏见通常是不当加权的原因。决策方式培训的关键之处在于了解这些错误的性质,减少实际面试中由这些错误造成的扭曲。

（4）系统计分。面试培训的第四个主题是对面试采取系统计分。实践中面试者通常凭直觉对求职者进行评估，操作中应该避免这种评估方式，代之以正式评估量表。

正式评估量表包括一系列内部测量量表。不同的量表使用的回答类别数目存在差异，通常分为4到7个等级。每个等级都有一个分数，代表某一求职者特征的不同程度。这种量表通常通过一系列形容词（例如，不合格、勉强合格、符合最低要求、良好、优秀）来描述程度差异或简要界定每个等级（例如，无法理解指导、指导能够被理解但不正确、指导能够被理解且基本正确）。另一个需要考虑的问题是哪些维度需要计分。最好直接对知识、技术和能力计分，而不必对测量这些知识、技术和能力的每个问题都计分。

评估量表还应该留出位置来评论求职者具备的知识、技术和能力。这些评语通常是求职者对用来评估他们知识、技术和能力的问题的回答的摘要。评语的目的有两个：一是如果有人对面试问题提出疑问，评语可以作为书面证明材料；二是为对比求职者提供更多信息。

另外，如果评估结果需要获得一个总分，那么应该直接由面试者评估得出一个独立分数，而不是汇总所有知识、技术和能力的得分。也就是说，面试者应该根据他对求职者的面试表进行总体评价，而不是汇总各个因子的评估结果。

以上这些面试改进措施能够提高面试的有效性，但是无法克服面试所有的缺陷。绝大多数的面试培训项目不仅能够减少一般性评估错误，包括对比效应、晕轮效应、仁慈错误与严格错误，而且能够极大地改变受训者的实际培训行为。另外，随着时间的推移，面试者由于较少使用或缺乏批判性的自我分析，其技术会逐渐衰退。因此，为保持必需的技术水平，面试者应该定期参加培训。

2. 开发恰当的面试问题

使用具体的、与工作相关的面试问题能够提高面试的信度和效度，开发具体的、与工作相关的面试问题的方法有以下三种：

（1）情境面试法。情境面试的基本内容是：确定能够代表职位的具体活动，使用这些信息设计面试问题，要求求职者回答在具体情境下如何行动。使用情境面试的步骤如下：

第一，利用关键事件法对职位进行工作分析。关键事件描述了实际发生的工作行为，这些行为代表了特别优异或特别拙劣的工作绩效。它是对行为予以描述而不是评价，通过在职者及其主管收集关键事件发生的环境、过程及后果。收集方式有面谈法和问卷法两种。这两种方式都要定义"关键事件"，并提供例子使在职者及其主管集中考虑某些工作活动。通常，一个职位包括几百个事件。评审小组根据行为的相似性，将这些事件归为几类。每类相似的行为就是一个行为维度，可以根据内容对其命名，例如专门技术、故障诊断、客户服务等。

第二，检查每个行为维度下的所有事件，从中选择少数最恰当的事件，据此设计面试问题。关于如何挑选恰当事件，不存在一种最佳方式，通常需要考虑那些在面试方面有着丰富经验的主管的意见。挑选多少事件，取决于面试时间长短以及行为维度数目，通常每个维度至少包括两个事件。

第三，改写选择出的事件，使其适合向求职者提问。表 5-6 提供了面试问题示例，通常先要简要描述环境，然后提出问题："你会怎么做？"

表 5-6　情境面试问题与计分量表示例

你的配偶与两个十几岁的孩子因患感冒而卧床。你无法找到亲戚或朋友来照顾他们，但三个小时后就是上班时间。你会如何做？
a.（低）我会留在家里——家庭第一。
b.（中）我会打电话告诉我的主管，向他解释情况。
c.（高）既然他们只是感冒，我将照常上班。
一位顾客来店里取回他的手表。他的手表本应在一周前就修好，但现在仍未从修理厂返回。于是，这位顾客非常生气。你会如何处理这种情况？
a.（低）告诉顾客修理厂未将手表送回，让他以后再来取。
b.（中）首先表示道歉，然后告诉顾客将对这个问题进行调查，并尽快反馈调查结果。
c.（高）首先安慰顾客，然后在顾客等待时打电话给修理厂。
上一周，你一直从事最耗时的工作（例如，进行复杂的统计工作）。你知道这不是任何人的错，因为你已经按照最优次序完成工作。一天，你接到第四项工作，这又是一项"难做的事"。你会怎么办？
a.（低）把这项工作丢在一边，从事另一项工作。
b.（中）向协调者抱怨，但仍然做这项工作。
c.（高）毫无怨言地接受这项工作，并设法完成。

第四，为每个问题设计量表，以便对求职者的回答进行计分。开发量表的过程需要相关主管参与。主管要么撰写观察到的实际工作行为，要么撰写面试中听到的回答。量表中的各级回答示例必须是大家一致同意的。该量表只能由面试者使用，不能透露给求职者。在对面试结果计分时，面试者以量表提供的回答示例为参照系，在量表的恰当位置标上"×"号。如果回答示例是经过认真准备的，则求职者的回答通常与这些示例非常接近。通过加总每个量表的分值，即可获得面试总分，或者单独使用每个量表的分值。

（2）行为描述面试法。行为描述面试法与情境面试法非常类似，许多步骤是相同的。首先像情境面试法那样确定关键事件和行为维度。与情境面试法的不同之处在于，行为描述面试法需要检查每个行为维度，保证它们能够描述个人的最大绩效或典型绩效。

最大绩效与典型绩效的区别如下：如果求职者的工作知识和工作能力是决定工作绩效的关键因素，则这个行为维度就是旨在描述最大绩效；如果求职者的典型工作行为与工作绩效相关，则这个行为维度就是旨在描述典型绩效。最大绩效维度通常涉及专门技术和知识，典型绩效维度则包括与人相处、是否努力工作与浪费时间，以及是否有条理、有礼貌、守时。行为描述面试法区分最大绩效和典型绩效的目的，在于面试过程中可以简化最大绩效维度部分，而把注意力集中在典型绩效维度部分。

行为描述面试问题的开发过程基本上与情境面试法一样。二者的区别在于：第一，前者的每个主问题都包含调查性问题（Investigative Questions）或补充问题（Follow-up Questions）。主问题用以确定求职者过去所处的情境与事件类别，调查性问题则是为了挖掘求职者的行为方式及结果。第二，根据求职者是否具有相关工作经验，前者通常设计两套面试问题。但是这两套问题的行为维度必须一致。如果求职者没有相关工作经验,则面试问题应该更笼统一些,而不要涉及工作的具体方面。例如,对于有销售经验的求职者,面试问题可以是"请告诉我在过去三个月中,你所经历的最困难的一次联系客户的工作";对于没有销售经验的求职者,面试问题可以换为"我们需要说服一个不认识的人,使他相信我们推销的产品或提倡的观点具有许多优点。我希望你能告诉我,你是否遇到同样困难的任务"。表5-7列出了行为描述面试法适用的主问题和调查性问题示例。

表5-7 行为描述面试问题和计分示例

某项任务必须以团队形式完成,你最近是否有团队工作经历?(以下是调查性问题)
a. 你在团队中从事哪些任务?
b. 团队中共有多少人?
c. 以团队形式工作,是否出现困难?
d. 为了克服困难,你扮演什么角色?
e. 你的团队是否成功地完成了既定任务?
f. 你是否经常参加团队工作?

请讲述你向一个雇员讲解一项难以推行的政策的经历。(以下是调查性问题)
a. 这项政策是什么?
b. 你如何知道雇员有理解障碍?
c. 为了使雇员理解这项政策,你做了什么、说了什么?
d. 为了克服困难,你扮演什么角色?
e. 你如何知道你已经成功地完成了任务?
f. 你采取哪些措施改变这项政策?

行为描述面试法使用的求职者评估表

维度	1 最差 20%	2 较差 20%	3 中间 20%	4 较好 20%	5 最好 20%
1. 团队工作					×
2. 理解政策			×		
⋮					

维度	维度得分	权数(可选择的)		总分
1. 团队工作	5	×	25 =	125
2. 理解政策	3	×	10 =	30
⋮				

资料来源:TOM JANZ, LOWELL HELLERVIK, DAVID C. GILMORE. Behavior description interviewing: new, accurate, cost effective[M]. London: Pearson College Division, 1985.

面试者应分别对每个行为维度进行计分。面试者在面试结束后,如果可能,最好检查求职者做的笔记或观看录像带。根据求职者的回答,将其放入相应维度的五级量表中的适当一级。量表中每级代表20%的求职者。也就是说,分数"1"代表求职者在总体中的排名落在最后20%,分数"5"代表求职者在总体中的排名落在前20%。面试者对每个维度赋予权数,它反映该维度对整体工作绩效的重要性。除非一个维度的重要性比其他维度高出一倍或两倍,否则不要使用不同权数。将维度得分与其权数相乘,即可获得该维度总分。加总各维度总分,即可获得面试总分。

(3) 工作内容法。工作内容法与前两种方法的主要区别是:面试只是甄选计划的一部分,主要测量少数几项知识、技术和能力。为此,必须采取以下步骤:① 确定关键工作任务,并进行评估;② 确定决定任务绩效的知识、技术和能力,并进行评估;③ 将知识、技术和能力与工作任务相联系;④ 选择测量知识、技术和能力的适当指标。

完成这四步后,可以知道哪些知识、技术和能力需要通过面试测量,哪些知识、技术和能力需要通过其他甄选工具测量。面试的测量对象缩小到某些具体知识、技术和能力之后,只需通过关键事件法收集必要的信息,设计测量这些知识、技术和能力的面试问题。换句话说,只要求主管和在职者撰写几个维度(通常3~5个维度)的事件。

用来测量良好的在职表现和个人关系的面试问题,在措辞方面应力求使答案不涉及与应聘职位相关的经历。例如,面试问题不应该是"请描述你的团队的工作经历,该团队正在设计技术工人的薪酬体系",而应改为"请描述你曾经参与的团队项目经历,该项目要求项目成员在一段时间内有频繁互动"。如果需要,可以使用补充问题。建议针对某一知识、技术和能力,设计多个面试问题。

计分过程分为两步,与情境面试一样。面试者首先根据工作行为量表对求职者进行评估,然后针对某一知识、技术和能力,汇总多个面试问题的评估结果,即可获得该项知识、技术和能力的最终评估结果。

三、能力测验

能力测验旨在针对个人工作的潜力进行测评。除对身体能力进行测验外,它还通常用于测量求职者掌握的知识。能力测验作为一种甄选工具,与工业心理学和人力资源管理几乎有着同样悠久的历史。让-莫里斯·拉伊(Jean-Maurice Lahy)曾经在1908年为巴黎交通协会开发了一种测验工具,用来甄选市内有轨电车司机。这套测验中,他测量了反应时间、估计速度和距离以及在道路出现意外情况时采取正确驾驶行为的能力。

能力测验包括智力测验、机械能力测验、行政能力测验和身体能力测验等多种测验。在心理测量史上,最初人们出于要了解智力的功能和差异的需要,而开发了智力测验。后来,由于智力测验只测量了智力的某一方面,加之人们对智力与环境、遗传之间关系的看法有可能会引起种族矛盾等,因此,现在人们倾向于降低智力测验所测量的智力这个概念的重要性,而将其看作一般的认知能力或学术能力倾向。心理学家的研究表明,不同的工作要求任职者具有不同的认知水平和专长,并进一步发现人的能力在某种程度上是专门化的。在此基础上,人们开发了诸如音乐、绘画、文书、行政、机械等特殊能力倾向测验。后来,又出现了能同时测量多种能力的一般能力倾向成套测验。在这些测验中,除了身体能力测验在工业环境下进行,其他测验都采用标准化的书面答题方式,也就是大家熟知的笔试。而且,通常允许几个求职者同时接受测验。而身体能力测验,就是要测量肌肉力量、心血管耐力和运动协调能力,为此通常需要使用特殊设备。

能力测验不仅可用于甄选,还可以用在职业选择、职业指导等多个方面。如果使用得当,能力测验将是一种有效的甄选方式,而且不会产生歧视后果,并能够大幅削减招聘成本。下面我们将介绍几种主要的能力测验及其对甄选的作用。

(一)智力测验

1. 智力测验概述

智力测验又被称为认知能力测验,所测量的是求职者的各种认知能力,主要反映了一个人处理词语、图形、数字、符号和逻辑顺序的能力。这些认知能力通常由测验的测量因子代表或由测验题目反映。智力测验分数与学业成绩之间存在强相关关系,因此,智力测验所测量的是学习能力。在10岁到90岁的范围,各项分测验的测验结果随年龄的对数呈抛物线变化。一般来说,从10岁到20岁左右,基本认知能力随年龄的增长而提高;从20岁左右到90岁,基本认知能力将随年龄的增长而逐渐下降。尽管智力测验所测量的是学习能力,但是,这并不意味着这种测验只能用于学术选拔,它还可以用于超常儿童的鉴别、人才的选拔等多个方面。

智力测验能够测量几种不同的能力,主要包括语言能力、数学能力、记忆能力和推理能力。由于测量对象不同,智力测验之间的差别很大。不同智力测验测量的能力包括想象、空间感知、语言理解等能力。不能因为它们的名称相同(都叫"智力测验"),而认为它们是可以互换的。智力测验可以有许多计分方法,基本可归为三类:第一类是测量几种不同的能力,然后将所有分数汇总得出总分。理论上,它表示一个人总的智力水平。第二类是针对每种能力计算一个分数,然后将这些分数加总得出综合能力总分。第三类是只计算每种能力的分数,不统计总分。

2. 翁德里克人事测验

翁德里克人事测验(Wonderlic Personnel Test)于1938年被开发出来,至今仍被广泛使用。该测验包括50道多项选择题,要求受试者在12分钟内完成。问题涉及词汇、常识推理、正式演绎、算术推理和运算、类推、知觉技能、空间关系、数列、乱句重排和谚语知识等。例如,与真正的测验题目相似的一个题目是:"以下月份中,哪个月为30天?"该题目的选项可能是:"2月""6月""8月""12月"。统计分析表明,该测验的主要测量因子根据重要性排列,处于前三位的依次是言语理解、演绎和数字运用。

翁德里克人事测验共有6张用多种语言印刷的表,出版者称这些表只在形式上略有差异。他们建议用户交替使用两张表或更多表,以保证题目的安全性。所有表格的测验计分很容易。计分办法是:统计所有50个题项中答对的题数。虽然翁德里克人事测验属于综合智力测验,但是该测验没有把这些分数转化为智商得分。题目按照"很容易"到"相当难"的顺序排列。平均难度为大约60%的受试者能答对所有题目。该测验在长期使用过程中,已经得出了测验的平均得分。出版者根据求职者的受教育程度、申请的职位、所在地区、性别、年龄和种族,提供了各种测验分数分布表,而且还提供了6张测验表的信度。

(二)机械能力测验

机械能力主要指有助于成功操作机器和设备的特征。与认知能力测验一样,不同的机械能力测验所测量的能力存在很大差异,但大体上包括空间想象能力、感知速度和准确性以及操作知识。机械能力测验也可以用来测量一般能力和具体能力。

最早的机械能力测验是约翰·斯滕奎斯特(John Stenquist)于1923年开发的斯滕奎斯特机械装配测验(Stenquist Mechanical Assembly Test)。该测验使用一个长而窄的箱子,里面分出10个隔间,每个隔间放有一件简单的机械设备(例如捕鼠器、按钮),受试者必须将这些设备装配好。为测量这种机械能力,斯滕奎斯特还开发出两种图形测验。斯滕奎斯特指出,机械能力测验通常可以采用两种测验方法:操作表现和书面问题。

早期使用的测验,例如斯滕奎斯特机械装配测验和明尼苏达机械装配测验(Minnesota Mechanical Assembly Test),强调实际装配或操作。但是如果受试者人数很多,那么这种测验机械能力的方法就会在施测与计分环节投入太多的成本和时间。在这种背景下,适用于集体施测的纸笔测验诞生了。这种测验通过图形和语句反映操作工作中出现的问题。后来的30年间,纸笔测验的使用率大大超过了操作测验。

最近的相关研究主要集中于如何更准确地确定被测能力。下面我们将介绍两个最常使用的一般机械能力测验。

1. 贝内特机械理解测验

贝内特机械理解测验(Bennet Mechanical Comprehension Test)共有6张不同的表。每张表有60道题目,各张表的难度不同,从而可以适用于不同情形的求职者。目前仍在使用的是1969年开发的S表和T表,这两张姊妹表分别由68道题目组成,这些题目绝大多数来自过去使用的表,另外补充了11道新题目。

贝内特机械理解测验测量受试者对物理作用力与实际操作之间关系的领悟和理解能力。尽管该测验要求受试者熟悉常见工具和物体,但问题本身只要求受试者有日常工作经验即可,不需要掌握更多的技术知识。它在一定程度上证实了正式的物理知识培训只能有限地提高测验分数这一假定。每道题目都由图和题干两部分组成。例如,一张图上显示两个男子肩挑一个厚木板,上面挂着一个重物,题目是:"哪个人受力更大?"每张图的下方都有一个字母。由于那个物体离其中一个人更近一些,因此,标示出这个离物体更近的人的字母即为正确选项。再如,有两张房间图,其中一张图中,房间里有几件家具,墙上挂着物体;另一张图中,房间里只有少量物体,地上没有地毯。问题是:"哪个房间会出现回音?"根据基本知识和日常经验,通过逻辑分析即可得出该题的答案,即第二个房间会出现回音。

该测验没有时间限制,多数受试者可以在30分钟内完成所有题目。根据答对的题数统计得分。不同表的使用手册给出求职者、在职雇员和学生的百分点分布情况。该测验的信度介于0.80和0.90之间。

2. 麦夸里机械能力测验

麦夸里机械能力测验(MacQuarrie Test for Mechanical Ability)也是一种纸笔测验,与贝内特机械理解测验的不同之处在于,它不是测量受试者是否掌握操作原则或物理知识,而是测量他们的操作能力,包括手指和手的灵巧性、视觉的敏锐性、肌肉控制以及图形之间的空间位置判断。

该测验要求受试者在30分钟内完成所有题目。该测验又分为下列7项子测验：循轨（Tracing）、敲击（Knocking）、打点（Dotting）、临摹（Copying）、定位（Locating）、定块（Blocking）和追视（Pursuing）。其中，循轨测验要求受试者画一条线，穿过所有纵线间的空白；敲击测验要求受试者用铅笔尽可能快地在图中打点；打点测验要求受试者快速地在每个小正方形中打上一个点，这些正方形的排列是无规则的；临摹测验要求受试者临摹一系列简单图案；定位测验要求受试者首先在大比例尺中画上几个点，然后在小比例尺中标出各点的相应位置；定块测验要求受试者回答在一堆木块中，某个木块与多少木块有接触，这要求受试者具有一定的空间想象能力；追视测验要求受试者用眼跟随某一条线的移动方向。

（三）行政能力测验

传统上，行政工作包括校对或抄写句子和数字，移动或放置办公设备、文件与报告。于是，行政能力测验主要用于测量处理语言和数字材料时的感知速度及准确性。因此，这种测验有助于甄选文字处理人员和相关的信息系统专家。

出现于1933年的明尼苏达文书测验（Minnesota Clerical Test），通常被认为是行政能力测验的范例。现在使用的许多行政能力测验都是在明尼苏达文书测验的基础上开发出来的。该测验非常简短，容易施测和计分。它是一张由数字核查和文字校对两个部分组成的表，这两个部分分别计时和计分。每个部分包括200道题目，每道题目由一对名字或数字组成。受试者比较后如果认为这两个名字或数字是一致的，就在这两个名字或数字之间的横线上打"×"。需核查的数字从3位数到12位数不等，需校对的名字从7个字母到16个字母不等。数字核查部分和文字校对部分的答题时间分别为8分钟和7分钟。计分办法是将答对的题数减去答错的题数，这样可以获得数字核查和文字校对部分的得分，以及测验总分。

虽然数字核查和文字校对部分之间有联系，但是这两个部分分别测量不同的能力。文字校对部分考察受试者的阅读速度、拼写和智力；而数字核查部分考察受试者的数字检验能力。数字核查和文字校对部分的得分，与受教育程度或行政职位经历之间的相关程度很低。明尼苏达文书测验的复本信度和重测信度分别为0.90和0.85。

（四）身体能力测验

身体能力测验用来甄选体力劳动职位和需要高强度体力的职位的求职者。多数身体能力测验用来测量力量、吸氧能力和协调能力。

埃德温·弗莱希曼（Edwin Fleishman）指出，下列九种身体能力被广泛用于甄选从事需要高强度体力工作的求职者。

(1) 静止力量：对外部物体施加的最大力量的承受力，通过举重测验。

(2) 动态力量：连续对外部物体施力的肌肉耐力，通过引体向上测验。

(3) 爆发力：肌肉有效爆发力量的能力，通过快速跑或跳远测验。

(4) 躯体力量：躯体肌肉的局部动态力量，通过抬腿或仰卧起坐测验。

(5) 柔韧性:弯曲或伸展躯体和背部肌肉的能力,通过转体接触测验。
(6) 动态柔韧性:连续、快速弯曲躯体的能力,通过连续、快速俯身触地测验。
(7) 身体总体协调性:在运动过程中协调各部分身体运动的能力,通过跳绳测验。
(8) 身体总体平衡性:通过非视觉途径保持平衡的能力,通过横杆行走测验。
(9) 耐力:保持心血管发挥最大功能的能力,通过跑步测验。

乔伊斯·霍根(Joyce Hogan)综合了基于工作分析得出的身体要求的数据研究和基于身体能力测验获得的数据研究,总结出身体能力包括三个组成部分,如表5-8所示。她认为,通过考察这三部分身体能力,可以开发一个综合的身体能力模型。

霍根对几套数据进行因子分析后发现,身体能力可以通过肌肉力量、心血管耐力和运动质量这三个因子反映。其中,肌肉力量就是通过肌肉收缩施力或抗力的能力,它包括三个指标:肌肉张力、肌肉爆发力和肌肉耐力。心血管耐力,即在较长时间内保持总体肌肉活动(而不是局部肌肉活动)的能力。这是一种吸氧能力,反映大肌肉的整体配合性。运动质量,即有助于熟练操作的特征,包括柔韧性、平衡性和神经肌肉配合三个指标。

表5-8 身体能力的组成部分

组成部分	指标	工作活动或实例	测验实例
肌肉力量	肌肉张力	推、拉、举、放低或支撑一个重物	握手力量,测力计(以磅或千克计分)
	肌肉爆发力	手工工具的使用,利用升降索使梯子的一部分上移	实心球投掷,测力计(以磅计分)
	肌肉耐力	重复使用工具,把材料放到货盘上	俯卧撑,手臂测力计(以重复次数计分)
心血管耐力	无	搜索和救援,爬楼梯(穿戴防护设备)	限时、长距离加速跑(以所需时间计分)
运动质量	柔韧性	采矿,安装电梯	俯身触地,转体接触(以肢体位移和重复次数计分)
	平衡性	爬杆,登梯,高处施工	横杆静止平衡(以时间或距离计分)
	神经肌肉配合	投篮,躲避突然向自己飞来的物体	明尼苏达操作等级测试(以花费时间或目标误差计分)

资料来源:HOGAN J C. Physical abilities [M]//DUNNETTE M D, HOUGH L M. Handbook of industrial and organizational psychology. 2ed. Volume 2. Palo Alto, CA:Consulting Psychologists Press, 1991.

(五)一般能力倾向成套测验

一般能力倾向成套测验(General Aptitude Test Battery,GATB)最早产生于美国,由美国劳工部就业保险局自1934年花了10年时间编制而成。他们在工作分析的基础上发现,所有的职业可以分为20个职业能力模式,并从中选出10种不可缺少的能力倾向,然后借助因素分析最终确定了10种与职业密切相关的有代表性的能力因素;在此基础上开发了

15种测验,分别测量这10种能力因素,其中包括11种笔试测验和4种操作测验。该测验不仅在美国经过多次修订,而且被包括中国在内的许多国家引进修订。目前,这种能力测验包括15个分测验,其中有11个笔试测验和4个操作测验,评定9种不同的能力,包括智力、言语能力、数理能力、书写知觉、空间判断能力、形状知觉、运动协调、手指灵巧度和手腕灵巧度等。由于该测验测量的是各种职业通用的、基本的必备能力,因此除了用于甄选,还可用于探索个人职业适应范围,进而为其希望选择的职业提供参考等。

四、个性评估

(一)个性评估与甄选

个性评估也被称为人格测验。对甄选而言,简单地对求职者使用个性测验工具并将测验分数与工作绩效挂钩毫无意义。只有当个性数据是经恰当方式获得并能够正确使用时,才能为甄选决策提供有效的信息。目前,越来越多的组织开始在甄选中使用个性评估。下面我们将具体介绍个性的含义及其与甄选的关系。

1. 个性与个性特质

对个性的正式定义通常是这样的:个性是界定一个人并确定它与环境互动模式的各种特征的独特组合。这里的特征是指一个人特有的思想、情感和行为,而环境则是指与人相关的元素和与人无关的元素,其中与人无关的元素包括组织要求、工作条件、物质环境等。

在甄选中使用个性数据,必须根据特质对每个人进行标记、分类和测量。特质(Trait)是测量个人特征数量差异的连续维度。合群性、独立性和成就需要都可以作为特质,个人在这些特质方面表现出很大的差异。特质这个概念用来解释人们在相同情境下的不同反应。比如,有些人喜欢常规的装配线工作,而另一些人则对这种工作感到不适,这就是合群性这个特质的不同表现。另外,特质还可以用来解释个人在各种情境下的行为一致性。例如进取心强的公司员工,在与同学或其他群体的互动中通常也会表现出相似的进取行为。

2. 个性特质与甄选

在甄选中使用个性数据要求甄选决策者首先确定工作任务,然后甄别与这些任务有关的特质。表5-9提供了一些根据这些步骤得出的用于甄选的个性特质。

表5-9 几种职位对应的个性特质

职位	个性特质
高级经理	合作能力
领班	援助,培育,忍耐力
工程师	容忍,独立,精干
售货员	秩序,友好,周到
秘书	情绪稳定性

(续表)

职位	个性特质
电工	严谨,秩序
计算机编程员	独创性思想
保险代理人	独创性思想,人际关系
报纸撰稿者	支配欲

资料来源:盖特伍德,菲尔德.人力资源甄选[M].5版.薛在兴,等译.北京:清华大学出版社,2005.

研究表明,特质与情境这两者中的任何一方都不能成为行为的决定因素,而是两者的相互作用影响着人们的行为。因此,特质对行为的影响方式取决于具体的情境。为此,一些研究将情境分为强情境和弱情境。强情境是指在该情境下,人们能够以一致的方式对特定事件做出解释,人们对最适当的行为(Most Appropriate Behavior)形成统一预期,积极促使人们采取这种最适当的行为,要求每个人都掌握大致相同的技能。弱情境则相反,它是指在该情境下,人们不能以一致的方式对特定事件做出解释,人们对最适当的行为没有形成统一预期,没有提供足够的激励促使人们采取一致的最适当行为,多种技能都可以产生可接受的行为。一些销售情境就属于弱情境,因为无论是对顾客的预期和了解,还是产品或服务的特征都存在差异。在强情境下,人们的行为主要由情境而不是个人特质决定;而在弱情境下,人们的行为主要由个人特质决定。

对于甄选而言,这些概念的意义在于:第一,如果欲甄选的职位属于弱情境,使用个性评估是恰当的;如果属于强情境,那么个性评估就不能发挥重要作用。第二,告诉我们应该使用什么工具对个性进行评估。在强情境下获得的个性数据不能准确提供求职者的个性信息。因此,如果不能恰当地利用个性评估(比如,没有考虑到情境因素)就无法做出正确的甄选决策。下面我们将介绍几种最常使用的个性评估方法。

(二) 个性评估方法

1. 自陈量表

量表法是指根据书面回答判断一个人的个性。不同的量表测量的个性特质不同,一些量表用来测量正常的个性特质,另一些量表则用来测量反常的个性特质;一些量表用来测量几个个性维度,而另一些量表则只用来测量一个个性维度。自陈量表(Self-report Inventory)是量表法的一种,又被称为自陈问卷(Self-report Questionnaire),它采用标准化测验的形式,通常包括一系列多项选择题,要求答题者根据自身情况选出能够反映他的思想、情感和过去经历的答案。通常,题项是一个陈述句,例如"我是快乐的""我喜欢参加小型聚会"或"我认为努力工作的人会有好结果"等;提供的选项只有三个:"同意""不同意"和"无法确定"。这些问卷假定,答题者的回答能够真实反映实际情况,而且答题者知道自己的思想和情感并且愿意坦率地告诉测验者。这种问卷的种类繁多,下面只介绍其中的三种。

（1）卡特尔16种人格因素问卷（Cattell Sixteen Personality Factor Questionnaire，简称16PF）。

卡特尔16种人格因素问卷是由美国伊利诺伊大学人格及能力测验研究所雷蒙德·卡特尔（Raymond Cattell）教授编制的。问卷由187道题目组成，共分为16个分量表，分别用来测量16种人格因素，它们是：A. 乐群性；B. 聪慧性；C. 稳定性；E. 恃强性；F. 兴奋性；G. 有恒性；H. 敢为性；I. 敏感性；L. 怀疑性；M. 幻想性；N. 世故性；O. 忧虑性；Q1. 实验性；Q2. 独立性；Q3. 自律性；Q4. 紧张性。这16种人格因素各自独立，每一种因素与其他因素的相关性极低。对某一种因素的测量能揭示受试者相应那一方面的人格特征。整个问卷做下来，能对受试者的16种人格因素有一个综合了解，从而可以全面地评价受试者的个性。

16PF不仅能明确描绘出一个人的16种个性特质，还可以推算出许多描绘个性的双重因素。16PF在国际上颇有影响，具有较高的效度和信度，被广泛应用于人格测评、人才选拔、心理咨询和职业咨询等工作领域。

（2）个性特征量表（Personality Characteristics Inventory，PCI）。

默里·巴里克（Murray Barrick）与迈克尔·芒特（Michael Mount）开发的个性特征量表包括200道多项选择题，这些题目源自几项关于自陈量表的实证研究。每道题有三个选项："同意""无法确定"和"不同意"。通常要求答题者在45分钟内完成测验。表5-10列出了该量表测量的五个个性维度及其对应的典型题项。每个维度包括更具体的相关特质。这些特质具有两极：位于两端的分值代表相反的行为。

表5-10 个性特征量表的五个个性维度及其对应的典型题项

个性维度	典型题项
外向性（Extroversion）	我愿意说出我正在思考的事情
适意性（Agreeableness）	我愿意相信别人
责任感（Conscientiousness）	我通常稳步、不间断地完成自己的工作
情绪稳定性（Emotional Stability）	当我独自一人时，我感到易受攻击
开放性（Openness to Experience）	我喜欢到自己不了解的新餐馆用餐

第一个维度是外向性。从正向看，该维度包括以下特质：好交际的、果断的、健谈的、主动的。一些个性专家认为这个维度包括两个基本组成部分：进取精神和合群性。第二个维度是适意性。从正向看，该维度包括以下特质：有礼貌的、灵活的、信任他人的、脾气好的、合作的、心胸宽广的、好心肠的、容忍的。第三个维度是责任感。从正向看，该维度包括以下特质：认真负责的、有条理的、可靠的、有计划的、有始有终的、有毅力的。第四个维度是情绪稳定性。从负向看，该维度包括以下特质：易激动的、紧张的、没有安全感的、不安的、易兴奋的、担忧的、易心烦意乱的。第五个维度是开放性。从正向看，该维度包括

以下特质：富有想象力的、有教养的、好奇的、聪慧的、富有艺术敏感性的、富有创新精神的、容得下不同意见的。

（3）明尼苏达多相人格测验（Minnesota Multiphasic Personality Inventory，MMPI）。

明尼苏达多相人格测验是20世纪40年代美国明尼苏达大学教授斯塔克·哈瑟韦（Starke Hathaway）和约翰·麦金利（John McKinley）采用经验效标法编制的，分为13个量表，其中包括10个临床量表和3个效度量表。MMPI原本是为了诊断精神障碍而编制的，现在已广泛应用于心理学、人类学、医学、社会学等研究和实践领域。

需要注意的是，个性测量量表的信度往往受到地域、文化、专业等因素的影响。因此，使用个性测量量表时往往需要进行本土化修订。目前，专门针对中国员工的个性测量量表的开发研究还非常少，种类不够齐全，因此需要研究者们对此进行更多、更深入的研究。

2. 投射测验

投射技术（Projective Technique）一词由劳伦斯·弗兰克（Lawrence Frank）于1939年首先明确提出。投射测验（Projective Test）要求受试者对一些模棱两可、模糊不清的刺激做出描述或反应，通过对这些反应的分析来推断受试者的内在心理特点。与自陈量表的不同之处在于，投射测验是非结构化的，它有意使题项存在多种答案，而不是像自陈量表那样采用结构化的题项形式。例如，向答题者展示一系列墨迹或图片，然后要求他就每个墨迹或每幅图片说一段故事。通常，答题说明非常简短，而且很不明确。另一种常用的形式是：给出几个句子的词干，例如"我的父亲……"或"我最喜欢的……"，然后要求答题者完成句子。无论采取哪种形式，投射测验都鼓励答题者说出自己的真实想法。投射测验属于"弱测验情境"，因为它允许答题者串联经历、构建传记，具有较少结构和文化形式。因此，人们的回答差别主要通过他们的个性差异来解释。之所以称作"投射"，是因为题项存在多种回答可能，要求答题者把他的解释投射其中。这些解释是其个性的延伸。投射测验的一个显著优点，是答题者不知道所提供信息的可能解释，从而有助于让他表达自己的真实想法。

（1）罗夏墨迹测验（Rorschach Inkblot Test，RIT）。

最有影响力的投射测验是罗夏墨迹测验，由瑞士精神病学家赫尔曼·罗夏（Hermann Rorschach）于1921年提出。它是通过观察对标准化的刺激场合的反应，来预测或推断受试者在其他场合的行为模式。罗夏墨迹测验所用的用具是印刷好的10张墨迹图、记录用纸和计时表，以墨迹偶然形成的模样为刺激图版，让受试者自由地看并说出脑中浮想，然后将这种反应用符号进行分类（称作"记号化"），再加以分析、捕捉人格的各种特征，进而做出诊断。施测在宽松、自由的气氛及安静、采光很好的房间中进行，测试的时间为45~55分钟。主试者把一张张编有一定顺序的卡片递给受试者，受试者两手拿着卡片观看，也可以自由地转动卡片，从不同的角度观看。整个过程先后分为提示、自由联想、质疑三个阶段。接下来对受试者的反应进行分类：① 受试领域。比如，是对图形做整体反应还是做部分反应，是对其中某处做特殊反应还是对空白部分做反应。② 决定反应的因素。比如,决定反应的知觉因素是形态还是运动,是彩色还是黑白,是浓还是淡,等等。③ 内容。比如,反应内容是人、动物,还是解剖特征等其他内容。④ 一般反应和独特反应。比如,与大家反应是一致的还是与众不同的。最后按正确性、明细度、组织化进行整理。二十世纪七八十年代,小约翰·埃克斯纳(John Exner, Jr.)成立的罗夏基金会(后改为罗夏工作组)对罗夏墨迹测验做了进一步的研究,并于1974年创立了罗夏综合系统,使罗夏墨迹测验发展为一个标准化的心理测验系统。

在众多投射测验中,罗夏墨迹测验有其独特的价值。首先,它是一种非文字性的测验,对它的反应基本不受文化的影响,因此在测量人格方面是超文化的(Culture Free)和文化独立的,来自不同文化的个体可直接相互比较,在跨文化比较研究中有独特的价值。此外,由于刺激物的特征对反应有相当大的规定性,因此测验具有相当程度的结构性,也具有客观性,在一定程度上可以成为一个客观化的人格测验。

(2) 主题统觉测验(Thematic Apperception Test,TAT)。

主题统觉测验是另一种常见的投射技术。与罗夏墨迹测验要求从图片中识别出物体(让受试者说出图形可能是什么)不同的是,主题统觉测验要求受试者脱离图形编造故事和产生联想。在主题统觉测验中,答题者必须就19张卡片说19个故事,每张卡片中有一个人或多个人,对于卡片情境存在多种解释。通常,还用一种空白卡片作为第20张卡片。主题统觉测验假定答题者针对卡片叙述的故事内容,能够揭示无意识的愿望、内心癖好、态度和冲突。该测验采用单独施测方式,分为两部分,每部分的答题时间为1小时。可以采用多种方式对主题统觉测验进行计分,但这些计分方式都非常复杂。其中,最流行的是亨利·默里(Henry Murray)计分法。该方法通过分析故事的以下方面进行计分:主人公(故事的主角),主人公的需要(例如成就需要、秩序需要、侵犯需要等),主人公承受的压力以及主题(需要、压力和解决冲突之间的相互作用)。

3. 作业测验

作业测验,顾名思义,是通过让受试者进行一定的作业来进行的。在各种作业人格测验中,最为广泛使用的就是内田-克雷佩林心理测验(Uchida-Kraepelin Psychological Test)。它仅要求受试者做一位数的连续加法计算,然后通过对作业曲线的分析,就能得到受试者各种心理特点的大量信息,从而对受试者的性格、气质乃至智力做出全面的诊断,并且很少受国别、种族和文化背景的影响。

内田-克雷佩林心理测验的样卷是由许多随机数字组成的,受试者根据指令从第一行开始,把第一个数字与第二个数字相加,把第二个数字与第三个数字相加……所得之和的个位数写在两个数的中间。测试时,受试者按照主试者发出的换行指令,每分钟做一行,连续做15分钟后,休息5分钟,然后从第二部分的第一行开始再连续做15分钟。受试者进行上述作业后,所得的结果因人而异、千差万别、非常复杂。测验结果的整理和判定方法如下:首先,用红色笔将受试者每一行所写的最后一个数字用直线依次连接起来,休息前的最后一行与休息后的第一行不要连接,于是就形成了两条曲线,被称为作业曲线。其次,检查答案的正误及漏字并计算平均作业量,划分作业量等级。最后,根据作业量等级和曲线形态特征判定曲线类型,通过分析作业曲线得到受试者各种心理特点的大量信息,从而对受试者的性格、气质、智力等进行诊断。

4. 面试者主观判断

我们在前面介绍的面试用来预测求职者的生产率,而现在介绍的面试是用来评估求职者的个性特征,确定求职者是否具有特定公司所需的个性类型、是否能够与他人共事。在此,我们将面试归为个性评估的一种手段。

常用的面试问题与投射测验相似,都是非常开放的非结构化问题,因此都存在多种答案。例如,"你有哪些优点?""在你成长过程中,你的家庭生活是怎样的?"……由于这些问题的答案没有明显对错之分,从理论上说,受试者的回答源自他的个性,并且能够作为个性测量的准确指标。但是,以下三点却限制了面试作为个性评估手段的有用性:① 与投射测验一样,为了开发关键计分问题,没有对答案进行系统分析;相反,每个面试者都有一套自己的计分办法。② 市场上的面试培训机构、公司、大学和社会服务机构等向各类人士提供了面试培训,很多书籍、报刊等也为人们提供了各种面试建议。如果受试者根据这些培训计划学到的信息来回答面试者提出的问题,那么他们的回答就不再由其个性决定,而只是反映面试培训课程的内容。③ 就这类问题而言,很难收集其他信息来证实或反驳受试者的陈述。

另外,研究发现,以下因素会大大提高做出不正确个性评估的可能性,例如面试者对求职者的行为进行因果归因时,过度强调个性特质;人们通常根据少量的行为迹象来推导特质与动机;面试者通常凭借几个主要特质形成对他人的印象等。因此,不应该通过面试全面测量求职者的个性,而应该将测量范围限制在社会交往方式以及通过工作分析确定的工作方式(例如,注意细节、实现难度较高的目标等)。这样能够限制受试者的个性特质数目,并对它们进行认真甄别。

5. 行为评估

行为观察技术,即行为评估,是指通过经过培训的人力资源人员对别人的行为进行评估,以此来预测这个人的个性特质。在人力资源甄选中,行为评估是指情境测验、工作样本评估或工作模拟,它不仅可以评估个性特质,还可以评估与工作相关的知识、技术和能力。

收集行为数据的基本方法主要有以下几种:一是人力资源专家设计出与重要的工作情境类似的结构化情境。这些情境要求几个求职者进行互动。由经过培训的公司员工观察、记录、解释这组求职者的行为,并根据获得的数据评估他们的个性特质。无领导小组讨论就是这样一种方法。二是安排组织成员到其他公司工作,然后由这些雇员的主管记录与工作活动有关的行为,并做出解释。三是采用关键事件法,即主管系统地记录非常好或非常差的工作绩效的实例或特定个性特质(例如说服力)的行为实例。为此,主管必须详细描述发生的事件,包括行为和条件,通过这些事件建立对个人的印象。另外,在行为评估过程中也可以采用评定量表,常用的人格评定量表有威尼兰社会成熟量表(Vineland Social Maturity Scale)、汉密尔顿焦虑量表(Hamilton Anxiety Scale)等。

6. 计算机辅助心理测量

计算机辅助心理测量是通过计算机对人的心理状态进行多维度、多层次的分析和描述,其内容包括人的态度、情绪、思维、行为、健康、道德观和价值观等许多方面。例如,有"心理CT"之称的计算机多相个性测量诊断系统,就可用于测量心理健康状况,发现心理上的各种异常现象,同时具有测谎功能。利用"心理CT",被测者只要回答几百个简单的问题,该系统就可以扫描输入信息,经过分析处理后,为被测者生成内容详细的心理报告,其中包括心理量表计分、心理症状和临床诊断的提示,并可以进行一定程度的预测。目前,专门用于甄选的计算机辅助心理测量系统尚未广泛应用,但是由"心理CT"进行的个性测量诊断所得到的结果,对职业选择、甄选等都有较大的参考意义。

五、绩效测验与评价中心

(一)绩效测验概述

绩效测验(Performance Test)又被称为工作样本测验(Work Sample Test),是通过模拟真实工作情境对求职者进行评估的一种方式,它建立在假设甄选计划具有"行为一致性"特征的基础上。绩效测验要求求职者在结构化的测验条件下,以行为或口头方式完成某种工作活动。例如,要求求职者编写一段简单程序,解决一个具体问题。在实际操作中,绩效测验被广泛使用,特别是行政职位和熟练体力劳动职位的甄选。现在,绩效测验也采用评价中心(Assessment Center)的形式对管理人员和专业人员进行甄选。

(二)绩效测验实例

绩效测验模拟重要的工作活动,它可分为运动和言语两类。运动(行为)是指通过身体活动操控某些物体,例如开机器、安装设备或制造产品。言语是指测验情境主要涉及语言或面向个人,例如审问模拟、校订手稿中的语法错误或演示如何培训下属。表5-11列出了各种绩效测验实例及其适用的职位。从表中可以看出,一个职位对应多种测验。

表5-11 甄选中使用的绩效测验实例

	测验	职位
运动类	操作机床 操作钻床 灵巧使用工具 螺纹孔测量 打包	机床工人
	速记 打字	行政人员

(续表)

	测验	职位
	图纸阅读 工具识别 安装皮带 修理齿轮箱 修理机械器具 汽车修理	机械工
	检查复杂电路中存在的故障 检查毁损的电子元件 电学测试	电子技术人员
言语类	报告问题处理建议 开展小企业生产竞赛 判断和决策测验 主管对培训、安全、绩效的评价	经理或主管
	处理数据和假设检验 描述实验 数学公式表达和科学判断	工程师或科学家
	口头调查 客户联系的角色扮演 撰写商务信函 给予口头指导	客户服务代表

传统上，运动类绩效测验主要用于甄选熟练工人、技术人员和行政人员，因为这些职位需要使用大量设备和工具。但是，由于这些职位通常使用多种设备，因而需要采用多种绩效测验，每种测验模拟几个具体的工作任务。对于机械工、电工和机床工人等需要熟练技能的职位，甄选时同时采用几种绩效测验是很正常的。

言语类绩效测验通常用于甄选经理、人员配置专家、工程师、科学家以及其他类似的专业人员。这类职位要求使用口头或书面语言，或者涉及人际交往。于是，言语类绩效测验的内容必须包含上述方面。从表5-11中可以看出，言语类绩效测验与运动类测验一样，具有多样性。

除了运动类和言语类绩效测验，还有一种绩效测验类别是可培训性测验。这类测验最常用于甄选以下两种职位：一是当前不存在但在近期可能出现的职位，于是需要大量培训；二是已经存在的职位，但由于专业化或技术性程度高，求职者可能不具备完成能力测验或绩效测验所需的知识或技能。美国电话电报公司（AT&T Inc.）开发的可培训性测验通过微型课程（Minicourse）为求职者创造了一种模拟真实培训的测验情境，由此可以评估求职者学习关键资料和完成大量必需的培训的能力，目的在于获得满意的培训绩效。该测验首先要求求职者完成一次标准化的程序式培训样本，即微型课程。微型课程的长度从2小时至3天不等,但多数不超过6小时。完成微型课程后,求职者被安排参加一次测验,检测他的学习效果。如果求职者达到及格分,则表明他可以参加培训。只有当他成功完成培训后,才会被正式录用。

(三)开发绩效测验

虽然绩效测验因职位和情境不同而具有显著差异,但开发步骤是相似的,具体如下:

1. 选择效标,确定需要测验的重要工作任务

根据频率、重要性、所需时间、难度和/或结果误差,对工作任务进行评估。该评估结果对于确定绩效测验的内容非常重要。绩效测验应该选择对工作绩效具有重大影响的任务作为测验内容。通常,这种信息是通过工作评价获得的。另外,还必须特别注意季节性任务或非重复性任务,这类任务如果完成不当,将会产生严重后果,从这个意义上说,这些任务非常关键。盖特伍德建议,应该安排几个人同时进行工作评价。

2. 开发测验程序

确定了需要测验的重要工作任务后,下一步是评估求职者是否能够完成这些任务。多数绩效测验假定,求职者能够完成任务。具有独特性、只有熟练工人才能完成的工作任务需要在测验情境下进行调整。一种调整办法是在测验前告诉求职者操作设备的方法、使用的特殊材料的性质或与公司政策相关的背景知识。显然,只有当从事工作任务所需的信息相对简单并容易掌握时,这种调整才是可行的。如果这些预备知识很复杂或难度较大,则被调整的绩效测验应该测量求职者是否有能力开发从事这些任务所需的技能。这时,可以采用前面讨论的可培训性测验。

(1)选择任务。虽然已经确定了最重要的工作任务,但仍需要对其进一步分析,以便有效地利用测验时间。这种分析需要考虑以下几个方面的内容:① 完成任务的全部时间必须合理。测验任务所需的完成时间越长,测验成本越高。② 多数求职者都会做或只有少数求职者会做的任务,对于区分优秀求职者和不合适的求职者没有任何帮助。③ 如果两个任务都可用于绩效测验,通常选取使用较少材料、设备或设施的任务。④ 应该根据计分对象的性质对任务进行评估。如果其他条件相同,应该在测验中选取具有以下特征的任务:使用标准化操作或产品,使用容易界定的言语,互动性强。因为开发这类任务以及在测验时对其计分都相对容易,而且成本较低。

(2)确定测验程序。测验条件必须标准化,即必须确保对所有求职者使用同一测验内容,采用相同的方式对他们的测验结果进行计分。

(3)建立独立的测验模块。测验模块之间要保持独立性。在其他条件相同的情况下,最好避免两个测验模块之间具有关联性。如果绩效测验的内容是一个工作过程的一系列步骤,那么这种测验往往缺乏独立性。为避免这个问题,一些测验为工作过程的每个阶段都提供一套适用的新材料。

(4)排除干扰因素。进行绩效测验时,还必须确保对工作绩效具有较小影响的仪器、术语或其他测验元素不会干扰求职者的测验结果。

(5)确定重复测验的数目。确定求职者在绩效测验中完成工作活动的次数,是因为需要权衡让求职者多次演示任务所需的时间和成本,以及信度系数的增加值。总体原则是:在成本允许的条件下,安排求职者重复演示任务。

3. 对测验结果计分

考虑到计分者的工作难度,必须明确规定绩效测验的计分效标。通常,计分者根据多个因子来判断求职者的任务完成情况是否符合要求,并对照组织定义的满意标准对求职者的任务完成情况打分。

4. 培训评估者

培训评估者如何评估过程效标时,可以让他们观看一段求职者行为的录像。不论培训是采用录像还是现场演示的方式,都要求评估者解释并描述恰当的工作过程行为,包括行为顺序。培训的重点应放在演示恰当和不恰当的行为上。这里,录像法具有优势,因为它可被反复使用,可在关键动作处暂停,还可以回放。另外,开发计分系统时必须使绩效测验信度最大化,为此也需要对评估者进行相关培训。

(四)评价中心

1. 评价中心的定义

评价中心通过多种方式对行为进行标准化评估。它采用多种评估技术,使用多名受过培训的观察员。有些行为还通过专门开发的模拟情境进行评估。评估者在评价会上汇报评估结果,并进行讨论,最终得出指标评估和整体评估结果。

简单地说,评价中心采取小组形式(通常12～24人为一组),通过一系列工具,主要是言语类绩效测验,测量求职者的知识、技术和能力。这些知识、技术和能力体现为绩效测验中表现的行为。评价中心使用的测评工具,通常被称为"练习"(Exercise)。通过这些练习,受试者可以演示需被评估的行为,而评价者则在观察和记录行为方面都要接受特殊训练。评价者开会讨论每个受试者的行为或彼此分享信息时,将用到记录的行为信息。评价中心作为人才测评的一种高端技术,一般适用于管理人员尤其是高级管理人员的选拔。

评价中心使用多种测评技术对人才进行甄选,其中以行为观察为主、以心理测验为辅。行为观察主要包括公文筐测验、无领导小组讨论、管理游戏、角色扮演等情景模拟测试。心理测验通常采用智力、能力和个性测验。评价中心由于综合使用多种测评技术,得以考察个人各方面的能力与品质。这里需要注意的是,评价中心采用多种测评技术甄选人才,并非不分测评目的、测评指标,机械地套用某一测评模式,而是有针对性、有选择性、灵活地使用各种测评技术。例如,360度评估方法较适用于能力发展和培训的测评项目,而不太适用于绩效考核、晋升选拔等测评项目;考察受试者的分析思维能力时,最适合采用案例分析的方法,而考察团队领导能力则最适合采用无领导小组讨论的方法。

2. 评价中心的测量维度

使用评价中心工具的第一步是进行工作分析,确定重要的工作活动簇(Clusters of Job Activities)。每个工作活动簇应是具体的、可观察的,由几个具有逻辑关系的工作任务组成。这些工作活动簇需要通过评价中心工具进行测量,故称为"测量维度"。表5-12列出了评价中心常用的9个行为测量维度及其简要定义,总结了每个维度所包含的工作活动。

需要注意的是,实际使用时,这些维度都需要详细界定。每个维度界定的行为是使用评价中心工具的依据。这样就可以理解为什么评价中心的测评方法是以绩效测验为主了,因为绩效测验这种测评工具容易把工作活动转化为测验内容。

表 5-12　评价中心常用的行为测量维度

测量维度	定义
口头沟通	在面对个人或群体的情境下有效地表达自己的观点(包括使用手势等非语言沟通方式)
计划和组织	为自己或他人完成一个具体目标制定一条行动路线;恰当地规划人事安排和资源分配
授权	合理地使用下属;给下属分配适当的决策权和其他责任
控制	建立程序,监督或管理下属的工作进程、工作任务、工作活动和责任;采取行动,监督受托任务或项目的完成情况
果断性	迅速做出决策、判断、行动或表态的反应
主动性	为了实现目标积极参与活动;采取主动行动而不是被动接受;以自己的行动方式实现目标,而不是被别人牵着鼻子走
容忍压力	在压力或反对情境下,保持稳定的绩效
适应性	在不同环境(不同任务、责任或人员)下,保持有效性
坚韧	坚守一个职位或坚持一个行动计划,直到目标实现或目标不可能实现

资料来源:GEORGE C. THORNTON Ⅲ,DEBORAH E. RUPP. Assessment centers in human resource management [M]. Routledge,2005.

3. 评价中心的参与者

(1) 主考(Assessor):是对评价中心流程中的员工或工作候选人的工作行为进行观察、记录、分类、评分的工作人员。

(2) 应聘者(Job Candidate):是经过前期筛选(心理测试、面试等),能够进入评价中心接受进一步评估的外部应聘者或内部员工。

(3) 角色扮演者(Role-player):是在评价中心所设计的活动中与应聘者共同进行活动的工作人员,他们一般按照预先设计好的模式引导应聘者尽量多地表现出各种工作行为,以利于主考更好地观察和评分。

(4) 督导(Director):是监督、指导以保证评价中心流程顺利进行的工作人员。

(5) 评估报告撰写人(Reporter):是对评价中心最终的评估结果进行系统的总结和归纳的工作人员。

4. 评价中心使用的评价工具

评价中心由于使用绩效测验而与其他甄选方法相区别。下面是几种最常用的绩效测验工具:

(1) 公文筐测验。

公文筐测验采用纸笔测验模拟现实管理任务。该测验的名称源于经理办公桌上收发备忘录的公文筐。测验所使用的公文筐备忘录应该通过工作分析获得,使之能够代表实际的管理任务。公文筐测验要求受试者坐在一张摆放着公文筐备忘录的办公桌旁,在2~3小时内独立完成测验。通常,评价者不需要在测验之前提供测验说明,在测验过程中,受试者和评价者之间也没有互动。

公文筐测验使用引导性文件描述假设的情境。这些文件的主题可能包括下列情境:该职位前任职员辞职、受伤、休假或死亡,受试者必须同时处理许多备忘录。受试者还被告知,他过去设定的计划不能更改,但现在必须暂时离开公司几天。于是,受试者在离开公司前,必须事先指出针对备忘录中提出的问题应该采取哪些行动,然后以书面备忘录形式放在发送筐(Out-basket)中。受试者不得与其他办公人员联系。除备忘录外,受试者还可通过组织结构图、组织使命以及公司政策了解由他负责管理的单位的基本信息。

备忘录的纸型、大小都不尽相同,既有打字机输入的,也有手写的,这样做的目的是增加真实感。受试者阅读这些备忘录后,指出应该采取哪些行动,涉及哪些人员。每个受试者必须在规定时间内完成测验。当受试者完成公文筐测验后,评价中心的工作人员将对他进行面试,要求他说明处理备忘录的宗旨或哲学,以及针对每个具体管理问题给出建议时所使用的依据。

评价中心的工作人员根据受试者提供的书面材料和口头信息评估下列行为测量维度:决策、计划和组织、授权、果断性、独立性和主动性。

(2)无领导小组讨论。

公文筐测验和无领导小组讨论是评价中心最常使用的两种绩效测验。无领导小组讨论指通过集体解决问题方式测量行为特征。每次无领导小组讨论有6人参加,他们坐在一张摆放在房间中央的会议圆桌旁,评价者则靠墙坐在他们外侧,观察并记录他们的行为。这6个讨论者是平等的,没有正式领导或团队管理者,他们共同面对一个管理问题。解决这个问题,需要6个受试者相互合作或彼此竞争。组织必须在招聘时声明,这个管理问题要求相互合作。需要竞争的管理问题通常涉及组织资源问题(如加薪或购置新设备所需资金、一次性资本投资基金等),由于资源有限,无法满足所有受试者的要求。不论问题是要求受试者相互合作还是彼此竞争,讨论组成员都将获得一份问题描述以及与之相关的证明材料。然后,讨论组必须提供一份书面报告,指出组织应该采取什么行动。通常情况下,讨论时间不超过一个半小时或两个小时。

除了根据合作还是竞争划分问题,还可以根据确定角色划分。确定角色(Defined Roles)是指每个受试者被告知其他成员不知道的信息,这些信息包括他在公司的职位及其所代表的部门。必要时,受试者通过这些信息影响团队的行动。如果受试者未被告知这些信息,就是未定角色(Unassigned Roles)。确定角色通常用于需要竞争的管理问题。这时,每个受试者根据他所掌握的信息,证明应该将稀缺资源分配给其所在部门。

无领导小组讨论通常被用于评估下列行为测量维度:口头和书面沟通、容忍压力、适应性、恢复力、精力、领导力和说服力。

(3)案例分析。

案例分析是指为每个受试者提供一个组织问题的详细描述,具体问题则根据评价中心甄选职位的不同而不同。对于高层管理职位,案例通常描述公司的某些历史事件,并附有财务数据、营销战略和组织结构,有时还包括新产品的行业数据、消费者动向和技术。案例包括一个管理困境,需要由受试者解决,即要求他们提出具体建议,提供支持性数据,详述公司战略的演变。

对于中层管理职位,主要问题通常是作业计划或作业系统(例如,管理信息系统或工作流程系统)的设计与实施。

对于一线管理职位,工作重点是处理下属冲突、监督下属遵守公司政策或重新评估具体的工作方法。受试者阅读案例并对其分析后,应该准备一份书面报告,向评价中心的工作人员做口头陈述,或者与其他受试者一起讨论该案例。

案例分析通常用于评估下列行为测量维度:口头和书面沟通、计划和组织、控制力、果断性、恢复力和分析能力。

(4)管理游戏。

管理游戏,又称商业游戏,主要用于考察受试者的领导力、战略规划能力、团队协作能力等。管理游戏一般都比较复杂,其复杂性有利也有弊。有利的一面是,它比一般的情景模拟看上去更为真实,也更接近组织中"真实的生活";它能帮助有经验的管理者学习技巧,也能使受试者感到开心和兴奋。不利的一面是,当受试者从这个房间到那个房间或待在一个小组中时,他们的行为常常难以观察;当管理游戏用于培训目的时,其情境可能过于复杂,以至于没有人能表现得很好,造成受试者很难学到什么东西。据调查,管理游戏只在25%的评价中心中使用,可能是因为它的设计较为复杂,在施测上有难度。

5. 评价中心的优缺点

评价中心的优点主要表现在:一是由于综合利用了多种测评技术,所以评价效果比较好,这是任何其他单一的测评手段所无法比拟的;二是评价中心总是强调在动态中考察受试者的能力,从而使受试者的积极性和主动性得到充分的发挥,受试者在测评过程中积极配合和支持;三是评价中心得到的信息非常丰富,通常包括受试者有关方面的详尽情况。

评价中心的缺点主要表现在:一是评价中心技术过分依赖于测评专家,从评价中心的设计到实施都需要专家投入大量的精力;二是由于技术构成复杂、技术要求高,一般人很难掌握,人们只对比较重要的工作种类(如管理)和较高的职位(如中高层管理者)才应用这一技术。

6. 评价中心的操作步骤

评价中心在实践中的具体操作一般遵循以下流程:

(1)建立能力(素质)模型。测评之前首先要有能力(素质)模型,以明确目标岗位的能力素质要求。通常评价中心所要测评的能力包括人际沟通能力、计划组织能力、辅导与激励能力、分析与决策能力等。

(2)根据能力(素质)模型设计能力评价矩阵。能力评价矩阵包括测试工具和能力维度两部分。针对每一项指标选择和设计测评工具,要确保其与测评的能力维度直接相关,具有合理的信度和效度。通常使用最频繁的情景模拟包括公文筐测验、角色扮演、案例分析等。

（3）对负责观察和评价受试者行为的评估人员进行培训。

（4）实施评估。每一个评估人员要仔细观察并及时记录受试者的行为,进行精确而详细的行为记录。在观察行为的同时,评估人员要将受试者的各种行为进行归类。测评结束后,评估人员要马上整理观察到的行为,与其他评估人员进行交流并整合各方信息,对每一个受试者的表现进行分析,在根据评分标准打分后,撰写评估报告。

（5）进行反馈。在评价中心实施测评之后,应根据具体情况给予受试者或需要知情的管理者以适当程度的评估结果反馈。

六、生理特征分析

（一）正直测验

正直测验（Integrity Test）被用来判断哪些求职者更有可能做坏事,例如偷窃、故意毁坏公司财物、殴打同事,以及哪些求职者更有可能迟到、不向管理者举报行为不端者等。有两种正直测验方式被广泛使用:一是测谎器测验,二是纸笔正直（诚实）测验。

1. 测谎器测验

测谎器测量一个人在回答操作员问题时的生理反应,并通过这些数据以及操作员的意见,来判断这个人回答的真实性。

测谎器通常报告三类生理数据:① 仪器指示数由与皮肤相连的电路显示,记录手掌皮肤反应或皮电反应的变化;② 仪器指示数由与心脏相连的电路显示,记录与心脏循环有关的上臂血压的变化,由此确定心率和脉搏;③ 仪器指示数由与受试者胸部缠绕的气冲带相连的电路显示,记录呼吸变化。测谎器测验假定,通过观察这些生理反应变化,可以确定受试者是否说谎。

2. 纸笔正直测验

这种测验包括两种形式:一是公开正直测验（Overt Integrity Test）,它直接询问受试者对于某种不当行为的态度及其过去是否有这种不当行为;二是个性测量法（Personality-based Measures）,它不直接询问某种不当行为,而是通过个性量表测量雇员的几个特质,这些特质涉及不利于组织的行为,这种不当行为只是其中的一种。

（1）公开正直测验。其基本原理是通过测量求职者对于不当行为的态度和认知,预测他在工作中是否会有不当行为,尤其是存在行为不当的需要和机会时。测验的题目举例如下:

- 你是否曾经认为你的行为构成犯罪？
- 你在其他单位工作时是否发现一个不诚实的人以某种方式挪用资金？
- 你认为未经雇主许可在公司拨打私人电话,是否属于不当行为？
- 你是否曾经为了盈利而向别人索费太多？

还有一类题目是首先提出一个不诚实的行为如偷窃,然后询问受试者对于这个偷窃犯的态度,对于向地区经理举报该偷窃犯的雇员的看法,以及如果他作为地区经理将会采取哪些行动。

(2) 个性测量法。个性测量法的基本思想是,如果正直测验只关心某种不当行为,就会忽视组织不希望出现的给组织造成损失的许多其他行为。个性测量法假定有某种不当行为的雇员也会参与其他违法行为。对于组织来说,预测雇员的一般行为方式,既容易实现也更有意义。

霍根个性量表(Hogan Personality Inventory)就是其中的一种个性测量量表,它是自填式量表,包括7个维度,测量日常生活中的个性特质,而不是心理失调。这7个维度是:自我调适、抱负、社交性、人际敏感度、审慎、好奇和学习方式。这些维度之下又包括43个子维度。

(二) 笔迹分析

笔迹分析就是通过分析一个人的笔迹,推断他的个性特质和行为倾向。利用笔迹分析的假设是:书写者的基本个性特质会通过笔迹表现出来。早在20世纪50年代,美国笔迹分析专家就开始通过研究求职者的笔迹和签名来发现求职者的需要、欲望和心理特征。在人力资源甄选中,笔迹分析专家通过分析求职者的笔迹,做出下列评估:他们在整体上是否符合录用条件,以及他们的个性特质是否与具体职位要求相匹配。

关于笔迹分析的论述很多,一般认为,其基本内容包括以下六个方面:

(1) 书面整洁情况。书面干净整洁,说明书写者举止高雅,穿着较讲究,性喜干净整齐,较注重自己的仪表和形象,并多有较强的自尊心和荣誉感。书面有多处涂抹现象,说明书写者可能有穿着随便、不修边幅、不拘小节等性格特征。

(2) 字体大小情况。字体大,不受格线的限制,说明书写者性格趋于外向,待人热情、兴趣广泛、思维开阔,做事有大刀阔斧之风,但多有不拘小节、缺乏耐心、不够精益求精等不足。字体小,说明书写者性格偏内向,有良好的专注力和自控力,做事耐心、谨慎,看问题比较透彻,但心胸不够开阔,遇事想不开。字体大小不一,说明书写者随机应变能力较强、处事灵活,但缺乏自制力。

(3) 字体结构情况。结构严谨,说明书写者有较强的逻辑思维能力,性格笃实,思虑周全,办事认真谨慎,责任心强,但容易循规蹈矩。结构松散,说明书写者发散思维能力较强,思维有广度,为人热情大方,心直口快,心胸宽广,不斤斤计较,并能宽容他人的过失,但往往不拘小节。

(4) 笔压轻重情况。全篇文字连笔较多,笔迹轻,说明书写者思维敏捷、动作迅速、效率较高,但有时性急,容易冲动。连笔较少,笔迹重,说明书写者头脑反应不是很快,行动较慢,但性情温和,富有耐心,办事讲究准确性。

(5) 字行平直情况。字行平直,说明书写者做事有主见,只要自己认定的事,一般不为他人所左右。字行上倾,说明书写者积极向上,有进取精神,常常雄心勃勃,有远大的抱负,并常能以较大的热情付诸实践。字行过分上倾,说明书写者除有上述特征之外,还往往非常固执。字行下倾,说明书写者看问题非常实际,有消极心理,遇到问题看阴暗面、消极面太多,容易悲观失望。字行忽高忽低,说明书写者情绪不稳定,常常随着所遇之事或兴奋或悲伤,心理调控能力较弱。

(6) 通篇布局情况。这要看左右两边空白大小及行与行之间的排列是否整齐。左边空白大,说明书写者有把握事物全局的能力,能统筹安排,并为人和善、谦虚,能注意倾听他人意见,体察他人长处。右边空白大,说明书写者凭直觉办事,不喜欢推理,性格比较固执,做事易走极端,遇到困难容易消极。左右不留空白,说明书写者有着很强的占有欲和控制欲,比较自私。行与行之间排列整齐,说明书写者有良好的教养,正直、不搞歪门邪道,头脑清晰,做事有条不紊,讲究计划性、系统性和程序性,有较强的自尊心、责任感和荣誉感。行与行之间排列不整齐,说明书写者头脑比较简单,条理性差,做事马马虎虎,缺乏责任感。

以上六个方面的内容只是笔迹分析中最基本的部分,也是其中很小的一部分,如果要全面了解一个人,还需要做更全面的分析。

本章小结

招聘是给企业输入新鲜血液的一个环节。招聘的准备工作、招聘方法的正确选择是企业取得招聘成功的基础;而如何做出甄选决策,会影响组织的生存、适应和发展能力,好的培训不能弥补差的甄选,可见人员甄选对于企业的重要性。本章的主要内容包括正确的招聘理念、招聘的方法及招聘方法评估,以及甄选的技术和方法。正确的招聘理念包括以人为本、重视企业文化和真实职位预览。招聘的方法分为内部招聘和外部招聘两种:内部招聘的方法包括内部晋升、工作调换、工作轮换、内部公开招聘、员工推荐、技能清单法、内部储备人才库;外部招聘的方法包括媒体广告、招聘会、职业介绍机构、猎头公司、网络招聘、电视招聘、校园招聘、员工推荐。对招聘方法的评估有:招聘成本效用评估、录用人员评估、招聘来源质量的评价。甄选的技术和方法有:书面材料分析、面试、能力测验、个性评估、绩效检验与评价中心、生理特征分析。

关键概念

招聘甄选　　能力测验　　认知能力测验　　公文筐测验　　无领导小组讨论

课堂练习

选择题

1. 招聘的前提也是( )的主要依据。
   A. 招聘策略　　B. 职业生涯设计　　C. 招聘计划　　D. 人力资源规划
2. ( )是为适应单位对高级人才的需求和高级人才的求职需求而发展起来的招聘方式。
   A. 推荐法　　B. 猎头公司　　C. 布告法　　D. 发布广告

3. 甲公司在报纸上刊登一消息："本公司因业务发展需要,需招聘销售部经理一名。"这属于组织中的哪一项重要活动?（　　）
   A. 培训　　　　　B. 招聘　　　　　C. 晋升　　　　　D. 媒体广告
4. 人员招聘的直接目标是(　　)。
   A. 招聘到精英人员　　　　　　　　B. 获得组织所需要的人员
   C. 提高组织影响力　　　　　　　　D. 增加人力资源的储备
5. 主要是由(　　)收集有关空缺职位的所有信息。
   A. 基层部门　　　B. 用人部门　　　C. 人事部门　　　D. 高层领导
6. 相对于内部招聘而言,外部招聘具有的优势是(　　)。
   A. 招聘成本低　　　　　　　　　　B. 员工容易适应新的工作
   C. 激励员工积极工作　　　　　　　D. 有利于吸收新观点
7. 相对于申请表而言,(　　)不是个人简历的优点。
   A. 体现应聘者的个性　　　　　　　B. 费用较少
   C. 易于评估　　　　　　　　　　　D. 展示书面交流能力
8. 根据用人条件和用人标准对应聘者进行审查和筛选的过程被称为(　　)
   A. 人员招聘　　　B. 人员甄选　　　C. 人员配置　　　D. 人员录用
9. 人才测评最直接、最基础的功能是(　　)。
   A. 甄别和评定功能　B. 预测功能　　　C. 诊断功能　　　D. 反馈功能
10. 在情景模拟测试中,要考查一个人的会议主持能力,应对其进行(　　)。
    A. 事务处理能力测试　　　　　　　B. 组织能力测试
    C. 语言表达能力测试　　　　　　　D. 沟通能力测试
11. 在人员甄选活动中,对一个人所学知识和技能的基本检测称为(　　)。
    A. 能力测验　　　B. 人格测验　　　C. 成就测验　　　D. 兴趣测验
12. (　　)是已被多年实践充实完善并证明是很有效的管理干部测试方法。
    A. 公文筐测验　　B. 无领导小组讨论　C. 即席发言　　　D. 角色扮演
13. 根据招聘计划对录用人员的质量和数量进行评价的过程叫作(　　)。
    A. 录用人员评估　B. 招聘评估　　　C. 招聘质量评估　D. 招聘成本评估
14. 招聘工作一般是从(　　)的提出和确定开始的。
    A. 招聘需求　　　B. 招聘预算　　　C. 招聘计划　　　D. 招聘目标
15. 关于结构化面试,表述错误的是(　　)。
    A. 信息丰富、完整、深入　　　　　B. 能获得非语言行为信息
    C. 结果不易统计分析和比较　　　　D. 受试者的报告带有一定主观性
16. 关于校园招聘,以下哪一项描述的是其优势?（　　）
    A. 具有广泛的宣传效果
    B. 具有时间上的灵活性
    C. 具备丰富的社会经验和工作经验
    D. 可以发现潜在的专业技术人员和管理人员

17. 在应聘人数较多的情况下,为了短时间内筛选一部分人员,最好采用(　　)。
　　A. 面试　　　　　　B. 笔试　　　　　　C. 情景模拟　　　　D. 心理测试
18. 适合对于人格、动机等内容进行测量的人员测评工具是(　　)
　　A. 结构化面试　　　B. 投射测验　　　　C. 智力测验　　　　D. 标准化考试

判断题

1. 通过人才交流中心选择人员,有针对性强、费用低廉等优点,但对于计算机、通信等热门人才或高级人才的招聘效果不太理想。(　　)
2. 企业招聘高级管理人才,比较有效的途径是通过校园招聘。(　　)
3. 一般来说,选择招聘地点的规则是:在全国范围内招聘组织的高级管理人才或专家教授;在跨地区的市场上招聘中级管理人员和专业技术人员;在招聘单位所在地区招聘一般工作人员和技术工人。(　　)
4. 招聘策略是招聘计划的具体体现,是为实现招聘计划而采取的具体策略。(　　)
5. 通过参加招聘洽谈会,用人单位招聘人员不仅可以了解当地人力资源素质和走向,还可以了解同行业其他企业的人事政策和人力需求情况。(　　)
6. 招聘者和应聘者直接进行接洽和交流,能节省用人单位和应聘者的时间。(　　)
7. 专业性职位的候选人由人力资源部门进行甄选就可以了,完全没有必要请由部门经理和专家组成的甄选委员会来进行甄选。(　　)
8. 甄选工作在整个招聘过程中已经越来越居于核心地位,应该借助多种甄选手段来公平、客观地做出正确的决策。(　　)
9. 甄选能为企事业组织中空缺的职位寻找到合适人选,实际上它含有招聘的成分。(　　)
10. 有效的甄选会花费更多的金钱和时间。(　　)
11. 人员甄选是从应聘者中挑选出最优秀的人才的过程。(　　)
12. 在整个招聘工作中,就招聘者而言,最大的任务就是让最适合的人在最恰当的时间进入最合适的岗位,为组织做最大的贡献。(　　)
13. 如果一个企业的外部环境和竞争情况变化非常迅速,它就应以外部招聘为主。(　　)
14. 利用公共就业服务机构进行招聘的效果会比较好,且在招聘高级或专门技术人员时效果最佳。(　　)
15. 甄选时设计申请表的目的是筛选出背景和潜质都与职位所需条件相当的候选人,它可以由单位设计,也可以由应聘者自行设计。(　　)
16. 在招聘评估中,录用比和应聘人数之间存在正比例关系。(　　)
17. 如果组织有内部调整、内部晋升等计划,则应该首先采用外部招聘,然后再实施这些计划。(　　)
18. 面试是由一个人发起的以评价信息是否科学为目的的对话过程。(　　)
19. 人才吸纳应满足与岗位匹配、与团队匹配和与组织匹配的三匹配目标。(　　)

讨论题

1. 内部招聘的方法中,你认为哪种方法最可行和最公平?说说你的理由。
2. 假如你是人力资源经理,你会在招聘过程中推行网络招聘和视频招聘吗?
3. 在甄选过程中,人力资源部门主要承担的任务有哪些?
4. 有人推测,除了提高甄选决策的效度,使用严格的甄选方法对企业来说具有标志性的意义。企业通过雇佣过程向求职者传递的信息有哪些?在甄选过程开始之前以及甄选之后的培训方案实施过程中,如何强化这些信息?

讨论案例

丰田公司的全面招聘体系

丰田公司成立于20世纪30年代末,凭借"看板生产系统"和"全面质量管理体系"的出色管理成为世界上名列前茅的汽车公司。实际上,丰田公司行之有效的全面招聘体系,相较于一般企业的人才招聘,用精挑细选来形容一点也不过分,这也是丰田公司能够成功的一大特色。

一、全面招聘体系内容

丰田公司全面招聘体系的目的就是用不浪费生产力和成本的方式招聘到最优秀的、有责任感的员工。其大体上可以分成六大阶段,前五个阶段的招聘大约要持续五到六天。

第一阶段,丰田公司委托了专业招聘机构进行初步筛选。应聘者首先会通过观看丰田公司的工作环境和工作内容的录像资料,了解丰田公司的企业文化、招聘理念及公司氛围等,随后填写工作申请表。时长约1小时的录像不仅可以使应聘者对丰田公司的具体工作情况有个大概了解,初步感受工作岗位的要求,而且可以使应聘者进行自我评估和选择。专业招聘机构也会根据应聘者的工作申请表和具体的能力及经验做初步筛选。

第二阶段,对应聘者的技术知识和工作能力进行评估。丰田公司通常会要求应聘者进行基本能力和职业态度心理测试,以此评估应聘者解决问题的能力、学习能力、潜能。如果是技术工作岗位的应聘者,还需要进行6小时的现场实际机器和工具操作测试。前两个阶段筛选出来的应聘者的资料将被送至丰田公司。

第三阶段,丰田公司会接手接下来的招聘工作。本阶段主要是评价应聘者的人际关系能力和决策能力。应聘者在公司的评估中心参加一个时长4小时的小组讨论,讨论的过程由丰田公司的人力资源招聘专家即时观察评估。比较典型的是无领导小组讨论,比如应聘者组成一个小组,就未来几年汽车的主要特征进行讨论并得出结论。实地问题的解决可以考察应聘者的洞察力、灵活性和创造力等能力素质。应聘者在这一阶段还需进行5小时左右的实际汽车生产线的模拟操作。在模拟过程中,应聘者需要组成项目小组,负担起计划和管理的职能,比如人员分工、材料采购、资金运用、生产过程中一系列生产因素的有效运用等。

第四阶段,应聘者需要参加一个时长1小时的集体面试,每个求职者都有机会向丰田公司的招聘专家展示自己取得的成就。这样可以使专家更加全面地了解应聘者,比如什么样的激励方式可以更有效地激励到他们,什么样的事业才能使他们兴奋等,以便专家做出更合理的工作岗位安排和职业生涯计划。

通过了以上四个阶段,应聘者基本上就被丰田公司录用了,而第五阶段是对应聘者进行全面身体检查,以了解员工的身体状况,检查员工是否有酗酒、药物滥用等特殊问题。

第六阶段,被录用的新员工需要接受6个月的工作表现和发展潜能评估以及严密的关注和培训。

二、全面招聘体系的特点

(1) 丰田公司在进行人员招聘时,花费了大量的时间进行人员筛选的工作,一般初级员工时长就要达到8小时,还花费了大量精力和财力进行高质量的面试流程设计。

(2) 在进行招聘时,丰田公司不仅考察应聘者的工作能力和素养,还着重考察应聘者的工作品格和素质,以及个性特质等方面。

(3) 应聘者的自我选择是招聘的重要过程。丰田公司在招聘的初期,或是在长达6个月的试用期中,都会给予应聘者充分了解公司、进行双向选择的机会,应聘者同样需要花费大量的时间和精力才能最终入选。

从丰田公司的全面招聘体系中我们可以看出:首先,丰田公司招聘的是具有良好人际关系的员工,因为公司非常注重团队精神;其次,丰田公司生产体系的中心点就是品质,因此需要员工对高品质的工作进行承诺;最后,公司强调工作的持续改善,这也是为什么丰田公司需要招收聪明和接受过良好教育的员工,基本能力和职业态度心理测试以及解决问题能力模拟测试都有助于良好员工队伍的形成。丰田公司招聘的成功之处就在于看似复杂的招聘流程实则帮助公司更加精准地识别出公司人力资源在价值观和经营上的需求,同时确定了团队精神和质量意识以及不断创新的理念。

资料来源:作者根据相关资料整理。

问题:

丰田公司招聘体系的优势在哪里?有哪些值得其他企业学习的地方?

延伸阅读

1. 赵曙明,赵宜萱.招聘、甄选与录用:理论、方法、工具、实务[M].北京:人民邮电出版社,2019.
2. 李燕萍,齐伶圆."互联网+"时代的员工招聘管理:途径、影响和趋势[J].中国人力资源开发.2016(18):6-13.

第六章
绩效管理

太多的企业的绩效管理工作只注意了可评价性,而忽视了引导性,这使绩效管理工作本末倒置。绩效管理应该与企业的愿景结合起来。

——彼得·圣吉(《第五项修炼》)

传统上,(管理)过程的每一块职能部分均有一个部门来负责,该部门的主管对这块绩效承担责任,可是,没有谁对整个过程负责,很多问题都源自部门要求与整个过程要求之间的冲突。结果,这个过程在运作中常常既无效果也无效率,也注定不具有适应性。

——约瑟夫·朱兰(《朱兰质量手册》)

本章学习目标

1. 理解绩效管理的概念、目的。
2. 掌握绩效管理体系在人力资源管理中的作用。
3. 掌握绩效管理的主要方法与工具。
4. 掌握绩效管理的常见问题及解决方法。

引导案例

阿里巴巴的绩效考核流程

一、绩效考核标准

马云将江湖文化内化于企业管理的方方面面。从阿里巴巴的绩效考核规则可以看出——价值观和业绩各占 50%左右的考核权重,这是整个绩效考核体系的基础。比较特别的是,阿里巴巴还会对资源的利用率进行抽查,这也算是绩效考核的一部分。资源利用率包括对产品的认识、对阿里巴巴展台的布置等。

二、如何对业绩考核

评价包括员工自评、主管评价等,但是绩效考核是建立在制度上的,不能过于随意,这表现在员工进行自我评估、主管给员工考核时,如果考核成绩过高或过低,都需要对这个成绩进行书面说明。并且,员工可以看到主管对自己的评价,如果有疑问,可以向人力资源部门反映问题。

另外值得一提的是阿里巴巴的"271"强制正态分布考核法,后来演化成了"361"分布。这就意味着,30%的员工可以被评为"最好",10%的会被评为"较差",60%的人被评为"一般水平"。这个考核方式打破了传统的"大锅饭"和"平均主义"的分配方式,前 30%的员工会得到奖励,后 10%的员工则会受到问责。

三、如何对价值观考核——"六脉神剑"

"六脉神剑"分别为客户第一、团队合作、拥抱变化、诚信、激情和敬业。每一"脉"有 5 个指标,总共 30 条考核细则,每条细则都会被量化。各部门每季度考核一次。采用员工自评和主管评价相结合的方式进行。对于价值观考核不合格的员工,无论其业绩多好,都会被淘汰。但是价值观合格、业绩不理想的员工则可以申请"免死金牌"。从这里我们可以看出阿里巴巴对于员工价值观的重视。

资料来源:《如何评价阿里巴巴的绩效体系》,https://www.zhihu.com/question/23237249/answer/127004384,访问时间:2022 年 5 月。

■ **问题:**

阿里巴巴为何如此重视员工的价值观?这对其他企业在制定绩效管理制度时有什么借鉴意义?

第一节 绩效管理概述

一、理解绩效管理

(一)绩效的定义

绩效(Performance),也称业绩、效绩、成效等,反映的是人们从事某一种活动所产生的成绩和成果。比如,你的同学正在准备考研,如何提高效率以尽快实现学习目标,这就存在绩效问题。还有,小孩快上学了,家长如何引导他学知识,这也涉及绩效问题。

绩效有两个层次:对组织而言,绩效(组织绩效)就是任务在数量、质量及效率等方面的完成情况;对员工个人而言,绩效(个人绩效)就是上级、下级以及同事等对其工作状况的评价。

(二)绩效管理的定义

绩效管理(Performance Management)这个概念是由 M. 比尔(M. Beer)等于 1976 年提出的,他们将绩效管理定义为"管理、度量、改进绩效并且增强发展的潜力的活动"。之后,绩效管理的概念逐步完善,发展成为对组织和员工的行为与结果进行管理的一个系统,是一系列充分发挥每名员工的潜力、提高其绩效,并通过将员工的个人目标与企业战略相结合,以提高组织绩效的人力资源管理过程。

(三)绩效管理的过程

绩效管理不是简单的、静态的任务管理过程,也不等同于绩效考核,它绝不是在季度末或年度末填写的那几张表格。

绩效考评是企业绩效管理中的一个环节,指企业在既定的战略目标下,运用特定的标准和指标,对员工的工作行为及取得的工作业绩进行评估,并运用评估的结果对员工将来的工作行为和工作业绩产生正面引导的过程和方法。绩效管理是一个循环的过程(见图6-1)。在这个过程中,不仅强调绩效结果,而且重视通过战略目标、绩效辅导、绩效考评与反馈等环节实现结果的过程。

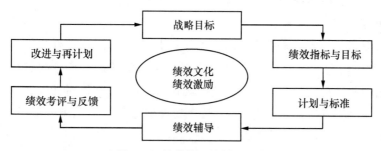

图 6-1 绩效管理的循环过程

绩效管理的循环过程可以被划分为绩效分析、绩效计划拟订、绩效计划执行、绩效考评和绩效反馈五个阶段,统称五阶段模型。

1. 第一阶段:绩效分析

在这一阶段中将会分析与绩效有关的业绩、能力与环境,有必要时以此为基础修订战略、清除不必要的指标、追加新指标、重新设定各个指标的中期目标等,即为了实现企业的愿景与战略,需要分析目前的绩效水平(如绩效管理指标的监控以及业绩评价)来发现问题,并寻找解决方案。

2. 第二阶段:绩效计划拟订

在这一阶段中设定企业当年的经营绩效目标,以及为了实现这个目标,设定组织与个人的绩效目标,并制定相应的战略,与绩效目标一起分配给下属组织。每个员工通过这样的过程,确定自己的绩效标准。

这个过程应该是:首先,把企业绩效指标中的所有财务指标转换为绩效责任指标,指标状态呈现下降或恶化趋势的非财务指标也一同转换为绩效责任指标,而后设定有关绩效责任指标的本期绩效目标水平。其次,将这样的企业绩效目标经过与有关组织之间的协议后分配给各个组织(事业部层次、部门层次、个人层次)。因此,各组织的绩效目标由战略目标、本职目标和贡献目标构成。其中,战略目标是上级组织赋予的目标。本职目标是从自身的一般绩效责任以及涉及战略的自身绩效指标中,以所有的财务指标以及状态呈现下降或恶化趋势的非财务指标为中心,组织自发设定的目标。贡献目标是根据其他组织的期望所制定的目标。再次,公示各个绩效目标的具体执行战略以及对其负责的组织名称,并把与此相关的工具性先行目标战略性地分配给下属组织。重复几次这样的过程之后,可制订个人绩效计划以及绩效目标实施战略。绩效目标实施战略,是指根据实际业绩以及客户需求、标杆、环境预测设定好预期障碍因素与解决方案之后,制定具体的核心执行目标。最后,为了日后评价以往所设定目标的绩效,要制定作为绩效评价标准的评价尺度,从而确定绩效评价表。

3. 第三阶段:绩效计划执行

执行绩效计划时,要以进度管理程序为基础制订月度计划,并予以执行和评价。绩效管理指标要按季度进行监控,以便发现不利于实现目标的障碍因素。分析绩效责任指标时,要以月度业绩评价为基础分析业务进度与问题的发生原因,之后解决问题时要给予员工支援,必要时还要修订目标本身,以便实现最终的绩效目标。

4. 第四阶段:绩效考评

绩效考评是指把绩效实现程度与绩效目标相比较进行评价,也称"绩效目标实施率评价"。绩效考评有两个过程,首先是被考评者对自身的绩效进行评价的过程,然后是考评者对被考评者进行评价的过程,以及被考评者与考评者通过面谈对评价达成共识的过程。通过这样的过程确定评价结果之后,由考评者提交给主管部门。主管部门将会综合这些结果,决定个人的最终绩效考评等级。

5. 第五阶段:绩效反馈

绩效反馈发生在绩效分析、绩效计划执行、绩效考评等阶段。在绩效分析阶段,可以通过业绩结果的反馈修订中长期目标与战略。在绩效计划执行阶段,可以通过业绩结果的反馈改进业务,促进月度计划的实施。在绩效反馈中重要的是激励,与考评结果相联系的物质性或非物质性激励都将会提振员工们的士气。

由以上介绍我们可以看出,绩效管理是一个企业战略指导下的动态循环过程。在这个过程中,绩效指标的确定是关键,它直接决定了绩效管理的效果。为了与企业战略紧密结合,并实现企业的均衡发展,人们想出了很多方法。其中最有影响力的一个方法是平衡计分卡,后面将对其进行详细介绍。在确定绩效指标时,总体思路都是将企业的战略目标层层分解为各部门以及员工个人的绩效目标,关键绩效指标(Key Performance Indicators,KPI)的思想为我们提供了分解思路。可以这么说,平衡计分卡保证了围绕企业战略目标的均衡发展,而 KPI 则提供了确立具体的绩效指标的途径,二者的基本出发点都是在绩效管理过程中实施目标管理。目前,被广为接受的方式是将二者结合起来制定绩效指标。

另外,绩效管理还是一个持续的沟通过程,它特别强调沟通、辅导及员工能力的提高。沟通贯穿绩效管理过程的始终,而且在不同的阶段,沟通的重点也有所不同。在绩效计划拟订阶段,主管与员工经过沟通就目标和计划达成一致,并确定绩效考评的标准。在绩效辅导阶段,员工就完成绩效目标过程中遇到的问题和障碍向主管求助,主管有义务对员工遇到的问题提供技能上的指导或资源上的支持。同时,在这一阶段员工还应根据条件的变化,经与主管沟通达成一致后,修订绩效计划,并确定新的考评标准。在绩效考评与绩效反馈阶段,员工有责任向主管汇报工作的进展情况,主管需要收集考评数据并对员工在完成目标过程中出现的问题及时纠偏,避免问题的累积和扩大。

二、绩效管理的目的

绩效管理的目的主要有三个,分别为战略目的、管理目的、开发目的。

(一) 战略目的

在实施绩效管理的组织中,管理者必须把员工的工作活动、工作产出与组织的目标联系起来并保持一致。执行组织战略的主要方法是,首先界定为了实现某种战略所达成的结果所必需的员工特征和行为,然后再设计相应的绩效考评和反馈体系。

在运用绩效管理体系实施组织战略时,应首先明确企业的战略,然后通过战略目标分解,逐层落实,将企业的中长期目标分解到部门和员工个人,在此基础上制定相应的绩效考评指标和标准,设计相应的绩效考评和反馈体系。但实际上,企业并不能有意识地运用绩效管理体系向员工传达企业的目标。

(二) 管理目的

绩效管理的管理目的主要是指绩效管理为组织的薪酬管理决策、晋升决策、保留—解雇决策、临时雇用决策、对个人绩效的承认等多项管理决策提供必要的信息。

但是,多数管理者却将绩效考评视为一件不得不做的事情,他们往往倾向于给所有的员工都打高分或者给他们打相同的分数,导致绩效管理体系的绩效考评信息没什么意义。比如,一位管理者这样说道:"一个不可回避的事实是,每当我考评一位员工时,我都会停下来认真地思考一下我的考评可能产生的后果——我的决定会给我与这个人之间的关系以及他在本公司的前途带来怎样的影响……无论是把它称为政治头脑,还是把它称为管理者的自由度,又或是把它叫作对雇员的绩效考评结果所做的微调,到最后,我都得与这个人继续相处,所以我不可能在不考虑后果的前提下对一位员工进行绩效考评。"

(三) 开发目的

绩效管理能对员工进行深层次的开发,以使他们有效地完成工作。当一位员工的工作情况没有达到他所应达到的水平时,绩效管理部门就要对员工进行针对性的培训,提高员工的知识、技能和素质,促使其个人发展,使他们能够更加有效地完成工作。

为了实现绩效管理的开发目的,管理者需要与员工面对面地讨论员工在工作中的不足。但是这种方法往往使双方都感到不安,也可能使工作群体内部的人际关系变得紧张。若管理者总是给员工较高的绩效评价,也会无法达到开发目的。

三、绩效管理体系与企业价值链的关系

要研究企业的绩效管理,首先应该从企业整体的价值链角度来思考。进入知识经济时代,赢得客户满意与忠诚成为企业实现可持续发展的关键,企业的战略目标转化为以客户和市场为中心的具体目标,进而成为组织未来绩效的来源与动因。因此,企业价值链管理(见图6-2)是人力资源管理的一个核心。

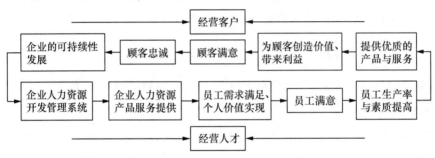

图 6-2 企业价值链管理

企业价值链管理包含价值创造、价值评价和价值分配三个基本部分,如图6-3所示。在知识经济时代,企业家的才能、知识、资本和劳动共同创造了企业价值。企业价值在被创造出来后,如何在众多的价值创造者之间进行价值的客观分配成为关键问题。一套完善的分配体系建立在对价值创造者的贡献度进行准确评价的基础上。从人力资源管理的角度来说,就是要建立一个按照业绩、能力分配的机制,因此必须建立一个科学的绩效考评体系。

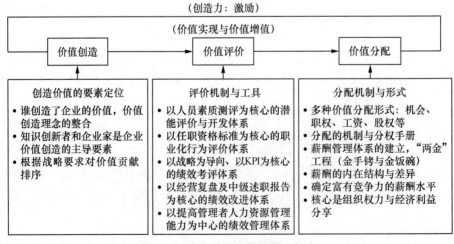

图 6-3 企业价值链管理的三部分

四、绩效管理体系在人力资源管理体系中的作用

人力资源管理体系可分为任职资格体系、人力资源规划、潜能评价与开发体系、培训与开发体系、薪酬管理体系和绩效管理体系六大业务板块。其相互的协同作用如图6-4所示。

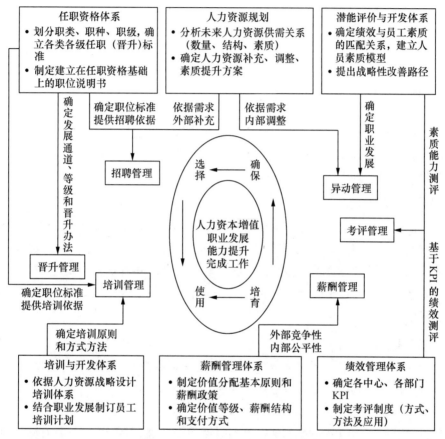

图6-4 六大业务板块运作图

绩效管理体系在整个系统中扮演了中枢的角色。在该系统中,战略决定了企业的组织结构、业务流程以及人力资源的规划配置,作为基础环节的潜能评价与开发体系和任职资格体系则在规划和配置的基础上对员工的发展通道和职业生涯进行设计。任职资格体系对于确定职位的任职者提出了行为标准和能力标准,其中的行为标准是从流程的角度对任职者的关键行为进行规范,从而产生了员工的绩效行为依据和标准。绩效管理体系根据这个依据和标准对员工的价值创造活动进行评价,判断其是否符合该岗位的任职资格,或者对其绩效进行整体评价。在评价结果的基础上,对员工创造的价值进行分配,同时根据与任职资格的符合程度对员工进行奖惩,并产生培训需求,以引导员工不断提升能力。

在现实应用中,绩效管理体系往往被错误地定位为分配制度,在制度上非常明确地规

定了未完成某项工作将扣多少工资等惩罚措施。这使员工的注意力只集中于如何避免受罚,而不是如何努力提高工作绩效。因此,为发挥绩效管理应有的作用,应该对其进行正确的定位,且将其与分配制度相分离。正确的绩效管理体系首先应该建立以任职资格体系为基础、围绕 KPI 展开的全面绩效考评体系,再通过薪酬管理、培训、晋升等措施体现对员工的奖惩,从而不断地提升员工的能力和工作绩效水平。

第二节 绩效考评的主要工具与技术

一、绩效考评工具的选择标准

绩效考评工具的使用是为了阐明每个员工在实现最低目标中的职责。要达到这个目的,行为标准在一定程度上必须依据系统的工作分析和可信、有效的绩效考评工具来制定。选择绩效考评工具有以下三个标准。

(一) 工作分析

人力资源工作人员用工作分析来说明达到某一具体工作最理想的绩效水平应满足的行为要求,工作分析的基本任务是弄清工作或环境对员工行为特征的需求。因此,应该根据工作分析来确定绩效考评的尺度,以方便员工评估自己和其他员工的工作效率。这种评估工作效率的方法不仅是降低成本的最好方式,而且可以尽可能地减少因绩效考评而引起的法律纠纷。

(二) 信度

信度(Reliability)是衡量绩效考评工具一致性程度的指标。判断一个绩效考评工具是否可信,可以采用下列方法(每种方法针对一种情况)。

1. 重测方法

这种方法可以评估绩效考评工具在不同时期的稳定性,但需要有一个前提,即员工的绩效在一段时间内是稳定的。它能测量出在不同时期内使用绩效考评工具所存在的偏差,如考评者标准或机器操作的随机变动。这就要求在两个或两个以上不同的时期,使用同一种工具测量同一部分人(人数至少为 30 人)。不同时期的相似程度就是信度尺度。完全信度相关系数为 1.0,相关系数总是介于 -1.0 和 1.0 之间,正相关意味着员工在这个时期的绩效很高,下个时期同样也很高;相反,负相关表明员工在这个时期的绩效很高,但下个时期的绩效可能很低;当相关系数为 0 时,表明两个时期的绩效没有关系。理想的信度相关系数应该为 0.7 或者更高。如果绩效测量的结果不稳定,则表明存在随机波动,例如疲劳程度不稳定或情绪波动等。

2. 考评者内部信度

这种方法可以通过两个或更多考评者独立评估员工绩效的一致性来确定。在此,"独立"是关键。完美的考评者内部信度(1.0)很难获得,因为两个或两个以上的观察者很少同时或以同样的方式观察同一个员工。然而,不同的考评者之间的相关系数至少应为 0.6,如果小于 0.6,且考评者有机会观察员工并有能力区分有效与无效表现,那么很有可能就反映了考评者的态度和偏见。将考评结果分解成一系列直截了当的判断(评价)是提高考评者内部信度的一种方法。

3. 考评量表内部信度

它反映量表的内部一致性,显示同一量表里的所有项目是否在测评同一维度(如质量)。它提供了一种方法来检查量表在何种程度上避免了内容样本失误。比如,如果量表是用来测量产品质量的,那么提高市场份额就与质量无关,应该将其去掉。理想状况是相关系数不小于 0.8。

(三) 效度

效度(Validity)是指一个绩效考评体系在多大程度上评价了与绩效相关的指标。评价绩效考评工具的效度可以从以下三个方面入手。

1. 内容效度

考评工具必须具有内容效度,内容效度必须包含关键工作行为的代表性样本。

2. 预测效度

如果该考评工具的目的是预测员工做不同工作的预期绩效,则该考评工具必须具有预测效度。

对个体在现有工作中的绩效考评打的分数与对同一个人在下一个工作中的绩效测量打的分数相关。预测效度的样本要求不少于 30 人,然而在同一组织中很少有这么多人在同一职位上工作,因此组织很少使用预测效度。

3. 结构效度

鉴于预测效度在实际使用中存在困难,许多组织选择使用结构效度。结构效度被用来推测被考评者拥有的一些素质或能力的程度(如员工对组织的价值),它假定素质或能力可以在该绩效考评方法中反映出来。确定结构效度的大致程序是先收集几个不同的、在逻辑上能够测量同一结构(如管理技巧)的绩效考评方法,然后观察这些方法之间的关系。高度相关则表示有结构效度。

与效度相关的还有实用性和标准化。一个考评工具对使用者来说必须可以理解,且能够被接受。如果使用者认为该工具使用起来较困难或较麻烦,就没有达到设计的目的。另外,考评工具的设计在符合组织要求的同时,还要符合法律的规定。

二、 绩效考评的方法与技术

(一) 基本方法

所谓基本方法,就是说这类方法不仅可用于绩效考评,还可用于其他领域,而与之相对应的专用方法就是专门用于绩效考评的方法。这里要介绍的基本方法主要有比较法和因素法两种。

1. 比较法

一般情况下，企业使用比较法对员工的绩效进行考评，即将被考评员工的绩效与其他员工的绩效相比较。在比较法中，根据考评方式的不同，又分为一般分级法、交替排序法、配对比较法、强制分布法。

（1）一般分级法。

这种方法要求管理者将本部门所有员工，根据每一项关键绩效指标进行排序，如从绩效最高者到绩效最低者或从最好者到最差者进行排序。根据排序结果，得出员工的绩效考评分数。

使用一般分级法进行绩效考评时，考评者要用科学的方法对关键绩效指标进行考评并得出可用于比较的结果。但是也可能出现员工的绩效水平相近而很难进行准确排序的情况。

（2）交替排序法。

这种方法又称个体排序法，是指在每一项关键绩效指标上，先选出最好的和最差的员工，填入表格；再从剩余的员工中选出最好的和最差的，填入表格；重复几次，直到所有员工都被填入表格。使用交替排序法进行考评要比直接对员工的绩效进行考评容易操作。

交替排序法的操作步骤如下：

首先，考评者需要列出所有需要考评的员工的名单，并将考评者由于不熟悉而无法实施考评的员工的名字除去。

其次，用表格来显示。在被考评的某一指标上，将表现最好和表现最差的员工的名字分别列在表格的最前面和最后面。

最后，依次比较剩下的员工的绩效，用相同的方法进行填写，直到所有员工的名字都排列在表格中为止。

用交替排序法考评员工既可以使用单一的指标，也可以使用多项指标。采用多项指标的考评每次依据一项指标排序，然后将多次排序的结果进行平均化处理，最后得到员工的排序位置。

使用交替排序法进行绩效考评的优点是用表格的形式将考评结果表示出来，能够让员工清楚地看到自己的位置，但是这种直观的对比容易对员工造成心理压力。

（3）配对比较法。

配对比较法要求管理者将需要考评的每名员工，在每项指标（如工作质量、数量、创造性等）上与其他考评对象进行一一比较。在一名员工与另一名员工的比较中，绩效表现更优秀的员工在个人得分中记1分，否则记0分。在全部的配对比较完成之后，将每名员工的所得分数进行汇总，从而得出每名员工的绩效考评分数。

表6-1和表6-2就是用配对比较法对五名员工（A、B、C、D、E）进行工作质量和创造性的考评。

表 6-1 使用配对比较法对员工绩效进行考评("工作质量"指标)

员工	A	B	C	D	E
A		1	1	0	0
B	0		0	0	0
C	0	1		1	0
D	1	1	0		1
E	1	1	1	0	
得分	2	4	2	1	1

注:可以看出,在就"工作质量"指标所做的考评中,B 为最优。

表 6-2 使用配对比较法对员工绩效进行考评("创造性"指标)

员工	A	B	C	D	E
A		0	0	0	0
B	1		0	1	1
C	1	1		0	1
D	1	0	1		0
E	1	0	0	1	
得分	4	1	1	2	2

注:可以看出,在就"创造性"指标所做的考评中,A 为最优。

配对比较法是一种系统比较的方法,科学合理,但此法通常只关注员工绩效的总体状况,不分解维度,也不测评具体行为,其结果也是相对的等级顺序,不能反映员工之间的差距有多大。当被考评者达到 10 人以上时,两两比较的次数太多,就会变得非常费时费力,可操作性就变得很低了。

(4)强制分布法。

强制分布法假设员工的工作绩效整体呈正态分布,那么按照正态分布的规律,员工的工作绩效"好""中""差"的分布存在一定的比例关系,"中"的员工应该最多,"好"和"差"的员工极少。强制分布法一般都是按照一种提前确定的比重将被考评者分别划分到每一个等级上去。

企业可以在考评前设置强制分布比重,如表 6-3 所示。

表 6-3 强制分布表

等级	绩效描述	所占比重
A	绩效最高	15%
B	绩效较高	20%
C	绩效一般	30%

(续表)

等级	绩效描述	所占比重
D	绩效低于要求水平	20%
E	绩效很低	15%

强制分布法有以下优点：其一，可以有效避免由于考评者的个人因素而产生的误差，如可以避免传统考评中大多数员工的绩效都是良好的情况发生。其二，具有激励的功能，能够让绩效较差的员工意识到差距，从而激励员工提高绩效而不至于被公司淘汰。

强制分布法有以下缺点：其一，在公司员工的能力分布呈偏态（如员工都十分优秀）时，该方法就不适用了。其二，这种方法只把员工分成有限的几种类别，难以对员工的差别进行具体比较，也不能在诊断工作问题时提供准确可靠的信息。

2. 因素法

因素法是将一定的分数按权重分配给各项绩效考评指标，使每一项绩效考评指标都有一个考评尺度，然后根据被考评者的实际表现在各考评因素上打分，最后汇总得出的分数，即被考评者的考评结果。

比如，我们可以为被考评者设定出勤、能力、成绩、组织纪律四项绩效指标，运用因素法划分权重并制定标准，并以此为基础对员工绩效进行考评，如表6-4所示。

表 6-4　考评标准

被考评人姓名：

考评因素	比重（%）	等级评价
出勤	30	出勤率100%为满分（30分），请病事假一天扣1分，旷工一天扣20分，迟到或早退一次扣15分，旷工一天以上或缺勤30天以上者不得分
能力	20	技术水平高、能独立工作、完成任务质量高、胜任本职工作的评为"上"，低于这个标准的评为"中"或"下"；在考评阶段内如有一个月未完成下达任务的扣10分
成绩	30	协调性好、积极主动工作、安全生产、完成任务质量高的评为"上"，较差的评为"中"，更差的评为"下"；在工作、生产中出现一次差错，造成损失或安全、质量方面发生事故的，经公司处理者一次扣10分，情况严重者不得分；如有1个月未完成下达任务的扣15分，请病事假一天扣0.5分
组织纪律	20	工作服从分配、遵守规章制度、讲文明懂礼貌、能团结互助的评为"上"，否则评为"中"或"下"；违反公司规章制度或因工作失职而受公司处理者一次扣10分

★ 对每个考评因素，又分为"上""中""下"三个等级；各个考评因素中的"上""中""下"三个等级的比重分别控制为25%、60%、15%。

（二）特征法

特征法可以衡量员工拥有某些特征（如依赖性、创造性、领导能力）的程度，这些特征对岗位和企业是非常重要的,而且该方法容易更新。但是为了避免主观性和偏见,应该在职业分析的基础上进行详细设计。

1. 图尺度评价法

在图尺度评价法(Graphic Rating Scale)中,要求考评者就量表中列出的各项指标对被考评者进行评定,评定一般分为5个等级。例如,评价员工与人相处的能力可以是好、较好、平均、较差、差,也可以让考评者在0—9分的连续分值上为员工打分。

图尺度评价法的设计可以很简单,有时可以只用数字而不用附加文字说明,如最简单的可以只列出一段有均等刻度与分段的标尺,让考评者进行勾选就行了。但是对于等级和标准的选定必须合理,只有当尺度(等级)和标准被精确定义后,主观性和偏见产生的可能性才会大大降低。

关于工作绩效的图尺度评价法如表6-5所示。

表6-5 图尺度评价法

工作绩效维度	绩效等级				
	一贯优良	较优良	中等	有时不好	从来不好
工作质量					
成品率					
产品外观					

2. 个性特质量表

测量员工特质最常用的方法是使用个性特质量表(Personality Traits Scale)。例如,测量员工的"忠诚""独立""果断""自我管理"等特质。这种方法有两个特点:① 同一个尺度稍作修改就可以适用于从高级主管到基层雇员的所有员工。每个人都希望别人忠诚、独立、果断且能自我管理,而不管别人从事什么职业。② 个性特质量表能被迅速设计出来。设计时不需要花大量时间去思考使用什么修饰语,而且整个组织可以使用同一张考评表。但是,需要注意的是,要开发出一种万能的考评工具,则是不切实际的。另外,如果要使员工的行为产生相对较持久的变化,反馈和目标设置必须具体化,而且它们还必须与影响员工绩效的关键事件有关。因此,要使考评有效,必须设计一些有针对性的考评工具。

表6-6、表6-7是两个使用个性特质量表的例子。

3. 书面法

(1)用于员工考评的书面法。

这是以一篇简短的书面鉴定来进行考评的方法。书面法要求考评者以报告的形式,认真描述被考评的员工,考评的内容、格式、篇幅、重点等均不限,完全由考评者自由掌握,不存在标准规范。通常将谈及被考评者的优点与缺点、成绩与不足、潜在能力及培养方法等,并对员工的发展提出建议。

表 6-6　以个性特质为导向的绩效考评量表（一）

单位：		部门：		职位：		报告时期：	
a. 优秀　　b. 超出平均水平　　c. 一般　　d. 低于平均水平　　e. 不令人满意							
1. 适应能力		a b c d e		9. 实践能力		a b c d e	
2. 工作态度		a b c d e		10. 潜力		a b c d e	
3. 与他人的合作		a b c d e		11. 沟通技巧		a b c d e	
4. 工作质量		a b c d e		12. 计划性		a b c d e	
5. 决策		a b c d e		13. 专业技能		a b c d e	
6. 态度和仪表		a b c d e		14. 领导能力		a b c d e	
7. 工作贡献		a b c d e		15. 处事冷静水平		a b c d e	
8. 首创精神		a b c d e		16. 运动能力		a b c d e	

表 6-7　以个性特质为导向的绩效考评量表（二）

姓名：		公司：		级别：		日期：		职业：	
S:足够　　D:不足									
	S	D		S	D		S	D
忍耐			正直			首创精神		
热情			果断			判断力		
公平			能力			独立性		
勇敢			知识			不自私		
机智			忠诚			有胆识		

说明：对所有缺点、不足（选择 D 的项目）进行评论。未被观察的特征无须选择。

总体评价（选择一个并画圈）	令人满意	不满意	介于两者之间

资料来源：莱瑟姆,韦克斯利.绩效考评：致力于提高企事业组织的综合实力[M].2 版.萧鸣政,等译.北京：中国人民大学出版社,2002.

书面法的优点是明确而灵活,反馈简捷,可以与其他方法一起使用,所以至今仍颇受欢迎。书面法还可以提供一些其他方法所不能提供的描述性信息,使考评者有机会指出员工独有的特质。

书面法也存在一些缺点:如果对员工的所有特质进行描述,将费时费力（尽管与其他方法一起使用时,不一定要求考评者做全面描述）；描述将受到考评者写作风格和表达技巧的影响,评语虽各具特色,但只涉及总体,不分维度或任取粗略划分的维度；既无定义,也无行为对照标准,所以很难相互对比；带有主观性,描述的重点不一定能放在与绩效管理相关的方面；几乎全部使用定性描述,无量化数据,很难据此做出准确的人事决策。

（2）用于管理人员考评的书面法——自我报告法。

自我报告法是管理者利用书面的形式对自己的工作进行总结及考评的一种方法。自我考评是被考评者通过主动地对自己的表现加以反省而得出的一段工作效果的总结。自我报告法的使用形式有"员工自我鉴定表"，如表6-8所示。

表6-8　员工自我鉴定表

姓名		学历		专业	
部门		进入部门日期		现任岗位	
项目					
目前工作	1. 本月（年）你所实际负责的工作是什么？ 2. 执行工作时，你曾感到有什么困难？				
工作目标	本月（年）你的工作目标是什么？				
目标实现	本月（年）你的工作目标的实现程度如何？				
原因	你的目标实现（或不能实现）的原因是什么？				
贡献	你认为本月（年）对公司较有贡献的工作是什么？你做到了什么程度？				
工作构想	在你负责的工作中，你有什么更好的构想？请具体说明。				

（三）行为法

行为法是将员工行为作为对象进行考评的方法，考评者遵循工作范围和尺度，对员工行为进行描述，以提高绩效考评的准确性。通过这些描述，考评者可以比较容易地考评员工在工作范围内的表现。行为法可以用来评判哪些行为是应该的、哪些是不应该的。

1. 关键事件法

关键事件法要求管理者将每名员工在工作中所表现出来的代表有效绩效与无效绩效的具体事件记录下来，然后每隔一段时间，比如一个季度或半年，考评者和被考评者根据所记录的特殊事件来讨论后者的工作绩效。关键事件法对事不对人，让事实说话，考评者不仅要注重对行为本身的评价，还要考虑行为的情境。

在记录事件时需要注意以下几点：

（1）所记录的事件既有好事（如某日提前多久完成了某项重要任务），也有不好的事（如某日因违反操作规定而造成一次重大事故）；

（2）所记录的必须是较典型的、与工作绩效直接相关的事，而不是一般的、琐碎的生活细节方面的事；

（3）所记录的应是具体的事件与行为，而不是对某种品质的评判（如"此人是认真负责的"）；

（4）事件的记录本身不是评语，只是素材的积累。

表6-9为运用关键事件法对工厂管理人员进行工作绩效考评的实例。

表6-9 关键事件法实例

工作责任	目标	关键事件
安排工厂的生产计划	充分利用工厂中的人员和机器;及时发布各种指令	为工厂建立新的生产计划系统;上个月的指令延迟率降低了10%;上个月机器利用率提高了20%
监督原材料采购和库存管理	在保证原材料充分供应的前提下,使原材料的库存成本降到最低	上个月使原材料库存成本上升了15%;A部件和B部件富余了20%,而C部件短缺了30%
监督机器的维修保养	不出现因机器故障而造成的停产	为工厂建立了一套新的机器维护和保养系统;由于及时发现机器部件故障而避免了机器的损坏

如果要用关键事件法对被考评者进行绩效考评,那么在确定绩效目标和计划的时候,就要将关键事件与绩效目标和计划结合起来。

关键事件法有许多优点,比如考评者根据所记录的事件与被考评员工讨论时,不仅因有具体事实作为支持而易于被员工接受,而且可以充实那些抽象的评语,并加深被考评员工对它们的理解,有利于员工改进以后的工作,因而培训功能较强。此外,在设计和开发其他绩效考评工具时,从这些记录中可以找出合理的考绩维度和行为事件,用作标尺刻度说明词。

关键事件法也存在一些缺点,比如关键事件的记录和观察费时费力;能进行定性分析,不能进行定量分析;不能区分工作行为的重要程度;很难单独使用该方法评价员工,一般用作等级绩效考评的补充说明。

2. 强迫选择量表

强迫选择量表(Forced-Choice Scales,FCS)是第二次世界大战后由美国国防部开发研制的一种考评工具。它最独特的地方是要求考评者从以四个行为选项为一组的众多选择组群中,针对每一个选择组选择出最能反映与最不能反映被考评者的两个行为选项。考评者不知道什么样的选项能得高分。换句话说,考评者并不知道各选项的分值。因此在考评过程中,客观性得到了保证。一个比较有代表性且有效的强迫选择量表一般包括15~50组选项,组数多少取决于被考评者所从事工作的能力要求与复杂程度。

下面是考评一位教授的强迫选择量表选项的实例:① 每年在专业杂志上发表研究成果;② 受到许多资深教师的好评;③ 拒绝与系主任谈话;④ 拒绝为大学委员会服务。

其中两个选项描述的是良好行为,两个选项描述的是不良行为,考评者需要对照每个选项,从中选出与被考评者平时表现最相似与最不相似的两个选项。

在这种考评工具中,考评者的个人偏好的误差大大降低,从而保证了考评分数有一个合理分布而不是集中在分数过高的一头。而且考评者不会受到员工外在条件的影响,因为考评者并不知道每组的四个选项中哪两个对员工计分有利。具体的计分规则和结果只有人力资源部门的人员才清楚。

强迫选择量表也有缺点,其中最明显的有两个:其一,一个诚实客观的考评者很难按照自己的意愿去把握对员工考评的结果;其二,让员工无法在考评中产生自我激励。换句话说,因为员工不知道各个选项的分数差异,就无法对自己的工作表现提供自我强化的反馈。

3. 行为尺度评定量表

行为尺度评定量表(Behaviorally Anchored Rating Scale,BARS)又称行为锚定等级评价法,它是为每一职位的各考评维度设计出一个评分量表,并有一些典型的行为描述说明词与量表上的一定尺度及评分标准相对应和联系(即锚定),供考评被考评者的实际表现时参考。

行为尺度评定量表最突出的特点是每个尺度或示例都是用带有频率的词组来描述,例如"经常能够清楚解释组织方针的制定依据"。它的每个尺度或示例都向考评者直接说明了什么样的行为表现是优秀的,什么样的行为表现是令人满意的,什么样的行为表现是不合格的。因此当考评者要给被考评者的行为评分时,就没有必要逐字逐句地解释得到这一分数的员工的行为是什么样子。除此之外,该量表还有以下特点:① 一般由考评者自己开发编制;② 用考评者惯用的专业术语描述考评标准;③ 每个考评尺度都由考评者用一些关键行为与事件来界定;④ 要求每个考评标准相互独立。

这种考评量表允许考评者针对每个考评标准的评判结果提供有关行为表现的原始记录,作为自己或他人检查评定的备查证据。这有助于促使考评者依据日常的观察对员工进行考评。所有考评者依据考评记录进行考评。采取这种考评量表得到的考评分数比较准确。如果企业领导人或员工认为考评的结果不够准确,那么可以由第三方(如人力资源经理),依据日常的考评记录评判考评者的分数是否足够客观。让考评者针对每种考评标准提供证据,可以使考评者时刻谨记应诚实认真地对待自己做出的每一个评判。

行为尺度评定量表可以按照以下步骤进行编制:

(1) 用工作分析的关键事件法来得出一系列有效和无效的工作行为。

(2) 工作分析者将这些行为分类为大致能表征的工作维度或工作者特征,然后将这些特征归类并加以定义。

(3) 在不知道所分配的维度的情况下,与主题有关的专家们确定行为清单。具体的做法是:把每一维度的名称和定义告知专家,要求他们将所有的行为按正确的维度加以分类,如果大部分专家(通常是80%及以上)分配给同一行为的维度与工作分析者分配给它的维度相同,则该行为被保留下来。

(4) 保留下来的行为由第二组与主题有关的专家们加以评审。这些人依照一项工作绩效去评定每种行为的有效性。例如,如果使用一个7级量表,"7"将代表一个极高的绩效水平,"1"将代表一个极低的绩效水平。

(5) 工作分析者计算出被给予每一行为的有效性评分的标准偏差。如果该标准偏差反映评分有较大的可变性(专家们在该行为的有效性上意见不一),那么该行为就被舍弃,然后为剩下的每一行为计算出平均有效性。

(6)建立最终的员工绩效管理体系。工作分析者为每个特征构建一个评定量表,在量表中列出该特征的名称和定义。对行为的描述被放在量表中一个与其平均有效性评分相对应的位置,如表6-10所示。

表6-10　客户服务行为尺度评定量表

△7	把握长远盈利观点,与客户达成伙伴关系
△6	关注顾客潜在需求,起到专业参谋的作用
△5	为顾客而行动,提供超常服务
△4	个人承担责任,能够亲自负责
△3	与客户保持紧密而清晰的沟通
△2	能够及时回应客户,有问必答
△1	被动回应客户,拖延和含糊回答

行为尺度评定量表的优点是:第一,它可以通过提供一种精确、完整的绩效维度定义来提高考评者信度。第二,行为尺度评定量表具有指导和监控行为的作用。由于量表能给员工提供其所需要的改进信息和强化性反馈结果,因此有利于对员工的激励与绩效辅导。它的缺点是:第一,它在信息回忆方面存在误差。也就是说,那些与行为评定最为近似的行为是最容易被回忆起来的。第二,有时一个员工会表现出处在量表两端的行为,而考评者不知如何评分。

4. 行为观察量表

行为观察量表(Behavioral Observation Scale,BOS)是在关键事件法的基础上发展起来的,它要求考评者根据某一工作行为发生的频率或次数来对被考评者打分。因此,行为观察量表只不过是将行为进行加总的考评量表,考评者只要把那些表示员工具体行为发生频率或次数的数字简单相加就可以了。

我们可以通过以下步骤来建立行为观察量表:

(1)运用关键事件法进行工作分析;

(2)通过工作分析识别出工作行为;

(3)将每种行为所出现的频率或次数划分为五级标度,并进行因素分析;

(4)将每个因素内的每项得分相加,所得的总分与每名员工的小时工作量进行相关性分析。

表6-11是一个行为观察量表的示例。

表 6-11 行为观察量表示例

管理人员绩效考评示例

克服改革中阻力的能力
1. 向员工说明改革的细节
     从不 1 2 3 4 5 总是
2. 解释改革的必要性
     从不 1 2 3 4 5 总是
3. 与员工讨论改革会对他们产生什么影响
     从不 1 2 3 4 5 总是
4. 倾听员工所关心的问题
     从不 1 2 3 4 5 总是
5. 在推进改革的过程中寻求员工的帮助
     从不 1 2 3 4 5 总是
6. 如果需要,指定下一次会议的日期,以便对员工所关心的问题做出答复
     从不 1 2 3 4 5 总是

总分：

不足	尚可	良好	优秀	杰出
6~10	11~15	16~20	21~25	26~30

注:分数由人力资源部门设定。

资料来源:莱瑟姆,韦克斯利.绩效考评:致力于提高企事业组织的综合实力[M].2版.萧鸣政,等译.北京:中国人民大学出版社,2002.

行为观察量表有很多优点:第一,它克服了关键事件法不能量化、不可对比以及不能区分工作行为重要性的缺点,是从员工所做的系统的工作分析中设计和开发出来的,因此有助于员工对考评工具的理解和使用。第二,它有助于形成清晰明确的反馈,因为它鼓励主管和员工之间就员工的优缺点进行有效的讨论。但编制一份行为观察量表费时费力,而且完全从行为发生的频率来考评会使考评者和员工双方都忽略工作的意义和本质内容。

(四) 结果法

结果法是一种按照员工的工作成果进行考评的方法,考评者以员工的工作成果而不是行为表现或特征来对员工进行考评。这种方法比较客观,容易为员工所接受,能够减少产生偏见的可能性。同时,结果法促使员工对其行为负责,并促使员工认真谨慎地选择完成任务的方法。

1. 目标管理

"目标管理"(Management by Objective, MBO)的概念是德鲁克 1954 年在《管理的实践》一书中最先提出的,之后又提出"自我控制"的概念。德鲁克认为,并不是有了工作才有目标,恰恰相反,有了目标才能确定每个人的工作,所以企业的使命和任务必须转化为目标。如果一个领域没有目标,这个领域的工作必然被忽视。因此,管理者应该通过目标

对员工进行管理。当组织最高层管理者确定了组织目标后,必须对其进行有效分解,将其转变成各个部门以及员工的分目标,然后根据分目标的完成情况对员工进行考核和奖惩。

目标管理是一个程序或过程,概括来说,即让企业的管理人员和普通员工一起参加工作目标的制定,根据组织的使命确定一定时期内组织的总目标,并由此决定上下级的责任和分目标,并把这些目标作为考核组织绩效以及考核部门和员工绩效产出对组织贡献的标准。它要求每个员工在工作中进行"自我控制",并努力完成工作目标。

一般情况下,企业管理人员可以通过与员工一起制定目标并定期提供反馈来使用目标管理法,但是要想达到更好的效果,就必须在建立工作绩效考评体系的时候,考虑到整个组织的目标。

表6-12列示的是一家财务服务公司使用目标管理法的示例。

表6-12　工作绩效考评的目标管理法示例

关键结果领域	目标	完成百分比(%)	实际绩效
债券组合管理	在今后的12个月内将债券组合的价值提高10%	90	在过去的12个月内将债券组合的价值提高了9%
销售额	在今后的12个月内实现3万美元的销售额	150	在过去的12个月内实现了4.5万美元的销售额

目标管理法有以下优点:① 它重视人的因素,是一种具有较强的参与性、民主性和自我控制性的管理制度,也是一种把个人的需求和组织的目标结合起来的管理制度。② 它能使员工个人的努力目标与组织目标保持一致,能够减少管理者将精力放到与组织目标无关的工作上的可能性,从而帮助企业提高生产率。③ 由于工作目标是管理者与员工共同制定的,因此绩效标准相对客观。④ 由于考评标准直接反映员工的工作内容,结果易于观测,所以很少出现考评失误,也适合对员工提供建议、反馈和辅导。

目标管理法有以下缺点:① 它没有在不同部门、不同员工之间设立统一目标,因此难以对不同部门和不同员工间的工作绩效进行横向比较,不能为以后的晋升决策提供依据。② 目标的制定可能会带来管理成本的增加,采用目标管理法也比较费时间。③ 与员工共同确定目标的过程有时候会演变成一场"舌战",因为管理者总想将目标定得高一些,而员工却千方百计地想把目标定得低一些。

2. 平衡计分卡

平衡计分卡(Balanced Score Card, BSC)是1992年美国著名管理学家、会计学家罗伯特·卡普兰(Robert Kaplan)等提出的一种全新的绩效考评工具。调查表明,截至2022年,在《财富》杂志公布的世界1 000强公司中,有70%的公司采用了平衡计分卡系统。平衡计分卡是一种战略管理工具,它从顾客、内部业务流程以及学习和发展三个非财务指标维度弥补了传统财务指标的不足,并认为它们共同构成企业的绩效驱动因素,不仅使公司在了解财务结果的同时对自己无形资产收购等方面取得的进展进行监督,还提供给管理者更广泛、更丰富的管理及决策信息。这也正是平衡计分卡的思想精髓,即通过绩效考评四个方面指标之间的因果驱动关系共同描绘组织战略的实施轨迹,并且通过绩效考评的"计划—实施—管理"过程契合组织战略的"制定—实施—修正"过程,使绩效考评与战略管理实现统一。平衡计分卡为企业必须回答的四个问题提供了答案,即顾客如何看待我们(顾客维度)、我们必须擅长什么(内部业务流程维度)、我们能否持续提高并创造价值(学习和发展维度)、我们怎样满足股东(财务维度)。平衡计分卡作为绩效考评系统的主要思想在于:协调各种战略指标之间的平衡,实现目标的一致;鼓励员工按照企业的最大目标努力工作;凝聚组织,增加沟通。

平衡计分卡包括四个维度:顾客维度、内部业务流程维度、学习和发展维度、财务维度,其基本框架如图6-5所示。

(1)顾客维度。其目标是解决"顾客如何看待我们"这一类问题。为顾客创造价值是企业的首要任务。企业如何以顾客为导向进行运作已经成为管理层首要考虑的问题,平衡计分卡要求管理者把"为顾客创造价值"转化为具体的测评指标,这些指标必须能够反映真正与顾客相关的因素。顾客所关心的五个因素是:时间、质量、性能、服务、成本。对于企业来说,应该明确在这些方面应该实现的目标,然后把这些目标转化为指标。这一维度常见的指标包括送货准时率、顾客满意度、产品退货率、合同取消数,等等。

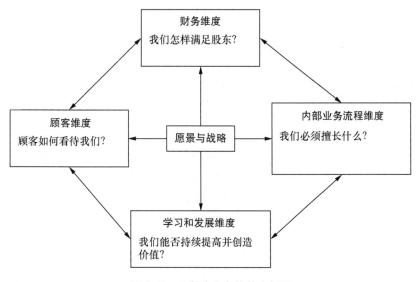

图6-5 平衡计分卡的基本框架

(2)内部业务流程维度。其目标是解决"我们必须擅长什么"这一类问题。以顾客为基础的指标十分重要,但是组织中所发生的流程、决策和行为也与绩效息息相关。管理者需要关注这些使企业能满足顾客需要的关键的内部经营活动。内部业务流程方面的指标应该来自对顾客满意度有较大影响的业务流程,包括生产率、生产周期、成本、合格品率、新产品开发速度、出勤率,等等。

(3) 学习和发展维度。其目标是解决"我们能否持续提高并创造价值"这一类问题。以顾客和内部业务流程为基础的测评指标确定了企业认为最重要的参数。但是环境和竞争要求企业不断改进现有产品和流程。只有通过持续不断地开发新产品、为顾客提供更多价值并提高经营效率，企业才能够发展壮大，从而提升股东价值。学习和发展方面的指标将注意力引向企业未来成功的关键要素，如人员培训、信息系统和市场创新等。

(4) 财务维度。其目标是解决"我们怎样满足股东"这一类问题。企业管理者可通过该维度了解他们的努力是否对企业的经济收益产生了积极的作用。因此，财务维度是其他三个维度的出发点和归宿。常见的财务指标包括销售额、利润率、资产利用率等。

在企业内应用平衡计分卡一般应遵循以下步骤：

(1) 准备。对与企业经营有关的客户、生产设备、财务业绩等做出适当的定义。

(2) 第一轮访问记录。企业的每个高层管理者必须了解企业的内部情况，包括企业的目标、任务和战略。平衡计分卡的设计者与企业的高层管理者一起就企业的战略目标和业务评价方面广泛地征求意见和建议，同时还应该了解股东对财务业绩的期望和重要客户的期望。

(3) 第一轮研讨会。由高层管理者成立研讨小组，就如何建立适合企业的平衡计分卡系统展开讨论。首先，应就所提出的任务、战略进行辩论直至达成共识；其次，在确立企业取得战略经营成功的关键因素之后，初步形成一个对企业战略经营绩效进行评价的多层面的计分卡，一般不少于4个层面，然后就这些层面投票进行取舍。

(4) 第二轮访问记录。就第一轮研讨会初步形成的计分卡内容征求高层管理者和董事会的意见。

(5) 第二轮研讨会。此轮研讨会不仅包括高层管理者，还包括中层管理者，他们共同就企业的战略目标、任务和初步形成的计分卡进行分组讨论，将战略目标与平衡计分卡的多个层面结合起来，形成一个比较完整的计划。

(6) 第三轮研讨会。此轮研讨会由高层管理者参加，目的是就企业的战略、目标、任务在前两轮讨论会的基础上达成最终共识，就每个层面定出具体的考评指标，以确认初步的活动计划至目标的完成，该活动计划应便于员工的理解和执行。

(7) 完成。最终完成平衡计分卡的设计，并建立数据库的信息支持系统，完成组织高层和基层的考评标准。

(8) 定期检查和改进。高层管理者与部门经理就战略平衡计分卡所显示的信息进行讨论，寻找缺点，并将其纳入新的经营计划。

建立平衡计分卡的流程如图6-6所示。

3. KPI

KPI是指企业宏观战略目标经过层层分解产生的具有可操作性的战术目标，代表着宏观战略决策执行的效果。

KPI是衡量企业战略实施效果的关键指标。其目的是建立一种机制，将企业战略转化

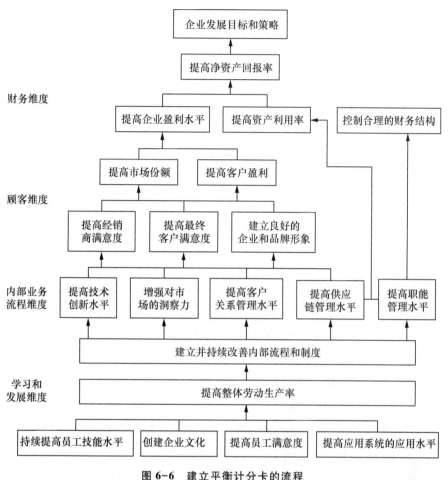

图 6-6 建立平衡计分卡的流程

为内部业务流程活动,从而不断增强企业的核心竞争力并使企业获得持续的发展。因此,通过 KPI 的管理,可以落实企业战略目标和业务重点,传递企业的价值导向,有效激励员工,提高人均效益,促进企业和员工的绩效改进与提升。

绩效可以按其实施主体分为组织绩效、团队绩效、个人绩效三个层次,因此在对企业绩效进行评价时就要用企业级 KPI,在对部门绩效进行评价时就要用部门级 KPI,而在对个人绩效进行评价时就要用个人 KPI。从这个意义来说,KPI 包括以下三个层次,即企业级 KPI、部门级 KPI 和个人 KPI。实际上,在实施绩效管理时,三者并不是完全独立的,因为企业绩效依赖个人绩效,提高个人绩效的最终目的还是提高企业绩效。所以在对个人进行绩效考评时,既要考评其个人 KPI,又要适当考评其所在部门的 KPI,这样可以有效地将个人利益与部门利益、企业利益有效结合起来。

一般而言,确定绩效指标应遵循 SMART 原则,即 Specific(具体的)、Measurable(可度量的)、Attainable(可实现的)、Realistic(现实的)和 Time-bound(有时限的)。

表 6-13 体现了在确定绩效指标时怎样做符合这些原则,怎样做不符合这些原则。

表 6-13 确定绩效指标的原则

原则	正确做法	错误做法
具体的	• 切中目标 • 适度细化 • 随情境变化	• 指标抽象 • 指标未经细化 • 复制其他情境中的指标
可度量的	• 指标是数量化的 • 指标是行为化的 • 数据或信息具有可得性	• 依靠主观判断 • 指标属性非行为化描述 • 数据或信息无从获得
可实现的	• 指标是在付出努力的情况下可以实现的 • 指标是在适度的实践内可以实现的	• 设定过高或过低的目标 • 目标实现期限过长
现实的	• 指标可证明 • 指标可观察	• 指标是假设的 • 指标不可观察或不可证明
有时限的	• 使用时间单位 • 关注效率	• 不考虑时效性 • 模糊的时间概念

在确定企业级 KPI 时，应根据企业的战略重点，运用头脑风暴法和鱼骨分析法找出业务重点（即企业考评重点）。在确定部门级 KPI 和个人 KPI 时，通常采用以下步骤：

（1）详细描述部门和岗位的工作职责。首先根据企业的战略目标与部门设置情况，以及部门间工作流程关系，确定每一部门的基本职责。然后根据部门内的岗位设置情况以及不同岗位间的工作业务流程关系，把部门的职责分解到各个岗位上，通过工作分析，明确每一岗位的具体职责，为每一岗位拟定规范的工作说明书。

（2）提取工作要项。工作要项是指各部门和岗位的工作中所包含的重要职责，在明确了工作职责的基础上，管理者与被管理者通过商讨共同确定将哪些工作列为工作要项。确定工作要项的具体方式有以下三种：第一，管理者与被管理者先通过商讨共同拟订一个初稿，然后召集所有员工一起讨论直到意见一致为止。第二，管理者先拟订一个初稿，被管理者在仔细阅读的基础上提出改进意见，管理者再根据被管理者的意见做一定修改，直到双方都接受为止。第三，被管理者先拟订一个初稿，管理者在详细阅读初稿的基础上提出改进意见，被管理者再根据管理者的改进意见做一定修改，直到双方都接受为止。

（3）建立 KPI。所确定的每一个工作要项就是一个 KPI。KPI 必须符合数量化和行为化的标准。KPI 有四种基本类型，即数量、质量、成本和时限，如表 6-14 所示。

表 6-14 KPI 的基本类型

指标类型	举例
数量	产量、销售额、回款数、市场占有率、利润等
质量	合格率、差错率、完好率、顾客满意度、投诉率等

（续表）

指标类型	举例
成本	单位产品成本、人均费用、费用控制等
时限	及时性、供货周期等

（4）确定不同指标的权重。不同方面的绩效指标在总体绩效中所占的比重不一定相同，因此有必要确定不同指标的权重。

（5）确定绩效标准。KPI体现了每一部门或岗位对企业目标有增值作用的工作产出，指标的内容规定了从哪些方面对工作产出进行衡量或评估，标准则表明了在各个指标上分别应达到什么程度或水平。绩效标准是进行绩效考评时所依据的标准，对于量化的绩效指标，设定的绩效标准通常是一个范围，这个范围的下限即基本标准，上限是卓越标准。基本标准是被考评者必须达到的水平，如果被考评者的绩效水平低于标准的下限，表明被考评者存在绩效不足问题，须进行改进；如果被考评者的绩效水平超出标准的上限，则表明被考评者的表现已达到卓越，远远超出了期望水平。

4. 个人绩效合约

个人绩效合约借用了目标管理的核心思想，强调员工绩效目标的实现以及员工对组织目标达成的具体承诺。

运用个人绩效合约对员工绩效进行考评，首先需要将组织绩效目标进行层层分解，以确定不同员工的主要绩效范围；然后设定相应的绩效目标并确定具体的考评指标，员工在与其直接上级进行沟通后签订个人绩效合约，由员工的直接上级负责监督绩效合约的完成，如在每周的例会上与员工沟通合约的完成情况，并根据绩效合约的具体要求对员工进行绩效考评。作为一种绩效考评与管理的有效工具，个人绩效合约在设计上比单纯的目标管理更具优势。

5. 标杆超越

标杆超越可以这样描述：不断寻找和研究业内外一流的、有名望的企业的最佳实践，以此为标杆，对本企业的产品、服务和管理等方面的实际情况与这些标杆进行定量化考评和比较，分析这些标杆企业达到优秀水平的原因，结合自身实际加以创造性地学习、借鉴并选取改进的最优策略，从而赶超一流企业或创造高绩效。

标杆超越活动由"确立标杆"和"超越"两个基本阶段构成。"确立标杆"阶段就是针对企业所要改进的领域或对象，首先明确"谁在这一方面是最好的？它为什么做到了最好？我们为什么差？差在哪里？"这意味着要确定学习和赶超的榜样，对其进行解剖和分析，同时也要解剖和分析自身，通过对比找出与标杆之间的差距及其原因。这一阶段实际上是一个"知己知彼"的过程。但是关键在于"超越"对手，使自己成为"领袖"。因此，必须在前一阶段"知己知彼"的基础上，寻找支撑企业可持续发展的KPI及绩效改进的最优方法，拟定超越对手的策略并加以实施，努力使自己成为同业最佳，这便是"超越"阶段。

以标杆超越为基础设计的绩效考评体系如图6-7所示。

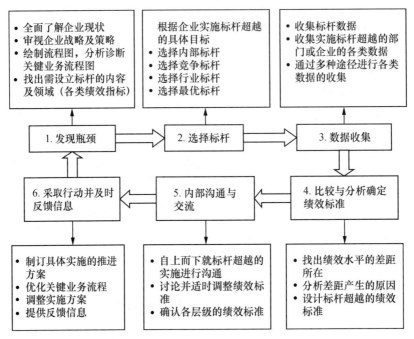

图6-7 以标杆超越为基础设计的绩效考评体系

6. 生产率衡量与提升系统

生产率衡量与提升系统(Productivity Measurement and Enhancement System，ProMES)的主要目标是激励员工向着更高的生产率水平前进。它是一种对生产率进行衡量以及向全体员工提供反馈信息的手段。

生产率衡量与提升系统包括以下四个步骤：

(1) 组织中的人员共同确定组织希望有哪些产出以及实现何种目标。组织的生产率高低通常取决于其能够在何种程度上实现这些产出。比如，对于一个修理店来说，"修理质量"可能就是其产出之一。

(2) 组织中的人员共同确定能够代表产出的指标。这些指标是用来衡量组织实现产出的程度的。比如，"修理质量"可能用以下两项指标来表示："返修率"和"通过质量控制检查的产品百分比"。

(3) 组织中的人员共同确定所有绩效指标的总量以及同这一总量相联系的各种总体绩效水平。

(4) 建立一套反馈系统，向员工提供关于他们在每一项指标上所得到的特定绩效水平的信息。

通过研究发现，生产率衡量与提升系统在提高生产率方面是很有效的，而且它还是一种有效的反馈机制。它的缺点就在于：开发这套系统比较费时；由于注重结果，有时候员工所不能控制的某些外部原因导致的结果往往要由员工承担,在无意中会使员工重视短期行为而忽视长期结果。

7. 目标与关键成果

(1) 目标与关键成果(Objectives and Key Results, OKR)的起源和发展。

OKR 经历了以下四个阶段:

第一,OKR 的起源阶段。OKR 是融合了一系列框架、方法和哲学的产物,其起源可追溯到一百多年以前。20 世纪初,企业界非常推崇泰勒的贡献,很多研究聚焦在调整各种工作环境因素以确认是否能带来生产率的提高,却忽视了员工这个最根本的因素。德鲁克的出现,彻底改变了这一切。德鲁克为现代组织建立起管理哲学标准和理论基础,被很多人尊称为"管理思想之父",他出版的三十多部著作大多被奉为经典。其中 1954 年出版的《管理的实践》对 OKR 的诞生产生了深远的影响。在该书中,德鲁克非常有预见性地认识到专业人员将成为现代企业的一个显著特色,并很快意识到如何对专业人员进行绩效管理将成为未来时代的重要挑战。为应对这种挑战,德鲁克提出了目标管理的框架,希望企业运用目标管理促进组织内跨部门协作和激发个人创新,确保组织内所有员工同公司整体目标保持一致。

第二,OKR 的实践阶段。20 世纪 80 年代,时任英特尔 CEO 的安迪·格鲁夫(Andy Grove),出于带领英特尔实现战略转型的需求,在对德鲁克的目标管理框架稍作修改后,将它引入英特尔作为其管理哲学的关键组成部分。在格鲁夫看来,一个成功的目标管理框架需要回答两个基本问题:第一个问题是"我想去哪儿?"第二个问题是"我如何调整节奏以确保我正往那儿?"正是对第二个问题的回答掀起了一场变革,使"关键成果"(Key Results)被附加到"目标"(Objectives)中,成为整个 OKR 框架的一部分,标志着 OKR 成功登上历史舞台。格鲁夫应用 OKR 旨在促进对目标的"聚焦",除了限制目标的个数,还主张以季度为周期,通过自上而下和自下而上相结合的方式,去设定更具挑战性的 OKR。

第三,OKR 的兴起阶段。OKR 兴起于谷歌。20 世纪 90 年代末,硅谷风险投资公司凯鹏华盈(Kleiner Perkins Caufield & Byers)合伙人约翰·杜尔(John Doerr)向刚投资成立不到一年的谷歌推荐了 OKR,自此之后,OKR 便成为谷歌绩效管理的首选工具。现在,OKR 俨然已成为谷歌文化的一部分。

第四,OKR 的盛行阶段。目前,美国已有许多企业采用 OKR,硅谷的一些知名企业,如领英(LinkedIn)、推特(Twitter)和星佳(Zynga),对 OKR 更是推崇备至。除此之外,全球其他大大小小的企业,也开始迅速采用 OKR。

(2) OKR 的内涵与本质。

OKR 是一套严密的思考框架和持续的纪律要求,旨在确保员工紧密协作,把精力聚焦在能促进组织成长的、可衡量的工作上。OKR 由目标和关键成果两部分组成。

目标:对驱动组织朝期望方向前进的定性追求的一种简洁描述。它主要回答的问题是:"我们想做什么?"一个好的目标应当是有时限要求的(如某个季度可完成的)、鼓舞人心的、能激发团队成员产生共鸣的。

关键成果：一种定量描述，用于衡量目标的达成情况。如果目标要回答的是"我们想做什么"这个问题，那么关键成果要回答的则是"如何知道自己是否达到了目标的要求"。OKR 的终极价值所在，就是将目标中模糊或模棱两可的部分进行量化。

作为融合了一系列框架、方法和哲学的产物，OKR 是一种设定企业、团队、员工目标与持续沟通的管理工具，是通过结果去衡量目标的方法与实践，还是一种能够促进员工、团队协同创新的思维模式。作为一种目标管理的哲学思想，OKR 是企业和员工探讨如何将团队、个人工作同组织整体战略目标相关联的管理框架。它通过鼓励员工主动设置挑战性的目标，并将目标在企业内部公开，激励员工取得更好的绩效表现，最终达到个体与组织的共赢。

(3) OKR 的主要特点。

第一，目标统一，上下一致。目标统一指核心目标已达成共识，统一、清晰、明确，当然也是富有挑战的。虽然说 OKR 的目标是一致的，但个人、团队、企业的 OKR 又是不同的：个人 OKR 是对个人的要求；团队级 OKR 不是个人 OKR 的简单累加，而是团队重点要做的事情；企业级 OKR 是高层管理者对整个企业的发展要求。上下一致指从下层员工到各个团队乃至企业整体的目标都是一致的，组织的力量更聚焦。

第二，指标简单，公开透明。指标简单指目标数不超过 5 个，每个目标的关键成果不超过 4 个。简单的指标设计更利于聚焦主要目标及有效执行。公开透明指各自的关键成果指标及执行情况的信息都是公开的，大家可相互查看、监督。公开透明的 OKR 有利于员工互相理解，提升协作效率与协同创新能力，同时也能为绩效考评（基于 360 度考评方法）提供参考依据，促使绩效考评更加公平公正，而非流于形式。

第三，源于实践，实用性强。OKR 是 MBO、SMART 等经典管理理论的延伸，同时结合了社会的发展以及操作上的细化。它是一种产生于企业管理实践的实战管理方法，是在国内外众多高科技企业、创新创业企业得到应用并且被验证有效的管理工具、方法和体系，相对于传统绩效管理方法，OKR 的实用性更强。

第四，强调沟通，敏捷高效。一般企业按照季度设置 OKR，关键成果基本上是每个季度都在变化的，为此企业内部要一直持续沟通，这就把绩效管理的重点从"考评"这个模块转变成"沟通与辅导"以及帮助员工制定目标。充分的沟通有利于增强内部的协同，提高作业效率，也有利于帮助员工更好地成长。同时，周期较短、更具弹性的 OKR 设定，更能适应多变的外部环境，将 OKR 用于绩效管理会使得企业管理更加高效。

(4) OKR 对传统绩效管理模式的改进。

以控制论为主的传统绩效管理模式，如 KPI、BSC 等，依旧是当下企业主流的应用。传统绩效管理模式存在以下几方面不足：

第一，预设考评指标往往和激励结果直接相关，具有很强的导向性，员工往往唯指标是从，即使对于错误的 KPI，员工也会照样执行。因此，一旦选错考评的 KPI，后果将不堪设想。

第二，有些事情对企业发展来说至关重要，需要企业大力推进，但是在出成果之前却无法衡量，从而无法制定精确的KPI，加上考评之剑悬于头顶，在害怕考评、利益攸关的情况下，很多人起初根本不愿意制定挑战性目标。

第三，KPI的达成情况与员工个人利益挂钩，在制定考评目标和进行绩效考评时，难免存在人情世故和公平性问题，严重者甚至会影响到整个企业的士气和员工的团结协作精神。尤其是在当今中国传统行业面临转型升级、移动互联网蓬勃发展的背景下，行业边界、生产者与消费者边界以及企业的组织边界被打破，盛行于工业时代的传统绩效管理模式因过于强调工作的执行和对员工行为的管控，导致员工普遍缺乏创新活力，局限性愈发明显，已经不适应时代发展的需求。

在知识经济时代，如何激励个体价值创造，也就是管理大师德鲁克说的对知识型员工的绩效管理问题，成为每一个组织急需解决的重要问题。为了去除传统绩效管理模式下，因考评结果被直接用于奖惩而对员工行为产生的强导向作用，进一步激活个体价值创造活力，OKR明确把目标管理中的考评过程和绩效考评流程区分开来，从而确保员工愿意挑战更高的目标。从构成来看，基于OKR的绩效管理体系，实际上是"OKR+绩效考评"的综合绩效管理模式。

本小节介绍的各绩效考评方法与技术特点如表6-15所示：

表6-15 各绩效考评方法与技术的特点

绩效考评方法与技术		特点
基本方法	比较法 — 一般分级法	需将绩效从最好到最差排序，可能会出现员工绩效水平相近而难以准确排序的问题
	比较法 — 交替排序法	考评结果用表格展示，清晰明了，但易对员工造成心理压力
	比较法 — 配对比较法	系统程序化、科学合理，但只考评总体状况，不能反映员工之间的差距
	比较法 — 强制分布法	可有效避免因个人因素而产生的考评误差，具有激励功能，但不适合企业员工能力呈偏态分布的情况，难以对员工的差别进行具体比较
	因素法	每一项绩效考评指标都有一个考评尺度
特征法	图尺度评价法	设计简单，但产生主观性和偏见的可能性高
	个性特质量表	适用范围广，能被迅速设计出来，但针对性不强
	书面法	明确而灵活，反馈简捷；但耗时长，描述粗略，难做相互对比，主观性强，决策不准确
行为法	关键事件法	易于被接受，结果可被后期利用；但费时费力，作用不全面，一般用作补充说明
	强迫选择量表	结果客观、准确，但考评者难以把握考评结果，起不到激励员工的作用
	行为尺度评定量表	信度高，对员工有激励、辅导作用；但存在回忆偏见，若员工出现极端行为，将难以评定
	行为观察量表	关键事件可量化、可比较、可区分重要性，反馈清晰明确；但编制观察量表费时费力，易使考评者和员工都忽略工作的意义和本质

（续表）

绩效考评方法与技术		特点
结果法	目标管理	重视人的因素，参与性、民主性、自我控制性强，使个人目标与组织目标统一，绩效标准客观，结果易于观测；但难以对员工进行横向比较，费时间，且在确定目标时，易造成上下级之间的矛盾
	平衡计分卡	服务于战略目标，有利于各级员工克服短期行为以及加深对组织目标和战略的沟通及理解，从而提高整体管理水平；但其实施难度大，指标体系建立困难
	关键绩效指标	使企业绩效评价与战略目标紧密相关，能更有效地实现企业价值增值；但一旦指标设计不当，将导致错误的价值导向和管理缺失
	个人绩效合约	从员工个人及上级两个维度对员工工作进行评估，可明确个人工作职责，提高个人工作积极性，有利于企业顺利分解子目标；但其将精力长期放在预定目标上，灵活性不足
	标杆超越	有助于激发企业的员工、团队及整体潜能，促进机制完善；但容易使企业陷入模仿标杆企业的游戏，失去自身特色
	生产率衡量与提升系统	可有效提高生产率，反馈能力较好；但开发系统费时，易导致员工注重短期行为而忽视长期结果
	目标与关键成果法	优点是聚焦，突出重点和优先次序，强调整个企业的目标意识；缺点是需要大量投入，长期目标效果不明显

三、考评信息的来源——360度考评

360度考评（360°Feedback），又称"360度绩效考评法"或"全方位考评法"，最早由英特尔首先提出并加以实施。360度考评是指从员工自己、上司、下属、同事甚至客户等全方位的各个角度，如沟通技巧、人际关系、领导能力、行政能力等来了解员工的绩效。通过这种理想的绩效考评方式，员工不仅可以获得多角度的反馈，也可从这些不同的反馈中清楚地知道自己的不足、长处与发展需求，使以后的职业发展更为顺畅。

（一）360度考评的实施步骤

（1）确定360度考评的使用范围。

只有确定了360度考评的使用范围，才能使有限的资源在已经确定的范围内发挥出最大的作用。倘若企业内部员工互相信任的程度比较低，最好不要引入360度考评法。

（2）设计考评问卷。

通常，实施360度考评可采用问卷法。问卷法分为三种形式：① 给考评者提供5级或7级量表（即等级量表），由主考评者选择相应的分值；② 让考评者写出自己的评价意见（即开放式问题）；③ 综合以上两种形式。

从问卷的内容来看，可以是与被考评者的工作情况密切相关的行为，也可以是共性的行为，或者二者的综合。常见的问卷都采用等级量表的形式，有的同时包括开放式问题，

问卷的内容一般都是共性的行为。

（3）确定由谁来进行考评。

一般情况下，企业在实施360度考评时，大都由多个考评者匿名进行。比如，某公司在实施360度考评时，将与被考评员工有联系的人分成四组，每组至少选择6个人。采用多名考评者参与对被考评者的评价，扩大了信息收集的范围。

（4）利用好结果反馈。

360度考评最后能否改善被考评者的绩效，在很大程度上取决于考评结果反馈的效果。考评结果的反馈包括两方面：一方面，应该就考评的公正性、完整性和准确性向考评者提供反馈，指出他们在考评过程中所犯的错误，以帮助他们提高考评技能；另一方面，应该向被考评者提供反馈，以帮助被考评者提高能力水平和绩效水平。

在考评完成以后，应该及时提供反馈。一般情况下是由被考评者的上级、人力资源经理或外部专家根据考评的结果面对面地向被考评者提供反馈，帮助被考评者分析他在哪些方面做得比较好，哪些方面还有待改进，以及如何来改进。还可以比较被考评者的自评结果和他评结果，找出考评结果的不同之处，并帮助被考评者分析其中的原因。倘若企业具有良好的信息共享机制和氛围，也可以让员工在专家的指导下自由地就考评结果进行沟通交流。

（二）360度考评的执行者

1. 上司

一般来说，员工的顶头上司可以密切监控员工行为，较了解员工的工作情况，但容易掺杂个人情感因素。如果是隔两级的更高一级的上司，个人情感因素相对较少，且更着眼于大局，但了解细节的程度不及顶头上司。

2. 被考评者本人

应该说最了解实情的是被考评者本人，但是本人易有"报喜不报忧、见长不见短"的偏向，或有因担心被视为"不谦虚"而不愿说出自身成绩的偏向。

3. 同级同事

同级同事平日一起工作，工作性质相近，彼此最为了解，但也容易受情感左右，使考评主观、片面。当同级同事间具有竞争性时，更容易如此。

4. 客户

客户对一个企业提供的服务最为关心，他们提供的意见对被考评者本人十分重要。但被考评者也易因此对客户百般讨好、过分迁就。

5. 外聘专家

外聘专家因无个人利害牵连，且专攻此道，因而公正且专业。但他们对实情难以有深入了解，且对被考评者的专业不熟悉。

（三）360度考评的优点

1. 比较客观公正

单纯由上司对下属员工进行考评可能会有两个弊端：其一，滥用权力，打击报复"异己分子"或有意拔高"溜须拍马者";其二,主观性强,他可能只对员工任务完成情况的判断较准确,而对其他方面了解较少。在360度考评中,考评执行者通过听取被考评者的陈述,再结合多方对被考评者的评价,就可以弥补单纯由上司考评的不足。

2. 加强了部门之间的沟通

360度考评程序包含顶头上司介绍员工岗位职责和员工工作的内容、特点、职责、成绩和困难,以及为了克服这些困难员工所付出的努力,有助于增进整个企业内员工的相互了解,促使员工在以后的工作中能多角度地考虑问题,化解矛盾,相互配合。

3. 人力资源部门据此开展工作较容易

在360度考评中获得的较客观公正的考评结果,使人力资源部门依据它实行的奖惩措施较易推行,如根据360度考评的结果来发放年终奖的做法就得到了大多数员工的支持,领导也比较满意。

(四)360度考评方法举例

表6-16显示的是某研发中心360度考评表的部分内容。

表6-16 某研发中心360度考评表(部分)

项目	考评标准	上司	同事	下属	其他
工作目标	• 使他人理解公司研发中心的工作目标;使他人清楚地了解组织方向 • 激励他人完成公司研发中心的工作目标;以身作则 • 想得远,看得广,勇于挑战 • 如果有必要,需完善公司的工作目标,以适应不断加剧的变化				
责任心	• 坚持公司道德最高标准;执行公司研发中心的所有政策,"做正确的事情"				
以客户为中心	• 听取客户意见,把客户满意作为工作的首要考虑因素,包括公司内部的客户满意 • 通过跨职能、多元化的培训,加深对业务的全面掌握和认识 • 打破壁垒,发展业务、职能、团队之间相互影响的关系 • 做出的决策要反映公司的全局观及顾客观 • 将"速度"作为一种竞争优势				
团队工作	• 迅速实施改进后的工作方法 • 提倡发表不同看法,因为这些看法对积极变化非常重要 • 发挥"既是一名团队领导,又是一名团队成员"的积极作用 • 尊重团队成员的才智和贡献,创造一种人人可以参与的环境 • 将团队的目标和组织与其他团队的目标联系起来 • 即使团队处在困境中,也全力支持团队;对团队的错误承担责任 • 解决问题时不疏远团队成员				

(续表)

项目	考评标准	上司	同事	下属	其他
自信	• 承认自己的力量和局限,从团队成员那里寻求坦率的反馈 • 境况不佳时也能保持性情不变 • 开诚布公地和大家一起探讨问题,超越传统的边界分享信息,积极接受新思想				
沟通	• 向团队成员和供应商解释本公司的工作目标及挑战 • 本着公开、坦率、清晰、全面及持续的理念进行沟通 • 和大家一起探讨开展一个项目、计划和程序的最佳做法 • 积极倾听,对团队成员的行为表现出真正的兴趣				
授权	• 敢于将重要任务交给下属去做,而不是只让下属做不喜欢做的事 • 给予下属与责任相匹配的权利,并为他们提供完成工作必需的资源保证 • 促进下属和同事独立发展的能力;恰当的时候应将功劳归于他们 • 充分利用团队成员的多样性(如文化、种族、性别)来取得成功				

第三节 实施绩效管理的常见问题及实施关键

一、实施绩效管理的常见问题

1. 绩效管理与战略实施脱节

现在很多企业中存在一种普遍现象:各个部门的绩效目标完成的情况不错,但是企业整体绩效却不好。这种现象产生的原因在于各个部门更多考虑的是本部门的设想、能力甚至是利益,很少去关注企业整体的战略和经营绩效以及企业发展对部门提出的新要求。企业也只是就部门的工作制定部门的目标。部门努力工作的结果可能对企业整体战略目标的实现价值不大,甚至没有价值。

绩效管理是实施战略的有效工具,战略能否落地最终体现在目标能否层层分解落实到每位员工身上,促使每位员工都为企业战略目标的实现承担责任。战略稀释现象的发生,究其原因还是绩效分解存在问题。由于各个部门、职位的绩效目标不是由企业的战略目标逐层分解得到的,而是根据各自的工作内容提出的,所以不能引导员工将自己的工作目标与组织的目标联系起来。

2. 绩效管理仅仅被视为一种专业技术

在国内的企业中,很多企业员工并没有足够认真地对待绩效考评。考评在许多企业或部门流于形式,甚至仅仅停留在纸上。人力资源部门费尽力气制定考评制度,希望通过考评区分员工工作绩效的优劣,引导员工改进工作方法,但是往往事与愿违,员工的考评结果都差不多,而且考评结果的好坏对于员工个人没有任何影响。

要想让绩效管理成为一种有效的管理工具,必须与人力资源管理体系中的其他业务板块相互配合。人力资源管理体系是由任职资格、绩效管理、薪酬管理、培训与开发等多个业务板块共同构成的。绩效管理必须基于任职资格体系,对员工的工作绩效以及满足岗位要求的能力进行综合评价,这种评价结果将应用于价值分配,以及后续培训、岗位晋升等方面。

3. 绩效管理的核心目的不明确

在企业中经常会看到这样的情景,每当到了季末或年末的时候,在人力资源部门的再三催促下,部门主管会通知大家:"现在要开始考核了,每个人将自己的工作总结一下。"然后,员工开始对自己过去一段时间的工作进行回顾和总结,部门主管根据员工的总结和平时的观察给员工一个评价,将评价结果交给人力资源部门以后,这项工作就结束了。还有些企业只对员工进行绩效考评,而对怎样才能提高员工绩效、培养员工能力毫不关心。

这些情况都反映了企业对绩效管理的核心目的存在认识上的误区。事实上,不同的目的决定了不同的绩效管理形式,如通过绩效考评为价值分配提供依据,或是作为管理的工具寻找企业经营的短板并不断改进。只有明确绩效管理的目的,才能有的放矢地设计相应的考评办法和制度,而不是简单地将绩效考评等同于绩效管理,或者为绩效管理赋予其他不应有的含义。

4. 绩效管理仅仅是人力资源部门的工作

在企业中,当人力资源部门组织业务部门进行绩效考评工作的时候,业务主管往往会强调业务工作的重要性和复杂程度,认为绩效考评不产生增值行为,反而会浪费业务部门的时间,分散业务部门的精力。他们往往根据自己对下属的印象做出主观评价,将结果交给人力资源部门敷衍了事,这样的评价是不可能准确反映员工的实际绩效的,最终只能使员工对绩效考评产生更大的抵触。

实际上,人力资源部门作为服务性的职能部门,在绩效管理中只能起到组织、支持、服务和指导的作用,而不能成为绩效管理的主体。管理者必须通过绩效管理这一有效的管理工具,引导员工努力实现绩效目标,并为这一目标的实现提供支持和指导。

5. 组织绩效、团队绩效、个人绩效之间未能实现有效的衔接

在企业中,我们经常会发现:几个非常优秀的员工组成的团队的绩效水平往往并不是最高的,甚至出现个人绩效水平较高、团队绩效水平较低的现象。有时单个团队的绩效水平较高,但综合在一起时,组织整体的绩效水平却较低。也就是说,组织绩效与个人绩效之间出现脱节,组织绩效、团队绩效和个人绩效之间未能实现有效的衔接。

造成这种现象的原因有两个:一是由于组织、团队和个人的绩效目标出现脱节;二是组织绩效、团队绩效和个人绩效三者的性质不匹配。无论组织、团队还是个人的目标都应当是源于战略的,三者之间应当是层层分解和细化的关系。在企业文化和共同愿景的作用下,个人、团队与组织的绩效应实现有机契合,以达成组织战略目标。

6. 绩效管理指标没有重点

一个生产车间的员工做了一个计算：从企业的考评制度开始，到部门、车间，再到班组，一条生产线上的操作工人的考评指标达六十多个，从生产、考勤、请假到机台卫生、开会培训等，几乎所有的活动都规定了具体的考评指标。几乎没有员工能够把所有的考评指标和考评标准弄清楚。

在实践中，很多企业都在追求指标体系的全面和完整。事实上，绩效管理过程中应该抓住 KPI，因为指标之间是相关的，抓住 KPI 就能将员工的行为引向组织的目标方向。因此，应当通过建立 KPI 体系将绩效管理与员工的绩效结合在一起，引导员工的行为趋向组织的战略目标。太多或太复杂的指标只能增加管理的难度、降低员工的满意度，对员工的行为是无法起到引导作用的。

7. 一套考核指标无法对所有员工产生引导作用

一些企业中往往会有这样一种现象：有些部门的员工对企业的绩效考评制度认可程度非常高，认为公司的绩效考评制度比较适合企业的实际情况；而另外一些部门的员工则对企业的考评制度极为抵触，认为现有的公司制度根本就无法用于考评。人力资源部门的人员也觉得非常委屈，无法平衡各个部门的要求。

随着分工的细化，如今企业中各项工作的个性化越来越明显，不同工作的绩效结果的表达方式也不尽相同。企业若仍抱着平均、统一的思想来处理人力资源工作，肯定是行不通的，企业的人力资源部门必须树立起市场意识和客户意识，为企业内不同工作性质的员工提供不同的人力资源产品，包括考评指标。只有这样，才能真正平衡企业内各个部门的要求，才能真正满足企业人力资本增值的要求。

8. 只追求短期绩效，而忽视长期绩效

很多企业在进行绩效考评时完全选用财务指标。如一家企业对销售人员的考评非常简单，就是以完成的销售量来计算奖金。员工为了完成企业的销售指标采取了各种各样的做法，但基本都是短期行为，几乎很少有人考虑长期的市场培育，这样就给企业后续发展带来很多问题。

仅仅用财务指标进行绩效考评，过于强调短期利益，势必会引发企业管理者和员工的短视行为。因此，必须在企业内按照平衡计分卡的原则建立起包括财务指标、顾客指标、内部业务流程指标以及学习和发展指标在内的综合绩效指标体系。通过上述四个指标之间相互驱动的因果关系实现"绩效考评—绩效改进"以及"战略实施—战略修正"的目标，从而将企业的长期绩效和短期绩效结合起来。

9. 绩效管理成为奖金分配的手段

企业中可能存在这样一个问题：企业的绩效管理制度实际上就是奖金分配制度，制度中非常明确地规定了每一项工作的奖励和扣罚的金额及尺度。每个月末，员工也没有考评表格，而是由各部门的统计人员将所有相关员工的奖励和扣罚金额进行汇总，然后根据员工每个月固定的奖金基数算出员工当月的奖金数。

这种做法使得员工只有根据奖金数额的变化才能模糊地判断上级对于自己本月工作

的评价,好在哪里、不好在哪里都无从知晓。如果奖金数额没有发生变化,员工就可能更不知道自己应该在哪些方面加以改进。应该注意到,绩效管理的主要目的之一是引导员工提升绩效水平,增加创造的价值。同时,通过绩效考评对于员工的贡献进行评价和区分,并进行价值的分配。而这种分配包括物质激励、培训、晋升,等等。绩效考评结果应用于物质激励,这仅仅是绩效考评结果应用的一个方面,并不是绩效管理的唯一手段和全部。

10. 沟通不足使得绩效管理遭遇员工抵触

要做好绩效管理工作就必须建立良好的沟通与反馈机制,让员工充分了解企业绩效管理的目标、作用、成果。绩效管理的最终目的在于确保企业战略目标的实现、对员工的指导与开发,最后才是将考评结果应用于奖励和扣罚等方面。仅制定绩效考评的反馈、申诉制度,而缺乏信息反馈和有效沟通,员工将无法得知自己工作中存在的缺点和今后努力的方向,绩效考评工作也无法达到改进管理绩效的目的,绩效考评对员工的指导教育作用更无从实现。因此,管理者必须对员工的发展真正承担起责任,积极引导员工参与管理活动,而员工的这种参与要通过绩效管理活动体现出来。

11. 对绩效管理认识不足

许多企业的管理人员认为年末填写的那几张考评表就是绩效管理。事实上,那只是绩效考评,而绩效考评是绩效管理过程中的一个环节,绩效考评绝不等于绩效管理。完整的绩效管理包括绩效计划、绩效考评、绩效分析、绩效沟通、绩效改进等方面的管理活动。在绩效管理过程中,不仅要强调达成绩效结果,还要强调通过计划、分析、考评、反馈等环节达成结果的过程。绩效管理所涉及的不仅是员工个人绩效的问题,还包括对组织绩效的计划、考评、分析与改进。目前许多企业缺乏完整的绩效管理体系,还停留在绩效考评阶段。绩效管理是对绩效实现过程中各要素的管理,是基于企业战略的一种管理活动。具体来说,绩效管理是通过企业战略制定、目标分解、绩效考评,并将绩效考评结果应用于企业日常管理活动之中,以激励员工绩效持续改进并最终实现组织战略目标的一种管理活动。

二、有效实施绩效管理的关键事项

企业实施绩效管理不仅要实现绩效考评模式的转变,还要实现从单一的绩效考评向有效的绩效管理的提升,建立起完整、科学的绩效管理体系。有效实施绩效管理可以从以下三个方面入手:

1. 开展工作分析,设定可行的绩效目标,增强绩效考评的可操作性

(1)在企业人力资源管理实务中,强调以岗位为核心的人力资源管理整体解决方案。实际上,就是指企业人力资源管理的一切职能,都要以工作分析为基础。工作分析是现代人力资源所有职能工作(如人力资源获取、整合、激励、规划和开发等)的基础和前提。只有做好工作分析工作,才能据此完成企业人力资源规划、绩效管理、职业生涯设计、薪酬设计管理等工作。

（2）员工的绩效目标源于部门目标的层层分解和职位要求。绩效目标的设立是一种协调过程。部门主管在与员工共同设定具体的绩效目标时，要根据企业的年度经营计划和管理目标，围绕本部门的业务重点、策略目标制订本部门的工作计划。然后，根据员工的具体职位要求，将部门目标层层分解到具体的责任人。而员工则要根据分解后的目标制订具体的工作计划，并与主管进行协商。员工最终的绩效目标应当以与主管共同协商确定后的计划为依据。由此可以看出，员工的绩效目标大多是直接源于部门的绩效目标，而部门的绩效目标源于企业的经营计划，这就保证了每名员工朝着企业确立的方向去努力。只有这样，企业的战略目标才能真正得以落实。目标太高会让人望尘莫及从而产生畏惧感，目标太低又会让人放松懈怠、无所追求。远大又可衡量的目标就像灯塔一样，指引着员工齐头并进；高远的战略能让员工非常清楚地感受到企业宏大的发展目标，最大限度地调动和鼓舞员工的斗志及士气，让员工有一致努力的方向和归属感。

（3）绩效考评指标应尽量量化，以增强考评工作的可操作性，确保考评结果的客观性、公正性。设定可行的考评指标时要注意两点：一是考评的指标应尽量以可量化的、可实际观察的指标为主，并且能科学确定各考评指标之间的权重；二是在确定考评的指标内容时，要考虑企业的实际特点，建立有针对性的、切实符合企业自身管理要求的指标体系。确定合适的考评指标体系和指标值，不仅能激发员工个人的内在潜力，而且有助于对员工的个人能力表达认可。考评指标不应过多，过多易使员工难以分清主次。确定考评指标值时，要注意指标值不应过高或过低，应将"员工通过努力能达到"作为一个合适的"度"。为每名员工确定明确的工作目标，从而实现员工的自我控制。

2. 营造良好的平等沟通氛围，做好绩效面谈工作，建立健全绩效反馈机制

（1）绩效沟通是绩效管理的重要环节。绩效沟通的主要目的在于改善考评者与被考评者之间的关系；分析、确认、显示被考评者的强项与弱点，帮助被考评者善用强项与正视弱点；明晰被考评者发展及培训的需要，以便其日后更加出色有效地完成工作；反映被考评者现阶段的工作绩效，为被考评者设立下阶段的目标，作为日后工作绩效的标准。

（2）绩效面谈是管理者与员工共同确定下一绩效管理周期的绩效目标和改进点的主要方式。只有做好绩效面谈工作，才能使双方对绩效目标和改进点达成共识。绩效管理是一个循环往复的过程，一个周期的结束恰好是下一个周期的开始。做好绩效面谈工作要求管理者在同员工进行面谈前一定要进行绩效诊断。在与员工面谈的时候，管理者不能仅仅告诉员工一个考评结果，还要告诉员工为什么会产生这样的绩效，以及如何避免出现低的绩效水平。实际上双方在面谈过程中，同时也对下阶段绩效管理的重点和目标进行规划，这就使整个绩效管理的过程形成一个效率不断提高的循环系统。通过绩效改进计划的制订可以帮助员工在下一绩效管理周期进一步改进自己的绩效，也可以帮助员工进行职业规划和职业生涯设计。

（3）基于绩效沟通的绩效考评是绩效管理的核心环节。绩效考评是通过岗位管理人员或岗位关联人员与该岗位员工之间有效的双向或多向沟通,依据考评标准和实际工作完成情况的相关资料,在分析和判断基础上形成考评结果,并将结果反馈给员工的一种工作制度。绩效考评应预先建立健全绩效反馈机制,某些员工如果对自己所得到的绩效考评结果有不同意见,可以在一定时间内通过该机制进行申诉。

3. 创新绩效激励体系,增加绩效压力,迅速而广泛地应用绩效考评结果

绩效管理的最后阶段是应用开发阶段,对绩效考评结果的应用包括以下六个方面:工资调整、绩效薪酬分配、层级晋升与职位调整、教育培训、激活沉淀和指导员工职业发展。创新绩效激励体系在绩效管理应用开发阶段具有十分重要的作用。

作为企业人力资源开发与管理工作的重要组成部分,激励体系要与人力资源管理的其他环节相互联结、相互促进。合理且有效的激励体系是现代企业制度下企业规避员工道德风险的重要手段。创新绩效激励体系要在企业内部形成共同的价值观和健康向上的新型文化;要很好地设计能配合企业战略实现的 KPI,开展战略性绩效考评与激励。建立与实行战略性激励对企业实现全面和可持续发展是至关重要的。

本章小结

绩效管理是为了更有效地实现组织目标,对组织和员工的行为与结果进行管理的一个系统,也是一系列充分发挥每名员工的潜力、提高其绩效,并通过将员工的个人目标与企业战略相结合,以提高组织绩效的人力资源管理过程。绩效管理的目的主要包括三个方面:战略目的、管理目的、开发目的。有效的绩效管理体系应该与企业价值链相适应,绩效管理体系在人力资源体系中扮演着中枢的角色。绩效考评工具的选择主要依据工作分析、信度、效度。绩效考评的基本方法有比较法和因素法;特征法包括图尺度评价法、个性特质量表和书面法;行为法包括关键事件法、强迫选择量表、行为尺度评定量表、行为观察量表;结果法有目标管理、平衡计分卡、关键绩效指标、个人绩效合约、标杆超越、生产率衡量与提升系统、目标与关键成果等。360 度考评为我们提供了一种能获得尽可能全面的信息的考评方法。实践中,实施绩效管理并没有那么顺利,本章提到的绩效管理与战略实施脱节、绩效管理仅仅被视为一种专业技术、绩效管理的核心目的不明确等都是当今绩效管理存在的问题。本章从绩效管理体系的建立角度提出了三点实施建议:开展工作分析,设定可行的绩效目标,增强绩效考评的可操作性;营造良好的平等沟通氛围,做好绩效面谈工作,建立健全绩效反馈机制;创新绩效激励体系,增加绩效压力,迅速而广泛地应用绩效考评结果。

关键概念

绩效　绩效管理　绩效管理过程　绩效管理目的　信度　效度　比较法　特征法　行为法　结果法　关键绩效指标　平衡计分卡　标杆超越　360 度考评

课堂练习

选择题

1. (　　)不属于人力资源管理部门对绩效管理的管理责任。
   A. 设计绩效管理制度　　　　　　　B. 宣传绩效管理制度
   C. 在各部门实施绩效管理　　　　　D. 制订人力资源开发计划

2. 绩效管理是企业人力资源管理制度的组成部分，它是针对企业(　　)开展的。
   A. 基层员工　　　B. 中层领导　　　C. 高层领导　　　D. 全体员工

3. 绩效面谈的最终目的是(　　)。
   A. 告知结果　　　B. 绩效改进　　　C. 员工满意　　　D. 营造氛围

4. 在一项对操作工人的考评中，为了了解员工绩效水平提高的程度应以(　　)为信息的主要来源。
   A. 该员工的同事　　　　　　　　　B. 该员工本人
   C. 该员工的直接主管　　　　　　　D. 该员工的最高主管

5. 绩效管理的效度是指绩效管理所采用的方法对员工工作绩效评价的(　　)的程度。
   A. 可靠性　　　B. 稳定性　　　C. 一致性　　　D. 准确性

6. 在绩效面谈中，考评者所反馈的信息应当是针对员工的某一类行为，这是指绩效反馈的(　　)。
   A. 真实性　　　B. 针对性　　　C. 指导性　　　D. 能动性

7. (　　)不是造成考评偏差的主要原因。
   A. 考评标准缺乏客观性　　　　　　B. 考评者不能坚持原则
   C. 被考评者不能积极配合　　　　　D. 相关资料数据不准确

8. 为保证绩效考评的公正性，企业人力资源部门应当确立(　　)两个保障系统。
   A. 评审与反馈　　B. 评审与申诉　　C. 实施与反馈　　D. 实施与申诉

9. 公司员工绩效评审系统应由(　　)组织建立。
   A. 人力资源部门　　B. 企业董事会　　C. 企业高层领导　　D. 企业管理部门

10. 在实施绩效管理时，应首先明确企业的(　　)。
    A. 目标　　　B. 战略　　　C. 员工情况　　　D. 职位情况

11. 平衡计分卡的四个维度分别是：财务维度、顾客维度、内部业务流程维度与(　　)。
    A. 学习和发展维度　　　　　　　　B. 技能和创新维度
    C. 学习和态度维度　　　　　　　　D. 技能和态度维度

12. KPI的四种基本类型分别是数量、质量、成本和(　　)。
    A. 销售额　　　B. 市场占有率　　　C. 供货周期　　　D. 时限

13. (　　)是管理者与员工共同确定下一绩效管理周期的绩效目标和改进点的主要方式。
    A. 绩效面谈　　B. 绩效反馈　　C. 书面法　　D. 目标规划

判断题

1. 绩效管理的实施是人力资源部门的主要职责。（   ）
2. 绩效管理只要对组织或员工的绩效进行考评就足够了,因为绩效考评足以实现绩效管理的目标。（   ）
3. 不管员工的职位高低、能力大小,对员工态度考评的重点都是工作的认真度、责任感、工作的努力程度、是否服从命令等。（   ）
4. 绩效考评和绩效管理的含义完全相同。（   ）
5. 业绩主导的考评方式适合用来考评事务性人员。（   ）
6. 考评方法的准确性是选择考评方法时应该考虑的唯一指标。（   ）
7. 绩效面谈过程即主管评价下属业绩好坏的单向沟通过程。（   ）
8. 绩效管理的主要目的有战略目的、管理目的、盈利目的。（   ）
9. 绩效反馈发生在绩效分析、绩效计划执行、绩效考评等阶段之后。（   ）
10. 绩效考评工具的选择标准有信度、效度和工作分析。（   ）
11. 360度考评的执行者包括上司、同事、被考评者本人、客户和外聘专家。（   ）
12. 绩效管理的过程可以被划分为绩效计划设定、绩效计划分析、绩效计划执行、绩效考评和绩效反馈五个阶段,统称五阶段模型。（   ）

讨论题

1. 假设自己是一个IT集团的领导,思考如何建立一套有效的绩效考评体系,采取何种方式。
2. 讨论 OKR、KPI 与 BSC 在绩效考评中的应用。

讨论案例

A 公司的 OKR 工作法推行之旅

　　A 公司最新一季度的员工离职率统计结果出来了,行政人事中心的隋总监看着上面令人满意的数据,终于松了口气。回想之前的日子,每天来找他的不是谈离职的员工,就是提用人需求的部门经理,而一天两三场的面试更是家常便饭。对于离职原因,员工们提到最多的就是完不成KPI导致工资拿得少。而更严重的是,原有的KPI体系下,部门间协调效率很低,公司业务推进缓慢。三个月前公司召开的"红高粱会议"带来了重要的转变。在他的积极推动下,公司总裁终于在会议上宣布:以 OKR 工作法代替原有的以 KPI 为主导的管理方式。事实证明这一决定是正确的,推行 OKR 工作法以来,不仅员工的离职率降低了,员工的工作状态也发生了改变,整个公司的业务发展也终于步入正轨。

　　A 公司由北京厚德智联供应链管理有限公司与青岛胶州城市发展投资有限公司共同出资,于 2019 年 5 月 16 日在青岛市胶州市三里河街道注册成立。创业之初,公司并没有对员工进行绩效考评。这是因为:一方面,这个时候工作的重点是尽快把公司团队搭建起来,以便迅速开展业务,完善规章制度的迫切性暂居其后;另一方面,公司规模还小,人数少。由于没有考评,干多干少都一样,干好干坏也一样,很多员工逐渐失去了最初的工作热情,公司的业务开展受到了严重的阻碍。随着团队逐步搭建完成,隋总监认为制定一套行之有效的绩效管理制度是公司的当务之急。

总裁认为,目前公司处于迅速成长期,需要鼓励员工尽快拿出工作成果,KPI 的方式简单直接,激励效果更好。于是隋总监开始着手建立公司的 KPI 体系。

市场部作为公司的关键部门,业务范围主要面向轻资产且抵押或担保存在问题的中小企业,帮助其解决供应链、资金链、物流链运转不周的问题。市场一部的小王本是市场部的一名得力干将,然而推行 KPI 体系之后,他每月都因完不成绩效指标而被扣工资,最终选择了离职。

按照公司的业务流程,市场部成功开发客户后,如果现有平台产品能够满足客户需求,则客户可以直接接入平台;如果现有平台还没有相应产品模块,市场部就将客户需求提交到产品部,由产品部设计出相应产品,再由技术研发部进行产品开发,将其完善到平台系统内,再将客户接入。因此,技术研发部员工的 KPI 能否按时完成,依赖于产品部能否在规定的时间内设计出产品。产品部由于人手不足,经常无法按时设计出产品,导致技术研发部的员工经常完不成 KPI,拿不到绩效工资,工作积极性受到极大的影响。

除了市场部和技术研发部,来自其他部门的抱怨也越来越多,就连行政人事中心的员工也深受 KPI 困扰,他们认为,有些考评指标根本就无法用具体的数字来量化,考评难度非常大,不仅加大了工作量,也让行政人事中心的员工与其他被考评部门员工之间的关系日渐疏远。同时,对大多数员工来说,KPI 就是他们工作的全部动力,他们并不关心企业的最终目标到底是什么。面对这种情况,隋总监又重新打开了过去整理的有关 OKR 工作法的资料。这次他坚信,OKR 工作法能弥补公司现有绩效考评制度的缺陷,提高员工的工作热情,让公司重新焕发生机。他决定在公司即将召开的"红高粱会议"上再次向总裁提议使用 OKR 工作法。

此次"红高粱会议"对于 A 公司来说可谓意义重大。隋总监深知,要推行 OKR 工作法,必须让员工充分了解 OKR 工作法,在会议上,他耐心地为员工们讲解 OKR 工作法的理念。OKR 工作法与原来的 KPI 到底有什么区别? OKR 工作法中所用的"目标"与 KPI 中的"绩效"一样吗?这是公司中很多员工在刚接触 OKR 工作法时都持有的疑问。对此,隋总监解释道:"OKR 工作法是绩效管理工具,KPI 是绩效考评工具;OKR 工作法通过关注过程来促进目标的实现,而 KPI 更多关注的是结果。OKR 工作法中的目标和关键成果都可以包括一些绩效指标,但这时指标的作用是为了帮助员工检查目标完成情况,而不是为了确定员工的奖惩。这样员工可以把工作重心转移到最终目标的完成,而不是聚焦于绩效指标的完成。"与此同时,公司颁布了新的绩效考评办法,对员工来说,最大的变化莫过于其中的第四条:"员工采用月度考评,月度考评指标按照部门季度考评指标分解为月度节点所需要落地的程度,考评结果分两类。所有员工不再设置绩效薪酬,考评结果不影响工资的正常发放。部门负责人需要对月度考评的正式员工进行绩效面谈,帮助员工分析原因,以达成月度 OKR 的目标。"

初步了解 OKR 工作法的基本原理以及新的考评办法后,A 公司员工纷纷表示支持 OKR 工作法,他们终于不用再日夜担心绩效能不能达标这个问题了。OKR 工作法推行之旅首战告捷,隋总监趁热打铁,发布了《部门目标和关键成果卡》《个人目标和关键成果卡》《月(季)绩效回顾表》等相关表格,接下来就是 OKR 工作法的全面实施了。

采用了 OKR 工作法以后,公司的业务得到了有效的促进。过去采用 KPI 考评的时候,每个员工都只关注自己的 KPI 是否完成,全然不顾其他员工、部门整体的绩效。此次 A 公司在推行 OKR 工作法的同时,引入了飞书办公平台,所有层级的目标和关键成果都在平台上清晰可见。员工们不再只是关注自己的"一亩三分地"。通过飞书办公平台,每名员工都可以看到其他员工、部门以及公司的整体关键目标,任务更加清晰明确;同时,飞书办公平台让员工之间的沟通更加通畅,部门之间、员工之间能够及时提供相应支持,也能快速收到工作反馈,员工的工作效率和效果大大提升。OKR 工作法的实施让员工能够丢掉顾虑,敢于去挑战自己,制定更高的目标。由于员工在 OKR 工作法的目标制定过程中具有很大的自主权和主动权,这也使得他们对自己的目标有了较强的责任感。不过,A 公司在 OKR 工作法的使用过程中也存在一些问题。如何制定出合理的"目标"与"关键成果"就是一个很大的挑战。A 公司 OKR 工作法的目标设定以一个季度为周期,在改革实行后的前两个季度,很多部门的目标完成度不好。经过分析发现,这些目标没有完成的重要原因是由于该季度初期的目标设置不合理,有些目标设置得过高而有些脱离实际了。虽然经过几个 OKR 目标设定周期之后,该问题在逐渐改善,但如何制定出有效的目标,仍然是 A 公司 OKR 工作法推行中需要解决的重要问题。另外,A 公司目前对于 OKR 工作法的推行重点在目标与关键成果的设定上,每到季末,员工们能够自觉主动地设定下一季度的 OKR,这让隋总监颇感欣慰,但公司部门管理者对于季末的总结回顾重视程度不够,尤其对于目标达成度不高的员工,缺乏必要的沟通与指导,这样将很可能导致下个季度重蹈覆辙。OKR 工作法的推行,仅仅是公司迈向真正的绩效管理的第一步,如何促进 OKR 工作法的有效落地,进而帮助公司建立起完整的绩效管理体系,是隋总监即将要接受的下一个挑战。

资料来源:中国管理案例共享中心案例库。

■ 问题:

OKR 与 KPI 是两种既不同又有相似之处的绩效考评方法,总结它们的联系与区别。

复习思考题

1. 平衡计分卡的实施对于人力资源部门提出了哪些新的要求?
2. 战略稀释现象的发生,究其原因主要是绩效目标的分解存在问题。思考如何处理企业战略与绩效目标不匹配的问题。

延伸阅读

1. 尼文,拉莫尔特.OKR:源于英特尔和谷歌的目标管理利器[M].况阳,译.北京:机械工业出版社,2017.

2. 刘旭.价值导向、业绩平滑与个税筹划——KS设计院基于"产值绩效银行"的绩效管理思考[J].财会月刊,2019(12):70-75.

3. 胡仁东.大学组织绩效管理制度设计的分析框架[J].江苏高教,2019(5):40-43.

第七章

薪酬管理

尊重和理解员工无疑会调动员工的工作热情,如果把它当做唯一,那就错了。在现阶段丰厚的薪酬、福利仍是最具吸引力的,但是我们一直把它与才智放在一架天平上来衡量。

——柯德川(《管人语录》)

📖 本章学习目标

1. 理解薪酬管理的相关概念。
2. 掌握薪酬结构设计的方法。
3. 掌握基于职位的薪酬体系设计方法。
4. 掌握基于技能(能力)的薪酬体系的设计方法。
5. 掌握绩效奖励的设计方法。
6. 掌握特殊(典型)员工群体薪酬的设计方法。

引导案例

华为与格力的薪酬管理

在企业的人力资源管理工作中,薪酬无疑是最敏感的问题之一。本行业的薪酬行情如何?整体的薪酬市场面临什么样的问题?公司的薪酬战略该如何制定?这恐怕不仅是人事经理头疼的大事,也是公司领导者关注的大问题……

华为的薪酬管理

在瞬息万变的互联网时代,互联网思维应运而生,很多传统行业开始转型,其中不少行业或企业在互联网思维前栽了跟头。但华为不仅没有被互联网思维颠覆,反而一直保持着乌龟一样的慢跑精神,每年都能持续增长,并且超越了对手。其中的一个关键性秘诀就是:在慢跑中改进绩效管理。那么,华为有着怎样的独特方法论呢?

华为将薪酬分为两大类,即外在激励和内在激励。外在激励主要由基本工资、固定奖金、现金津贴、浮动收入、长期激励和福利待遇共同组成。内在激励具体体现在工作内容的挑战、培训发展的机会、文化氛围的和谐、工作—生活平衡度等一系列非物质方面的因素。

当然,对保留员工影响最大的薪酬组成项是长期激励,即股票认购。在每个财年开始之际,华为各个部门的高层管理人员开始确定新的财年符合认购股票资格的员工名单。需要确定的员工信息包括员工的入职时间、总工作年限、现岗位工作时间、岗位级别、上年度业绩表现、团队合作度和员工总体评价,最终会确定符合条件的员工可以购买的股票性质及数量。

入职满一年的员工即可享有华为的内部职工股权,员工可以根据自己的意愿进行购买、套现。华为提供内部职工股权的多种购买形式,除了可以使用现金购买,也可以用奖金认购,还可从公司无息贷款,三者任选其一。

对于工作年限比较久并且业绩比较好的员工,其奖金和股票分红收入会更高。工作年限为5年以上且干得好的,年终奖(一般第二年年中发)可以达到10万元,股票收入也能达到10万元,分红能达到30%左右。华为内部职工股权的发放配额并非固定不变,而是通常会实时根据"能力""责任心""付出""工作积极主动性""风险担当"等因素定期进行动态调整。

在华为的股本结构中:30%的优秀员工可享有集体控股,40%的骨干员工按照一定的比例控股,10%~20%的低级别员工和新入职员工只能视具体情况适当参股。

格力连续三年为员工加薪

格力成立于1985年3月,经过三十多年的发展,已成为珠海市规模最大、实力最强的企业集团之一,形成了工业、房地产、石化三大板块综合发展的格局。

2016年感恩节,格力董事长董明珠成为大众关注的焦点,她下发红头文件要为格力所有员工集体涨薪,每名员工每月增发1 000元,入职满三个月的员工人人有份。如此振奋人心的好消息在感恩节当天宣布,董明珠所做的决定获得了前所未有的大力支持,不论是格力的员工,还是同行业的竞争对手都对此连连称赞。

2017年8月初,格力再发新公告,宣布从8月8日开始,公司将向全体员工集体发放一次性旺季高温补贴1 000元。公告称：希望全体员工不畏炎夏、齐心协力、坚定信心，以饱满的精神和昂扬的斗志决战旺季，为实现公司的宏伟目标努力拼搏，撸起袖子加油干！

对于员工数较多的公司来说，发福利、涨工资是件很需要勇气的事，像格力如此大气的公司还真是少有。值得一提的是，此次发放的旺季高温补贴是在原有补贴的基础上发放的，二者并不冲突。2016年涨工资，涉及7万名左右员工，按人数算，格力每月将增加支出7 000万元，即一年格力将新增加工资开支8.4亿元左右。

2019年1月8日晚间，一份《格力全员涨薪通知》在网络上流出，该通知的大体内容是，从2019年起，格力将增加10亿元以内支出用于员工加薪，这次加薪对象主要是技术类、管理类、技工类等岗位的员工，而中层以上的领导不参与这次加薪。

在薪酬政策方面，格力采用的是复杂的组合类型政策，也就是包含工资、奖金、津贴、福利、股权、带薪假期等一系列措施的薪酬政策。格力提供行业领先的社会保险和住房公积金，并设有年终奖、特别奖、科技进步奖、管理创新奖、合理化建议奖、先进个人奖等奖项，以及带薪年假、膳食津贴、高温津贴、住房补贴、交通补贴、定期体检等诸多福利。格力属于珠海市重点培育企业，业绩表现优秀者可申请珠海市政府提供的高层次人才激励、青年优秀人才激励、产业发展与创新人才津贴、租房补贴等各项现金、非现金人才引进补贴。

资料来源：作者根据相关资料整理。

■ 问题：

华为和格力这两家公司在薪酬管理上有何特点？

第一节 薪酬管理概述

一、薪酬的内涵及相关概念

（一）薪酬的内涵界定

按界定范围进行划分，薪酬可以分为狭义的薪酬和广义的薪酬。

乔治·米尔科维奇（George Milkovich）对薪酬的定义就是一种狭义的概念。他从社会、股东、员工和管理者四个角度对薪酬的内涵进行了分析，并从薪酬管理角度对薪酬进行了定义：薪酬是指"员工作为雇佣关系的一方所得到的各种货币收入、服务及福利之和"[1]。

刘昕认为，薪酬包括固定薪酬和浮动薪酬。企业依靠薪酬吸引、保留和激励员工。[2]

一些学者提出了薪酬的广义内涵。美国的薪酬管理专家约瑟夫·马尔托奇奥（Joseph Martocchio）提出，薪酬是员工因完成工作而得到的内在和外在的奖励，并将薪酬划分为外

---

[1] 米尔科维奇，纽曼，格哈特.薪酬管理[M].11版.成得礼，译.北京：中国人民大学出版社，2014.
[2] 刘昕.薪酬管理：第6版[M].北京：中国人民大学出版社，2021.

在薪酬和内在薪酬。[1]

国内学者赵曙明、赵宜萱认为,薪酬是企业根据员工完成的工作任务、所做的贡献或者业绩大小,结合员工的职位、能力和出于对员工的激励性考虑而提供给员工的货币、实物和服务等的总和,可分为直接货币报酬和间接货币报酬两种形式。[2]

综合而言,从狭义的角度可将薪酬定义为:企业为了吸引、留住和激励员工,向员工提供的经济性报酬,分为货币和非货币两种形式,具体包括职位薪酬、技能(能力)薪酬、绩效薪酬和福利等。

(二)薪酬的构成

对薪酬的界定不同,其具体包括的内容也就不一样。从广义的角度看薪酬的构成,如图7-1所示。

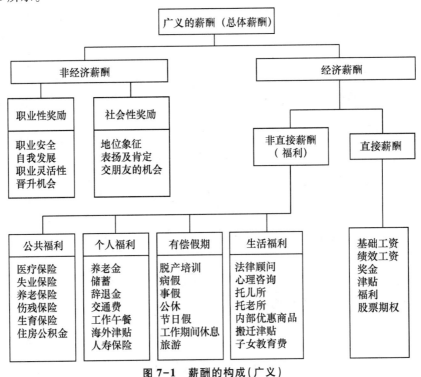

图7-1 薪酬的构成(广义)

经济薪酬中的直接薪酬主要由以下内容组成:

1. 基础工资

基础工资(Basic Salary)是一种固定报酬,企业按照一定的时间周期,定期向员工发放。基础工资发放的依据主要是员工所承担职位的价值或者员工所具有技能(能力)的价值,即以职位为基础或以技能(能力)为基础。

2. 绩效工资

绩效工资(Merit Pay)是根据员工的年度绩效评价的结果而确定的在基础工资上增加

---

[1] 马尔托奇奥.战略性薪酬管理[M].7版.刘昕,译.北京:中国人民大学出版社,2015.
[2] 赵曙明,赵宜萱.薪酬管理:理论、方法、实务[M].北京:人民邮电出版社,2018.

的部分,因此它是对员工的优秀工作绩效的一种奖励。它与奖金的差别在于,奖金只是一次性的奖励,并不能成为基础工资永久性的增加部分。

3. 奖金

奖金(Incentive Pay)也称激励工资,是为员工超额完成任务、获得优秀工作业绩而支付的额外报酬,其目的在于对员工进行激励。奖金比其他报酬形式具有更强的灵活性和针对性。

4. 津贴

传统的津贴(Allowance)是企业对员工在特殊劳动条件下所付出的额外劳动消耗和生活费开支的一种物质补偿形式,即经济性津贴。现代薪酬管理中津贴的内涵和外延都在扩大,一些带有奖励、激励和政策倾斜性质的津贴纷纷出现,且在直接薪酬中的比重日益提高。

5. 福利

福利(Benefit)是一种员工人人都能享受,并且与工作业绩关系不大的利益分配。其形式是多样的,有时以货币形式出现,有时以实物形式出现,是对环境、政策、公司凝聚力等的一种补偿。它是直接薪酬十分重要的组成部分,而且在现代薪酬管理中占据了越来越重要的位置。

6. 股票期权

股票期权(Stock Option)主要包括员工持股计划和股票期权计划。员工持股计划主要针对企业的中基层员工,而股票期权计划主要针对中高层管理人员、核心人员和技术人才。这种报酬形式将员工的个人利益与组织的整体利益联系起来,能够极大地调动员工的积极性。

二、薪酬管理的含义、影响因素、流程及发展

(一)薪酬管理的含义

薪酬管理是指组织根据员工所提供的服务来确定他们应当得到的薪酬总额、薪酬结构和薪酬形式的过程。薪酬管理不同于薪酬体系设计,它是一个系统过程,包括薪酬战略、薪酬结构、薪酬体系、薪酬调整和薪酬沟通等内容。它是基于企业经营与发展战略,结合企业所处的具体环境、业务需要及人力资源管理战略,设计与完善具有本企业特色的薪酬政策和薪酬制度的过程。

从以上定义中我们可以看到,企业在薪酬管理的过程中需要做出一系列的选择和决策。在这里,我们主要介绍以下三种决策:

1. 薪酬体系决策

薪酬体系(Compensation System)决策的主要任务是确定企业的基本薪酬是以什么为基础的。当前,国际上通用的薪酬体系有三种:职位(岗位)薪酬体系、技能(能力)薪酬体系、绩效薪酬体系。其中以职位薪酬体系的运用最为广泛。这三种体系在后面的章节中我们会有详细介绍。

2018年5月,为加强和改进政府对企业工资分配的指导和服务,在总结近年来企业薪

酬试调查工作的基础上,我国人力资源和社会保障部、财政部就建立统一规范的企业薪酬调查和信息发布制度发布了《关于建立企业薪酬调查和信息发布制度的通知》。

2021年8月,国务院国有资产监督管理委员会发布《关于进一步深化中央企业劳动用工和收入分配制度改革的指导意见》,提出加强工资总额能增能减机制建设,推进与效益紧密挂钩的内部薪酬制度改革,规范员工福利保障制度。

2. 薪酬结构决策

薪酬结构(Compensation Structure)一般指与职位或能力等薪酬要素相匹配的薪酬等级结构。传统的薪酬结构主要依据职位价值确定,而现代的薪酬结构还要考虑员工的技能和能力等。因此,薪酬等级结构既反映了员工在组织架构中的位置,也反映了组织对员工贡献程度的价值认可。

3. 薪酬水平决策

薪酬水平(Compensation Level)是指企业中各职位、各部门以及整个企业的平均薪酬。薪酬水平决定了企业薪酬的外部竞争性。对企业的薪酬水平决策产生影响的主要因素有:同行业或地区中竞争对手支付的薪酬水平、企业的支付能力和薪酬战略、社会生活成本指数,以及在集体谈判情况下的工会薪酬政策等。

(二) 薪酬管理的影响因素

为什么各个企业的薪酬水平都不一样呢?有很多因素在影响着企业的薪酬管理,这些因素可分为三类:一是企业内部因素;二是企业外部因素;三是员工个人因素。表7-1概括了影响薪酬管理的各种因素。

表7-1 影响薪酬管理的因素

企业内部因素					企业外部因素					员工个人因素				
企业负担能力	企业经营状况	薪酬政策	企业文化	人才价值观	企业愿景	地区及行业差异	地区生活成本指数	劳动力市场的供求关系	社会经济环境	现行工资率	与薪酬相关的法律法规	劳动力价格水平	工作表现	资历水平	工作技能	工作年限	工作量	职位及职务差别

三、薪酬管理的基本流程

很多时候,企业的薪酬管理体系能否正常运行、发挥正常功能,在很大程度上取决于企业薪酬管理的流程是否科学、有效。在现代市场经济体制下,企业的薪酬管理是一个市场化和个性化的过程(见图7-2)。企业薪酬管理体系的构建立足于企业的经营战略和人力资源战略,以劳动力市场为依据,需考虑到员工所从事的工作本身的价值以及所要求的资格条件,还要纳入团队对于个人绩效的考核与评价。这种薪酬管理体系必须具有外部竞争性、内部一致性、成本有效性以及合理认可员工的贡献、遵守相关法律规定等特点。

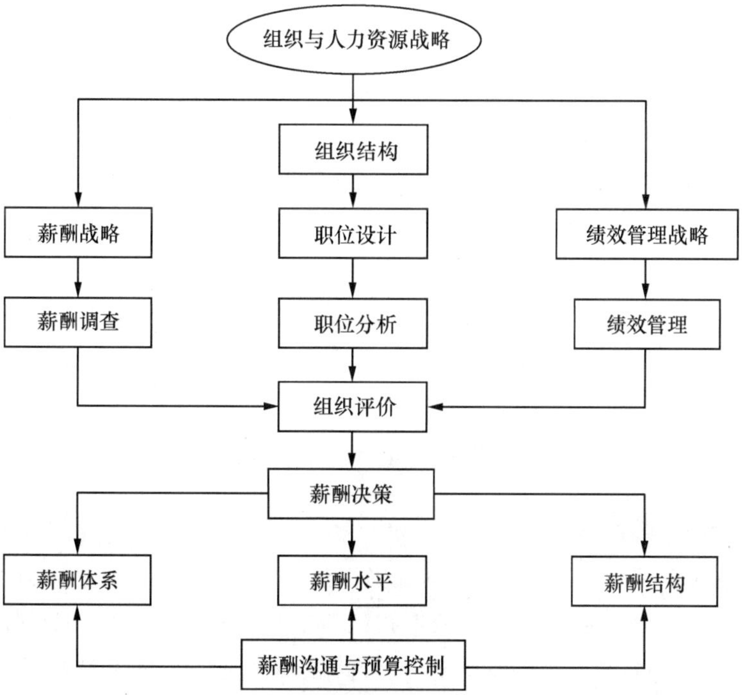

图 7-2 市场经济体制下的薪酬管理流程

四、薪酬管理的发展趋势

现代薪酬管理受到国际宏观经济环境的影响,即经济全球化、知识经济时代的到来和产能过剩等。这些都为企业的薪酬管理带来新的变化动力,主要表现在:

第一,在知识经济时代,知识型企业的发展为薪酬制度的变化提供了丰富的土壤。其中一个重要的变化是越来越多的企业,特别是知识型企业正从"以职位为基础"来制定薪酬制度向"以个人为基础"来制定薪酬制度转变。宽带薪酬结构也受到越来越多的关注。

第二,随着组织结构的日益扁平化和流程管理方式的兴起,团队薪酬和团队激励成为现代薪酬管理的新内容。这就产生了如何对团队和团队中的个体进行绩效考评,以及如何设计薪酬体系等问题。

第三,在知识型企业中,全面薪酬的理念越来越深入人心,职业安全、地位象征等非经济薪酬在吸引、保留和激励知识型员工的过程中所起到的突出作用,也成为企业在知识经济时代发展的一个重要砝码。

第四,随着经营环境不确定性的加强和员工价值观的多样化,"人质"工资成为企业激励员工的重要手段。"人质"工资①的作用机理是以影子收益②的原理引导员工尽最大的

---

① "人质"工资是企业为了限制员工离职,而对其部分工资收益进行绑定。
② 影子收益指特定环境条件下,不是通过直接市场行为,而是通过间接市场行为获取的投资收益。

努力工作,企业将员工的收入延期支付,这对员工来说是在进行储蓄,中途跳槽就不可能拿到全部的收入。在这种薪酬制度下,随着"人质"工资的增长,员工在同一企业长期工作的激励也就越强。

第五,跨国薪酬、国际薪酬成为薪酬管理的内容。随着经济全球化的日益深入,跨国公司成为经济全球化的主角,在该类公司中将存在不同国籍、不同文化背景的员工。此时的薪酬管理将变得十分复杂、棘手,如何协调、规范不同员工的薪酬将是国际薪酬管理研究的重要内容。

第二节 薪酬结构的设计方法

一、薪酬结构的内涵及薪酬结构设计的主要过程

(一)薪酬结构的内涵及相关概念

薪酬结构是对同一组织内部的不同职位(岗位)或者技能(能力)之间的工资率所做出的安排。它所要强调的是职位(岗位)或者技能(能力)等级的数量、不同职位(岗位)或技能(能力)等级之间的薪酬差距以及用来确定这种差距的标准。薪酬结构设计是结合组织内部的一致性和外部的竞争性来实现的。根据薪酬结构设计依据的不同,可以把薪酬结构分为基于职位(岗位)的薪酬结构和基于技能(能力)的薪酬结构,后者往往又被称为宽带薪酬结构。

(二)薪酬结构设计的主要过程

薪酬结构的设计要考虑组织内部的一致性和外部的竞争性,组织内部的一致性体现了薪酬结构的内部公平性,它是通过工作分析和技能(能力)分析来实现的;外部的竞争性则通过外部市场的薪酬调查来实现。下面就从内部和外部两个方面来介绍一下薪酬结构形成的过程,如图7-3所示。

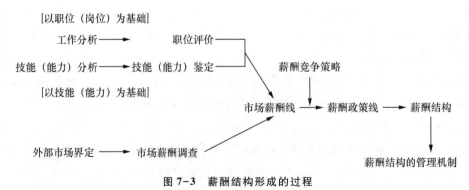

图7-3 薪酬结构形成的过程

从内部一致性来看,当一个企业建立的是以职位(岗位)为基础的薪酬结构时,首先需要进行工作分析;当一个企业建立的是以技能(能力)为基础的薪酬结构时,首先需要进行

技能（能力）分析。这些内容在第三节和第四节会有系统的介绍。下面主要从外部竞争性方面，探讨怎样通过外部市场界定、市场薪酬调查以及如何与职位评价结果或技能（能力）鉴定结果相结合形成一个具有竞争性的薪酬结构。

1. 市场薪酬调查

（1）选取市场薪酬调查的职位。

进行薪酬调查的第一步就是选取需要进行调查的关键职位，然后从外部市场调查中获取这些关键职位的薪酬信息。在这里只选取关键职位进行调查，而非针对所有职位展开调查，一是因为一些职位是企业所独有的，从外部市场调查不到具体数据，即使能够获得相关的市场薪酬数据，也将面临高昂的成本；二是因为很多类似职位的外部市场价值也是相似的，只需要对这类职位的一个代表职位进行调查，其他相似职位则可以参照这个职位做出薪酬决策。

在选取市场薪酬调查的职位时可以用到以下方法[①]：

第一，基准职位确定法。基准职位具有以下特征：①作为整个组织结构的一个子集，基准职位必须涵盖组织中职位的所有范围（即职位结构中最高、中等和最低等级的职位）；②应该容易进行界定；③所有方面都应该能够用普通语言进行描述，以使被调查者和调查信息的使用者能够准确获得关于该职位的具体信息；④在作为调查对象的组织之中应该是普遍存在的，而非该组织中所独有的职位；⑤应该有相对稳定的职位内容；⑥应该为薪酬结构提供良好的关于职位价值各方面因素的参考范围，也就是要求它们在各项职位评价的维度上（如职责大小、受教育程度、经验和其他薪酬因素）的表现应该多样化；⑦至少有一部分组织使用外部的人力资源来填补这些职位上的人员空缺，而非完全依靠内部培养人才，因为只有这样的职位才具有准确的价值；⑧在这类职位上，不同的企业之间应该存在人才竞争，否则便没有提高外部竞争性的必要；⑨组织中有问题的职位常常不作为基准职位。

一般来说，此方法会确保基准职位能代表关键的职能和层次。表7-2把职位归为两个结构，在每一个结构中的不同层次上选择基准职位能确保所调查职位的覆盖面足够广。

表7-2 基准职位的结构与层次

经理类	技术类
副总裁	主任科学家
部门总经理	资深助理科学家
部门经理	助理科学家
项目经理	科学家
主管	技术员

---

① 米尔科维奇,纽曼,格哈特.薪酬管理[M].11版.成得礼,译.北京：中国人民大学出版社,2014.

第二,全球定位法。当几个组织中拥有的相同职位很少、很难提供充分数据的时候,可以采用全球定位法。这种方法提倡通过汇总支付给每名员工个人的薪酬得出整个技术群体或职能部门的工资分布,根据分布图来确定组织的薪酬水平。它更适合半自由的团队或不断调整以适应环境的组织。

第三,两端定位法。如果组织的薪酬结构是根据技能(能力)或者一般性职位描述来确定的,那么以职位(岗位)定薪的薪酬结构就必须转化成适合以技能(能力)来确定的薪酬结构。最简单的方法是确定相关劳动力市场上相关技能(能力)的基准职位与支付的最低薪酬和最高薪酬,将这些职位的薪酬作为以技能(能力)确定薪酬结构的参照物。此结构中的各种层次的职位便可放在这两个参照物之间。例如,把非熟练技工的薪酬率作为起点,管理人员的薪酬率作为终点,那么其他职位的薪酬率就位于两者之间。

这种方法的价值取决于外部基准职位与组织内职位的对应程度,以及这些职位包括技能(能力)的全面程度。把薪酬制度建立在两种市场数据基础上,可能会降低数据的精确性。

(2) 界定相关劳动力市场。

界定相关劳动力市场,就是界定薪酬调查对象,即确定将要对哪些企业进行薪酬调查。

企业在多个劳动力市场中进行竞争,相关劳动力市场的界定取决于薪酬调查的目的。相关劳动力市场主要包括下面几类企业①:① 与本企业竞争从事相同职业或具有同样技术员工的企业;② 与本企业在统一地域范围内竞争员工的企业;③ 与本企业竞争同样产品或服务的企业;④ 与本企业薪酬结构[如以职位(岗位)定酬或以技能(能力)定酬]相同的企业。

(3) 确定薪酬调查的渠道和方式。

就薪酬调查而言,企业可以根据自己的需要选择合适的渠道,也可以聘请专门的咨询公司为本企业进行专门的薪酬调查,还可以直接购买专业薪酬调查机构(如咨询公司、网站等)的薪酬数据或调查报告。

进行薪酬调查可以有很多不同的方式,其中最典型的方式包括问卷调查、访谈调查、电话调查和网络调查。目前网络调查作为一种新兴的调查方式,由于其保密性较高,大幅度提高了调查结果的可靠性,因此正受到越来越多企业的青睐。

(4) 设计薪酬调查表并开展薪酬调查。

不管是采用何种薪酬调查方式,都需要使用薪酬调查表来收集、记录所获得的信息。

(5) 薪酬调查数据分析。

在调查数据回收上来后,调查者要对每一份数据进行核实和分析。对数据进行分析的方法主要有频度分析、趋中趋势分析、离散分析以及回归分析。

---

① 米尔科维奇,纽曼,格哈特.薪酬管理[M].11版.成得礼,译.北京:中国人民大学出版社,2014.

(6) 形成薪酬调查报告。

薪酬调查的结果以薪酬调查报告的形式呈现。采取不同的薪酬调查方式所得到的信息存在较大的差异,因此,薪酬调查结果的表现形式往往也不尽相同。

2. 构建市场薪酬线和薪酬政策线

薪酬调查结果的运用主要有两种方式:一种是对调查结果进行数据统计分析得到市场薪酬线,并结合企业的薪酬战略设计出企业的薪酬政策线,即把外部竞争性和内部一致性结合起来,最终形成薪酬结构;另一种是直接依据某一职位或某些职位的调查数据,分析企业在该职位上应该如何付酬。后一种方式往往需要具体问题具体分析,我们这里重点介绍前一种方式。

(1) 构建市场薪酬线。

经过市场薪酬调查,我们可以得到与评价职位有关的两列数据:一列是职位评价点数,另一列是市场薪酬水平,见表7-3。

表7-3 职位评价点数与市场薪酬水平

顺序	职位名称	职位评价点数	市场薪酬水平(元)
1	出纳	140	5 530
2	离退休事务主管	210	5 800
3	行政事务主管	260	8 030
4	工会财务主管	335	10 300
5	总经理秘书	345	10 300
6	财务部主任	550	12 300
7	市场部经理	560	14 700

根据以上两列数据,我们可以制成如图7-4所示的散点图,并绘制回归线,其中横轴表示职位评价点数,纵轴表示市场薪酬水平。

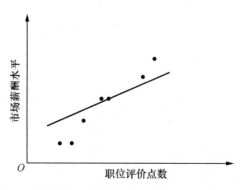

图7-4 职位评价点数与市场薪酬水平之间的回归线

下面我们用最小二乘法来对两列数据进行拟合,以得到一条能够体现不同职位等级的薪酬趋势的直线。根据数学计算的要求,设直线方程 $Y=aX+b$,X 为职位评价点数,Y 为市场薪酬水平,代入上述数据,可以得到:

$$a = \overline{Y} - b\overline{X}, b = \frac{n(\sum XY) - (\sum X)(\sum Y)}{n(\sum X^2) - (\sum X)^2}$$

用上述方法推导出来的直线方程 $Y=aX+b$ 即为用最小二乘法拟合出的直线(这条线被称为市场薪酬线),将职位的点值代入 X,可求出相应的 Y,即经过平滑处理以后的各职位薪酬水平,也称薪酬区间中值。

(2)考察薪酬区间中值与市场薪酬水平的比较比率,对问题职位的区间中值进行调整。

在通过上述步骤得出每一职位等级的薪酬区间中值之后,我们还需要对薪酬区间中值与外部市场薪酬数据之间的比率(比较比率)进行分析,以发现可能存在问题的特定职位等级的薪酬定位。一般来说,比较比率减去100%后的数值控制在10%以内都是可以接受的,这表明该职位等级的薪酬内部一致性和外部竞争性之间是比较协调的。对于一些典型问题,如一个职位的工资数据大大高于或大大低于其职位等级所对应的工资水平,这可能有多种原因,对于其中的每一种原因都应该仔细加以考虑。

(3)确定企业的薪酬政策线。

在得到了市场薪酬线后,企业需要根据其竞争性的薪酬政策来确定企业的薪酬政策线,如图7-5所示。

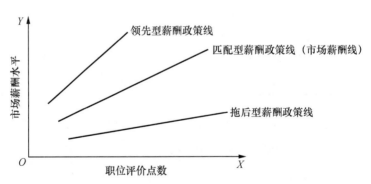

图7-5 不同的竞争性薪酬策略对应的薪酬政策线

所谓薪酬政策,是指企业的薪酬水平在相关劳动力市场上的定位。一般来说,企业有三种不同的薪酬政策:

第一,领先型薪酬政策。这种情况下,企业的薪酬水平高于相关劳动力市场的平均薪酬水平,它常常用处于劳动力市场薪酬水平的前25%来进行界定。

第二,匹配型薪酬政策。这种情况下,企业的薪酬水平与相关劳动力市场的平均薪酬水平大致相当,它常常用处于劳动力市场薪酬水平的25%~75%来进行界定。

第三,拖后型薪酬政策。这种情况下,企业的薪酬水平低于相关劳动力市场的平均薪酬水平,它常常用处于劳动力市场薪酬水平的后25%来进行界定。

根据企业的薪酬政策,企业需要对市场薪酬线进行调整而得到企业的薪酬政策线,即将职位评价点数转换为具体的价值回归线。如果企业采用领先型薪酬政策,其薪酬政策线就要高于市场薪酬线;如果企业采用匹配型薪酬政策,其薪酬政策线就与市场薪酬线重合;如果企业采用拖后型薪酬政策,其薪酬政策线就要低于市场薪酬线。

3. 薪酬结构的设计

如图7-6所示,一个完整的薪酬结构包括三项内容:一是薪酬等级的数量;二是同一薪酬等级内部的薪酬变动范围(最高值、中值和最低值);三是相邻两个薪酬等级之间的交叉重叠程度。

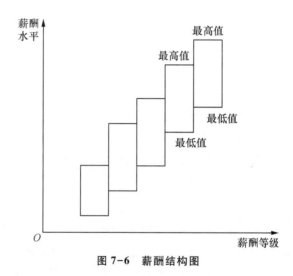

图7-6 薪酬结构图

职位评价(在本章第三节会具体介绍)和市场薪酬调查已经为薪酬结构的构建创造了基础,下面我们以计点法为例来说明薪酬结构的设计过程。

(1)根据职位评价点数确定职位等级的数量。

在实际操作中,通常只对一些基准职位进行职位评价,因此,在划分职位等级的时候还要考虑到其他未被评价的非典型职位的情况。这时就需要仔细考虑:划分多少个职位等级比较合适。我们可以采取多种不同的方法对不同职位等级内部的点数区间进行划分。其中一种方法是对每一职位等级的最高值都以恒定的绝对级差方式来确定,如表7-4所示。尽管绝对级差是恒定的,但是其差异比率(绝对级差与下一职位等级最高值之间的比率)却是变化的。

表7-4 各职位等级最高值的确定

职位等级	职位评价点数		最高值的绝对级差	最高值的差异比率(%)
	最低值	最高值		
1	137	175	39	22
2	176	214	39	18

(续表)

职位等级	职位评价点数		最高值的绝对级差	最高值的差异比率(%)
	最低值	最高值		
3	215	253	39	15
4	254	292	39	13
5	293	331	39	12
……	……	……	……	……

除上述方法外，还有其他方法，比如，将上述的绝对级差转变为变动级差；或者先确定差异比率，然后再推算不同职位等级的最高值之间的级差，在这种情况下，差异比率可以是恒定的，也可以是变动的。

（2）确定薪酬浮动幅度（最高值、中值和最低值）。

由于外部劳动力市场上个人在素质（技术、能力、经验）方面存在差异，对企业贡献不同以及对薪酬的期望存在差异等，企业为此设计浮动薪酬体系。但并非所有企业中都有薪酬浮动，比如以技能为基础的薪酬体系就不考虑绩效和资历因素，而为同一技术等级制定了相同的薪酬率。许多集体谈判合同中同样职位的薪酬率也是统一的。这些薪酬率常常是根据市场薪酬调查中该职位的薪酬区间中值来确定的。

薪酬浮动率 =（最高值 - 最低值）/ 最低值

薪酬浮动幅度的最低值（下限）= 中值 / [100% +（1/2 × 薪酬浮动率）]

薪酬浮动幅度的最高值（上限）= 最低值 ×（1 + 薪酬浮动率）

从以上公式可知，确定了中值和薪酬浮动率，就可以把薪酬浮动幅度确定下来。下面我们介绍如何确定中值和薪酬浮动率。

薪酬浮动幅度的中值通常称为控制点，它是薪酬政策线与薪酬等级的中值线的交点。也可以通过薪酬政策线的回归方程来计算处于每一薪酬等级中部的职位的平均薪酬率，即薪酬中值。可以认为薪酬中值是受到良好培训员工所需要的薪酬，而且员工对在此薪酬等级上工作感到满意。

（3）确定相邻薪酬等级之间的交叉重叠程度。

如果 A 和 B 是两个相邻的薪酬等级，且 B 是较高的等级，则交叉重叠程度为：

$$\frac{(A\text{ 所在等级的最高值} - B\text{ 所在等级的最低值})}{(B\text{ 所在等级的最高值} - A\text{ 所在等级的最低值})} \times 100\%$$

从理论上说，在同一组织中，相邻的薪酬等级之间的薪酬区间可以设计成有交叉重叠的，也可以设计成无交叉重叠的。然而，在实践中，企业倾向于将薪酬结构设计成有交叉重叠的，尤其是对于中层以下的职位。因为这样的设计一方面可以避免因晋升机会不足而导致的未被晋升者的薪酬增长受阻；另一方面为被晋升者提供了更大的薪酬增长空间，从而为被晋升者提供了激励。

薪酬等级之间的交叉重叠程度取决于两个因素:一是薪酬等级内部的变动比率;二是各薪酬等级的区间中值之间的级差。第一个因素我们在前面已经分析过了,下面我们主要介绍区间中值之间的级差问题。

区间中值级差是指不同薪酬等级的区间中值之间的等级差异,在最高薪酬等级和最低薪酬等级的中值一定的情况下,各薪酬等级中值之间的级差越大,薪酬结构中的等级数量就越少;反之,各薪酬等级中值之间的级差越小,薪酬结构中的等级数量就越多。

薪酬等级的区间中值级差越小,同一薪酬区间的变动比率越大,则薪酬区间的重叠区域就越大,这表明组织越鼓励下一个职位等级的员工致力于职位的提升;反之,薪酬等级的区间中值级差越大,同一薪酬区间的变动比率越小,则薪酬区间的重叠区域就越小,这表明组织越不鼓励下一个职位等级的员工致力于职位的提升。但关于企业的薪酬结构中应具体采用多大的交叉重叠比例,往往也没有通用的标准,而需要具体情况具体分析。

4. 建立薪酬结构的管理机制

设计好薪酬结构之后,整个企业的薪酬框架就基本搭建完成了,这时候需要建立对薪酬结构进行管理的机制。它主要包括两个方面:一是薪酬框架如何适用于现有员工和新员工,即员工的入轨机制;二是如何根据员工业绩、能力和资历的变化以及其他因素(比如通货膨胀)对员工的薪酬进行调整。建立管理机制是实现对薪酬的动态调整、完善薪酬结构的关键。

二、宽带薪酬结构

(一) 宽带薪酬结构的概念

所谓宽带薪酬结构(简称"薪酬宽带"),就是对传统上那种带有大量等级层次的垂直薪酬结构的一种改进或替代(见图 7-7)。通过对薪酬等级和薪酬变动范围进行调整,拥有少量薪酬等级和较宽薪酬变动范围的薪酬宽带得以形成。薪酬宽带的概念既可以应用于职位(岗位)薪酬体系,也可以应用于技能(能力)薪酬体系。事实上,薪酬宽带是技能(能力)薪酬体系赖以建立和有效运营的一个重要制度。

(二) 宽带薪酬结构设计的主要步骤

1. 确定薪酬宽带的数量

在一个企业的薪酬结构中到底设计几个宽带比较合适,还找不到一个统一的标准,大多数企业设计 4~8 个薪酬宽带,也有些企业设计 10~15 个宽带,还有些企业只设计 2 个薪酬宽带(一个给管理人员用,另一个给技术人员用)。不过,薪酬宽带数量的确定还应当依据组织中能够带来附加价值的员工的贡献等级数量。薪酬宽带之间的分界线往往处于一些重要的"分水岭",即在工作或技能(能力)要求存在差异的地方。例如,可以将某公司的薪酬宽带划分为助理级、专家级、专业组长级和资深专家级,每个薪酬宽带中包含不同职能部门的职位,如财务主管、采购经理、软件开发工程师等。

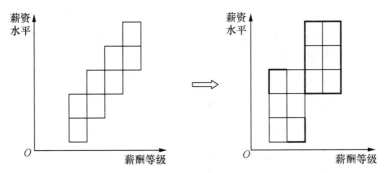

图 7-7　垂直薪酬结构向宽带薪酬结构转变的示例

2. 确定薪酬宽带的价位

确定了薪酬宽带数量,在给薪酬宽带定价时面临一个挑战,即如何向处于同一宽带之中但是职能各不相同的员工支付薪酬。一个可行的做法是:参照市场薪酬水平和薪酬变动区间,在存在外部市场差异的情况下,对同一宽带中不同职能员工的薪酬分别定价。

3. 将员工放入薪酬宽带中的特定位置

为了将员工放入薪酬宽带中的特定位置,企业通常可以采取如图 7-8 所示的三种方法。

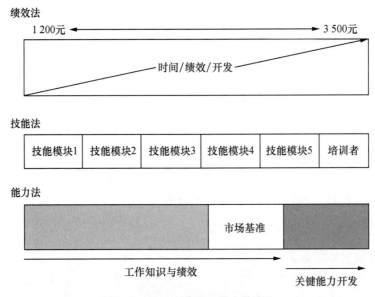

图 7-8　员工在薪酬宽带内的定位

(1)绩效法。根据员工个人的绩效将员工放入薪酬宽带中的某个位置。这种方法强调绩效的作用。

(2)技能法。那些强调新技能获取的企业,会严格按照员工的新技能获取情况来确定他们在薪酬宽带中的位置。企业根据培训、资格证书或者员工在工作中的表现来决定员工是否具有组织所要求的那些新技能。

（3）能力法。那些强调员工能力的企业,会采用能力法来确定员工在薪酬宽带中的位置。企业首先确定某一职位的市场薪酬水平,然后在同一薪酬宽带内部,对于低于该市场薪酬水平的部分,根据员工的工作知识和绩效进行调整;而对于高于该市场薪酬水平的部分,则根据员工的关键能力开发情况来确定他们在薪酬宽带中的位置。

4. 宽带内部的薪酬调整以及跨级别的薪酬调整

在同一薪酬宽带内,鼓励不同职能部门的员工跨部门(如从采购部门到财务部门)流动,以增强组织的适应性、提高员工多角度考虑问题的能力。这种情况相对来说比较简单,因为在薪酬宽带内部的薪酬变动与在同一薪酬区间内的薪酬变动原理基本上是相同的。不过,有时候企业也需要处理员工跨级别的薪酬调整问题。这个问题的核心是如何确定员工的薪酬变动标准。

第三节 职位薪酬体系的设计方法

本节和第四节都是围绕基本薪酬体系展开的。基本薪酬是企业支付给员工的一种固定性、周期性的收入,支付的依据可以是员工所在职位的价值,也可以是员工自身技能或能力的价值。前者可以形成职位薪酬体系,后者可以形成技能(能力)薪酬体系。这两种薪酬体系的设置都是为了更好地实现企业的内部一致性。

一、职位薪酬体系的概念

所谓职位薪酬体系,就是首先对职位进行客观的分析和评价,得出该职位的价值,然后再根据这种评价的结果对这一职位的员工支付薪酬的一种基本薪酬决定制度。职位薪酬体系是一种传统的确定员工基本薪酬的制度,它最大的特点是员工在什么样的职位就得到什么样的薪酬。与新兴的技能(能力)薪酬体系相比,职位薪酬体系在确定基本薪酬的时候基本上只考虑职位本身的因素,很少考虑人的因素。

二、职位薪酬体系的设计流程

从图7-9中我们可以看到,职位薪酬体系的设计流程可以分为三个部分:首先,通过职位分析,形成职位说明书。职位分析是薪酬设计的基础。这部分内容在前一章已有详细介绍,在此不再赘述。其次,进行职位评价。这部分内容是这一节的重点,下面会进行详细介绍。最后,形成薪酬结构。这部分内容在本章第二节已经分析过,下面重点介绍职位评价的方法和技术。

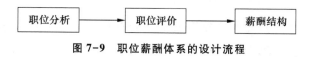

图7-9 职位薪酬体系的设计流程

职位评价又称职位评估。薪酬管理专家米尔科维奇认为：职位评价是一个为组织制定职位结构并系统地确定每个职位相对价值的过程，它以工作内容、技能要求、对组织的贡献、组织文化以及外部市场等为综合依据。

在目前国际通用的职位评价方法中，具有代表性的主要有四种：排序法、分类法、要素计点法和要素比较法。它们之间的关系如表7-5所示。

表7-5 四种职位评价方法的比较

	将职位视为一个整体	考虑职位中的薪酬因素
将职位与薪酬量表比较	分类法	要素计点法
将职位与职位比较	排序法	要素比较法

（一）排序法

1. 排序法的内涵及分类

排序法又称职位分级法，是一种最简单的职位评价方法，它根据总体上职位的相对价值或者职位对于组织成果所做出的贡献对职位进行从高到低的排列。在对各个职位进行比较排序时，一般要求评价人员综合考虑以下各项因素：工作职责、工作权限、职位资格、工作条件、工作环境等。排序法又可以划分成四种类型：直接排序法、交替排序法、配对比较排序法和委员会排序法。

（1）直接排序法。简单地根据职位的价值大小从高到低或从低到高对职位进行总体上的排序。

（2）交替排序法。首先从待评价职位中找出价值最高的一个职位和价值最低的一个职位，再从剩余的职位中依次找出价值最高的职位和价值最低的职位，如此循环，直到所有的职位都被排列起来。

（3）配对比较排序法。首先将每一个待评价职位都与其他所有职位分别加以比较，然后根据该职位在所有比较中的最终得分来划分职位的等级顺序，评分的标准是：价值较高者得1分，价值较低者扣1分，价值相同者双方各得0分，如表7-6所示。

表7-6 配对比较排序法举例

职位	行政主管	司机	人事	会计	总分
行政主管	—	1	1	1	3
司机	-1	—	-1	-1	-3
人事	-1	1	—	1	1
会计	-1	1	-1	—	-1

（4）委员会排序法。首先在企业内组建一个委员会，所有职位价值的高低均由这个委员会评估；其次，将评估的原则、目的、方法等向委员会成员解释明白，使委员会成员达

成共识;最后,由委员会成员评估工作,并将结果予以汇总公开。此法简单易行,但容易受到委员会成员主观因素的影响。

2. 排序法的实施流程

以委员会排序法为例,其实施流程如图7-10所示。

图7-10 委员会排序法的实施流程

3. 排序法的优缺点

排序法最大的优点在于快速、简单、成本低,而且容易和员工进行沟通;缺点是在排序时各方可能很难达成共识,主观性强,在职位数量太多的情况下使用排序法会很困难。

(二) 分类法

1. 分类法的内涵

分类法是指首先划分若干个职位等级,然后将职位对号入座,分配到各个职位等级中去的一种职位评价方法。其操作方法类似于先造好一个书架(划分职位等级),然后对书架上的每一行中所要放入的图书用一个标签(职位等级定义)加以清晰地界定,最后再把各种图书(职位)按照相应的标签放入不同的行次中。

2. 分类法的实施流程

分类法的实施流程如图7-11所示。

图7-11 分类法的实施流程

(1) 收集职位资料,划分职位等级。为了划分职位等级,必须掌握每一职位的详细资料。首先,在收集了必要的职位概要和其他有关资料的基础上,将各个职位划分为职位群,如管理类、业务类、技术类等;然后,将职位群进一步划分为职位系列,如会计师、出纳员、销售员、工程师等。

(2) 确定合适的职位等级数量。这一步骤实际上是确定职位价值的等级结构。通常情况下,企业中的职位类型越多,职位之间的差异越大,则所需要的职位等级就会越多;反之,就会越少。

(3) 对职位等级进行定义。这里的职位等级定义通常是对职位内涵的一种较为宽泛的描述,定义可以较为复杂,也可以较为简短。职位等级说明书的撰写方法一般采用间距排列法。在进行职位等级定义时,通常需要阐述不同职位等级中的各职位所具有的以下几个方面的特征:职位内容概要、所承担的责任、所需具备的知识水平与技能水平、所接受的指导与监督,等等,如表7-7所示。

表7-7 职位等级定义举例

职位等级	定义
实习营销员(1)	不独立开展业务,协助资深营销员处理订单、交货、回款等业务;根据资深营销员的安排与客户进行联系,在资深营销员的指导下洽谈业务、签订销售合同
营销员(2)	在营销员岗位上的实习时间满一年;独立开展销售业务,但业务范围仅限于公司划定的某市(县),定期向资深营销员汇报业务开展情况
资深营销员(3)	担任营销员三年以上;负责某辖区范围内的业务工作,指导、监督营销员开展业务,负责策划所在辖区范围内的营销活动并组织实施
大区经理(4)	担任资深营销员三年以上;负责某辖区范围内的业务工作,负责在本辖区内落实公司的营销策略
销售中心经理(5)	担任大区经理三年以上;主持公司的产品销售和市场开拓工作,在营销副总经理的指导下制定公司的营销策略,确保公司的营销计划顺利完成

(4)对职位进行分类分级。将每一个职位的完整说明书或工作描述与上述的相关职位等级定义加以对照,然后将这些职位分配到一个与该职位的总体情况最为贴切的职位等级中去。以此类推,直至所有的职位都被分配到相应的等级中去。

3. 分类法的优缺点

分类法也是一种简单易行的职位评价方法。其优点是参照事先规定好的职位等级标准及岗位描述,可以降低评价人员的主观影响;缺点是该方法只是用于整体的综合性评价,不作因素分解,难以进行精确评比,相邻等级间难免有重叠之处。该方法只适用于结构简单的小型企业。

(三)要素计点法

1. 要素计点法的内涵

要素计点法是目前较为流行的职位评价方法。要素计点法要求首先组建评价机构,确定影响所有职位的共有要素,并将这些要素进行分级、定义和配点(分),以建立评价标准。其次,依据评价标准,对所有的职位进行评价并汇总每一职位的总评价点数(分数)。最后,将职位评价点数转化为货币数量,即职位薪酬率或薪酬标准。要素计点法通常包括三大要素:一是薪酬要素(Compensable Factors);二是反映每一种薪酬要素相对重要程度的权重;三是数量化的薪酬要素衡量尺度。

2. 要素计点法的实施流程

要素计点法的实施流程如图7-12所示。

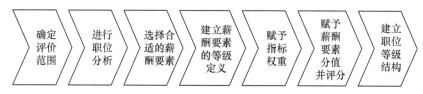

图 7-12 要素计点法的实施流程

（1）确定评价范围。企业的组织结构往往都较为复杂，职位也是多样化的，为了确保要素计点法使用的准确性，需要划分组织内部职位的横向类别，选取最适合使用要素计点法的范围。

（2）进行职位分析。在这一步骤里要找一些有代表性的基准职位样本，进行职位分析。这些职位的内容是确定薪酬要素的基础。

（3）选择合适的薪酬要素。薪酬要素是指那些在工作中受组织重视，有助于追求组织战略并实现其目标的特征。为了发挥作用，薪酬要素必须以所执行的工作、组织的战略和价值观为基础，并使最终受薪酬结构影响的利益相关者能够接受。一般来说，薪酬要素包括劳动技能、劳动责任、劳动强度、劳动环境四类要素及其相关的子要素。薪酬要素根据企业特点和岗位类型来确定，最少时仅两三种，最多时可达三十余种。

（4）建立薪酬要素的等级定义。选择了薪酬要素之后，就应该对每一种薪酬要素的各种不同等级水平进行界定。每一种薪酬要素的等级数量取决于组织内部所有被评价职位在该薪酬要素上的差异程度。差异程度越高，所需求的薪酬要素的等级数量就越多；反之，就越少。

（5）赋予指标权重。薪酬要素所占的权重是以百分比的形式来表示的，确定权重的依据是薪酬要素对于职位评价结果的贡献程度或重要程度。确定不同的薪酬要素在总体职位评价体系中所占权重的方法通常有两种：经验法和统计法。

经验法实际上是运用管理人员的经验来进行决策的一种方法。这种方法要求评价小组通过讨论，共同确定不同薪酬要素的权重，如表7-8所示。

表 7-8 不同薪酬要素的权重分配举例

薪酬要素	权重(%)
工作技能	45
工作责任	5
工作强度	35
工作环境	15
合计	100

统计法是运用统计技术或数学技术进行决策的一种比较复杂的方法。这种方法需要运用非加权薪酬要素来对基准职位进行评价。统计法的操作要点是：对于每一种基准职位都要确定一个总价值公式，总价值可以用市场价值、当前薪酬、总评价点数或者通过排

序获得的序数价值等来表示,然后可以运用多元回归等统计技术来确定每种薪酬要素在所有职位中应当占的权重或相对价值。

(6) 赋予薪酬要素分值并评分。赋予薪酬要素分值,即确定各薪酬要素的总分以及这些分数在各薪酬要素等级之间的分配,如表7-9所示。

表7-9 职位薪酬要素等级划分及分数分配举例

薪酬要素类型	要素指标	等级					合计
		1	2	3	4	5	
工作技能	文化和技术理论知识	1	8	10	12	14	45
	操作技能	12	14	16	18	20	80
	作业复杂程度	3	6	9	12	14	44
	处理预防事故的复杂程度	1	2	3	4	6	16
工作责任	质量责任	2	4	6	8	10	30
	原材料消耗责任	2	4	6	8	10	30
	经济效益责任	2	4	6	8	10	30
	安全责任	2	4	6	8	10	30
工作强度	体力劳动强度	12	14	16	18	20	80
	脑力消耗疲劳程度	3	6	9	12	14	44
	作业姿势	2	4	6	8	10	30
	工时利用率和工作班制	1	2	3	4	6	16
工作环境	气候条件影响	12	14	16	18	20	80
	作业条件危险性	3	6	9	12	15	45
	有毒有害物危害	2	4	6	8	10	30
	噪声危害	1	2	3	4	5	15

将待评职位逐一对照每一等级的说明,评出相应分数,并将各指标所评分数求和得到职位分值,此职位分值即为该职位对本企业的相对价值。表7-10显示了某职位的最终评价结果。

表7-10 某职位的评价结果举例

薪酬要素	薪酬要素权重(%)	薪酬要素等级	分值
工作技能(操作技能)	45	4	18
工作责任(安全责任)	5	1	2
工作强度(体力劳动强度)	35	2	14
工作环境(有毒有害物危害)	15	3	6
合计	100		40

（7）建立职位等级结构。将所有职位的评价点数（分值）都算出来之后，只要按照点数（分值）高低加以排列，然后根据等差的方式将职位进行等级划分，就可以制成职位等级表。至此，职位评价工作才算真正完成。

表 7-11 显示的是某企业采用要素计点法后得到的职位等级结构。

表 7-11 职位等级结构举例

职级	点数范围	生产类	管理类	营销类	技术类
10	185～194		政务主管		
	175～184	电气管理员			
9	165～174		报账会计		
	155～164				
8	145～154		网络维护员		
	135～144				质量抽检员
7	125～134				
	115～124				
6	105～114				环境监测员
	95～104				
5	85～94		女工主任		
	75～84				
4	65～74				
	55～64		档案管理员		
3	45～54	锅炉工			
	35～44				
2	25～34				
	15～24				
1	5～14				

3. 要素计点法的优缺点

要素计点法的优点是：评价结果精确，且更容易为员工所接受；允许对职位之间的差异进行微调；可以运用可比性的评价点数来对不相似的职位进行比较；由于明确指出了职位比较的基础——薪酬要素，因此能够反映组织独特的需要和文化。

要素计点法的缺点是：方案的设计和应用耗费时间；在薪酬要素界定、等级定义以及评价点数权重确定等方面都存在一定的主观性，并且在多人参与时可能会出现意见不一致的情况。

(四) 要素比较法

要素比较法是一种量化的职位评价方法,它需要用到的薪酬要素比其他方法更多,因而在一定程度上是一种比较复杂的排序法。在一般的排序法中,通常是把每个职位视为一个整体,并根据整体指标对职位进行排序,而在要素比较法中则要多次选择薪酬要素,并据此分别对职位进行多次排序。要素比较法的实施流程如图 7-13 所示。

图 7-13 要素比较法的实施流程

1. 确定薪酬要素

要素比较法对职位分析的成果要求比较高,它要求评价者必须仔细、全面地做好职位分析工作,形成标准、规范的职位说明书,并确定用来对职位进行比较的薪酬要素。薪酬要素一般包括心理要求、生理要求、技术要求、所承担的责任和工作条件五项。

2. 选择典型职位

评价小组要挑选出数个典型职位作为评价对象,这些职位是在组织中具有代表性的基准职位。基准职位是指那些可以作为统一"标准"的职位,具有以下特征:首先,这些职位必须是存在于大多数组织之中的,因而可以在组织内部以及组织之间进行薪酬比较;其次,这些职位的内容是广为人知的、相对稳定的;再次,这些职位的供给和需求相对稳定,不会经常发生变化;最后,这些职位需要代表所要研究的职位结构的全貌。在确定了基准职位之后,组织必须根据外部市场状况和组织实际情况为这些典型职位定价。

3. 根据薪酬要素重要性排序

排序的过程以职位描述和职位规范为基础,通常由评价小组的每位成员分别对职位进行排序,然后再讨论或者以计算平均序列值的方法来决定每个职位的序列值。

表 7-12 显示的是对 A、B、C、D 四个典型职位的薪酬要素进行排序的结果。

表 7-12 对典型职位的薪酬要素进行排序

	心理要求	生理要求	技术要求	所承担的责任	工作条件
职位 A	1	4	1	1	2
职位 B	3	1	3	4	4
职位 C	2	3	2	2	3
职位 D	4	2	4	3	1

4. 给薪酬要素分配薪酬水平

首先,评价小组的成员需要根据自己的判断来决定,在每个典型职位中,不同的薪酬要素对于此职位的贡献大小(用百分比的形式来体现);然后,根据事先确定的典型职位的薪酬水平确定典型职位内部每种薪酬要素的价值。假如某典型职位的现有薪酬水平为5元/时,则评价小组中的三位成员可按照表7-13中所示的方法来确定该典型职位中各薪酬要素的最终价值。

表7-13 某典型职位的薪酬要素分配结果

	心理要求	生理要求	技术要求	所承担的责任	工作条件	合计
评价者甲	10% (0.50元)	20% (1.00元)	15% (0.75元)	25% (1.25元)	30% (1.50元)	100% (5.00元)
评价者乙	15% (0.75元)	10% (0.50元)	15% (0.75元)	40% (2.00元)	20% (1.00元)	100% (5.00元)
评价者丙	5% (0.25元)	25% (1.25元)	15% (0.75元)	35% (1.75元)	20% (1.00元)	100% (5.00元)
合计:(甲+乙+丙)/3	0.50元	0.92元	0.75元	1.67元	1.17元	5.000元

5. 对职位进行排序并比较

在所有典型职位的每种薪酬要素的价值分别确定下来以后,将所有的职位排列在一起,然后根据每种薪酬要素分别对职位进行多次排序。

6. 进行要素序列和薪酬数额序列的比较和调整

调整时有两种方法:一种是调整要素序列,另一种是调整典型职位各要素薪酬数额的分配比重。如果不能通过调整达到完全一致,则该职位不能作为典型职位,应予以放弃或更换。如表7-14所示,在每种薪酬要素之下都对应着对典型职位的两种排序结果,A1是要素序列,"2元"是薪酬数额序列。

表7-14 根据每种薪酬要素对典型职位所做的两次评价的结果比较

	心理要求		生理要求		技术要求		所承担的责任		工作条件	
	A1	2元	A1	2元	A1	2元	A1	2元	A1	2元
职位A	1	1	4	4	1	1	1	1	2	2
职位B	3	3	1	1	3	3	4	4	4	4
职位C	2	2	3	3	2	2	2	2	3	3
职位D	4	4	2	2	4	4	3	3	1	1

7. 建立典型职位薪酬要素等级基准表

将所有典型职位的薪酬水平以及每个典型职位内部的每种薪酬要素的薪酬水平都确定下来以后，便可以建立一个典型职位薪酬要素等级基准表，如表 7-15 所示。

表 7-15 典型职位薪酬要素等级基准表

薪酬水平(元)	心理要求	生理要求	技术要求	所承担的责任	工作条件
0.20				职位 B	职位 B
0.30					职位 C
0.40		职位 A	职位 D	职位 D	职位 A
0.50					
0.60					职位 D
0.70					
0.80				职位 C	
0.90					
1.00					
1.10					
1.20	职位 D				
1.30		职位 C			
1.40	职位 B	职位 D			
1.50					
1.60	职位 C				
1.80			职位 B		
2.00		职位 B	职位 C	职位 A	
2.20					
2.40					
2.60					
3.00			职位 A		
3.50					
4.00	职位 A				
4.50					

8. 确定非典型职位的价值

将上述工作完成后,评价小组的成员就可以依照待评价职位的各薪酬要素与典型职位的薪酬要素之间的对比,来确定待评价职位的每种薪酬要素与典型职位薪酬要素等级基准表中的哪一个或哪几个典型职位的同一要素最为接近;然后,将与之最相近的那个或那些职位的同一薪酬要素的价值作为确定待评价职位在该薪酬要素上的货币价值的依据。

除了上述做法,要素比较法还有几种基本的变形,其中比较常用的一种是把典型职位薪酬要素等级基准表中的价值变为点值。利用这种方法,可以长期根据要素比较对各种职位进行评价。

要素比较法的优点主要表现在:①它是一种比较精确、系统、量化的方法,可靠性较强;②薪酬要素的赋值标准无上下限,由此增强了企业操作过程中的灵活性;③很容易向员工解释。其缺点主要体现在:①运用起来难度较高,需聘请专家予以指导方可进行,因此成本较高;②在评价过程中仍不可避免地带有一定的主观成分,可能会使一部分员工对其公平性产生怀疑。

三、两种典型职位评价方案

(一)海氏工作评价系统

1. 海氏工作评价系统的内涵

海氏工作评价系统又称"指导图表—形状构成法",是由美国薪酬设计专家爱德华·海(Edward Hay)于1943年研究开发的。它有效地解决了不同职能部门、不同职位之间相对价值的相互比较和量化的难题。这种方法实质上是一种评分法。根据这种方法,所有职位所包含的最主要的薪酬要素有三种,每一种薪酬要素又分别由数量不等的子要素构成,详见表7-16。

表7-16 海氏工作评价系统薪酬要素释义

薪酬要素	薪酬要素释义	子要素	子要素释义
技能水平	工作绩效达到可接受的水平所必需的专门知识及相应的实际运用技能的综合	专业理论知识	对该职位要求的所有职业领域的理论、实际方法与专门知识的理解;该子要素分为八个等级,从基本的第一级到权威专门技术的第八级
		管理诀窍	为达到要求的绩效水平所具备的计划、组织、执行、控制、评价的能力与技巧;该子要素分为五个等级,从起码的第一级到全面的第五级
		人际交往技能	该职位所需要的沟通、协调、激励、培训、关系处理等方面主动而灵活的活动技巧;该子要素分为"基本的""重要的""关键的"三个等级

(续表)

薪酬要素	薪酬要素释义	子要素	子要素释义
解决问题的能力	在完成工作时所需要的分析、决策、创新能力的广度和复杂程度	思维环境	指定环境对任职者思维的限制程度;该子要素分为八个等级,从几乎一切按既定规则办的第一级(高度常规性的)到灵活变通的第八级(抽象规定的)
		思维难度	解决问题时对任职者创造性思维的要求;该子要素分为五个等级,从几乎无须动脑只需按既定规矩办的第一级(重复性的)到完全无先例可供借鉴的第五级
承担的职位责任	任职者的行动对工作最终结果可能造成的影响及承担责任的大小	行动的自由度	任职者能在多大程度上对其工作进行自主指导与控制;该子要素包含九个等级,从自由度最低的第一级(有规定的)到自由度最高的第九级(无一般性指导的)
		职位对后果产生的作用	该子要素包括四个等级:第一级是后勤作用,即只在提供信息或偶然性服务上出力;第二级是咨询作用,即出主意与提供建议;第三级是分摊作用,即与本企业内外其他部门和个人合作,共同行动,分摊责任;第四级是主要作用,即由本人承担主要责任
		职位责任	可能造成的经济性后果;该子要素包括四个等级,即"微小的""少量的""中等的""大量的",每一等级都有相应的金额下限,具体金额要视企业的具体情况而定

2. 海氏工作评价系统的步骤

步骤一:根据海氏工作评价系统的三张评价指导表确定各要素的价值。

下面以对营销副总经理的工作评价为例进行分析。第一张表(见表 7-17)是供技能水平评价用的。现在我们根据表 7-17 对营销副总经理做相应的技能水平的评价。

营销副总经理在企业中全面主管营销工作,需要很高的管理技巧,因此在管理诀窍方面应是全面的;在专业理论知识方面应是权威专门技术的;在人际交往技能方面,需要拥有关键的人际关系,这是重要的子要素。因此,营销副总经理的技能水平评分为 1 400。

第二张表是用来评定解决问题的能力(见表 7-18)。现在我们根据表 7-18 对营销副总经理做相应的解决问题的能力的评价。

表 7-17 海氏工作评价指导表之一——技能水平评价

技能水平	起码的			相关的			多样的			广博的			全面的		
人际交往技能 \ 专业理论知识	基本的	重要的	关键的	基本的	重要的	关键的	基本的	重要的	关键的	基本的	重要的	关键的	基本的	重要的	关键的
基本的	50	57	66	66	76	87	87	100	115	115	132	152	152	175	200
初等业务的	66	76	87	87	100	115	115	132	152	152	175	200	200	230	264
中等业务的	87	100	115	115	132	152	152	175	200	200	230	264	264	304	350
高等业务的	115	132	152	152	175	200	200	230	264	264	304	350	350	400	460
基本专门技术的	152	175	200	200	230	264	264	304	350	350	400	460	460	528	608
熟练专门技术的	200	230	264	264	304	350	350	400	460	460	528	608	608	700	800
精通专门技术的	264	304	350	350	400	460	460	528	608	608	700	800	800	920	1 056
权威专门技术的	350	400	460	460	528	608	608	700	800	800	920	1 056	1 056	1 216	1 400

管理诀窍

表 7-18 海氏工作评价指导表之二——解决问题的能力评价

解决问题的能力		思维难度				
		重复性的	模式化的	中间型的	适应性的	无先例的
思维环境	高度常规性的	10%	14%	19%	25%	33%
	常规性的	12%	16%	22%	29%	43%
	半常规性的	14%	19%	25%	33%	43%
	标准化的	16%	22%	29%	38%	50%
	明确规定的	19%	25%	33%	43%	57%
	广泛规定的	22%	29%	38%	50%	66%
	一般规定的	25%	33%	43%	57%	76%
	抽象规定的	29%	38%	50%	66%	87%

营销副总经理是企业市场的开拓者,其思维环境属"抽象规定的";为了占领市场,营销副总经理需要开展高度的创造性工作,其思维难度为"无先例的"。因此,营销副总经理解决问题的能力被评价为技能水平得分的 87%。

第三张表是用来对承担的职位责任进行评价的(见表 7-19)。现在我们根据表 7-19 对营销副总经理做相应的评价。

营销副总经理在企业中发挥"战略性指导的"作用;他全面负责企业的营销工作,起到的是"主要作用";营销副总经理的决策有时直接决定企业的生死存亡,其职位责任是"大量的"。营销副总经理承担的职位责任评分为 1 056。

步骤二:分析待评价职位的"职位状态构成"。

根据海氏工作评价系统,职位具有一定的形态,这个形态主要取决于技能水平和解决问题的能力这两个要素与所承担的职位责任这一要素之间的相对重要性。主要有三种类型:

(1) 上山型。该类型中,所承担的职位责任比技能水平和解决问题的能力重要。如公司总裁、销售经理、负责生产的主管等。营销副总经理属于"上山型"。

(2) 下山型。该类型中,所承担的职位责任不及技能水平和解决问题的能力重要。如会计、人事等职能岗位员工。

(3) 平路型。该类型中,所承担的职位责任与技能水平和解决问题的能力并重。如科研人员、市场分析人员等。

步骤三:根据职位的"职位状态构成",赋予两组要素不同的权重。

分别向技能水平、解决问题的能力与所承担的职位责任指派代表其重要性的一个百分数,这两个百分数之和应为 100%。根据一般性原则,可以分别把上山型、下山型和平路型的两组要素的权重分配为:40%+60%、70%+30%、50%+50%。

表 7-19 海氏工作评价指导表之三——承担的职位责任评价

承担的职位责任		职位对后果产生的作用															
大小等级	金额范围	微小的				少量的				中等的				大量的			
		间接		直接		间接		直接		间接		直接		间接		直接	
		后勤作用	咨询作用	分摊作用	主要作用	后勤作用	咨询作用	分摊作用	主要作用	后勤作用	咨询作用	分摊作用	主要作用	后勤作用	咨询作用	分摊作用	主要作用
行动自由度	有规定的	10	14	19	25	14	19	25	33	19	25	33	43	25	33	43	57
	受控制的	16	22	29	38	22	29	38	50	29	38	50	66	38	50	66	87
	标准化的	25	33	43	57	33	43	57	76	43	57	76	100	57	76	100	132
	一般性规范的	38	50	66	87	50	66	87	115	66	87	115	152	87	115	152	200
	有指导的	57	76	100	132	76	100	132	175	100	132	175	230	132	175	230	304
	方向性指导的	87	115	152	200	115	152	200	264	152	200	264	350	175	264	350	460
	广泛性指导的	132	175	230	304	175	230	304	400	230	304	400	528	264	400	528	700
	战略性指导的	200	264	350	460	264	350	460	608	350	460	608	800	460	608	800	1 056
	无一般性指导的	304	400	528	700	400	528	700	920	528	700	920	1 216	700	920	1 216	1 600

步骤四:根据以上数据,计算待评价职位的总分。

营销副总经理的技能水平得分为 1 400,解决问题的能力得分为技能水平得分的 87%,所承担的职位责任得分为 1 056;两组要素的权重分别为 40% 和 60%。

根据以上数据可得:

$$营销副总经理评价总分 = [1\,400(1 + 87\%)] \times 40\% + 1\,056 \times 60\%$$
$$= 1\,680.8$$

3. 海氏工作评价系统的优缺点

海氏工作评价系统得到的分数比直觉性的主观评价要精确和合理一些,只是评价过程非常复杂,并且需要聘请专家,因此运用这种方法的成本很高。获得评价分数后,具体薪酬额的确定仍要参考外部市场情况。

(二) IPE 系统

IPE 系统,即国际职位评估(International Position Evaluation, IPE)系统,目前在世界各地被广泛应用。结合各国的实际情况,产生了各类基于 IPE 系统的职位评价方法。下面介绍两种典型的方法。

1. 美世的 IPE 系统

美世的 IPE 系统是一个建立在 4 个因素基础上的职位评价模型,这 4 个因素覆盖了确定职位价值大小的关键维度。每个因素分为 2~3 个子维度,每个子维度有不同的等级和权重。在评价过程中,把待评价的职位所包含的因素对应到相应的维度及等级上去,就可以确定职位在该因素上的得分,将所有因素的得分累加,就可以得到该职位的总分。美世的 IPE 系统包含的评价因素及其定义如表 7-20 所示。

表 7-20 美世的 IPE 系统评价因素及其定义

评价因素	因素说明	子维度
影响	职位所具有的影响性质和范围,并将职位对组织的贡献作为修正项	• 职位在组织内部的影响 • 组织规模 • 职位贡献的大小
沟通	职位所需要的沟通技巧;首先确定任职者所需的沟通类型,然后再选定对职位最困难和最具挑战性的沟通	• 职位的沟通方式 • 沟通情景 • 沟通性质
创新	职位所需要的创新水平;首先确定对职位期望的创新水平,然后确定该创新水平的复杂程度	• 职位的创新能力 • 职位的复杂性
知识	职位所需的知识水平;知识可以通过正规教育或者工作经验获得;首先确定应用知识的深度,然后指出该职位在团队中的位置,最后确定应用知识的区域	• 知识水平 • 知识深度 • 团队角色

2. 和君创业的 IPE 系统

和君创业的 IPE 系统是针对中国企业的实际情况,对 IPE 系统进行修订而制定出来的具有本土化特征的职位评价方法。该系统是一个二维评价模型,包括 7 个一级维度、14 个二级维度,详见表 7-21。

表 7-21 和君创业的 IPE 系统

一级维度	二级维度数量	二级维度	权重(%)	包含等级
对企业的影响	2	职位贡献	30	6
		过失损失		6
监督管理	2	人数	10	4
		类别		4
责任范围	2	独立性	20	6
		广度		6
沟通技巧	2	频率与接口	10	5
		技巧		3
任职资格	2	学历	5	4
		经验		6
解决问题的难度	2	创造性	20	5
		复杂性		6
环境条件	2	环境	5	2
		风险		2
总计			100	

资料来源:牛向春,李天勇,戴维阳.基于战略贡献的岗位评价研究[J].当代经济管理,2009,31(12):67-72.

第四节 以任职者为基础的薪酬体系设计

基本薪酬体系除了能以职位为对象来进行设计,还能以任职者为基础来进行设计。与职位薪酬体系相比,以任职者为基础的薪酬体系强调个人在薪酬体系中的作用。它虽然在国内出现的时间不长,但在知识经济这一大背景下,知识型企业和知识型员工的大量涌现,极大地促进了以任职者为基础的薪酬体系的发展。根据决定薪酬的任职者因素的差异,可以把该薪酬体系进一步分为技能薪酬体系和能力薪酬体系。

一、技能薪酬体系的内涵

技能薪酬体系是组织根据一个人所掌握的与工作有关的技能支付基本薪酬的一种薪酬制度。这种薪酬体系通常适用于所从事的工作比较具体而且能够被界定出来的操作人员、技术人员以及行政人员。在该体系中,员工所获得的薪酬是与知识、一种或多种技能而不是与职位联系在一起的。在技能薪酬体系中,员工的技能包括以下三个维度:

(1)深度技能(Depth Skill)。指员工掌握了与完成同一种工作有关的更多、更深的知识和技能。

（2）广度技能（Horizontal Skill）。指任职者在掌握本职位技能之外，还掌握了其他相关职位所需的技能。

（3）垂直技能（Vertical Skill）。指员工能进行自我管理，掌握与工作有关的计划、领导、团队合作等技能。

二、技能薪酬体系的设计流程及其步骤

技能薪酬体系的设计流程的重点在于开发一种能够使技能和基本薪酬联系在一起的薪酬计划。技能薪酬体系的设计流程和步骤如图7-14所示。

图7-14 技能薪酬体系的设计流程

（一）成立技能薪酬体系设计小组

技能薪酬体系的设计小组成员通常包括企业的高层管理人员，以及人力资源、财务、信息管理等部门的代表、来自一线的员工代表和薪酬专家等。各部门的代表和来自一线的员工代表组成具体实施小组，进行整个过程的具体操作；高层管理人员组成指导委员会，在技能薪酬体系设计过程中制定章程，对设计小组的工作进行监督和指导，以确保整个设计活动与长期经营战略保持一致；薪酬专家负责协助设计小组解决技能薪酬体系设计过程中遇到的各种技术问题。

（二）进行工作任务的技能分析

对工作任务进行分析并确定技能要素，是对技能进行分级和定价的基础。技能薪酬体系准备支付薪酬的对象应当是那些对于有效地完成任务来说至关重要的技能。因此，设计一套技能薪酬体系的第一个步骤就是系统描述所涉及的工作任务。为了描述工作任务，我们有时还需要将工作任务分解成更小的分析单位，即工作要素。当然，一项活动究竟是工作、工作任务还是工作要素，则取决于一个工作单位中的劳动分工程度。表7-22对这三个概念进行了解释。

表7-22 工作、工作任务与工作要素之间的区别和联系

概念	汽车维修工人	汽车维修厂
工作	在规定的时间内提供令客户满意的维修完毕的汽车	维修汽车
工作任务	维修汽车	用工具更换汽车零件
工作要素	用工具更换汽车零件	

在以上对工作任务分析的基础上，评价各项工作任务的难度和重要性，然后重新整理工作任务信息，对工作任务进行组合，从而为技能模块的界定和定价打下基础，在这一过程中就需要与薪酬专家进行有效沟通和密切合作。

技能模块是员工为了按照既定的标准完成工作任务而必须能够执行的一个工作任务单位或一种工作职能。对技能模块进行等级评价需要以技能模块中所包括的工作任务为对象,以工作任务的难度和重要性等为指标。一般来说,有以下五种模式可以选择:

1. 阶梯模式

这种模式将一个工作簇中的工作从简单到复杂划分为几个"阶梯"(如一级技工、二级技工、三级技工等),每个阶梯就是一个等级。员工每上升一个阶梯,就需要掌握更深层次的技能。例如,一级技工需要掌握两项技能——重新进料、存货分类;二级技工需要掌握四项技能——重新进料、存货分类、去除毛刺、作业线操作;三级技工需要掌握六项技能——重新进料、存货分类、去除毛刺、作业线操作、装配、焊接。企业可以为不同的工作簇设计不同的阶梯模式。这一模式的主要特点是强调员工技能的深度发展。

2. 技术单元模式

技术单元模式与阶梯模式有一定相似之处:它们都适用于同一工作簇内的工作,员工可以从实施简单工作转变为实施复杂工作。但两者间的区别是阶梯模式强调技能的深度发展,而技术单元模式强调广度技能和垂直技能的发展。员工在掌握一个"门槛"水平的技能模块后,就可以开始学习其他模块中的任何技能。比如公司的一名职员如果掌握了文件档案管理和文字处理的技能,就可以被评为一级职员;如果他又学会了数据处理和项目日常安排等技能,则可以被评为二级职员。

3. 学校课程表模式

这种模式类似于阶梯模式中的技能模块。但与阶梯模式不同的是,此模式中的有些技能被认为是重要的,而有些技能被认为是可由员工任选的。

4. 工作点累计模式

这种模式指通过技能分析和评估,员工能够获得每项技能的点数,点数越大,等级就越高。技能点数的确定与该项技能对应的职位评价点值或职位等级有关,同时也要以该技能对组织成功的贡献大小为依据。这种模式鼓励员工拓展技能以便完成不同工作簇中的工作。公司可以设置几项与增强公司竞争力息息相关的技能,如处理顾客关系、提高响应速度等。如果员工掌握了公司迫切需要的技能,他的技能等级就可以得到提升。这种模式可以引导员工改变自己的知识和技能结构,以适应公司竞争的需要。

5. 跨部门模式

跨部门模式鼓励员工学习其他部门的某些重要技能,以增强员工的灵活性。掌握其他部门重要技能的员工可以获得更高的技能等级。比如,掌握一个部门技能的员工被评为一级员工;掌握本部门加其他部门一项技能的员工被评为二级员工。跨部门模式可以帮助公司应对偶然的、短期的人员短缺,也可以帮助公司应对产品和服务需求的季节性波动。比如,公司在节假日的销售量会大幅度增加,如果发货部门暂时人手不足,就可以把掌握发货流程的其他部门员工"借"到发货部门工作。员工掌握多项技能可以帮助企业更好地适应不断变化的竞争环境。

(三)对技能模块及各个等级进行定价

对技能模块进行定价实际上就是确定每一个技能单位的货币价值。虽然这一操作步骤的重要性得到了广泛认可,但是至今也没有一种标准化的、通用的技能等级定价方法。尽管如此,在对技能模块进行定价的时候,任何组织都需要做出两个基本决定:一是确定技能模块的相对价值;二是确定对技能模块定价的机制。2021年1月,由人力资源和社会保障部办公厅印发的《技能人才薪酬分配指引》指出,职业发展通道有效运转需定考评,即明确各类人员进入所在职级通道的考评办法,根据考评结果组织聘任,实现能上能下;技能人才工资结构可由体现岗位价值的岗位工资单元、体现能力差别的能力工资单元和体现绩效贡献的绩效工资单元等组成。在通常情况下,我们可以按照以下几个因素来确定技能模块之间的相对价值:

1. 失误的后果

指由于技能发挥失误所导致的财务、人力资源以及组织后果。

2. 工作的重要性

指技能对于完成组织认为非常重要的那些工作任务的贡献程度。

3. 基本的人力资源水平

指学习一项技能所需要的基本的数学、语言以及推理方面的知识。

4. 工作或操作的水平

指工作中所包括的各种技能的深度和广度。

5. 监督责任

指在该技能等级上涉及的领导能力、小组问题解决能力、培训能力以及协作能力等范围的大小。

在对技能模块进行定价时,由于确定的依据和标准不同,其结果也各不相同。表7-23和图7-15分别呈现了两种不同的定价模式。表7-23是某制造企业所采用的技能薪酬定价表。

表7-23 某制造企业所采用的技能薪酬定价表

	机械技能	团队合作技能	通用技能
三级技能	15.50元(增加2.00元)	0.50元	已经包括在本等级的技能价格之中
二级技能	13.50元(增加2.00元)	0.50元	已经包括在本等级的技能价格之中
一级技能	11.50元(增加2.00元)	0.50元	已经包括在本等级的技能价格之中
学徒起薪	10元/时		

从表7-23中可以看到,该企业的整个模块分为专用技能(机械技能及团队合作技能)和通用技能两大技能模块。根据外部市场调查,确定员工的学徒起薪为10元/时,随着员工机械技能水平及团队合作技能水平的提高,薪酬水平也不断提高。但员工通用技能水平的提高不会带来薪酬水平的变动。

在实际操作中,很多企业可能并不会对每个技能模块进行定价,而是根据一定的规则确定员工的技能水平,然后根据这种技能水平的总体评估来确定员工的薪酬。图7-15是某公司生产操作人员的技能薪酬定价情况。从图中可以看到,所有生产操作人员的技能水平被简单划分为四个等级,每个级别对应不同的薪资水平。

图 7-15　某公司生产操作人员的技能薪酬定价情况

(四) 技能的分析、培训和认证

设计和推行技能薪酬体系的最后一个阶段是关注如何对员工进行培训和认证,使其置身于该体系中。在这一阶段,在对员工的现有技能进行分析的同时,还要制订培训计划,以及开展技能等级的认证与再认证。

1. 员工的技能分析

对员工进行技能分析的目的在于确定员工当前处于何种技能水平。

2. 制订培训计划

由于技能分析能够确定每名员工所处的实际技能水平,因此它所提供的信息对于制订员工的培训计划来说是相当重要的。在制订员工的培训计划时需要注意两点:一是明确培训的需要;二是采取最合适的培训方法。

3. 技能等级的认证与再认证

设计技能薪酬体系的最后一个环节是设计一个能够确定员工技能等级的认证计划。该计划包括三个要素:认证者、认证员工的技能等级以及员工证明自己技能等级的方法。

在技能等级认证完成以后,每隔一段时间,需要对员工的技能等级进行重新认证。只有这样,才能确保员工能够继续保持已经达到的技术等级。

不仅如此,随着技术的更新,技能等级的定义也在发生变化,因此,企业需要根据自身技术的更新及进步情况,随时修订技能等级定义,并且进行员工技能等级的重新认证。

三、以能力为基础的薪酬体系设计

(一) 能力的内涵

能力,又称素质,是驱动一个人产出优秀工作绩效的各种个性特征的集合。它反映的是可以通过不同方式表现出来的个人的知识、技能、个性与内驱力等,通常用来指管理人员、专业人员、技术人员以及其他白领的工作素质。

(二) 建立以能力为基础的薪酬体系的流程

1. 分析组织能力

企业的活动都是围绕如何实现企业战略进行的,不同的企业要求的核心能力不同,相同的企业在发展的不同阶段也会提出不同的能力要求,因此在建立能力薪酬体系的准备阶段要先研究一下实现组织战略所需的核心能力有哪些。

在明确了组织能力之后,企业还必须把组织能力分解为员工的具体工作能力。实现这一过程通常有两种方式：

（1）对于一些小规模企业，如咨询公司和软件开发公司等，其员工人数较少，工作差异不大，组织能力可以直接等同于员工能力，此时组织可以建立一套涵盖组织能力的通用能力模型，并把它作为衡量员工能力的标准和决定薪酬的基础。

（2）对于大规模企业，组织必须首先考虑与组织能力密切相关的是哪些部门或职位，这些部门和职位需要具备哪些能力才能支撑组织的发展。在对各职位进行能力分析之后，就可以建立各职位的能力模型，再将它作为衡量员工能力的标准和决定薪酬的依据。

比如，在 X 公司的战略实施计划中，市场部为关键部门，对市场部员工的能力要求包括：销售渠道战略的制定，销售基础设施的建立，客户开发计划的制订和实施，供应链管理和经销商管理等。

总之，进行组织能力分析的目的是确定哪些能力是支持组织战略、为组织创造价值的，从而为具备这些能力的员工支付薪酬。

2. 开发分层、分类的能力模型

能力薪酬体系必须建立在企业的能力模型的基础之上，根据员工所具备的个人能力特征来确定其所获得的薪酬。

在企业战略与目标职位都明确之后，就可以建立能力模型了。开发能力模型可以通过以下三种方式：

第一种方式是最常见、最通用的方式，具体步骤见图 7-16。

图 7-16　能力模型开发的步骤

第二种方式是成立专家组，通过发放问卷、头脑风暴等多种手段集中开发、评审与确认能力模型。这种方式花费的时间不长，适合面向较少职位的能力模型的开发。

第三种方式主要面向尚不存在的职位或者没有太多的任职者可以提供工作绩效样本的职位，主要采取专家组论证、分析目前类似工作状况的方式进行能力模型的开发。

3. 能力模型的评审、修订和确认

在能力模型的框架形成之后，还要通过管理实践对能力模型进行评审、修订和确认，以保证能力模型的有效性和可操作性。

一种方式是人力资源部门组织相关部门主管、业务专家以及核心员工对能力模型进行评审和修订，在评审过程中应重点关注：能力要素能否驱动任职者达到较高的绩效水平；能力模型的整体架构是否合理；能力要素的界定与划分是否清晰；能力模型的内容是否完整，是否有其他重要的要素被遗漏；能力模型在应用时的可操作性如何等。

另一种方式是通过能力模型在实践中的运用来检验能力模型的有效性。例如，选取两组员工进行试验，检验能力模型对员工行为差异以及未来绩效的预期意义；将能力模型与招聘、甄选、培训等企业的其他职能相结合，预测能力模型对绩效改进的作用；采取标杆基准法,通过选取标杆企业,进行企业间能力的比较与能力模型的基准化。

通过以上步骤,企业可以搭建不同类型的能力模型来满足企业的需要。这些能力模型既可以是针对整个组织建立的核心能力模型,也可以是仅仅为满足某些特定领域需要建立的能力模型,通常包括以下四种,见表7-24。

表7-24 能力模型的类型及释义

模型类别	模型释义
核心能力模型	这种能力模型实际上适用于整个组织,用来界定组织各层级、各类员工所通用的核心能力,即支撑组织取得战略成功的关键能力
职能能力模型	这是一种围绕关键业务职能(如财务管理、市场营销、生产制造等)建立起来的能力模型,适用于同一职能领域中的所有员工
角色能力模型	这种能力模型适用于一个组织中的某些人所扮演的特定角色,比如技师、经理等,而不适用于这些人所在的整个职能领域;它是跨职能领域的,因此,它特别适用于以团队为基础的组织
职位能力模型	这种能力模型适用的范围最狭窄,因为它只适用于单一类型的职位;它主要针对那些有很多员工从事的职位,比如一家软件公司中的软件销售职位

4. 将能力与薪酬挂钩

能力薪酬体系作为一种新兴事物,本身还存在很多尚未解决的问题。这些问题涉及能力薪酬体系应用过程中的方方面面,包括对能力模型进行定价。在将能力与薪酬挂钩的问题上,企业常常采取多种不同的方法,其中主要的方法有以下五种:

(1)职位评价法。职位评价法是对能力进行评价的最常见、最传统的方法,即在要素计点法中,用与能力相关的部分或全部要素代替传统的薪酬要素。例如,利用传统评价要素衡量管理责任时,往往依据的是管理职位下属员工人数或管理的预算规模;而用与能力有关的要素进行职位评价时,常常会考虑管理方面的要求以及需要具备什么技能才能满足这些管理要求。

(2)直接能力分类法。这种方法是根据员工个人的能力情况对基本薪酬进行等级划分,是真正意义上的能力薪酬定价法。在这种情况下,分类者往往根据员工扮演的角色,如普通员工、经理、高级经理,把他们放进某个单一的薪酬宽带中。在每个薪酬宽带中都划分出三四个高低不同的区域,不同区域分别代表不同的能力水平,并且对应一个特定的薪酬浮动上限和下限。

(3)传统职位能力定价法。在采用这种方法的组织中,员工依然会因为开发能力而获得薪酬,但是关于职位和薪酬的概念都更为传统,即某个职位仍然会被确定为某个薪酬等级,在相对狭窄的薪酬区间,组织会根据员工的能力决定员工的薪酬水平处于这一区间的哪个位置。

(4)行为目标达成加薪法。这是一种根据基于能力的行为目标达成度来确定加薪幅度的做法。组织首先通过事先拟定的行为目标——而不是整体能力评估结果——对能力进行评价,然后根据评价结果确定加薪幅度。

(5)能力水平变化加薪法。这种方法将员工的薪酬水平直接与对其总体能力水平的变化情况所做的评价相挂钩,即组织首先通过多位评价者对员工的总体能力水平进行评估,然后根据员工的能力水平变化情况,直接决定员工的加薪幅度。

5. 员工能力的测试和评价

对员工的能力进行测试和评价,是根据员工能力进行薪酬支付的依据,同时也促使员工积极提升自身能力,引导员工朝产出高绩效的能力方向发展。员工能力测试和评价的过程主要包括评价方法培训、自我评价、资料收集、能力测试、举办评价会议、专家评价与讨论、结果反馈、改进提升,具体见图7-17。

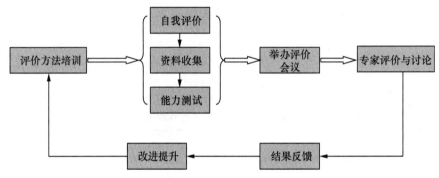

图7-17 员工能力的测试和评价

资料来源:濮雪镭.基于技能与能力的薪酬设计研究[D].西南财经大学,2006.

第五节 绩效奖励计划

本章第二节至第四节介绍了基础薪酬体系的设计方法,这种薪酬体系分别围绕职位和员工的技能(能力)进行设计,更多体现的是薪酬的静态公平性。本节则以绩效为基础对薪酬体系设计方法进行介绍,从薪酬的动态激励性角度说明哪些方法更能调动员工的积极性。

一、绩效奖励计划的内涵及实施要点

(一)绩效奖励计划的内涵

所谓绩效奖励计划,是指员工的薪酬随着个人、团队或组织绩效的某些衡量指标的变化而变化的一种薪酬设计。由于绩效奖励计划是建立在对员工行为及其达成组织目标的程度进行评价的基础之上的,因此,它有助于强化组织规范,激励员工调整自己的行为,以实现组织的目标。

(二)绩效奖励计划的实施要点

越来越多的企业开始实施绩效奖励计划,但实施过程必须非常谨慎,需要注意以下几点:

第一,绩效奖励计划只是企业整体薪酬体系的一个组成部分,只有与其他薪酬计划密切配合,才能确保绩效奖励计划的作用正常发挥。

第二,绩效奖励计划必须与组织的战略目标及文化和价值观保持一致,并且与其他活动相协调。事实上,在实践中经常发生这样的情况,即从局部看设计非常合理的绩效奖励计划,最终对于企业绩效所产生的影响却是不利的。

第三,企业必须首先建立起有效的绩效管理体系。这是因为绩效奖励计划是将对员工、员工群体甚至组织整体的绩效作为奖励支付的基础,如果没有公平合理、准确完善的绩效考评体系,绩效奖励计划就成了无源之水、无本之木。

第四,有效的绩效奖励计划必须在绩效和奖励之间建立起紧密的联系。因为无论企业的目标多么清晰,绩效考评多么准确,反馈多么有成效,如果绩效与奖励之间不存在联系,绩效也无法达到最大化。

第五,绩效奖励计划必须获得有效沟通战略的支持。既然绩效奖励计划要求员工能够承担一定的风险,就要求企业能够及时为员工提供正确做出决策所需要的各种信息;同时,企业还需要就绩效进展情况向员工提供经常性的反馈,以帮助员工提高达到既定目标的可能性。沟通的另一个重要作用是让员工看到绩效和奖励之间到底存在怎样的联系。

第六,绩效奖励计划需要保持一定的动态性。这是因为,绩效奖励计划是围绕企业经营目标、企业外部的经营环境以及员工的工作内容、工作方式等情况而不断变化的,因此,曾经取得成功的绩效奖励计划并不一定到现在依然成功,而经常需要重新设计,或者进行较大的修改和补充。

二、绩效奖励计划的种类

绩效奖励计划的种类很多,按照时间维度,可分为短期绩效奖励计划和长期绩效奖励计划;按照激励对象维度,可分为个人绩效奖励计划和群体绩效奖励计划。此外,还有一种特殊绩效认可计划。下面对这五种奖励计划分别进行介绍。

(一) 短期绩效奖励计划

1. 绩效加薪

绩效加薪是将基本薪酬的增加与员工在某种绩效考评体系中所获得的考评等级联系在一起的一种绩效奖励计划。通常是在年度绩效考评结束时,企业根据员工的绩效考评结果以及事先确定下来的绩效加薪规则,决定员工在第二年可以得到的基本薪酬,绩效加薪所产生的基本薪酬增加会在员工以后的职业生涯——在同一个企业连续服务的年限中得到累积。

绩效加薪的三大关键要素是加薪的幅度、加薪的时间以及加薪的实施方式。

加薪的幅度主要取决于:①企业的支付能力;②企业的薪酬水平与市场薪酬水平的对比关系;③员工所在的管理层级以及企业内部相对收入水平高低等因素。

从加薪的时间来看,常见的绩效加薪是每年一次,也有半年一次或者两年一次。

从加薪的实施方式来看,绩效加薪既可以采取基本薪酬累积增长的方式,也可以采取一次性加薪的方式。

2. 一次性奖金

一次性奖金是一种非常普遍的绩效奖励计划。从广义上说,它属于绩效加薪的范畴,但不是在基本薪酬基础上的累积性增加,而是一种一次性支付的绩效加薪。

3. 月度/季度浮动薪酬

月度/季度浮动薪酬是指根据月度或季度的绩效考评结果,以月度绩效奖金或季度绩效奖金的形式对员工的绩效加以认可。在实际执行的过程中,员工个人应当得到的绩效奖金往往还要与其所在部门的绩效挂钩。

(二) 长期绩效奖励计划

长期绩效奖励计划是指绩效衡量周期在一年以上的、对既定绩效目标的达成提供奖励的计划,而这种奖励实现的主要形式是股票所有权计划。常见的股票所有权计划可以分为三类:现股计划、期股计划和期权计划。

现股计划是指公司通过奖励的方式直接赠与员工股权,或者参照股权的当前市场价格向员工出售股票,总之是使员工立即、直接获得实实在在的股权。

期股计划是指公司和员工约定在将来的某一时期内以一定的价格购买一定数量的公司股权,购股价格一般参照股权的当前价格确定。

期权计划是指公司给予员工一定的权利,可以使员工在将来的某一时期内以一定的价格购买一定数量的公司股权。员工可以选择行使这种权利,也可以选择放弃这种权利。

(三) 个人绩效奖励计划

个人绩效奖励计划是指针对员工个人的工作绩效提供奖励的一种薪酬计划。主要有以下四种:

1. 直接计件工资计划

这是运用最为广泛的一种奖励计划。工资率的确定以单位时间的产量为基础,工资直接与产量挂钩。因此,产量经常高于既定标准的员工的工资会比平均水平高。

2. 标准工时计划

所谓标准工时计划,是指首先确定平均技术水平的员工完成某项工作任务所需要的时间,然后再确定完成这项工作任务的标准工资率。举例来说,对于一名达到平均技术水平的员工来说,他生产单位产品所耗费的时间为一小时,而另一名员工的工作效率更高,他可能在半小时内就可以生产出一个产品,这时企业仍然根据标准工资率来支付第一名员工的工资,而第二名员工就可能得到双倍工资。

3. 差额计件工资计划

它是直接计件工资计划的一种变体,包括泰勒计划(Taylor Plan)和梅里克计划(Merrick Plan)。这两种计划都以标准产量为依据,根据实际产量水平确定工资率。

泰勒计划的主要内容是使用两种不同的计件工资率:一种是用于那些产量低于或等于标准产量的员工;另一种是用于那些产量高于标准产量的员工。

梅里克计划的运作与泰勒计划基本相同,只是它设定的计件工资率有三个标准:①高档,即实际产量超过标准产量;②中档,即实际产量为标准产量的83%~100%;③低档,即实际产量低于标准产量的83%。表7-25对这两种计划进行了对比。

表7-25 对泰勒计划和梅里克计划的对比说明

产出	泰勒工资率	泰勒工资	梅里克工资率	梅里克工资
7个单位/时	0.50元/单位	3.50元	0.50元/单位	3.50元
8个单位/时	0.50元/单位	4.00元	0.50元/单位	4.00元
9个单位/时	0.50元/单位	4.50元	0.60元/单位	5.40元
10个单位/时	0.50元/单位	5.00元	0.60元/单位	6.00元
11个单位/时	0.70元/单位	7.70元	0.70元/单位	7.70元
12个单位/时	0.70元/单位	8.40元	0.70元/单位	8.40元

4. 与标准工时相联系的可变计件工资计划

它主要包括以下三种形式:

(1)哈尔西(Halsey)50—50计件工资计划。其内容是:企业通过时间研究确定完成某项任务的标准工时,如果员工在低于标准工时的时间内完成工作,因节约时间而产生的收益将在企业和员工之间以对半的形式分享。

(2)罗曼(Roman)计件工资计划。它与哈尔西50—50计件工资计划的相似之处是,企业和员工分享因节约时间而产生的收益;不同之处是,随着所节约时间的增加,员工能够分享的收益所占的比重是上升的。举例来说,如果完成某项任务的标准工时是10小时,某员工在8小时内完成了任务,则该员工可以得到20%的成本节约奖;若他在6小时内完成,则可得到40%的成本节约奖。

(3)甘特(Gantt)计件工资计划。其内容是:在确定标准工时时,有意将其制定在员工需要付出较大的努力才能达到的水平上。不能在标准工时内完成工作的人将会得到一个有保障的工资率,但对于那些能够在标准工时内或少于标准工时的时间内完成工作的员工,计件工资率则定在标准工资率的120%这一较高水平上,即工资报酬=保障工资×(1+120%×结余时间)。

(四)群体绩效奖励计划

群体绩效奖励计划通常可以划分为利润分享计划、收益分享计划、成功分享计划和小群体奖励计划等。

1. 利润分享计划

利润分享计划是根据对某种组织绩效指标(通常指利润)的衡量结果向员工支付薪酬的一种绩效奖励模式。员工根据企业整体绩效获得年终奖或股票,或者以现金、延期支付的形式分享利润。

一般来说,利润分享计划的关键在于确定利润分享的比例,而这一比例的确定有三种方式:①以企业获得的总利润为基数,在组织和员工之间设定分享利润的比例。比如,规定拿出总利润的3%来奖励员工。②采用超额利润分享的方法,即设定一个目标利润,将超出这一目标利润的部分按一定比例进行分享。比如,规定目标利润为500万元,如果实际获得利润为560万元,就可以将超额利润60万元按照一定比例在组织和员工之间进行分配。③采用累积分享比例的方法,即规定若干利润段,在不同的利润段采用不同的分享比例。比如,规定利润在200万元以内的分享比例为2%,200万~500万元的分享比例为6%,500万元以上的分享比例为8%。

现代的利润分享计划又有了新的内容。它将利润分享计划和退休计划联系在一起,其具体做法是:企业将利润分享基金用于为某一养老金计划注入资金,经营状况好时持续注入,经营状况不佳时则停止注入。

2. 收益分享计划

收益分享计划是企业提供的一种与员工分享因生产率提高、成本节约和质量提高而带来的收益的绩效奖励模式。这种计划的基础是群体绩效而不是个人绩效,并且通常是一种短期的群体绩效。

收益分享计划与利润分享计划之间有本质的区别。首先,收益分享计划并不使用整个组织层次上的绩效指标(通常指利润),而是对某一群体的绩效进行衡量。它常常与生产率、成本和质量等方面的既定目标达成联系在一起。

其次,相比之下,收益分享计划的奖励支付周期更短,同时也更为频繁。在某种意义上,收益分享计划实际上把以组织绩效为导向的绩效奖励计划(比如利润分享计划)的优点,与以个人绩效为导向的奖励计划(如个人绩效计划)的优点结合起来。

最后,收益分享计划具有真正的自筹资金的性质,因为作为收益分享基础的这些收益是组织过去无法赚取或节约的钱,所以它不会对组织的收益存量构成压力。

收益分享计划主要包括三种方式:斯坎伦计划、拉克计划和生产率提高分享计划。

(1) 斯坎伦计划(Scanlon Plan)。其目标是在不影响员工积极性的前提下,降低企业的劳动成本。其收益分享的计算公式如下:

收益分享总额 =(基期斯坎伦比率 - 当期斯坎伦比率)× 当期产品销售额

斯坎伦比率 = 工资总额 / 产品销售额

(2) 拉克计划(Rucker Plan)。它与斯坎伦计划的区别在于,拉克计划不仅关注劳动成本的降低,而且关注整个生产成本的降低。其收益分享的计算公式如下:

收益分享总额 =(当期拉克比率 - 基期或目标拉克比率)× 当期劳动成本

拉克比率 =(销售额 - 购买的原材料成本 - 供给成本 - 服务成本)/ 劳动成本

(3) 生产率提高分享计划(Improshical Plan)。这种计划不再衡量节省成本的经济价值,而是追求在更短的劳动时间内生产出更多的产品,即提高生产率。其关键是计算劳动时间比率,比较当期劳动时间比率与基期或目标劳动时间比率,如果当期劳动时间比率低于基期或目标劳动时间比率,那么该企业的生产率就获得了提高,因此就可以将这一部分生产率提高带来的收益进行分享。生产率提高分享计划往往是以周为单位向员工发放分享奖金。但这种分享计划有一个回购规定,即企业可以通过一次性向员工付款"买回"超过一定标准的生产率,从而使企业能够在生产率上升到一定水平后提高基期值或目标值。

3. 成功分享计划

成功分享计划又称目标分享计划,其内容包括:运用平衡计分卡方法来为某个绩效单位制定目标,然后对超越目标的情况进行衡量,并根据衡量结果对经营单位提供绩效奖励。这种计划涉及的目标可能包括在财务、产品质量、客户满意、学习与成长以及流程等各方面绩效的改善,且各绩效目标都是相互独立的,绩效单位所获得的总奖励等于其在每一项绩效目标上所获得的奖励总和。

成功分享计划的设计程序包括三个步骤:①建立成功分享计划委员会;②制定经营绩效指标并且确定不同指标之间的权重;③为绩效指标确定公平合理的进展目标并确定奖励的方法。

4. 小群体奖励计划

小群体奖励计划是适用于规模更小的群体的一种群体绩效奖励计划。这种计划与上述几种群体绩效奖励计划有类似之处,只不过奖金是以小规模群体的绩效为依据的。最常见的情况是围绕财务指标制定,但是它对于支持非财务目标,比如生产率、产品质量、时效性及客户满意等也同样有效。这种奖励计划往往持续时间不长,当任务或项目完成时,奖励计划也就随之失效。

(五)特殊绩效认可计划

特殊绩效认可计划是一种以现金或非现金形式实现的绩效认可计划,即在员工表现出远远超出工作要求的努力,实现了优秀的绩效或者做出重大贡献的情况下,组织给予他们的一次性小额奖励。

第六节 特殊(典型)员工群体的薪酬设计

一、特殊(典型)员工群体的界定

一般来说,企业中大多数员工群体都处于一种相似的工作环境中,因此他们的薪酬方案的特征可能十分相近。但也有一些员工群体由于工作的性质以及所处的工作环境比较特殊,所面临的压力、冲突以及所需要完成的工作任务的特征与其他员工群体存在较大的差异;同时,这些员工群体能否妥善化解自己所面临的压力和困境,能否达到既定的绩效水平,直接关乎企业总体经营绩效水平的高低。这些人被称为特殊(典型)员工群体,主要包括高级管理人员、专业技术人员、销售人员、外派人员和独立董事等。

二、特殊(典型)员工群体的薪酬设计

(一)高级管理人员的薪酬设计

与其他员工群体相比,高级管理人员可能是企业在进行薪酬管理时特别需要关注的

一个群体,因为高级管理人员受激励水平的高低会直接作用于企业的经营绩效水平和员工的工作满意程度,进而影响到企业的竞争力。如果说管理层是企业中很重要的特殊群体,那么高层管理人员是这一特殊群体里的特殊群体。企业高层管理人员的绩效表现在相当大的程度上直接决定了企业经营状况,而向其支付的薪酬也在组织的薪酬总额中占据了相当大的比重。

对于高级管理人员的薪酬设计,当前国内外主要实行年薪制。年薪一般由四个部分构成,即

年薪 = 基本薪酬 + 年度分红 + 长期性奖励 + 附加福利

(1)基本薪酬(Salary)。高层管理人员的基本薪酬通常都是由以董事会主席为首的薪酬委员会来确定的,决策的依据是上一年度的企业总体经营绩效以及对外部市场薪酬调查的分析。基本薪酬可以为高层管理人员提供一个稳定的收入来源,使其不必承担过高的风险。虽然基本薪酬的绝对值在逐年上升,但其在高层管理人员总收入中所占的比重有逐年下降的趋势。

(2)年度分红(Bonus)。这是一种短期激励行为,但数额却相当可观。一般来说,年度分红的数额与年薪成正比,即以投资方分红的比例为参照指标,或以税后利润、税前净收益、税后净收益加上股票价值等为参照指标。

(3)长期性奖励(Long-term Incentive)。这是非常重要的一项薪酬内容,主要包括各种股票选择计划。如上市公司采用的股票期权计划、非上市公司采用的"虚拟股权计划""综合福利基金"等。

(4)附加福利(Supplementary Benefits)。高级管理人员除享受一般员工都享有的诸多福利之外,还享受额外的福利。这些福利主要体现在三个方面:①企业内部福利,包括豪华的办公室、专门的餐厅、特定的停车位等;②企业外部福利,包括由企业付费的俱乐部会员证、旅馆住宿、度假安排等;③个人福利,包括低成本或无息贷款,由企业付费的个人财务或法律咨询,使用企业的财产、车载电话,等等。

(二)专业技术人员的薪酬设计

1. 专业技术人员及其双重职业发展通道

专业技术人员是指那些具有专门的技术知识和经验或者持有专业技术资格证书的工程师、会计师、律师、科学家、经济学家等。专业技术人员主要从事的是脑力劳动,他们或者是把握企业的整体运行情况,为企业的发展提供咨询建议或谋略支持;或者是直接从事专业技术研究开发工作,对企业的技术竞争优势产生重要的影响。

近年来,越来越多的企业开始实行专业技术人员的双重职业发展通道,如图 7-18 所示。所谓双重职业发展通道,是指专业技术人员有两条不同的晋升路径:一种是从承担专业技术工作转变到承担管理性工作;另一种是继续从事专业技术工作。无论走哪一条路径,专业技术人员都同样具有加薪的空间。

2. 专业技术人员的薪酬水平

通常情况下,企业一般会选用专业技术人员的事业成熟曲线,并以外部市场的相应薪

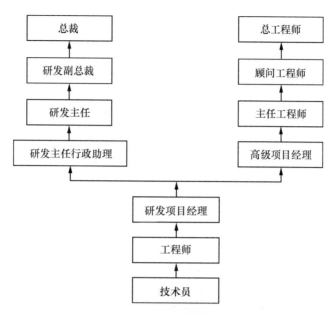

图 7-18 专业技术人员的双重职业发展通道示例

酬数据为依据,同时考虑员工个人的知识、技能水平和经验状况,来确定他们的薪酬水平。对于拥有较多专业技术人员的企业,这些员工的绩效水平对于企业的经营状况和竞争力的影响是非常大的,但是由于专业技术人员薪酬的市场敏感性较高,因此,为了保留并有效激励组织中的这些核心力量,有实力的企业一般会选择成为特定劳动力市场上的薪酬领导者,至少也会支付与竞争对手持平的薪酬。并且,当企业薪酬的内部一致性与外部竞争性之间产生冲突的时候,对于专业技术人员的薪酬决策来说,薪酬的外部竞争性比内部一致性更加重要。

3. 专业技术人员的薪酬结构

(1) 基本薪酬与加薪。专业技术人员的基本薪酬往往取决于他们掌握的专业知识与技能的广度和深度以及他们运用这些专业知识与技能的熟练程度,而不是他们所从事的具体工作岗位的重要性。在基本薪酬一定的情况下,专业技术人员的加薪也主要取决于他们的专业知识与技能的积累程度,以及运用这些专业知识与技能的熟练程度。因此,专业技术人员可以通过接受各种培训和学习来提高自身的知识与技能水平,以获得加薪的机会。

(2) 以绩效为基础的激励薪酬方式。这种方式主要针对研发人员,主要包括一次性奖金、利润分享、营销收入提成和股权激励等。

(3) 附加福利。专业技术人员对于一些常规性的福利往往兴趣不大,他们往往很看重接受各种培训和学习的机会。因此,企业除了要为专业技术人员提供一般性的福利(如灵活的工作安排、宽敞的办公室等),还要尽量为他们提供一些在国内外进修深造、参加各种学术活动的机会。

(三)销售人员的薪酬设计

销售人员的薪酬体系主要有几下几种:

1. 纯佣金制

纯佣金制是指销售人员的薪酬中没有基本薪酬部分,其全部收入都是由佣金构成的。计算公式如下:

$$薪酬 = 销售额(或毛利、利润) \times 佣金率$$

2. 纯薪金制

纯薪金制是指对销售人员实行固定的工资制度,而不管当期销售业绩如何。计算公式如下:

$$薪酬 = 固定工资$$

3. 基本薪酬加佣金制

在这种薪酬制度下,销售人员每月领取一定数额的基本薪酬,然后再根据销售业绩领取佣金。佣金部分的计算又可以分为两种形式,下面分别举例说明。

(1) 基本薪酬加直接佣金制。这种方法的应用如表7-26所示。

表7-26 销售人员薪酬方案:基本薪酬加直接佣金制

薪酬构成	佣金计算方式			
	实际完成销售目标的百分比	佣金占销售额的百分比		
• 基本薪酬:3万元/年 • 目标佣金:3万元/年,每月根据实际销售业绩浮动计发 • 目标薪酬:6万元/年,上不封顶		产品A	产品B	产品C
	0%～100%	3%	5%	8%
	超过100%	5%	9%	12%

(2) 基本薪酬加间接佣金制。在这种方法中,佣金不是以直接的销售额提成的方式来计算的,而是首先将销售业绩转化为一定的点值,然后再根据点值来计算。这种方法的应用如表7-27所示。

表7-27 销售人员薪酬方案:基本薪酬加间接佣金制

薪酬构成	佣金计算方式	
	产品类型	单位产品的点值
• 基本薪酬:4.2万元/年 • 目标佣金:2.4万元/年,每月根据实际销售业绩浮动计发 • 目标薪酬:6.6万元/年,上不封顶	A	2
	B	4
	C	8
	D	10
	E	6
	每个点等于2元	

4. 基本薪酬加奖金制

在这种薪酬制度中,销售人员所达成的业绩只有超过一定的标准,才能获得一定数额的奖金。这个标准可以是完成的销售业绩、利润水平、回款时间、客户投诉状况等。销售人员的奖金主要取决于两个指标:一是销售额,二是利润。这种方法的应用如表7-28所示。

表7-28 销售人员薪酬方案:基本薪酬加奖金制

薪酬构成	奖金计算方式					
		相当于季度目标奖金的百分比(%)				
• 基本薪酬:6.4万元 • 目标奖金:1.6万元/年,每季度根据销售额和利润完成情况浮动计发 • 目标薪酬:8万元/年,上限封顶,最高不超过9.6万元	销售额	卓越	50.0	87.5	125.0	162.5	200.0
			37.5	75.0	112.5	150.0	162.5
		目标	25.0	62.5	100.0	112.5	125.0
			12.5	37.5	62.5	75.0	87.5
		最低	0	12.5	25.0	37.5	50.0
			最低		目标		卓越
		利润					

5. 基本薪酬加佣金和奖金制

这种薪酬制度的特殊性在于,它将佣金制和奖金制结合在一起,如表7-29所示。

表7-29 销售人员薪酬方案:基本薪酬加佣金和奖金制

薪酬构成	季度利润奖金(%)	
	毛利率	奖金比例(相当于佣金的百分比)
• 基本薪酬:4.2万元/年	15	0
• 佣金:每月发放,佣金收入为销售额的6%	20	10
• 奖金:季度发放,相当于佣金的百分比	25	25
• 目标薪酬:6万元/年,上不封顶		

6. 瓜分制

瓜分制是指事先确定所有销售人员的薪酬总和,然后在本月结束后,按员工完成的销售额占总的销售额的比重来确定薪酬,从而瓜分收入总额。计算公式如下:

薪酬 = 员工薪酬总和 × (员工月销售额 / 月总销售额)

注:员工人数需大于5人,否则易于串通作弊,达不到鼓励内部竞争、提高工作效率的目的。

7. 同期比制

同期比制是指将每名员工当年的销售额与上一年同期的销售额相比较,如果比上一年差,则予以处罚,处罚程度与下降比例挂钩。计算公式如下:

薪酬 = [基本薪酬 + (当期销售额 − 定额) × 提成率] ×
(当期销售额 / 上一年同期销售额)^n

注:$n = 1, 2, 3, \cdots\cdots$,视需要而定。

8. 谈判制

谈判制是指在基本薪酬加提成的基础上对据以提成的销售额与提成定额之间的差距进行整体调整，销售人员按调整后的标准获得薪酬。计算公式如下：

$$薪酬 = [基本薪酬 + (销售额 - 定额) \times 提成率] \times (价格系数)^n$$

而价格系数又是由实际销售价格和计划销售价格之间的比例决定的，即价格系数小于或等于$(实际销售额/计划销售额)^n$。

综上可得，谈判制下的销售人员的薪酬可表达为：

$$薪酬 = [基本薪酬 + (销售额 - 定额) \times 提成率] \times (实际销售额/计划销售额)^n$$

其中，定额和提成率可由企业根据具体情况进行调整。根据销售价格的具体情况，企业可以对价格系数的幂加以调整，如果采取宽松政策，n 可定为 1；如果采取较为严厉的政策，n 也可定为 2，3，4，……，以此来严格控制成交价格。

（四）外派人员的薪酬设计

一般来说，外派人员薪酬的定价方法主要有谈判法、当地定价法、平衡定价法、一次性支付法、自助餐法等。

1. 谈判法

对于涉及国际业务的企业而言，由于它们所使用的外派人员较少，因此多半会采用分别谈判的方式来与每名员工进行单独交涉。最终达成的结果在很大程度上取决于双方的谈判技巧和员工执行任务的愿望。

2. 当地定价法

当地定价法是指向处于类似职位的外派人员支付与东道国员工相同数额的薪酬。

3. 平衡定价法

与当地定价法相对应，平衡定价法的目的在于通过给员工支付一定数量的薪酬，确保员工在东道国享受与母国相同或相近的生活水平。

4. 一次性支付法

当企业使用一次性支付法时，它会在员工的基本薪酬和各种奖金之外附加一笔额外的补贴，这笔钱通常一次性付清，员工可以随心所欲地支配。

5. 自助餐法

自助餐法是指向员工提供各种不同的薪酬组合供其选择，即在薪酬总量一定的情况下，外派人员可以选择最理想的薪酬结构及相应的薪酬水平。

（五）独立董事的薪酬设计

在独立董事制度的实践中，不同国家和地区在独立董事的薪酬问题上的做法都不一致。美国的做法是独立董事每年从董事会领取固定数额的津贴，除此之外，独立董事每参加一次董事会或专业委员会会议还能得到一些额外津贴；英国的做法是通过法律规定独立董事的年薪为公司董事的 5%~10%。

我国上市公司基本上参照美国的做法,对于独立董事,每年发放固定津贴、每参加一次董事会或专业委员会会议发放额外津贴,并报销相关合理费用。

本章小结

本章主要介绍了薪酬管理的相关概念、薪酬结构的设计方法、绩效奖励计划、特殊(典型)员工群体薪酬的设计方法。薪酬一般有广义与狭义之分。本书的研究对象是经济薪酬中的直接薪酬,它主要由基础工资、绩效工资、奖金、津贴、福利、股票期权组成。薪酬管理是指组织根据员工所提供的服务来确定他们应当得到的薪酬总额、薪酬结构和薪酬形式的过程。这个过程涉及的三种决策是薪酬体系决策、薪酬结构决策、薪酬水平决策。薪酬管理的过程受企业内部因素、企业外部因素与员工个人因素的影响。经济全球化、知识经济时代的到来和产能过剩带来薪酬管理的新趋势,这些新趋势包括宽带薪酬、团队薪酬和团队激励、全面薪酬、"人质"工资、跨国薪酬、国际薪酬等。

薪酬结构是对同一组织内部的不同职位或者技能(能力)之间的工资率所做出的安排。一个完整的薪酬结构包括三项内容:一是薪酬的等级数量;二是同一薪酬等级内部的薪酬变动范围(最高值、中值和最低值);三是相邻两个薪酬等级之间的交叉重叠程度。通过对薪酬等级和薪酬变动范围进行调整,拥有少量薪酬等级和较宽薪酬变动范围的薪酬宽带得以形成。

职位薪酬体系的设计流程是职位分析→职位评价→薪酬结构。通过职位分析形成职位说明书,职位分析是薪酬设计的基础。职位评价是一个为组织制定职位结构并系统地确定每个职位相对价值的过程,它以工作内容、技能要求、对组织的贡献、组织文化以及外部市场等为综合依据。目前国际通用的职位评价方法中,具有代表性的主要有四种:排序法、分类法、要素计点法和要素比较法。

基本薪酬体系除了能以职位为对象来进行设计,还能以任职者为基础来进行设计,该薪酬体系进一步分为技能薪酬体系和能力薪酬体系。技能薪酬体系中员工的技能包括深度技能、广度技能、垂直技能三个维度。技能薪酬体系的设计流程包括成立技能薪酬体系设计小组、进行工作任务的技能分析、对技能模块及各个等级进行定价,以及技能的分析、培训和认证。以能力为基础的薪酬体系设计流程包括:分析组织能力,开发分层、分类的能力模型,能力模型的评审、修订和确认,将能力与薪酬挂钩,员工能力的测试和评价。

绩效奖励计划是指员工的薪酬随着个人、团队或组织绩效的某些衡量指标的变化而变化的一种薪酬设计。绩效奖励计划很多,按照时间维度,可分为短期绩效奖励计划和长期绩效奖励计划;按照激励对象维度,可分为个人绩效奖励计划和群体绩效奖励计划。短期绩效奖励计划又分为绩效加薪、一次性奖金和月度/季度浮动薪酬。长期绩效奖励计划实现的主要形式是股票所有权计划。常见的股票所有权计划可以分为三类:现股计划、期股计划和期权计划。个人绩效奖励计划包括直接计件工资计划、标准工时计划、差额计件工资计划和与标准工时相联系的可变计件工资计划。群体绩效奖励计划通常可分为利润分享计划、收益分享计划、成功分享计划和小群体奖励计划等。

特殊(典型)员工群体的薪酬设计包括高级管理人员的薪酬设计、专业技术人员的薪酬设计、销售人员的薪酬设计、外派人员的薪酬设计和独立董事的薪酬设计。

关键概念

薪酬管理　薪酬管理流程　宽带薪酬　职位薪酬体系　能力薪酬体系　技能薪酬体系　绩效奖励计划

课堂练习

选择题

1. 同一组织中不同职位的人所获薪酬与职位贡献成正比是指(　　)。
   A. 外部公平　　　B. 员工公平　　　C. 内部公平　　　D. 分配公平
2. 影响薪酬中基础工资的因素主要是(　　)。
   A. 战略　　　　　B. 职位　　　　　C. 绩效　　　　　D. 资质
3. 计时工资制和计件工资制主要是针对(　　)。
   A. 管理人员　　　B. 技术人员　　　C. 销售人员　　　D. 操作人员
4. 根据员工所担任的职位(或岗位)的重要程度、任职要求的高低以及劳动环境对员工的影响等来决定薪酬的是(　　)。
   A. 以绩效为导向的薪酬结构　　　　B. 以工作为导向的薪酬结构
   C. 以能力为导向的薪酬结构　　　　D. 新型薪酬结构
5. 在确定薪酬调查范围时,应遵循(　　)的原则。
   A. 可比性　　　　B. 前瞻性　　　　C. 效益性　　　　D. 谨慎性
6. 相邻薪酬等级之间薪酬差额是(　　)。
   A. 浮动薪酬　　　B. 固定薪酬　　　C. 薪酬级差　　　D. 标准薪酬
7. 在薪酬结构中,属于短期激励薪酬的是(　　)。
   A. 绩效工资　　　B. 股票期权　　　C. 股票增值权　　D. 虚拟股票
8. 在进行职位分析时,对职位中具有代表性的工作者的工作行为进行描述的方法,被称为(　　)。
   A. 观察法　　　　B. 问卷调查法　　C. 面谈法　　　　D. 典型事例法
9. 下列哪一个不属于薪酬结构设计的原则?(　　)
   A. 竞争性　　　　B. 明确性　　　　C. 公平性　　　　D. 经济性
10. 以下属于直接薪酬的是(　　)。
    A. 住房资助　　　B. 津贴　　　　　C. 养老金　　　　D. 带薪非工作时间

判断题

1. 薪酬管理的目的完全是激励员工,充分调动员工的积极性。(　　)

2. 一个合理的组合薪酬结构应该是既有固定薪酬部分,又有浮动薪酬部分。其中,岗位工资是固定薪酬部分。(   )
3. 职位评价的方法主要有排序法、分类法、要素比较法和要素计点法。(   )
4. 薪酬调查的目的主要是建立企业合理的薪酬结构,根据市场薪酬给付水平确定企业薪酬水平的市场定位。(   )
5. 绩效奖励计划很多,按照时间维度,可分为短期绩效奖励计划和长期绩效奖励计划;按照激励对象维度,可分为个人绩效奖励计划和群体绩效奖励计划。(   )
6. 只有当员工对薪酬的需要得到满足以后才会产生更高层次的需要,因此,薪酬无法满足员工需要时,企业在其他方面付出努力也没有意义。(   )
7. 在薪酬调查中,除了应当调查各企业在薪酬、福利、股权等方面的情况,还应当对这些企业的加班、轮休政策以及新员工起薪、异地调动薪酬等相关信息加以收集。(   )
8. 相邻两个薪酬区间的中值级差越大,同一薪酬区间的变动比率越小,则相邻两个薪酬区间的交叉重叠区域就越大。(   )
9. 在一个组织中,职位等级越高,则在确定薪酬时就越应该对薪酬的外部竞争性给予更多的关注。(   )

讨论题

1. 某企业的年终奖分配一直是个难题,因为办公室、人事部、财务部的考核指标无法量化,企业中的工程、设计、生产等工作任务往往需要若干部门配合完成,各部门的工作量与工作效果难以区分。往年的年终奖分配总是出现部门之间、岗位之间的攀比,大家都觉得自己付出的多,得到的少。原是为了调动大家积极性的年终奖反而引起矛盾,削弱了员工的积极性。通过所学的薪酬设计方法,讨论各部门适合的薪酬设计方案。
2. 现在有 A、B 两家企业,A 是生产类企业,B 是服务类企业,结合行业特点,讨论对 A、B 两家企业的各个层级人员实行什么样的薪酬设计方案最合适,并说出你的理由。
3. 随着世界经济一体化的推进和我国市场经济的深化,我国企业将面临更为严峻的挑战。作为转换经营机制一个非常重要的方面,薪酬管理直接服务于企业的人事政策并最终要有利于企业的生产经营发展战略,结合实例,谈谈企业实行的薪酬管理制度存在哪些问题?

讨论案例

谷歌的薪酬管理

谷歌是一家总部位于美国的跨国高科技企业,业务包括互联网搜索、云计算、广告技术等,同时开发并提供大量基于互联网的产品与服务,其主要利润来自广告服务。谷歌非常重视雇主品牌建设,为员工提供具有全球竞争力的薪酬,使每名员工都能够发自内心地接受和认可公司的文化价值观。谷歌优秀的人力资源实践也得到了外界及同行的普遍认可和接受。

在招聘员工方面,谷歌经过"最为严苛的筛选器",确保为企业招聘到才能出众,能够匹配其岗位要求,同时具有超凡主动性、创新性的员工。此外,谷歌为员工提供一系列成长的机会及相关福利套餐,保障每名员工都能发挥其最大的潜力,开发出更具有市场竞争力的产品。

在员工进入公司的第一天,谷歌就会明确其岗位职责、工作指标和任职要求,让员工能够意识到其价值及独特性;建立统筹个人绩效与组织绩效的高绩效工作系统,使员工绩效贡献可视化、实体化,使每名员工得到绩效保证、权利保证。

谷歌一直秉持着"一流人才,一流薪酬,一流绩效"的薪酬理念,为员工提供一流的薪酬,包括基本工资、绩效、福利、奖金、优先认股权和津贴等;通过一套包括绩效、员工地理位置和工作职位信息在内的算法计算每名员工的薪酬。

在谷歌,管理者不只是靠职位赋予的权力来管理下属,更多的是通过个人的人格魅力与工作创新能力来让下属信服,团队成员之间更加同心协力。这些具备鲜明谷歌文化印记的人力资源管理制度,尤其是具有竞争力的薪酬制度,能够有效吸引来自全球各地的优秀人才,使他们认可并接受谷歌的各项管理制度、企业文化、行为规范,能够发自内心地接受并融入公司,使员工有足够的获得感、幸福感和成就感。

这与一般企业形成了鲜明对比。一般企业既无法提供有竞争力的薪酬,也无法打造具有吸引力的企业文化和价值观,往往只是停留在"喊喊口号,穿穿工服"等表面动作,并没有真正形成与员工利益挂钩的企业文化,致使员工缺乏归属感和认同感,无法使员工融入企业大家庭。

薪酬制度其实就是一种最重要、最易使用的激励措施,是企业对员工付出的劳动、知识、技能、经验和创造力等做出的一种回应与反馈。它不但代表着员工自身价值的变现,还代表了企业甚至是社会对员工的肯定。

谷歌具有独特的"自由式"管理方式:每名员工都可免费享用午餐,以及装扮自己的私人办公区域,还可使用谷歌配备的全套娱乐设施。谷歌除了在员工上班期间为其提供多种多样的福利配套设施,还为员工消除来自家庭的后顾之忧。这些措施不仅提升了员工的工作效率与积极性,降低了人才流失率,还能吸引优秀人才主动入职谷歌,保证了谷歌新鲜、优质的人才血液输入。

在谷歌薪酬结构中,工资占比最高,远超股票红利和股权奖励的比例,以最大限度地满足员工的需求,达到激励效果。

在企业内,员工对于薪酬水平的关注度低于对薪酬差别的关注,科学的薪酬激励机制要建立在公平公正的基础之上。只有建立了公平公正的薪酬制度,才能避免员工因薪酬分配不合理、不公平而产生懈怠与不满等情绪。

科学有效的薪酬制度应该是把公司的战略目标与员工的利益相结合,其中绩效薪酬可把公司的利益与员工的利益统一起来,使员工在为自己的利益而奋斗的同时也能为公司创造价值,实现"互利共赢"。具有激励作用的薪酬制度必须将员工绩效与工资、奖金等结合起来。为了给谷歌浏览器查找存在的代码漏洞,2018年谷歌鼓励员工对谷歌浏览器进行挑错,找出代码漏洞者可获得奖金,最后谷歌共向找出代码漏洞的员工支付了近一万美元的奖励。最终面向消费者的谷歌浏览器在安全、隐私和图形功能方面进行了多处改进,提升了消费者对其的喜爱度。

非物质激励是谷歌薪酬制度的重要组成部分。一味地强调物质奖励而忽略员工对非物质需要的追求,将使企业员工流失加快。因此企业不能简单地关注员工的物质需要,员工的非物质需要也同样重要,同样应得到关注。

非物质激励是指企业采取货币以外的方式激励员工。每名员工的需求都是多样的,根据马斯洛需求层次理论,人的需求层次由低到高可分为生理需求、安全需求、社交需求、尊重需求和自我实现需求。企业应科学正确地采取非物质激励手段,在满足员工需求的同时使员工更好地发挥创造力,提高工作积极性。

谷歌的非物质激励主要有如下几种方式:

1. 巧用工作目标激励员工

企业应结合员工情况为其制定具有一定挑战性但难度适中的目标。难度太大的目标会打击员工的自信心,目标的完成度也会降低,不利于企业的日常运作;难度太小的目标不具备挑战性,对于员工来说无法发挥自身的能力,自我价值无法得到体现。如果员工在执行工作任务的时候具有一定的挑战性和紧迫感,并且在完成工作后能获得成就感,便能激发员工的积极性和创造力。

2. 为员工制定职业发展规划

职业生涯规划是针对职业生涯乃至人生进行持续、系统计划的过程。一般可以分为探索阶段(15~24岁)、确立阶段(25~44岁)、维持阶段(45~65岁)、下降阶段(65岁之后)。企业需要根据本企业的战略目标、长期目标为员工制定差异化的职业生涯规划,帮助员工实现其自身价值,明确员工在每一阶段的目标。一些老员工对于职业规划的需求并不高,大都完成了对职业生涯的规划,接下来更多的是如何通过自身的努力与锻炼来提升能力,并不断地修正职业规划。企业应根据员工岗位的性质和特点,给予员工培训或学习的机会,使得员工的个人生涯规划与企业战略目标相契合。

3. 给予员工关心与理解

在工作过程中,对员工的每一次关心问候都有可能成为激励其工作行为的重要力量。了解员工生活、工作和家庭中的困难,在制度范围内给予其最大的帮助,有助于增强员工对企业的归属感。只有为员工消除了后顾之忧,员工才能在工作中投入更高的积极性和热情。这样就拉近了员工与企业之间的距离,也有利于提高员工工作效率。

企业要实现长远发展,重视薪酬制度是关键。谷歌的薪酬制度十分值得其他企业学习和借鉴。只有不断地完善和改进薪酬制度,明确薪酬制度在企业发展中的重要性,借鉴成功企业的薪酬制度,不断地学习强化相关的知识,从实践中探索真理,方能将企业做大做强。

资料来源:洪香琪,王磊.谷歌公司薪酬福利管理的借鉴意义[J].人才资源开发,2021(02):83-84.

■ 问题:

谷歌的薪酬管理对其他企业有何借鉴意义?

复习思考题

1. 思考职位薪酬体系的设计方法,阐述每种方法的优点和不足。
2. 什么是宽带薪酬?它如何与传统薪酬体系联系起来?

推荐阅读

1. 刘昕.薪酬管理:第6版[M].北京:中国人民大学出版社,2021.
2. 张行,常崇江.不同继任模式下CEO任期对薪酬结构的影响研究——来自管理层权力、组合、学习和职业生涯效应的解释[J].南开管理评论,2019,22(6):188-199.
3. 张如凯,程德俊,任桐.团队薪酬差距和激励强度:测量、影响因素及作用机制[J].中国人力资源开发,2017(12):6-18.

第八章

福利管理

一切空话都是无用的,必须给人民以看得见的物质福利。

——毛泽东

(《经济问题与财政问题》)

📖 本章学习目标

1. 了解福利的相关概念。
2. 理解福利增长及其动因。
3. 掌握法定福利的类型。
4. 了解其他补充福利的类型。
5. 掌握弹性福利计划的设计。
6. 理解福利管理的内容。

> 引导案例

中国移动为员工提供的"精神福利"

至2022年,中国移动导入员工援助计划(Employee Assistance Program,EAP)已经有17年了。

据了解,现在的"上班族"大都存在一些"心理亚健康"的问题。不管是在生活上还是工作中,"上班族"往往容易与朋友、亲人、同事发生矛盾和冲突,但又不知道怎么与人沟通来缓解来自各方的压力。EAP的实施和开展,将从心理层面逐步推进个体和谐、团队和谐、家庭和谐、企业和谐,使员工更加积极向上、更加阳光豁达、更加健康和自信。

中国移动各分公司会不定期为员工开展员工心理援助专题讲座,比如,中国移动广西公司的心理援助专题讲座以"性格决定命运"为主题,邀请了心理咨询经验丰富的知名心理学者主讲。讲座通过大量的真实案例,引导员工正确认识自身性格,从而改善员工个人工作和生活,使员工更积极、更热情、更投入地服务客户。讲座受到了广大员工的广泛关注和参与,许多员工听完后都感触颇深。一位员工说:"我现在的工作是话务员,每天接到的都是客户投诉,心里非常烦躁,有时会跟同事诉苦,有时也会与同事闹矛盾,但不知道怎么调整自身的压力。听完这场讲座,我觉得轻松多了,相信自己以后也能学会调整压力。"

中国移动广西公司于2007年12月引进并启动了覆盖公司12 000名员工的EAP。作为公司企业文化建设工作的一项重要内容,此项目相继开展员工深度访谈、员工心理状态调查、建立员工心理健康数据库,以及个体咨询、与心理咨询师面对面交流等员工关怀活动。

资料来源:《中国移动广西公司首推EAP为员工创造"精神福利"》,http://www.gxnews.com.cn/staticpages/20080514/newgx482aaa7c-1484061.shtml,访问时间:2022年5月。

■ 问题:

当今企业的福利与传统意义上的福利有什么区别?哪一种福利形式更具有激励性?

第一节 福利概述

一、福利的内涵

(一)西方关于员工福利的定义

1. 美国商会的定义

美国商会采用广义的观点来定义员工福利,认为员工福利是除直接津贴以外的任何形态津贴,包括法定给付、承诺给付、非生产时间的给付、未工作时间的给付和其他福利五类。

2. 美国社会保障总署的定义

美国社会保障总署则采用狭义的观点来定义员工福利,认为员工福利的内容只限于私人对死亡、意外、疾病、退休或失业所提供的经济安全保障。

（二）我国关于员工福利的定义

1. 从广泛意义上的"福利"角度定义的员工福利

员工福利属于第三层次的福利事业。它是各企业、事业、国家机关等单位通过建立集体生活设施和服务设施以及补贴制度等方式贴补本单位或本系统员工在物质文化生活方面的集体消费以及共同需要或特殊生活困难而举办的公益性事业。

2. 从福利受益者（员工）的角度定义的员工福利

狭义的员工福利可以定义为在相对稳定的货币工资以外，企业为改善企业员工及其家庭生活水平，以增强员工对于企业的忠诚感、激发员工工作积极性等为目的而支付的辅助性货币、实物或服务等分配形式。

（三）总结

综合上述对于员工福利的定义，就其内涵可以总结出以下几点：

（1）员工福利是基于广义的福利与企业所支付的整体报酬的交叉概念。

（2）员工福利的给付形式多样，包括现金、实物、带薪假期以及各种服务，可以采用多种组合形式，且比其他形式的报酬更为复杂、更加难以计算和衡量。

（3）员工福利中某些项目的提供要受到国家法律的强制性约束。

（4）企业无论规模、性质如何，都会为员工提供一些福利，部分员工福利已逐渐制度化。

由以上总结可以看出，员工福利是一个综合性概念，可将其界定为：员工福利是企业基于雇佣关系，依据国家的强制性法律及相关规定，以企业自身的支付能力为依托，向员工所提供的、用以改善员工本人及其家庭生活质量的各种以非货币工资和延期支付形式为主的补充性报酬与服务。

二、福利的类型

对于员工福利，可以从不同的角度划分为多种类型。

（一）集体福利与个人福利

集体福利是由企业或通过社会服务机构发放的设施性福利及娱乐性福利等，如住宅、员工餐厅、阅览室、通勤车、托儿所等集体生活设施和服务，以及员工免费旅游、带薪假期、集体文艺活动等。集体福利是员工福利的主要形式。

个人福利是以货币形式直接支付给员工个人及其家属的福利，如交通补贴、差旅补贴、生活困难补助、医疗补贴、婚丧假期、取暖补贴、生活消费品价格补贴、人寿保险等。

（二）法定福利与非法定福利

法定福利是由国家通过立法的形式强制要求企业必须提供给员工的福利和待遇，也称强制性福利、非自愿性福利，如五险一金、产假、病假、婚丧假、探亲假、安全保障福利等。

非法定福利是出于企业自愿，为提高员工生活质量，为其提供生活、工作便利，由企业出资(或企业和员工共同出资)而建立起来的福利项目,包括住房保障、企业年金、意外伤残保险、生日礼品等,形式多样。

(三) 经济性福利、工时性福利、设施性福利和娱乐及辅助性福利

根据员工福利的实际表现形式可以将员工福利分为经济性福利、工时性福利、设施性福利和娱乐及辅助性福利这四大类。经济性福利主要指以货币形式发放的福利(如各种补贴)和以实物形式发放的福利(如节假日礼品);工时性福利主要指休假制度和弹性工时制度等;设施性福利主要指员工餐厅、阅览室、通勤车与托儿(老)设施等;娱乐及辅助性福利主要指员工免费旅游和各种文艺活动等。

(四) 其他福利形式

此外,根据员工福利的具体形态,可以将员工福利分为有形福利(主要指实物形式的福利)和无形福利(主要指货币形式的福利)。根据员工福利的利用场所,可以分为工作时间内福利(如发放工作服)、公司内休息时间福利和工作结束后的福利等。根据员工福利的功能,又可分为劳动条件福利、生活条件福利和人际关系福利。

三、影响福利的因素

福利对企业来说是相当重要的成本构成,而对员工来说却是重要的价值所在。企业给予员工的福利有利于弥补企业人力资源管理的不足,有效地实现对较低层次需求的员工的激励,也可使员工增加高层次的需求,从而促进企业目标的实现。是否提供福利、如何提供福利,是当今所有企业共同面临的问题。政府的规定、市场的因素以及管理者的选择是影响员工福利的三个主要因素。

(一) 政府的规定

许多国家和地区的政府都明文规定员工应享有的福利。一旦企业不为员工提供相应的福利就是违反法律。由于法律法规对于企业的行为具有约束力,福利具有强制性的特点,任何企业都必须遵守,企业对此只有有限的选择权和决策权,所以企业要在法律规定的范围内制订福利计划。一般来说,国家的法律法规对福利的影响主要包括：法定福利的水平及内容的确定、法定福利的实施形式方面的规定、对企业福利实施的指导等。2022年7月,中华全国总工会办公厅印发《关于加大工会经费投入助力疫情防控与经济社会发展的若干措施》。文件要求,加大工会送温暖帮扶力度。县级以上工会要在做好建档立卡困难职工中央财政资金专项帮扶的同时,统筹全总专项转移支付资金使用,加大工会经费投入,对受疫情影响较深的特困行业职工和发生临时性、突发性生活困难职工及时开展慰问,帮助其渡过难关。

(二) 市场的因素

由于同行业的类似企业都为员工提供了某种福利,迫于竞争的压力,企业不得不也为员工提供该种福利,否则会影响员工的工作积极性。

(三) 管理者的选择

有的管理者认为员工福利能省则省,有的管理者认为员工福利只要合法就行,还有的管理者认为员工福利应该尽可能完善,这都反映了管理者的不同选择。

(四) 其他因素

除政府、市场、管理者外,还有其他影响员工福利的因素,如工会。工会经常会就员工福利问题与企业谈判,有时企业为了缓解与员工的冲突,不得不提供某种福利。对于大型企业,尤其是大型跨国企业,文化也是福利的一大影响因素。长期以来,我们已经认识到员工福利必须反映一个社会系统的普遍价值,在国际大背景下,企业所提供的福利自然受国家文化与社会价值观的高度影响。国家文化对福利的影响体现在:首先,国家文化会影响企业为员工提供社会保障的内容与程度;其次,国家文化会影响所在国管理者对于福利选择的看法;最后,国家文化还会影响所在国员工对于福利的认识、需求和偏好。

四、福利的作用及增长的动因分析

(一) 福利的作用

福利对组织的发展至关重要,它具有以下作用:

(1) 吸引优秀员工。优秀员工是组织发展的顶梁柱。以前的企业家一直认为,组织主要靠高工资来吸引优秀员工;现在许多企业家认识到,良好的福利有时比高工资更能吸引优秀员工。

(2) 降低员工辞职率。过高的员工辞职率必然会使组织的工作受到一定阻碍,而良好的福利会使很多员工打消辞职的念头。

(3) 激励员工。良好的福利会使员工产生工作满意感,进而激发员工自觉为组织目标而奋斗的动力。

(4) 凝聚员工。组织的凝聚力受许多因素影响,但良好的福利无疑是一个重要因素,因为良好的福利体现了组织高层管理者"以人为本"的经营思想。

(5) 减免税收。相比于工资和奖金,福利还有一个十分重要的作用,即减免税收。因为福利作为企业提供给员工的各种保障计划、服务和实物等,完全可以用现金来替代,但如果将福利折算成现金计入工资,将使员工为这些福利支付额外的个人所得税。如果采用福利形式,员工就能够在得到这些报酬的同时,获得税收的减免,这也是当今福利越来越受到员工青睐的原因。

(6) 提振员工士气。良好的福利可以使员工无后顾之忧,使员工有与组织共荣辱之感,士气必然会因此高涨。

(7) 提高企业经济效益。一方面,良好的福利可以使员工得到更多的优惠;另一方面,福利也是对员工的投资。

(二) 福利增长的动因分析

企业的员工福利制度始于西方。现代意义上的员工福利计划约出现于20世纪20年代,自此以后,企业的员工福利制度迅速发展。今天的员工福利制度由国家立法规定,法律法规监督实施,国家、社会、企业和员工多方参与,品种齐全、项目众多、制度体系完备。一百多年来,各国的企业员工福利开支大幅增长,总体随时间推移而呈稳步上升之势。推动员工福利不断增长的原因是多方面的,既有政治、社会方面的特殊原因,也有经济原因。例如,企业需要增强员工的凝聚力;人们收入增加后对医疗保健、生活安定等高层次的需求更加强烈;消费结构变得更加复杂后,人们更加需要依赖专业人员的帮助,选择合适的消费内容,等等。这些都是导致员工福利制度高速发展的较为本质的原因。现以美国员工福利情况为例,分析有关动因[①]:

（1）战时工资控制的推动。第二次世界大战和朝鲜战争期间,美国政府对工资和物价实行了严格的控制措施。企业为了争夺稀缺的劳动力,纷纷向员工提供优厚的福利待遇,以作为一种规避战时工资冻结的手段。这一时期,员工福利增长很快。到朝鲜战争结束时,福利开支已从战前的微不足道增加到占企业劳动总成本的17%。

（2）工会的推动。第二次世界大战结束后,工会的谈判力量因为劳动力短缺和有利的法律而得到加强。因为工资的增加有时会受到很多因素的限制,比如战时有工资和物价管理的限制,和平时期要求一次性增加太多工资也会显得"不合理",于是工会经常把注意力放到增加福利上来。

（3）企业的推动。企业出于提高员工工作效率和工作满意度的目的而主动提供了一部分福利。随着劳动复杂程度的增加,对员工工作的监督越来越困难,企业必须更加依赖员工的自觉性来提高劳动生产率,这就使企业也愿意通过增加员工福利来表示对员工的关心。

（4）政府的推动。政府在企业员工福利的增长上扮演着重要角色。政府除了直接通过立法要求企业提供某些福利,还通过税收方面的优惠,鼓励企业为员工提供福利,力求减少个人、企业对社会不负责任的短期行为。例如,有些企业为了眼前的利益,可能对劳动力使用过度而不注意对其的保护。有些员工可能花钱没有节制,对自己和家庭的将来不够负责。这些不负责的行为最终都会造成社会问题,增加社会负担,影响社会稳定,妨碍全社会劳动生产率的提高。

随着经济的发展,福利在劳动成本中所占的比重也会有相应的提高。企业薪酬管理的重要工作之一就是提高福利支出的效益并控制好福利成本。具有长远眼光的企业管理者,应该对员工福利制度的高速发展有所准备,在体现效率、公平、经济、合法的大原则下,科学合理地设计和管理好员工福利制度。

第二节　法定福利

任何一位员工的福利都受到法律法规的影响,本节主要讨论法律规定的一些福利,即法定福利,也叫作公共福利,主要包括医疗保险、失业保险、养老保险、工伤保险和住房公积金。

---

① 伊万切维奇.人力资源管理[M].9版.北京:机械工业出版社,2004.

一、医疗保险

医疗保险是为补偿员工生病所带来的医疗费用的一种保险。员工患病、负伤、生育时,由社会或企业提供必要的医疗服务或物质帮助,如中国的公费医疗、劳保医疗。中国企业员工的医疗费用由国家、单位和个人共同负担,避免资源浪费。

中国的基本医疗保险制度实行社会统筹与个人账户相结合的模式。基本医疗保险基金原则上实行地市级统筹。基本医疗保险覆盖城镇所有用人单位及其员工;所有企业、国家行政机关、事业单位和其他单位及其员工必须履行缴纳基本医疗保险费的义务。目前,用人单位的缴费数额为本单位在职员工工资总额的7.5%,个人缴费数额为本人工资的2%。用人单位缴纳的基本医疗保险费一部分划入社会统筹账户,一部分划入个人账户;个人缴纳的基本医疗保险费划入个人账户。社会统筹账户和个人账户分别承担不同的医疗费用支付责任。社会统筹账户主要用于支付住院和部分慢性病门诊治疗的费用,社会统筹账户设有起付标准、最高支付限额;个人账户主要用于支付一般门诊费用。

为加强对医疗服务的管理,中国政府制定了基本医疗保险药品目录、诊疗项目和医疗服务设施标准,对提供基本医疗保险服务的医疗机构、药店进行资格认定并允许参保员工进行选择。此外,各地还普遍建立了大额医疗费用互助制度,以帮助员工报销社会统筹账户最高支付限额之上的医疗费用。国家还为公务员建立了医疗补助制度。部分企业可以为职工缴纳企业补充医疗保险。我国还将逐步建立社会医疗救助制度,为生活困难人口提供基本医疗保障。

2019年3月25日,国务院办公厅发布《关于全面推进生育保险和职工基本医疗保险合并实施的意见》,生育保险基金并入职工基本医疗保险基金,统一征缴,统筹层次一致。这也意味着从2016年启动的生育保险和职工基本医疗保险合并实施经试点后正式落地。

二、失业保险

失业保险是为面对失业风险、收入暂时中断的失业者设置的一道安全网。它的覆盖范围通常包括社会经济活动中所有失业的劳动者。失业保险的账户主要包括:企事业单位按本单位工资总额的一定比例为员工缴纳的失业保险费,员工个人按本人工资的一定比例缴纳的费用,政府提供的财政补贴,失业保险基金的利息和依法纳入失业保险基金的其他资金。目前,我国企业单位一般按缴费基数的1.5%缴纳,个人按缴费基数的0.5%缴纳。2022年5月,在国务院新闻办举行的失业保险基金稳岗位提技能防失业国务院政策例行吹风会上,人力资源和社会保障部出台一次性留工培训补助政策,就是落实党中央、国务院有关要求,支持疫情严重地区的企业稳岗留工的一项应急性、阶段性举措。

三、养老保险

随着工业化和现代化的发展,全世界大多数国家和地区都已经实行了老年社会保障制度。它是针对退出劳动领域或无劳动能力的老年人实行的社会保护和社会救助措施。

从资金的筹集管理和发放方面看,现代老年社会保障制度有三种基本模式:国家统筹的养老保险模式、投保自助性的养老保险模式和自我保障模式。

所谓国家统筹的养老保险模式,是指劳动者在年老丧失劳动能力之后,均可享受国家法定的社会保险待遇。养老保险需要的全部资金都来自国家的财政拨款。我国在计划经济体制下实行的就是这种方式。

世界上大多数国家实行的是投保自助性的养老保险模式,这是一种由社会共同负担、社会共享的保险模式。它规定每一个劳动者和未在职的普通公民都属于社会保险的参与者和受保对象;在职的员工必须按工资的一定比例定期缴纳社会保险费,不在职的社会成员也必须向社会保险机构缴纳一定的养老保险费,履行参与养老保险的义务,这样才有资格享受日后的养老保险;企业也必须按企业工资总额的一定比例定期缴纳社会保险费。目前我国大部分企业采用此模式,单位一般按缴费基数的20%缴纳,个人按缴费基数的8%缴纳。2022年5月,经党中央、国务院批准,人力资源和社会保障部、财政部印发《关于2022年调整退休人员基本养老金的通知》,明确从2022年1月1日起,为2021年底前已按规定办理退休手续并按月领取基本养老金的企业和机关事业单位退休人员提高基本养老金水平。

自我保障模式也称强制储蓄模式。这种保险制度下的保险基金来自企业和劳动者双方,国家不进行投保资助,仅仅给予一定的政策性优惠。这种保障制度必须在经济发展速度较快且水平较高的情况下才能实行。

四、工伤保险

工伤保险是针对那些最容易发生工伤事故和患职业病的劳动者而特别设置的一种社会保险。工伤保险费完全由企业负担,按照本企业员工工资总额的一定比例缴纳,员工个人不缴纳工伤保险费。

在保险费率方面,我国采取了与国际接轨的做法,实行不同的费率,主要有差别费率和浮动费率两种形式。首先,我国根据各行业的伤亡事故风险和主要危害程度划分职业伤害风险等级,据此征收各行业的差别费率。在实行差别费率的情况下,政府还要根据各行业或企业的安全生产状况和费用收支情况,定期调整保险费率。

五、住房公积金

住房公积金是企业及其在职员工缴存的长期住房储金,是住房分配货币化、社会化和法制化的主要形式。住房公积金制度是国家法律规定的重要的住房社会保障制度,具有强制性、互助性、保障性。企业和员工个人必须依法履行缴存住房公积金的义务。员工个人缴存的住房公积金以及企业为其缴存的住房公积金,实行专户存储,归员工个人所有。这里的"企业"包括国家机关、国有企业、城镇集体企业、外商投资企业、城镇私营企业及其他城镇企业、事业单位、民办非企业单位、社会团体。

关于住房公积金的法律规定主要有六点:第一,按照中国人民银行的规定,应当在指定的银行办理住房公积金贷款、结算等金融业务和住房公积金账户的设立、缴存、归还等手续;第二,应当与受委托银行签订委托合同,在银行设立住房公积金专户,每个员工只能有一个住房公积金账户;第三,住房公积金管理中心应当建立员工住房公积金明细账;第四,企业合并、分立、撤销、解散或者破产的,应当按法律规定到指定银行办理变更登记等事宜;第五,企业录用员工的,企业应当自录用之日起30日内到住房公积金管理中心办理缴存登记;第六,企业与员工终止劳动关系的,企业应当自关系解除起30日内到住房公积金管理中心办理变更登记等事宜。

根据我国《住房公积金管理条例》第二十四条规定,职工有下列情形之一的,可以提取职工住房公积金账户内的存储余额:购买、建造、翻建、大修自住住房的;离休、退休的;完全丧失劳动能力,并与单位终止劳动关系的;出境定居的;偿还购房贷款本息的;房租超出家庭工资收入的规定比例的。第二十五条规定,职工提取住房公积金账户内的存储余额的,所在单位应当予以核实,并出具提取证明。职工应当持提取证明向住房公积金管理中心申请提取住房公积金。住房公积金管理中心应当自受理申请之日起3日内作出准予提取或者不准提取的决定,并通知申请人;准予提取的,由受委托银行办理支付手续。

第三节 其他补充福利

除法定福利外,还有多种其他补充福利,本节重点阐述个人福利、有偿假期、生活福利和企业年金。

一、个人福利

个人福利是指在个人具备国家及所在企业规定的条件时可以享受的福利。个人福利包括储蓄、辞退金、交通费、工作午餐、海外津贴、人寿保险等。

(一) 储蓄

储蓄是指由企业组织、员工自愿参加的一种民间经济互助组织,又称互助会。员工每月进行一定数额的储蓄,当员工经济困难时,可以申请贷款以渡过难关。

(二) 辞退金

辞退金是指企业由于种种原因辞退员工时,支付给员工一定数额的金钱。一般来说,辞退金的多少主要根据员工在本企业工作时间的长短来决定,聘用合同中也应该有相关规定。

(三) 交通费

交通费是指企业为员工上下班通勤所提供的补贴或福利,主要包括以下几种形式:企业派专车到员工家中接送其上下班、企业规划专车路线、企业按规定为员工报销上下班的交通费。

（四）工作午餐

工作午餐是指企业为员工提供的免费工作午餐。有的企业可能不提供工作午餐，但是可以报销一定金额的用餐发票。

（五）海外津贴

海外津贴是指一些跨国公司为了鼓励员工到国外工作而为其提供的经济补偿。海外津贴的标准一般根据以下条件制定：职务高低、派往国家的类别、派往国家的时间长短、家属是否可以陪同、工作时期回国探亲的时间长短、愿意去该国的人数多少，等等。

（六）人寿保险

在公司提供的员工福利中，最常见的是人寿保险。它是指企业全额资助或部分资助的一种保险，员工一旦死亡，其家属可以作为受益人获得相应的经济补偿。

二、有偿假期

有偿假期是指员工不用上班，但仍可享有工资的一种福利项目。有偿假期的具体形式有脱产培训、病假、事假、公休、节日假、工作期间休息、旅游。

（一）脱产培训

脱产培训具有双重属性，既可以把它看作企业对人力资源投资的一种商业行为，也可以把它看作使员工受益的福利。

（二）病假

员工在出示医生诊断证明，或经上级同意后，可休病假。

（三）事假

不同企业规定的事假范围有差异，但通常包括婚假、陪产假、搬迁假等。

（四）公休

根据企业的规章制度，经上级同意后，员工可在一段时间内不用上班；不同企业有关公休的规章制度有所不同，但一般规定员工每年有 7～30 天的公休。

（五）节日假

包括我国法定的节假日和一些企业自行规定的节假日。

（六）工作期间休息

员工在工作期间的休息，一般上下午各一次，每次 10～30 分钟。

（七）旅游

企业全额资助或部分资助的一种福利，企业可以根据自己的实际情况制订旅游计划，可以每年一次，也可以数年一次。

三、生活福利

生活福利是补充福利的另一种形式，一般包括法律顾问、心理咨询、托儿服务、托老服务、内部优惠商品、搬迁津贴、子女教育费等。

（一）法律顾问

法律顾问有广义和狭义之分。广义而言,具有法律专业知识,接受公民、法人或其他组织的聘请为其提供法律服务的人员,以及法人或其他组织内部设置的法律事务机构中的人员,均为法律顾问;狭义而言,法律顾问指接受公民、法人或其他组织的聘请为其提供法律服务的执业律师。此处的法律顾问是指企业为员工提供的一种福利,企业可以临时或长期聘用法律顾问,为员工提供法律服务,甚至一些企业还为员工聘请律师支付费用。

（二）心理咨询

心理咨询是由专业人员(即心理咨询师)运用心理学以及相关知识,遵循咨询原则,通过各种技术和方法,帮助求助者解决心理问题。企业为员工提供定期或不定期的心理讲座就是实行这种福利制度的方式之一;企业也可以和专业的心理咨询人员签订协议,让其在一段时期内为员工提供心理方面的咨询。

（三）托儿服务

企业通过向员工提供信息、补贴等形式来实现这种帮助。多项调查显示,提供托儿服务的企业,员工的缺勤现象大大降低,工作效率也会有一定程度的提高。

（四）托老服务

随着社会老龄化程度的加深,企业和员工都越来越关心老年人的护理问题。企业通过帮助员工照顾他们年迈的家人,解除他们的后顾之忧,以提高员工的工作绩效。组织提供的托老福利主要有:弹性工作时间、长期保健保险项目以及老年护理中心等。

（五）内部优惠商品

员工购买本企业的产品或服务时,价格低于一般顾客。

（六）搬迁津贴

企业为员工搬迁住所而提供一定数额的经济支持,不过不同员工的津贴数额、能享受搬迁津贴的间隔期有所不同。

（七）子女教育费

现在员工越来越重视子女教育,为了使员工子女能接受良好的教育,企业提供子女教育费成为一项吸引优秀人才的重要福利,这项福利在不同企业的发放标准也不同。

四、企业年金

企业年金计划是企业或行业自主发起的员工养老金计划。对于企业来说,它已经成为人力资源管理福利体系的一个重要组成部分,是延期支付的工资收入。一般由企业缴费或企业和员工共同缴费建立保险基金,经过长期积累和运营而成为退休员工的补充养老金收入。大多数发达国家都建立了企业年金制度,甚至有一些国家通过立法,把企业年金变成了国家强制性的养老金制度。

企业年金方案应当由企业与员工代表或工会协商完成，国有企业及国有控股企业的年金方案应当提交员工大会或职工代表大会讨论通过。

企业年金基金由企业缴费、员工缴费、企业年金基金投资运营收益组成，实行完全积累制度，采用个人账户方式管理。企业缴费应当按照企业年金方案规定比例计算的数额计入员工企业年金个人账户；员工个人缴费直接计入本人企业年金个人账户。

员工达到国家规定的退休年龄时，可从企业年金个人账户中一次性或定期领取企业年金。未达到法定退休年龄的员工，不得从企业年金个人账户中提前提取现金。员工或退休人员死亡的，其企业年金个人账户余额由其指定的受益人或法定继承人一次性领取。

第四节 弹性福利计划

一、弹性福利计划的含义

弹性福利计划是一种有别于传统福利的新员工福利制度。弹性福利计划强调让员工依照自己的需求从企业所提供的福利项目中选择属于自己的一个福利"套餐"。每名员工都有自己"专属"的福利组合。另外，弹性福利计划非常强调"员工参与"的过程，希望从员工的角度来了解他们的需要。但事实上，实施弹性福利计划的企业，并不会让员工完全自由地挑选福利，通常企业都会根据员工的薪酬、资历或家庭状况等因素来设定每名员工所拥有的福利限额。而在福利清单中所列出的福利项目都会附一个"购买价格"，员工只能在自己的限额内挑选喜欢的福利。

二、弹性福利计划的类型与优缺点

（一）弹性福利计划的类型

弹性福利计划主要分为附加型福利计划、核心加选择型福利计划、弹性支用账户、福利"套餐"、选择性福利"套餐"五类，下面将一一介绍每种类型。

（1）附加型福利计划。它指在现有的福利项目外，再提供一些福利措施或提高原有福利的标准，供员工选择。

（2）核心加选择型福利计划。它是由核心福利和选择福利两部分构成的弹性福利计划。核心福利是所有员工都享有的基本福利；选择福利包括所有可自由选择的福利项目，并附有"购买价格"。

（3）弹性支用账户。它指员工可从其税前总收入中拨出一部分款项作为自己的"支用账户"，并以此账户去挑选各种福利。

（4）福利"套餐"。它指由企业同时推出多种福利组合，每种组合所包含的福利项目和优惠幅度都不一样，员工只能从中选择某种福利组合，而不能从不同组合所包含的福利中进行选择。

(5)选择性福利"套餐"。它指在原有的固定福利的基础上,提供几种项目不同、优惠程度不同的福利组合。这些福利组合中有的价值要高于原有的固定福利,有的价值则低于原有的固定福利。如果员工选择了较高价值的福利组合,就要扣除一部分的直接薪酬作为补偿;如果员工选择了较低价值的福利组合,则可得到其中的差额部分,但是员工必须对所得差额纳税。

(二)弹性福利计划的优缺点

1. 优点

对企业来说,弹性福利计划有以下优点:

(1)控制福利成本。企业将不再被固定的福利套牢,且能够根据自身情况控制福利成本的支出。

(2)企业可将节省下来的一部分钱作为绩效奖励,向员工发放。

(3)提高员工的福利满意度。弹性福利计划强调了员工在本人福利计划决策中的参与感和决定权,企业可以充分利用这一机会引导员工加强对企业福利价值的认识。

(4)引导员工的福利使用行为。目前绝大多数企业实施核心加选择型福利计划,核心福利一般为必选项目。员工在决定个人福利组合时,通过对必选项目的了解,可以提高其对风险的认识,加深其对福利基本功能的理解,使其走出福利直接等同于现金收入的认知误区。

(5)发挥福利的激励作用。弹性福利计划下,企业可以区分不同的员工群体,制定差异化的福利产品。

对员工来说,弹性福利计划最大的优点在于可以满足员工的个性化需求。弹性福利计划富有灵活性和自由选择性,注重员工参与,使员工有了被重视的感觉,也获得了员工的认可。

2. 缺点

弹性福利计划有以下缺点:

(1)管理起来较复杂。由于员工可以自主选择,每个人的选择可能差别很大,管理与核算的工作量和难度都加大了,企业的福利管理成本会上升,如果处理不慎,甚至可能会引起员工的抵制。

(2)如果员工缺乏某种专业知识,其福利选择可能会缺乏合理性,比如只注重眼前利益或未经仔细考虑,选择了不实用的福利项目,这将影响员工的长期利益。

(3)存在"逆向选择"的问题。"逆向选择"是指理性的"经济人"没有做出利益最大化的选择。在弹性福利计划中,员工很可能为了追求福利的金额最大化而选择了并非自己最需要的福利项目。

(4)削弱规模效应。企业允许员工自主选择,可能会造成福利项目实施的不统一,这样就会减少统一性具有的规模效应。

三、构建自助式的福利计划

企业和员工分别是福利的供给方与需求方,而自助式的福利计划就是在供需双方之间建立起一种可以进行选择性匹配的"市场机制"。下面我们从两个方面——从需求到供给,从供给到需求——来分析如何构建自助式的福利计划。

(一)从需求到供给

从需求到供给,是指从员工的需求出发来确定企业需要为员工提供什么样的福利。这里企业所需要做的最主要的工作是针对员工的需求开展调查,采取问卷调查、面对面访谈等方式,收集他们的需求信息,然后将所收集的信息进行分类汇总,从而确定员工需求的种类和层次。

(二)从供给到需求

从供给到需求,是指在明确员工的福利需求后,企业如何满足员工的需求。这一阶段是需求的实现阶段,也是自助式福利的核心内容,它又分为四个基本步骤:

(1)购买力的确定。这里的购买力不是货币购买力,而是一种点数购买力。具体来说,就是通过资历审查、绩效考评等手段,确定一定的标准,计算出员工的购买点数,它具有类似货币的购买力,可以"购买"福利。点数的确定依据主要有两大因素:资历和绩效。资历是指员工在企业中的工作年限、职务等级、权责大小等;绩效则是指企业的绩效考评体系所反映出来的员工的工作业绩和能力。

(2)福利物品定价。对于可用货币衡量的实物或服务的定价,可根据现实价格进行定价;对于那些不能用货币衡量的物品,如带薪休假,则需要根据一定的标准折算成货币进行定价。

(3)市场交易。在员工手里有了购买点数,而福利物品也——定价完毕之后,交易就可以进行了。企业首先把福利物品的种类和价格公布出来,由员工进行挑选。选购的过程并不是现买现付,而是先进行登记,隔一段时间之后再提供物品。在这一过程中,将不可避免地发生员工购买力不足或员工"储蓄"的情况。员工购买力不足是指员工本身的购买点数不足以购买其所需要的福利物品。对于这种情况,公司可以考虑实行分期付款的方法,即实行福利预支。员工"储蓄"是指员工暂时不购买,而把点数储存起来以备下次购买。对于这种情况,公司应当参照现实的银行储蓄利率,支付当期"利息"。

(4)约束协调机制。主要是指针对交易过程中发生的各种意外纠纷等特殊情况采取的处理措施。比如,员工跳槽时的福利点数处理、公司信用危机时的福利点数处理等。

(三)弹性福利计划的实施方式

企业可以采取多种实施方式,如附加福利计划、混合匹配福利计划、核心福利项目计划、标准福利计划等,实现从传统福利计划向弹性福利计划的过渡。选择何种弹性福利计划取决于企业想要从弹性福利计划中获得什么。

(1)附加福利计划。这种福利计划不会降低员工原有的直接薪酬和福利水平,而是提供给员工一张特殊的信用卡,卡中可用的金额取决于员工的资历和绩效等,员工可以根据自己的需要自行"购买"福利。

(2)混合匹配福利计划。在实施这种计划时,员工可以按照自己的意愿在企业提供的福利中决定每种福利的多少,但是总福利水平是一定的。

(3)核心福利项目计划。该计划是指为员工提供包括健康保险、人寿保险以及其他一系列企业认为所有员工都必须拥有的福利项目的组合。企业会将这些福利项目的水平都降至最低水平,然后让员工选择自己喜爱的其他福利项目。

(4)标准福利计划。在这种计划下,企业为员工提供多种不同的福利组合,员工可以在这些组合之间自由进行挑选,但是没有权利来自行构建自己认为合适的福利组合。就像西餐厅所推出的 A 套餐、B 套餐一样,食客只能选择其中的一个套餐,而不能要求更换套餐里面的内容。

第五节 福利管理

企业提供的福利反映了企业的目标、战略和文化,因此,福利的有效性对企业的长远发展至关重要。为了更好地发挥福利的效果,留住核心人才,进行高效的福利管理对企业至关重要。

一、福利管理的主要内容

企业的福利管理,既要控制成本开支,又要为员工提供比较满意的工作条件。有效的福利管理能够吸引并留住人才,使企业在人才市场竞争中赢得优势。

国内学者对福利管理进行了深入分析,对于福利管理内容的主要观点如下:第一,福利管理包括员工福利的目标、员工福利的成本核算、福利沟通、福利的调查、福利的实施;第二,福利管理包括前期的福利申请、福利沟通及福利监控;第三,福利管理包括福利管理的战略与目标、福利管理环境分析、福利管理计划设计、福利成本控制。

综合以上内容,本书认为福利管理主要包括员工福利的目标、福利沟通、福利成本控制和福利实施。

(1)员工福利的目标。每个组织的福利目标各不相同,但有些内容是相似的,主要包括:必须符合组织长远目标;符合组织的薪酬制度;要兼顾员工的眼前需要与长远需要;能够激励大部分员工;符合法律规定;组织可以负担福利成本。

(2)福利沟通。要使福利最大限度地满足员工的需要,福利沟通是福利管理必不可少的内容。企业在经营过程中,并非福利金额越多,员工就越满意,员工对福利的满意度与对工作的满意度是正相关的。

福利沟通有很多方式,通常采用的有下列几种:使用问卷法调查所有或部分员工的需求;通过影像资料向员工介绍福利项目;使用统计学方法抽取一部分重点员工进行访谈;公布福利项目让员工自行选择;定期或不定期地收集员工对公司福利项目的反馈信息。

（3）福利成本控制。由于福利呈增长趋势，控制福利成本成为福利管理必须考虑的内容。有以下几种方式可以选择：由员工承担部分费用，即规定一个限额，在医疗或其他支出方面超过限额后，员工才可以开始享受福利；规定福利的上限；给予不同类型的员工不同的福利，根据员工的资历、绩效等因素决定他可以享有哪些福利；某些岗位招聘临时或兼职人员；企业为了专注于核心业务，也可以采用福利外包的形式，雇用外部专业人员来管理企业福利。

（4）福利实施。福利实施是福利管理最具体的一个方面。在福利实施中要注意以下几点：根据目标实施；预算要落实；按照各个福利计划有步骤地进行；防止出现漏洞；定时检查实施情况。

HRM 资料与工具

知名企业大打温情福利牌

思科：提供紧急医疗救助

思科有一个非常特别的福利项目，就是由一家医疗服务机构提供24小时的紧急医疗救助。它保证员工可以在全球范围内享受全天候的安全保障，服务内容甚至超出了医疗保险的范围，包括由疾病和社会不稳定因素、人身意外等构成的危险等。

惠普：加班可以打出租车回家

惠普对员工的上班时间实行弹性管理，如果员工有私事，可以灵活上下班。员工可以以家中暖气试水为由晚到半天，甚至当天不去上班。如果加班乘坐出租车回家，费用将由公司报销，还可享用免费晚餐。

星巴克：福利惠及家人

与同行相比，星巴克的员工福利十分优厚。那些每周工作超过20小时的员工可以享受卫生福利、员工扶助方案和伤残保险。这种独特的福利计划使星巴克尽可能地照顾到员工家庭，对员工家里的长辈、小孩在不同状况下都有不同的补贴方法。

Valassis：母婴福利全面周到

Valassis是一家市场推广企业，员工中有一半是女性，而且其中很多是在职母亲。Valassis因此提供了托儿服务，还有全科医生为孩子服务。女员工有长达68周的产假，还可在哺乳室给婴儿喂奶；男员工也可享有陪产假等带薪假期。

ASP：开办免费瑜伽班

在ASP，医疗保健及人寿保险每一样都不缺，未休的带薪病假还可折算为现金作为奖励。在瑜伽运动盛行时，ASP及时开办了免费的瑜伽班，让员工在闲暇时可以实现身心的放松。

宝洁：医疗保险和意外保险齐全

宝洁为员工提供医疗保险福利，员工只需支付小部分的门诊费用和极少的住院费用，就可以享受完善的医疗服务。宝洁为所有因公务出差的员工提供宝洁全球差旅意外保险。在发生人身意外死亡的情况下，宝洁将赔偿员工的直系亲属三倍的年薪。

二、福利方案设计

企业可以根据自身的实际情况制订出具有吸引力的福利方案。在制订福利方案时，一定要考虑到企业战略目标与员工需求。

福利管理的指导思想要与企业发展的阶段以及战略目标相匹配，企业在发展的初期、中期与末期，扩张期与收缩期，盈利期与亏损期，其福利方案应该是有所区别的。同时，社会经济发展形势的变化、劳动力市场的变化等也要求企业对福利方案及时进行调整。不顾企业实际情况的照搬照抄只会导致福利管理的失败。

高效率的福利项目一定来源于员工需求，脱离员工需求设计的福利项目是无效的，尤其是激励性福利项目。而普惠制的福利项目对于员工来说如果如同鸡肋一般，就是浪费了企业资源。

以下列举几种不同类型的福利方案：

1. 经济型方案

第一步，给每名员工按照最低标准缴纳五险一金。此举可以降低人事管理风险，保证企业的福利制度具有合法性，且员工能得到基本保障。

第二步，选一种独特的福利项目，作为福利亮点，成本不高，但足以提高员工的工作积极性。比如某小型广告公司，员工人数不多，且均为年轻人，除上述最低标准的五险一金福利外，公司每年参考大家建议就近选择风景名胜区开年会，一方面通过旅游公司组团，花费不多；另一方面员工一年忙到头，能享受这样的福利，会感觉很值得。

2. 激励型方案

第一步，为员工缴纳五险一金，缴费基数与员工个人收入挂钩。

第二步，实行自助式福利制度。除五险一金外，还提供自助式福利项目。每个福利项目均有规定的"价格"（积分），员工通过支付一定的积分可以兑换对应的福利项目。

3. 综合型方案

大多数有一定规模和实力的企业倾向于采取更温和的综合型福利方案。

第一步，选取普惠制的福利项目，比如五险一金、免费午餐、发放工作服、举办节日庆典等，这些福利项目主要为保障型、补助型、方便型和娱乐健康型，旨在搭建一个惠及所有员工的福利平台，营造企业内部的和谐氛围。

第二步，选取部分福利项目作为自助式福利，采取积分兑换的方式，员工通过自己的工作表现和业绩来获取福利，这些福利项目主要为促进发展型和娱乐健康型。能获得这些福利项目的一般都是企业内部业绩比较好的员工，此举有助于激励员工以及吸引、保留优秀员工，增强企业内部有序的竞争意识，提升企业的对外竞争力。

本章小结

本章主要介绍了福利的相关概念与福利管理的一些问题。福利可以按不同的分类方法分为不同的类型：集体福利与个人福利，法定福利与非法定福利，经济性福利、工时性福利、设施性福利和娱乐及辅助性福利等。影响福利的因素有：政府的规定、市场的因素、管理者的选择及其他(包括工会、国家文化等)。随着激励的加强,福利呈现增长的趋势。法定福利主要包括医疗保险、失业保险、养老保险、工伤保险及住房公积金。补充福利包括个人福利、有偿假期、生活福利、企业年金。弹性福利计划的实施方式有附加福利计划、混合匹配福利计划、核心福利项目计划、标准福利计划。福利管理的主要内容包括员工福利的目标、福利沟通、福利成本控制、福利实施。

关键概念

福利　福利类型　法定福利　个人福利　有偿假期　生活福利　弹性福利计划　福利管理　福利方案设计

课堂练习

选择题

1. 人寿保险属于福利形式中的(　　)。
   A. 公共福利　　　　B. 个人福利　　　　C. 有偿假期　　　　D. 生活福利
2. 探亲假可以视为一种(　　)。
   A. 病假　　　　B. 事假　　　　C. 公休　　　　D. 节日假
3. 关于福利的看法,错误的是(　　)。
   A. 可以适当缩小员工薪酬的差距
   B. 往往是以服务或实物的形式支付给员工
   C. 包括全员性福利、特殊福利和困难补贴
   D. 与工资、奖金相比不够稳定,也不够可靠
4. 公共福利是指(　　)。
   A. 社会要求提供的福利
   B. 法律规定必须提供的福利
   C. 员工要求提供的福利
   D. 组织根据自身的发展需要所提供的福利
5. 不属于社会福利的项目是(　　)。
   A. 财政补贴　　　B. 生活补贴　　　C. 公共设施　　　D. 养老保险
6. 弹性工作制属于(　　)。
   A. 经济性福利　　　B. 直接薪酬　　　C. 非经济性福利　　　D. 津贴和补贴
7. 社会保险中关系最为复杂、管理难度最大的一项是(　　)。
   A. 养老保险　　　B. 医疗保险　　　C. 失业保险　　　D. 生育保险
8. 政府对企业年金的监管是(　　)。
   A. 没有必要的,因为企业年金是由企业自行设立的
   B. 必要的,而且要有更多的直接干预

C. 必要的,但要有一定的限度

D. 必要的,不要人为地设定限度

9. 政府不是立法机关,但有责任推动企业年金方面的立法,立法的目的在于对雇员平等权利的保护和确保企业年金的( )。

　　A. 商业性　　　　B. 自主性　　　　C. 自然性　　　　D. 合法性

10. 福利是一种( ),它往往不以货币形式直接支付员工,而是以服务或实物的形式支付给员工。

　　A. 激励性报酬　　B. 计划性报酬　　C. 补充性报酬　　D. 必要性报酬

11. 带薪休假属于( )。

　　A. 工资　　　　　B. 奖金　　　　　C. 补贴　　　　　D. 福利

12. 下列对员工福利的概述不正确的是( )。

　　A. 员工福利是基于广义的福利与员工所支付的整体报酬的交叉概念

　　B. 员工福利的给付形式多样,包括现金、实物、带薪假期以及各种服务,而且可以采用多种组合方式,要比其他形式的报酬更为复杂、更加难以计算和衡量

　　C. 无论企业的规模、性质如何,总会为员工提供一些福利,福利已经成为某些制度化的东西

　　D. 员工福利中的项目都是由企业自主设定的

13. 下列对员工福利与薪酬关系的论述,正确的是( )。

　　A. 员工福利属于整体薪酬的一部分

　　B. 员工福利属于直接薪酬的范畴

　　C. 员工福利属于间接薪酬的范畴

　　D. 员工福利与薪酬是完全独立的两个概念

14. 下列选项中,既属于员工福利范畴又属于社会保障范畴的是( )。

　　A. 法定社会保险　B. 社会救助　　　C. 员工服务计划　D. 员工持股计划

15. 推动员工福利快速发展的原因包括( )。

　　A. 企业对员工福利作用的深刻认识　　B. 工会对员工福利的推动作用

　　C. 政府税收的连年增加　　　　　　　D. 科学技术的进步

判断题

1. 社会财富的增加是推动社会养老保险制度产生的重大因素。( )

2. 失业保险可以通过劳动力更合理的配置、更高的劳动生产率来调节经济的运行,从而具有调节功能。( )

3. 在现实生活中,福利是指一种在基本收入之外的物质利益,是由政府在基本收入之外给予居民的某种物质待遇。( )

4. 员工福利是薪酬体系的重要组成部分,是企业或其他组织以福利或工资的形式提供给员工的报酬。( )

5. 员工福利是一个复杂的系统。以福利项目是否具有法律强制性为依据,可以分为国家立法强制实施的法定福利、企业自主实施的非法定福利和介于两者之间的准法定福利。(   )
6. 员工福利规划的目的就是控制员工福利成本。(   )
7. 企业年金的覆盖率非常低,基本养老保险的建立使得企业年金没有存在的必要。(   )
8. 企业年金根据给付方式可以分为待遇确定制和缴费确定制。(   )
9. 弹性福利计划的实施机制主要包括约束协调机制、配置机制、福利物品定价机制和购买力确定机制。(   )
10. 员工福利计划是指企业对实施员工福利所做的规划和安排。(   )

讨论题

1. 一些人认为"工伤保险和失业保险会导致员工不愿意返回企业工作",你是否认可这种说法?说出你的理由。
2. 讨论外部竞争性在工资和福利中的差异。
3. 就"福利在战略上对企业来说是否越来越重要"这一问题展开讨论。

讨论案例

上海贝尔的福利计划——激励第一

上海诺基亚贝尔股份有限公司(以下简称上海贝尔)始终把员工看成公司的宝贵资产、企业未来的生命线,并以拥有一支高素质的员工队伍而自豪。企业在每年召开的董事会上,都用相当多的时间来讨论与员工切身相关的问题,如员工培训计划、奖金分配方案、工资调整和其他福利政策等,而且每年董事会用于讨论此类事项的时间不断增加。

上海贝尔的决策者日益深刻地认识到,人才正日益成为高科技企业在市场竞争中取得成功的决定性因素。只有抓住员工这条主线,其他战略部署才能成为有纲之目。因此,企业的福利政策应该与其总体的竞争策略保持一致。随着企业竞争策略的变化,相应的福利政策也应该随之调整。然而,意识到人才在企业经营中的重要性并不困难,难的是如何在企业的日常经营中贯彻"以人为本"的经营方针。上海贝尔在这方面做了一些卓有成效的探索,自然也体现在公司的福利政策上。公司管理层为了塑造以人为本的理念,在实际中致力于以下几项工作。

力推自我完善

企业的福利政策是企业整体竞争战略的一个有机组成部分。吸引人才,激励人才,为员工提供一个自我发展、自我实现的优良环境,是企业提供福利的目的。同时,各类人才,尤其是高科技领域的人才,在专业和管理的知识及技能方面,自我更新和自我提升的需求逐渐增多,这也是很自然的事。

从企业长期发展的远景规划,以及对员工的长期承诺出发,上海贝尔形成了一整套完善的员工培训体系。除从外部招聘一些企业急需的人才外,上海贝尔主要的人才来源是从高等院校毕业的本科生和研究生。他们进入上海贝尔后,必须经历为期一个月的入职培训,随后紧接着是为期数月的上岗培训;转为正式员工后,根据不同的工作需要,上海贝尔会对员工会进行在职培训,包括专业技能和管理专项培训。

此外,上海贝尔还鼓励员工接受继续教育,并为员工负担学习费用。各种各样的培训项目不仅增强了公司对各类专业人才的吸引力,也极大地提高了在职员工的工作满意度和对公司的忠诚度。

强调日常绩效

福利作为一种长期投资,如何客观衡量其效果是管理上的一大难题。在根据企业的经营策略制定福利政策的同时,必须促使员工去争取更好的业绩。否则,福利就会演变成平均主义的大锅饭,不仅起不到激励员工的作用,还会助长不思进取、坐享其成的消极工作态度。

在上海贝尔,员工所享有的福利和工作绩效密切相连。不同部门有不同的绩效评估体系,员工定期的绩效评估结果决定他所得奖金的多少。为了鼓励团队合作精神,员工个人的奖金还和其所在的团队绩效挂钩。在其他福利待遇方面,上海贝尔也是在兼顾公平的前提下,以员工所做出的绩效贡献为标准,尽量拉大档次差距。

培育融洽关系

卓有成效的企业福利需要和员工达成良性的沟通。要真正获得员工的心,公司首先要了解员工的所思所想和他们内心的需求。员工的需求随着人力资源市场情况的变化和自身条件的改变在不断变化。所以,公司在探求员工的内心需求时,切忌采用静态的视角和手段,必须依从一种动态的观念。

上海贝尔的福利政策始终尝试去贴切反映员工变动的需求。上海贝尔员工队伍的平均年龄仅为28岁。购房置业是大部分员工生活中的首选事项。在上海房价较高的情况下,上海贝尔及时推出了无息购房贷款的福利项目,可以在员工们购房时助其一臂之力。而且在员工工作满规定期限后,此项贷款可以减半偿还。当公司了解到部分员工通过其他手段已经解决了住房问题,有意于消费升级——购置私家车时,上海贝尔又为这部分员工推出购车的无息专项贷款福利。

很多企业在福利方面只做不说,只有当员工触及具体问题时,才可能从同事或人事部门获得一些有关公司福利的信息。在福利方面缺乏沟通,一方面使在职员工对公司福利政策了解不够清楚,员工对公司的忠诚度也会大打折扣;另一方面无法吸引外部人才。

上海贝尔在员工福利的设立方面加以创新,改变以前员工无权决定自己福利的状况,给员工一定的选择余地,使其参与到自身福利项目的设计中来,如将购房和购车专项贷款额度累加合一,员工可以自由选择将额度用于购车还是购房。在交通方面,员工可以自由选择领取津贴,自行解决上下班交通问题;也可以不领取津贴,搭乘公司安排的交通车辆。员工在某种程度上拥有对自己福利形式的决定权后,就会提升对工作的满意度和对公司的忠诚度。

上海贝尔的"福利菜单"

和上海贝尔的员工谈及公司福利时,他们会众口一词地夸耀自己享有的优厚福利。时任上海贝尔的人事总监陈伟栋先生介绍公司主要的福利项目时,展现在眼前的确实是一张令人心动的"福利菜单"。

奖金:各种与业绩挂钩的奖金,包括公司利润指标完成后和员工分享的红利。

法定福利:国家规定的各类福利。如五险一金和各类法定带薪假期。

衣食住行津贴:每年发服装费,免费提供工作餐,提供丰厚的住房津贴,免费提供上下班交通工具,为管理骨干提供商务专车。

员工培训:完备的培训内容,包括入职培训、上岗培训、在职培训、各类技术培训、管理技能培训、工作态度培训、海外培训、海外派驻、由公司支付费用的学历教育。公司每年用于培训的现金支出在千万元以上。

专项无息贷款:主要有购房贷款和购车贷款。

补充性保险福利:主要是商业补充养老保险。按员工在公司工作的年限,在退休时可一次性领取相当于数年工资额的商业养老金。

带薪假期:除法定带薪假期外,员工享受每年长达14天的休假。

特殊福利:对有专长的人才,公司提供住房,为其配偶落实工作,解决子女就学问题。

员工业余活动:员工俱乐部众多,如棋牌俱乐部、网球俱乐部、登山俱乐部、旅游俱乐部等。由公司出资定期举行各类活动。

以上所列仅是上海贝尔众多福利项目中的一部分。正是凭借优厚的福利,上海贝尔吸引、培养、留住了大批人才,建立了一支一流的员工队伍,造就了一个内部良性竞争的上海贝尔大家庭。

资料来源:中国人力资源开发网。

■ 问题:

1. 企业越来越看重福利对员工的激励作用,阅读案例,分析上海贝尔的福利计划从哪些方面激励了员工?
2. 你认为这个案例对我国高科技和通信企业有什么启示?

复习思考题

1. 福利制度是从哪些方面激励员工、提高劳动生产率的?
2. 弹性福利计划在成本下降时是如何提高员工满意度的?
3. 我国福利建设有哪些需要改进的地方?

延伸阅读

1. 米尔科维奇,纽曼,格哈特.薪酬管理[M].11版.成得礼,译.北京:中国人民大学出版社,2014.

2. 许楠,田涵艺,刘浩.创业团队的内部治理:协作需求、薪酬差距与团队稳定性[J].管理世界,2021,37(4):216-230.

3. 樊海潮,张丽娜,丁关祖,彭方平.关税与汇率变化对福利水平的影响——基于理论与量化分析的研究[J].管理世界,2021,37(7):61-75.

4. 杨光明,潘璇,孙莉芬,朝发树.基于A企业福利项目管理成熟度模型设计与评价的研究[J].中国人力资源开发,2016(2):58-66.

第九章
员工培训

> 神枪手是靠消耗无数弹药训练出来的，优秀员工的培养也绝不是没有开销的，任何一个管理者对此都该舍得花费金钱，身怀技能的员工回报雇主是天经地义的，他们没有理由不这么做。
>
> ——查德·西尔斯（《管理的实践》）

> 员工培训是企业风险最小、收益最大的战略性投资。
>
> ——沃伦·贝尼斯（《领导者》）

本章学习目标

1. 理解培训的含义。
2. 了解培训体系的组成与分类。
3. 掌握培训项目设计的过程。
4. 掌握培训的各种方法与技术。
5. 了解部分新兴培训技术。

引导案例

星巴克的员工培训

根据星巴克2021年第一季度报告,星巴克在全球75个国家及地区皆有据点,全球门店数32 938家。星巴克在全球的成功离不开其对员工培训的重视。

2018年4月13日,两名未消费的黑人男子在费城的一家星巴克店内等朋友,其间要求使用厕所,但店员告知只有消费的客人才能用,接着请两名黑人男子离开,两人拒绝离开,结果店员报警逮捕两人。事后,星巴克在5月29日下午关闭了在美国的所有自营咖啡店,让175 000名员工接受反种族歧视的培训。星巴克在公告中还提到,公司将为近7 000家星巴克特许门店的非公司员工提供培训材料。

此外,星巴克在员工的在岗培训和入职培训方面,也有许多让同行业借鉴的优秀做法。以星巴克(中国)为例,星巴克的员工培训主要是以学徒计划(Apprenticeship)为主。**学徒计划**是一种边干边学的培训方法,它同时运用**在岗培训**和**课堂培训**两种培训手段。学徒计划的一个最大优点在于,学习者在学习的同时还可以获得报酬。这一点非常关键,因为一项学徒计划可能会持续好几年时间。随着学习者的技能提升,他们的薪酬通常也会随之提高。此外,学徒计划还是一种有效的学习经历,因为学徒计划中通常包括关于为什么要执行某项任务以及如何执行此项任务的课堂培训,这些培训通常是由地方的商业学校、高中以及社区大学提供的。在学习者完成一项学徒计划后,他们还有机会获得一份全职工作。从公司的角度来说,学徒计划能够满足特定的业务需求,并帮助公司吸引到有才能的员工。星巴克会为兼职助学的学徒配备一名导师,辅导学徒业务操作,此外还定制了一个系统的学习和培训流程;对咖啡师则以颜色划分等级,规定只有通过学习、工作与考试才能"升职",工资也相应提升,这点极大地提高了员工的工作积极性,并深化了员工对企业文化的理解与感受。

而在课堂培训方面,星巴克的做法也是值得借鉴的。为了迎合大量中国大学生兼职的入职培训需求,星巴克于2012年成立了星巴克(中国)大学,现今是以线上的模式开展,几乎涉及了所有的培训方法,如演示法、讲解法、视听培训和演练法。以星巴克的入职培训为例,其入职培训一般分为遵从(理解并遵守公司的各项政策和规章制度)、澄清(理解工作以及组织的绩效期望)、文化(理解公司的历史、传统、价值观、规范和使命)以及联系(理解与建立工作关系和人际关系)四个部分。星巴克(中国)大学的课程让员工在很大程度上消除了对企业的戒心并增强了认同感。

最后不得不提的是星巴克的**团队培训**。团队培训是把整个团队作为培训对象而进行的一系列培训,它需要通过协调在一起工作的单个人的绩效从而实现共同的团队目标。团队培训法的理论基础是"木桶理论":一个完整的木桶由横梁、木板、底盘等共同构成,只有各部分完整有序才能发挥木桶的功能。团队培训的目标就是增大团队这个"木桶"的容量,即通过种种改造措施增强团队的整体实力和竞争力,提高团队工作绩效。团队培训包括**交叉培训**和**协作培训**。交叉培训是指让团队成员熟悉并实践所有人的工作,以便在有人暂时或永远离开团队后,其他成员可介入并取代他的位置。协作培训是指团队进行的如何确保信息共享和承担决策责任的培训,以实现团队绩效的最大化。星巴克作为跨国的全球企业,对团队培训有很深的认识。首先以国家划分团队,如美国总部、中国分部等,各分部之间经常进行交流,如尝试各种特色咖啡豆,分享各自增强团队实力和竞争力的措施等。各分部内可进一步划分地区团队,不同地区会有地区经理交流和视察打分活动,各地区团队进行绩效竞争和相互监督。再下分就是门店团队,这种小团队主要是考虑出品质量、工作的规范性和绩效的数据。新员工们在接受团队培训时被告知打烊要一起走,不允许提前离开;遇到紧急情况时要求助团队负责人,不能主观臆断和随意行动等。虽然新员工们有着明确的团队分工,但也被要求有充分的交流。

星巴克在全球,特别是在中国市场的成功,很大程度靠的就是这种科学的员工培训,如跨文化的包容性培训、在岗培训和入职培训以及团队培训等,这些都是其成功不可或缺的重要因素。

资料来源:"Starbucks to close 8 000 stores in US for racial tolerance training",http://www.chinadaily.com.cn/cndy/2018-04-19/content_36055557.htm,访问时间:2022 年 5 月。

■ 问题:
1. 星巴克培训体系的先进性体现在哪里?
2. 星巴克是如何设计不同的培训方案的?

第一节 培训概述

一、培训的含义

培训是指公司为了有计划地帮助员工提升与工作有关的综合能力而采取的努力,这些能力包括知识、技能,或者是对顺利完成工作至关重要的行为。培训的目的在于让员工掌握培训计划所强调的那些知识、技能和行为,并且将它们运用到日常工作活动之中。

培训与职业生涯管理都是人力资源开发的重要组成部分。培训主要是为了完成与当前工作相关的任务,职业生涯管理则更加关注个人的学习、成长与潜能的开发;培训关注绩效的改进,职业生涯管理则关注开放式的连续学习。

过去,人们希望通过培训来提高与工作相关的基本技能,近年来随着知识经济的兴起与蓬勃发展,知识逐渐成为企业获得关键经济附加值的重要因素,培训关注的焦点也有所改变——正在从教授员工掌握具体的技能转变为强调知识的创造和分享这种范围更大的目标。作为人力资源开发的关键环节,培训必须对组织具有战略性价值的知识的生产、传播和应用做出贡献。也就是说,要想通过培训获得竞争优势,就必须将培训视为一种从更广阔的意义上创造智力资本的途径。智力资本包括基本技能、高级技能、对顾客或生产系统的理解以及自发的创造性。

二、培训体系的分类

培训会导致企业人力资源管理的直接成本增加,最受企业欢迎的应该是那些培训费用低但是效果显著的培训方式。不同的培训方式与内容所针对的培训对象不同,其产生的成本也不尽相同。企业的培训体系是否合理,对企业的效益有至关重要的影响。为降低培训成本、提高培训效率,企业首先应该将培训对象进行合理分类,分别实施差异化的培训战略。

(一)按员工分类

这种分类方法一般是将员工分为新进员工、一般员工和管理者,或者在管理者中再按组织层次划分为基层管理者、中层管理者与高层管理者等,然后根据组织的需要分别对其进行不同目的、不同方式的培训。

中小企业的培训成本往往占总成本的份额比较大,因此合理分类显得更加重要。对此,何辉、张玉珍提出了从创造价值和独特性两个维度划分员工的分类方法。其中,有价值的员工是指能为企业创造价值,加强企业的竞争优势或核心能力,进而帮助企业实现战略目标的员工,员工的独特性是指其技能的不可复制性和不可模仿性。在此基础上,他们提出了差异化的培训战略(见图9-1)。

(二)按职能分类

按照企业内各部门的一般职能内容,根据企业职能部门的设置,可将培训对象分为生产人员、营销人员、人力资源管理人员、财务人员等,然后根据各部门的不同需要,按不同的专业职能对其进行针对性的培训。

(三)按目的分类

按照培训目的,可以将培训分为入职培训、转岗培训、变革管理培训等,然后根据不同的目的选择有针对性的内容进行培训。

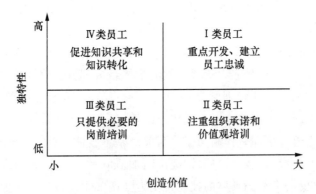

图9-1 中小企业差异化培训模型

资料来源:何辉,张玉珍.中小企业员工培训的差异化战略[J].中国培训,2005(1):21-22.

(四)综合分类法

综合分类法可以结合前三种分类方法,灵活安排培训,目的是力图全面体现培训内容,实施合理化管理。这里只介绍塔式培训分类体系(见图9-2),该体系将培训内容分为专业类、统筹类和功能类。

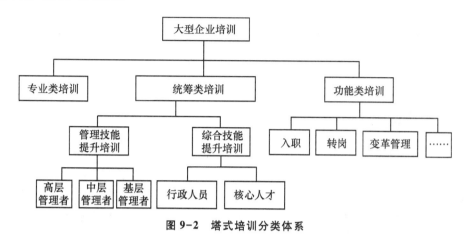

图9-2 塔式培训分类体系

1. 专业类培训

专业类培训是指对各部门需要掌握的专业技能进行的培训。

2. 统筹类培训

统筹类培训是指对多数员工需要掌握的知识、技能和理念进行的培训。统筹类培训由于"直接作用于企业绩效",因此是这三类培训中的重点。统筹类培训又细分为两大固定板块——管理技能提升培训和综合技能提升培训。前者主要针对企业中处于不同组织层级的管理者,如基层管理者(M-3)、中层管理者(M-2)和高层管理者(M-1)。后者则主要针对企业中另外两类影响力较大的非管理人员(行政人员和核心人才)。根据企业具体情况的不同,还可以开发其他的培训内容。

3. 功能类培训

功能类培训是指为在企业内实现某种目标(多为临时目标)或达到某种状态而进行的培训。它根据企业发展态势和临时需要等情况确定培训项目,如变革管理培训、入职培训。

在管理这三类培训的问题上,应采用统分结合的分层管理方法,即培训管理人员对统筹类培训和功能类培训进行直接管理,全面主持两类培训中所包含的项目;而对专业类培训,则在严格管理和监控的规章制度的基础上将权力下放到各部门。

第二节 培训项目设计

培训项目的开发与设计需要采用系统的方法来确保培训项目的有效性。开发培训项目的系统方法为指导性设计过程(Instructional Design Process)。该过程一般包含六个步骤:第一步是进行培训需求评估,明确是否需要培训;第二步是确保员工做好受训准备,确保员工有学习培训内容的动机与基本技能;第三步是营造学习所必需的环境,比如明确的学习目标和培训成果以及有价值的材料等;第四步是确保受训者能将培训内容应用于实际工作,包括让受训者明白如何对待技术进步、如何与人合作及如何获得管理者支持;第五步是选择培训方法;第六步是培训效果评估,即判断培训是否取得了预期效果,包括分析培训效果和评估设计方案、进行成本—收益分析等。本书从以下四个方面展开介绍培训项目设计的过程。

一、培训需求评估

在选择培训方法之前,首先应该明确的是培训是否必要,而培训需求评估就是判断培训是否必要的过程。

通常,培训需求产生的原因有很多,可以是绩效达不到要求、新技术产生、工作的重新设计,也可以是新的立法或政策出台、顾客偏好的变化、新产品的开发,还可以是员工基本技能有所欠缺等。当然,当这些情况出现时,培训并不是唯一的解决办法,同时也不能保证培训是正确的解决途径,因为出现这些情况有可能是其他相关因素造成的。比如,工作出现了失误,可能是因为员工知识欠缺,也可能是因为员工对所得报酬或上级不满。只有知识的缺乏可以通过培训来解决,至于其他原因则需要通过薪酬体系设计或工作环境设计等方法来解决。由此可见,认真分析培训需求产生的原因、判断培训是否是最佳的解决途径是非常必要的。

培训需求评估通常包括组织分析(Organizational Analysis)、人员分析(Person Analysis)和任务分析(Task Analysis)。组织分析考虑的是培训的背景条件;人员分析是为了了解谁需要培训;任务分析则是为了确定培训的内容,即需要对哪些方面进行培训。在实践中,组织分析、人员分析和任务分析通常都不是按照某种特定的顺序来进行的。不过,由于组织分析要分析培训是否与公司的战略目标相符,以及公司是否愿意在培训上投入时间和资金,因此组织分析通常要先进行,而人员分析和任务分析通常是同时进行的。

通过培训需求评估,组织可以得到有关谁需要培训以及需要培训什么内容等方面的信息。培训需求评估还可以帮助培训者决定培训方式,比如是将培训外包给专门的培训机构,还是利用内部资源自行培训。

传统上参与培训需求评估的只有培训者,但是,随着培训逐渐成为辅助公司实现战略目标的工具,中高层管理者也需要参与评估过程。另外,作为培训对象以及工作信息的提供者,员工也应参与评估过程。因此,培训需求评估过程应该包括中高层管理者、培训者以及相关员工。在评估过程中,高层管理者关注的是培训是否支持以及怎样支持公司的经营战略,需要决定哪些职能部门或单位需要培训,并判断公司的人力资源是否具备必要的素质来实现战略目标进而保持竞争优势。中层管理者更加关注培训的投资、培训对象的类型以及有助于提高产品质量和顾客满意度的培训方式。培训者主要是通过评估获得培训相关的信息。由于各需求评估参与者的关注重点不同,因此在培训需求评估过程中需要很好地协调各参与者之间产生的不一致,以保证整个培训项目的顺利进行。

（一）培训需求评估的过程

有关培训需求的评估，最具有代表性的观点是威廉·麦吉（William McGehee）和保罗·塞耶（Paul Thayer）于1961年提出的三层次分析法，即从组织、人员、任务三个方面确定培训的需求（见图9-3）。

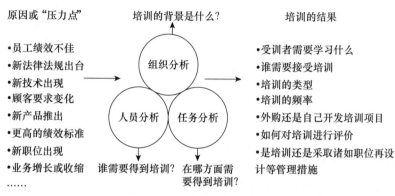

图9-3　培训需求评估程序

1. 组织分析

组织分析是要在给定公司经营战略的条件下，决定相应的培训，为培训提供可利用的资源，确保管理者和同事对培训活动的支持。通常组织分析需要考虑三个因素：公司的战略方向，可用的培训资源，以及员工的上级和同事对受训者参与培训活动的支持。

（1）公司的战略方向。初步的研究表明，公司战略与培训的数量以及种类方面存在一定的相关关系。培训的主题因企业经营战略的不同而存在非常大的差异。比如，实施收缩战略的公司需要对拟解聘的员工提供找工作的培训，并且对留下的员工进行跨职能的培训，因为这些人会发现他们自己在工作中必须承担更多的责任。注意力集中于市场地位（即采取集中战略）的公司则需要强调员工技能的更新以及现有劳动力队伍的开发。以下几个方面是非常重要的：第一，通过确认现行企业经营战略来确保公司在培训活动方面分配足够的预算；第二，确保员工得到相关主题的培训；第三，确保员工接受培训的数量是恰当的。

（2）可用的培训资源。企业有必要弄清楚自己是否有足够的预算、时间和专业人员来进行培训。比如，如果一家公司在其下属的一家工厂里安装计算机化的制造设备，那么它可以采取三种方法来解决员工对计算机操作的需求：第一，公司可以在现有人员、现有的水平以及预算基础之上，利用内部人员来对所有相关员工进行培训。第二，公司可以通过测试进行选拔，在工作样本操作考试中低于标准要求的员工可能会被安排在其他岗位上。选择这种战略就意味着公司已经决定将资源投入到甄选和配置方面而不是培训方面了。第三，如果该公司缺乏必要的时间和专业能力，那么它可以从咨询公司那里购买培训服务。

（3）管理者和同事的支持。各种研究均发现，管理者和同事的支持对于培训是非常关键的。培训取得成功的关键要素在于管理者和同事对于受训者参加培训活动持有一种积极的态度,愿意教授他们如何将培训中所学运用到实际工作中……如果管理者和同事并不支持他们参加培训,那么受训者将培训内容应用于工作的可能性也就不大。

2. 人员分析

人员分析可以帮助管理者确定培训是否合适,以及哪些员工需要接受培训。人员分析包括:

(1) 判断业绩不佳到底是由于知识、技能、能力(培训的一个主题)的不足而引起的,还是由于工作动力不足,或者是工作设计本身有问题而引起的。

(2) 确认谁需要接受培训。

(3) 确定员工是否已经做好接受培训的准备。受训准备包括:员工是否具有必备的学习培训课程内容并可将其运用于工作的个体特征(如能力、态度、信仰和动机);培训环境是否有利于学习且不会对工作业绩产生太大影响。

绩效水平不能达到要求是企业产生培训需求的一个主要原因。影响员工绩效水平的因素包括个体特征、工作输入、工作输出、工作结果和工作反馈。其中,个体特征是指员工的知识、技术、能力和态度。工作输入不仅包括对员工应该干什么、怎么干和什么时候干的指导,还包括那些提供给员工以帮助他们完成工作的各种资源,如设备、时间和资金等。工作输出就是工作绩效水平。工作结果是指员工由于业绩优异而受到的激励。工作反馈是指员工从执行工作中收到的信息。这些因素还能影响员工的学习动机,即受训者学习培训内容的欲望。学习动机与培训中知识的获得、行为方式的改变及技能的提高密切相关,对培训效果有重要的影响。因此,人员分析可以从这五个方面进行。

3. 任务分析

任务分析所要做的首先是明确员工需要完成哪些方面的重要任务,然后确定为了帮助员工完成这些任务,应当在培训过程中强调哪些方面的知识、技能和行为。任务是对员工在特定工作岗位上所从事的各项活动的表述。比如,电工的工作任务包括更换灯泡、插座和电灯开关等。任务分析的结果是对工作活动所进行的描述,其中包括员工所要完成的工作任务以及成功完成这些任务所需要的知识、技能和能力。

任务分析分为以下四个步骤:

(1) 选择需要分析的工作。

(2) 通过对有经验的员工及其上级进行访谈和观察,以及同其他曾经对当前工作进行过分析的人进行交谈,列出一份在当前工作岗位上需要履行的任务的初步清单。

(3) 查证或确认初步列出的任务清单。

(4) 一旦任务确定下来,很重要的一点是就是确定成功完成每一项任务所需要的知识、技能和能力(可以通过访谈法和问卷法收集),这对于一些决策是非常重要的,如参与到培训项目(或者工作)中的人是否必须事先具备某种特定水平的知识、技能和能力,以及是否需要提供一些补充培训来强化这些基本技能。出于培训的目的,关于学习知识、技能和能力的难度高低的信息是非常重要的,同样重要的还有是否要求员工在承担工作之前就必须具备这些知识、技能和能力。

由此可见,任务分析首先要将工作分解成职责或任务。需要注意的是,为了提高任务分析的有效性,应该使用两种以上的收集任务信息的方法,而且应该从熟悉该项工作的在职员工和管理者那里收集信息。其次,在评估任务时,重点应该放在能实现公司长远目标和现实目标的任务上,而不一定是最难完成或最花时间的任务上。最后,通过任务分析,不仅要知道员工在实际工作中做些什么,还要知道他们是怎么做的。

(二)培训需求评估的方法

1. 培训需求评估的一般方法

培训需求评估常用的方法有观察法、问卷法、阅读技术手册和记录、访问专门的项目专家(让这些专家完成有关各项任务和工作所需的知识、技术、能力及其他特点的调查问卷)等。表9-1列出了每种方法的优缺点。对于新兴的职业,培训者往往无法从在职人员那里获得信息。技术图表、仿真模拟和设备设计人员可以提供有关培训的要求、各项任务和执行工作所需条件的信息。

表9-1 培训需求评估一般方法的优缺点

方法	优点	缺点
观察法	1. 得到有关工作环境的数据 2. 将评估活动对工作的干扰降到最低	1. 需要水平高的观察者 2. 员工的行为方式有可能因为被观察而受影响
问卷法	1. 费用低廉 2. 可从大量人员那里收集到数据 3. 易于对数据进行归纳总结	1. 时间长 2. 回收率可能会很低,有些答案不符合要求 3. 不够具体
阅读技术手册和记录	1. 是有关工作程序的理想信息来源 2. 目的性强 3. 是有关新工作和新任务的理想信息来源	1. 阅读者可能不了解术语 2. 材料可能已经过时
访问专门的项目专家	有利于发现培训需求的具体问题,以及问题的产生原因和解决办法	1. 费时 2. 分析难度大 3. 需要水平高的访问者

资料来源:S. V. STEADHAM. Learning to select a Needs Assessment Strategy[J]. *Training and development journal*, January 1980:56-61, and R. J. MIRABILE. Everything you wanted to know about competency modeling[J]. *Training and development*, August 1997:74.

由表9-1可以看出,各种方法根据所获信息类型和信息内容的不同而各有优缺点。培训需求评估的所有方法中,没有绝对的最好方法。在实际操作中,常常综合运用多种方法来进行需求评估。

2. 胜任素质模型

胜任素质模型在欧美国家被称为"Competency Model",国内有多种译法,如能力模型、资质模型、胜任特征模型等,它是帮助企业从实现组织目标、提高组织绩效的角度出发,提高人员选拔、培养、调用等方面工作效率的先进工具。在培训需求评估中,胜任素质模型可用于确定培训主题等方面。除此之外,该模型还可用于人力资源开发的其他方面,比如对某职位上的员工进行职业发展规划,还可以用于职位分析与设计、绩效管理、薪酬管理等多个领域。由于员工素质是企业人力资源质量的关键决定因素,对企业获取并保持市场竞争优势有至关重要的作用,因此,企业对员工素质水平越来越重视,胜任素质模型也被广泛应用于人力资源管理的各个领域。

胜任素质模型是指能力和参考效标(优秀的绩效或合格的绩效)有因果关系的个体的深层次特征,它包括深层次特征、因果关系和效标参考三个方面的内容。深层次特征是指个体潜在的特征能保持相当长的一段时间,并能预示个体在不同情况和工作任务中的行为或思考方式,其基本层面为深层的动机、特质、自我形象、态度或价值观,以及浅层的知识和技能。因果关系是指胜任素质与行为或绩效具有相关关系。一般来说,动机、特质、自我概念和社会角色等胜任素质能够预测行为反应方式,而行为反应方式又会影响工作绩效,可表述为"意图→行为→结果"。效标参考是指胜任素质能够按照某一标准预测效标群体的工作优劣,是胜任素质定义中一个非常关键的内容。如果某深层次特征不能预测有意义的绩效差异,即与参考效标没有明显的因果关系,则不能被称为胜任素质。

开发胜任素质模型一般要遵循以下步骤:第一,明确被分析的工作或职位。第二,找出经营战略的变化,因为经营战略的转变会产生新的素质需求或改变原有的素质需求。第三,确定绩效标准,如销售量、利润、管理风格、客户满意度等。第四,建立标准样本,如区分有效与无效的工作者,或者区分一般管理者与优秀管理者等。第五,收集并分析导致样本差异的与素质相关的信息,确定导致有效或无效行为的素质。收集信息的途径主要有问卷调查、访谈、评估中心、专家评议组等。第六,确定并描述等级,建立胜任素质模型并对其进行验证。

胜任素质模型的开发与应用是在组织的使命、目标明确的条件下进行的,需要人力资源管理者对企业管理基础的理论与方法,尤其是战略管理与实施、人力资源管理等基础理论和方法有较为深入的掌握和了解,并对心理学尤其是心理测量等学科有所掌握。胜任素质模型的使用成效在很大程度上依赖于操作者本身的素质与经验,技术门槛比较高。

二、培训实施

培训实施的前提与关键步骤是选择合适的培训者(培训师)与受训者(培训对象)。培训需求评估中的人员分析已经足以确定培训对象,所以下面主要介绍如何选择培训师。选择培训师首先要了解培训师有哪些类型,然后才能通过各种途径来寻找并识别企业需要的培训师。

（一）培训师的类型

培训师大体上可以分为以下六种类型：

（1）卓越型培训师。既有丰富的理论知识，又有足够的实践经验，富有个人魅力。

（2）专业型培训师。拥有扎实的理论功底和丰富的实践经验，但是缺乏个人魅力。

（3）技能型培训师。富有个人魅力，也掌握各种培训技能，但缺乏相关的知识和经验。

（4）浅薄型培训师。熟练掌握培训技能，但既缺乏个人魅力，又缺乏必要的知识和经验。

（5）讲师型培训师。以大学教师居多，他们具有丰富的知识和经验，但没有受过专业培训，且缺乏个人魅力。

（6）弱型培训师。最差的一类培训师，在个人魅力、培训技能、知识和经验三个维度上都处于低水平。

（二）寻找培训师的途径

寻找培训师有一定的捷径可循，主要有：

（1）参加各种培训班，从中挖掘优秀的培训师。

（2）去高校旁听，看是否有相关领域的老师适合担任培训师。这种方法最适合为讲座找主讲人。

（3）参加专业协会活动。

（4）与培训公司建立联系，可通过培训公司获取专业的培训师，帮助企业进行一些专业水平要求高的培训。

（5）利用企业现有的培训资源，在企业内部培训讲师等。

（三）甄选培训师

企业聘用培训师之前，一定要了解培训师。企业招聘及甄选员工的一些方法同样可以用来甄选培训师。比如，要求培训师提供一份个人简历，这可以帮助企业对培训师的工作经历有大致的了解；对培训师进行有效的面试，提出一些问题，这可以了解简历中无法体现的培训师的性格特征；要求培训师制定一份培训大纲，这可以了解其专业水平；咨询培训师的客户，以加强对其业务能力的了解；还可以通过"试讲"的方式，让培训师做一次小规模的培训尝试，让内部专家参与甄选。

三、培训成果转化

要想成功地完成培训项目，培训对象就必须将培训中所学的知识和技能有效且持续地应用到工作中，这就是培训成果的转化，即培训转化。培训转化主要受到培训对象的特点、培训项目设计以及工作环境三方面因素的影响（见图9-4）。为促进培训成果的转化，需要从三方面入手采取相应的措施。

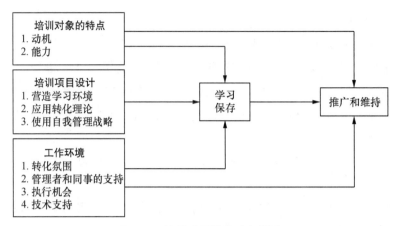

图 9-4 培训成果转化过程模型

资料来源：T. T. BALDWIN and J. K. FORD. Transfer of training: a review and directions for future research[J]. *Personnel psychology*, 1998, 41: 63-105.

（一）培训对象的特点

培训对象的特点包括影响学习的各种能力和动机。首先，培训对象只有具备顺利完成工作并且能够学习培训内容的基本技能，包括认知能力和阅读、写作能力，才有可能习得培训内容并在工作中进行转化。其次，培训对象只有相信自己能够胜任与培训相关的工作，相信自己能够学会培训内容，才有兴趣参加培训，这种自信被称为自我效能。培训师应该采取措施提高培训对象的自我效能，如让员工了解培训的目的是提高绩效水平而非发现其能力缺陷，让员工意识到可能会获得的培训成果等。再次，必须让培训对象知道培训的原因。培训对象只有清楚地意识到自己的优势和弱点，以及培训项目与弱点之间的联系后，才有动力参加培训。最后，培训师还可以通过改善学习环境，如选择合适的培训场所、营造支持性的学习氛围，以及给员工创造实践的机会、为员工提供培训反馈等措施来提高员工参与培训的积极性。只有确保培训对象有足够的能力与动力参加培训，才有可能实现培训成果的顺利转化。

（二）培训项目设计

培训项目设计是指构建在培训项目中用以提高培训成果转化发生概率的因素。由于员工实际工作环境的稳定性不同，因而培训项目的设计不尽相同。

当工作环境可预测且稳定时（如设备使用培训），培训师要尽可能地创造与工作环境完全相同的培训环境，只有这样才能更好地实现培训成果转化；反之，当工作环境不可预测且变化剧烈时，培训师要让培训对象明确成功处理一种情况所需的关键行为，并为其提供适用于多种不同工作环境的一般原则，这有利于提高培训成果的转化率。

除此以外，无论是什么样的工作环境，只要向培训对象提供有意义的材料，增加其将工作中遇到的情况与所学知识和技能相结合的机会，都能促进培训成果的转化。因此，在培训过程中，应该鼓励培训对象思考培训内容在实际工作中的应用性，尽可能地提供应用练习，以帮助培训对象理解所学内容与现实应用之间的联系。

培训项目应该让员工做好新技能和行为方式的自我管理,并注意引导员工在工作中加以应用。研究表明,实施自我管理的培训对象的成果转化率和技能水平更高。

(三) 工作环境

许多工作环境特征会影响培训成果转化,其中包括转化氛围、管理者和同事的支持、执行机会以及技术支持。学习型组织能让培训对象获得执行机会及管理者和同事的支持,激发培训对象的学习动机,这种组织的工作环境非常有利于培训成果的转化。

学习型组织是一种可促进学习、增强组织成员适应能力和变革能力的组织。这种组织认为学习不仅发生在组织成员层面上,而且发生在团体和组织层面上。在学习型组织中的培训,要经过详细的审查并与企业目标保持一致,培训内容不仅包括学习执行现任工作所需的基本技能,而且包括激发组织成员获取并应用知识的积极性和创新性。学习型组织的具体特征如表9-2所示。

表 9-2 学习型组织的特征

特征	具体描述
持续学习	员工们共享学习成果并把工作作为知识应用和创造的基础
鼓励知识创造与共享	开发创造、获取和分享知识的系统
具有严格的系统化思维	鼓励员工用新的方式思考,找出联系和反馈渠道,并进行验证假设
倡导学习型文化	明确对学习加以奖励、促进和支持
鼓励灵活性和实践性	员工可自由承担风险、不断革新、开创新思路、尝试新过程,并开发新产品和新服务
重视员工价值	系统和环境重视对每一位员工的培训开发与员工福利

资料来源:M. A. GEPHART, V. J. MARSICK, M. E. VAN BUREN, and M. S. SPIRO. Learning organizations come alive[J]. *Training and development*, 1996, 50: 34-45.

四、培训效果评估

培训效果评估是检验企业和培训对象是否从培训中受益以及受益程度的过程,它需要收集培训效果以衡量培训是否有效。在进行培训效果评估之前,需要设计评估方案,以明确需要收集什么样的信息,从哪里、何时、如何收集信息以及如何判断培训项目的有效性。

培训效果评估包括事前评估和事后评估。事前评估是为改进培训过程的评估,通常需要收集培训项目的定性数据,包括对培训项目的看法、信任度和直观感受。这些信息可以通过调查问卷以及与潜在的培训对象或管理人员的访谈来收集。事后评估包括衡量培训对象参加培训项目的改变程度,测量企业从培训中获得的投资回报。事后评估通常应用测试、行为打分、绩效的客观评价标准(如销售额、事故发生次数、开发专利项目等)来收集定量数据。一项好的评估应该始于培训项目实施前的项目评估,从需求评估和特定的可测量的学习目标中获得的信息有助于确认哪些测量成果应体现在评估方案里。

（一）培训效果评估的依据

在培训效果评估过程中，重要的是要开发出可测量的学习成果，并为这些成果设定测量尺度。开发可测量的学习成果的目的是给效果评估提供判断依据。如果在需求评估中采用了胜任素质模型，那么在进行效果评估时就可以直接对照模型展开，而不用重复开发。没有采用胜任素质模型的，可以从认知成果、技能成果、情感成果、绩效成果和投资回报率这五个方面进行效果评估。

认知成果用来衡量培训对象对培训项目中强调的原理、事实、技术、程序或过程的熟悉程度，一般用笔试来评价。技能成果用来衡量技术或运动技能以及行为方式的水平，包括技能的学习与获得、技能在工作中的应用两个方面，可通过观察员工在工作抽样中的绩效来评价。情感成果包括反应、态度和动机等在内的成果，其中的反应成果反映了培训对象对培训项目的感性认识，包括对设施、培训师和培训内容的感受。通常借助于让培训对象完成调查问卷的方式来收集情感成果的信息。绩效成果用来衡量企业从培训项目中获得的绩效收益，包括由于员工流动率或事故发生率下降而带来的成本降低、产量提高、产品质量提高及顾客服务水平的改善等。投资回报率是培训的货币收益和培训成本的比值。

在选择培训成果作为评估依据时，很重要的一个方面是判断这些培训成果的好坏，即这些培训成果能否作为判断培训项目有效性的最佳方法。好的培训成果应该是相关的、可靠的、有区分度且切实可行的。相关是指培训成果与培训项目所强调的应该学习的内容之间的相关性。可靠的培训成果是指所得到的测量结果是长期稳定的。区分度是指培训对象取得的成果能真正反映绩效差别的程度。可行性表明了收集培训成果的测量结果的难易程度。

在实际的培训评估实践中，反应成果和认知成果是最常用的两项成果，然而这两种成果无法说明是否发生了培训成果的转化，即技能或态度的转变程度、应用所学知识解决工作中问题的程度或培训对企业效率的影响程度。哪种成果的衡量尺度最有效，取决于培训目标。因此，要根据培训目标来选择可测量的培训成果。

（二）培训效果评估方案的设计与选择

选择一套合适的评估方案也是培训效果评估中的一个重要方面。它可以提高评估结果的可信性。选择方案要详细分析如何降低内在和外在效度威胁，以及培训目标、专业人员水平、其他企业做法和培训特点。其中，内在效度就是评估结果的可信性，外在效度就是能将评估结果推广至其他培训对象和其他情境的程度。效度威胁反映了人们对效度的怀疑。一般可以通过前测与后测、受训组与对照组和随机抽样的方法来降低效度威胁。

第三节 培训的方法与技术

在培训过程中,可供选择的方法有很多。根据培训对象是否积极参与培训过程,可将所有的培训方法归为两类:一类是培训对象被动地接受知识和技能,而没有主动参与培训过程,这类方法统称为演示法;另一类是培训对象参与培训过程,与培训师或其他培训对象积极互动,这类方法统称为体验法。这些方法中,有的是以提高个人素质为目的的,也有的是为了增强团队凝聚力,还有的是二者兼顾的,选择培训方法时要注意方法本身的适用性。

一、传统培训方法

培训方法并非总是独立使用,培训师要根据实际情况来选择培训方法,并进行灵活有效的组合,只有这样才能增强培训效果,促进培训成果转化。

(一)讲座法

讲座法也叫课堂教学法、演讲法,是指培训师用语言表达的方式向培训对象传授内容,是最普遍、最古老的一种培训方法。这种学习的沟通主要是从培训师到培训对象的单向沟通。讲座法成本低廉,节省时间,按一定组织形式可以向大批培训对象有效传递大量信息,因此一直是广受欢迎的培训方法之一。除单独使用外,讲座法还可以作为其他培训方法的辅助手段,如进行行为模拟之前,可以通过讲座向培训对象传递有关培训目的、概念模型或关键行为的信息。

讲座法有多种实现形式,表 9-3 反映了各种形式的主要优缺点。

表 9-3 讲座法不同实现形式的比较

形式	具体描述	优点	缺点
标准讲座	由培训师主讲,培训对象只负责听和汲取知识	形式简便,易于组织	缺少培训对象的参与和反馈
团体教学	两个或两个以上的培训师讲授不同的专题或对同一专题分别阐述不同看法	为培训对象提供更多的专业技术和不同的观点及看法	占用培训师更多的时间,不同的演讲者之间需要协调
客座发言	客座发言人按事先约定的时间出席并讲解主要内容	可为培训对象提供相关的例子和实际应用,从而激发其学习动机	培训的时间要同发言人商定,不能自由安排
座谈小组	两个或更多的发言人进行信息交流并提问	培训对象在讨论中可以充分表达自己的立场、观点	那些对某一课题不甚了解的培训对象对主要内容的理解会产生困难
学生发言	各培训对象在班上轮流发言	可提高资料的价值和培训对象的注意力	培训对象不具备发言能力时将会使学习受阻

讲座法最明显的不足之处在于，由于培训对象的参与较少，几乎得不到来自培训对象的反馈，而且缺乏与实际工作环境的联系，这些都会阻碍学习和培训成果的转化。由于讲座法强调信息的单向接受，因此培训难以迅速有效地把握培训对象的理解程度。为解决这个问题，讲座法常常会附加问答、讨论和案例研究等鼓励培训对象参与的方法，以提高培训成果的转化率。

（二）研讨会法

研讨会法也叫会议法，是将培训对象聚集在一起讨论其共同感兴趣的题目或寻找解决方案的一种方法。研讨会法利用培训师与培训对象之间的双向交流进行，常常用于旨在改变态度的培训。通常，研讨会的负责人是管理人员，其作用是使讨论正常进行并避免某些人的观点偏离主题。讨论问题时，负责人倾听并允许小组成员解决他们自己的问题。参与会议的培训师经常可以借此解决自己日常工作中面临的实际问题。

头脑风暴法是一种特殊的研讨会法。前面已经介绍过，头脑风暴法鼓励培训对象针对某一特殊问题，在不受任何限制的情况下，提出所有能想象到的意见。头脑风暴法主要用于帮助培训对象尝试解决问题的新措施或新办法，用以启发培训对象的思考和开阔其想象力。

研讨会法在一定程度上克服了讲座法的缺点，创造出一种更加平等开放的参与性环境，并有机会向培训师提供反馈。培训师调动和组织研讨的能力成为研讨会成功与否的关键因素。成功地组织研讨会的秘诀在于要为开放式的交谈创造一个安全的环境，让培训对象感受到不会因为诚实、坦率地表达意见而产生不利的影响。

研讨会法的局限在于它对组织者的要求较高，要求组织者受过良好的训练或者有丰富的经验。它对培训对象也有一定的要求，即培训对象要具备讨论能力、讨论动机和正确的态度。此外，要进行有意义的研讨，还必须有足够的时间，因此这是一种比较耗时的培训方法。

（三）辩论法

辩论是不同立场的参与者面对争议性的议题提出自身看法并反驳对方论点的公开竞赛。辩论的目的主要是训练参与者的逻辑思考能力和表达与思辨能力。

辩论法的优点有：① 能够激发培训对象参与的热情；② 能为培训对象提供动态学习的机会与经验；③ 能够为培训对象提供生动、活泼、热烈的学习气氛；④ 能够提高培训对象在具有一定压力的情形下独立思考问题和随机应变的能力。

辩论法的局限性为：议题的研究与准备需耗费相当长的时间，以及培训对象的个性差异可能会影响辩论的程序与效果。

辩论的组织与实施需要做以下周密的准备工作：① 需挑选正反双方，各方至少有两人参与辩论；② 需要挑选一位有经验的主持人和组建裁判团；③ 准备一个双方都能接受且具有争议性的论题；④ 明确辩论的规则；⑤ 准备一个能足够容纳参与者和听众的场地。

（四）视听法

视听法也称视听教学法，是利用投影胶片、幻灯片、电影、录像等视听教材进行培训的方法,其中录像最为常用。它可以用来提高培训对象的沟通、谈话和顾客服务等技能,并能详细阐述一道工作程序的要领。但是,录像方法很少单独使用,通常与讲座一起向员工展示实际的工作经验和例子。

视听法有许多优点:① 能利用多种媒体展示培训材料,以增强培训的趣味性;② 可重复使用培训材料,培训师可以根据培训对象的专业水平灵活调整培训内容(如重播、慢放或调快课程内容);③ 可让培训对象接触到不易解释说明的设备、难题和事件,如设备故障、顾客抱怨或其他紧急情况等;④ 培训对象可接受前后连贯一致的指导,使项目内容不会受到培训师兴趣和目标的影响;⑤ 通过现场摄像可让培训对象观看自己的表现而无须培训者过多解释。

视听法的主要问题源于培训师所使用的创作方法,如录像中涉及了过多要求培训对象学习的内容;演员之间的对话效果不好(从而阻碍信息的可信性及明确性);过多使用笑话或背景音乐;剧情过于复杂使培训对象无法明确录像中所强调的学习重点等。

另外,运用视听法之前,首先要熟悉培训工具的操作流程,重视培训设备的准备工作。如果培训工具和设备在操作中出现问题,将会大大影响培训效果。

(五) 处理公文训练

处理公文训练又被称为一揽子公文处理法,是指让培训对象在规定的时间内,对给定的各类公文材料进行处理,并形成处理报告的一种培训方法。常见的形式是设计一个情境和角色,让培训对象坐在堆满各种文件(如备忘录、报告和电话记录等)的办公桌前,快速处理这些日常文件和事务。培训对象需要研究这些无条理的文件,分清轻重缓急,合理安排时间去处理。

处理公文训练主要侧重于提升培训对象计划、组织、分析、判断、决策、书面沟通等方面的能力,一般用于中高层管理者的培训,而且常与其他方法结合使用。

(六) 仿真模拟法

仿真模拟法是一种模仿现实生活场景的培训方法。在这种场景下,培训对象的决策所产生的结果就是其在工作中做出同类决策所可能产生的后果。仿真模拟可以使培训对象看到他们的决策在一种人工的、没有风险的环境中所可能产生的影响,从而被用来向培训对象传授生产和加工技能以及管理和人际关系方面的技能。

仿真模拟可以通过模拟器来实现。模拟器是员工在培训中所使用的真实设备的复制品。在使用时,培训对象不用担心错误操作或错误决策的影响,因为它们不会导致实际损失。成功地使用机器人和计算机的简单模拟练习能增强培训对象的信心,使他们能够在自动化生产环境下顺利地完成工作。

在采用仿真模拟法培训的时候要注意模拟环境必须与实际的工作环境有相同的构成要素,必须能够准确地对培训对象所发布的指令做出反应。为满足以上条件,开发模拟环境的成本是很高的,并且在获得了新的工作信息之后,还需要对这种模拟环境进行不断的改进。

仿真模拟法的优点是:① 使学习活动多元化并能增进培训对象的学习兴趣;② 以团

队的方式处理问题,更接近真实情况;③ 可为培训对象提供冒险的机会。

仿真模拟法的局限性有:① 模拟与现实之间仍有一定的差距;② 一些培训对象可能过度强调竞争而破坏学习体验;③ 需投入相当多的时间、金钱和精力。

成功的仿真模拟应注意以下几点:① 需准备简单明了但详尽的书面资料;② 准备各小组讨论的场地与其他设备;③ 依培训对象的数量、特质与实力,平均分组;④ 召集各小组解释模拟训练的意义与目标;⑤ 安排充足的时间,避免匆忙进行;⑥ 给予各小组自我讨论和分析的机会,使培训对象能感受到模拟学习的乐趣;⑦ 模拟结束后,召集各小组进行分析和评估。

(七) 角色扮演法

角色扮演法是指让培训对象扮演分配给他们的角色,并给培训对象提供有关背景信息(如工作或人际关系的问题)。角色扮演与仿真模拟的区别在于培训对象可获得的反应类型及有关背景情况的详尽程度。角色扮演提供的情境信息十分有限,而仿真模拟所提供的信息通常都很详尽。仿真模拟注重物理反应(如拨号、拉动杠杆),而角色扮演则注重人际关系反应(如寻求更多的信息、解决冲突)。在仿真模拟培训中,培训对象的反应结果取决于模型的仿真程度;在角色扮演中,培训对象的反应结果则取决于其他培训对象的情感和主观反应。

为使角色扮演更有效,培训师要在角色扮演之前、扮演期间、扮演之后实施以下行为:在角色扮演之前,向培训对象说明活动目的、角色扮演的方法、各种角色的情况及活动的时间安排,这样能使他们感到活动更有意义,更愿意去学习。在角色扮演期间,培训师要监管活动时间、培训对象的感情投入程度及各小组的关注焦点(各小组是在扮演各种角色还是在讨论与练习一些无关的事情)。在角色扮演之后,通过提问帮助培训对象理解这次活动经历,并互相讨论一下各自的认识。培训对象还可以相互讨论各自的感受、在活动中发生的事情、学到的东西、积累的经验、采取的行动,以及最终结果与工作中发生的事情之间的联系等。

角色扮演法的优点是:① 能激发培训对象解决问题的热情;② 可增加学习的多样性和趣味性;③ 能够引发热烈的讨论,使培训对象各抒己见;④ 能够提供站在他人立场上设身处地思考问题的机会;⑤ 可避免可能的危险与尝试错误的痛苦。

角色扮演法的局限性有:① 观众的数量不宜太多;② 演出效果可能受限于培训对象过度羞怯或过强的自我意识。

如果想让角色扮演取得好的效果,就应注意以下几点:① 要准备好演出场地与设施,使培训对象与观众之间保持一段距离;② 演出前要明确议题目前的情况;③ 谨慎挑选培训对象与进行角色分配;④ 鼓励培训对象以轻松的心情演出;⑤ 可由不同小组的培训对象重复演出相同的情况;⑥ 可安排不同文化背景的培训对象演出,以了解不同文化的影响。

(八) 案例研究法

案例研究是指为培训对象提供某员工或某组织处理棘手事件的描述,让培训对象分析和评价案例,提出解决问题的方案和建议。它要求培训对象分析和评价案例中所采取的行动,指出正确的行为,并提出其他可能的处理方式。案例研究法的一个基本假设是,培训对象能够通过对案例的分析和评价获得解决问题的一般知识和方法。案例研究法特别适合开发高级智力技能,如分析、综合及评估能力。这些技能通常是管理者、医生和其他专业人员所必需的。案例研究法还可使培训对象在对情况进行分析的基础上,提高承担风险的能力。为使案例研究法更有效,必须为培训对象提供熟悉案例及讨论并得出案例分析结果的机会;必须安排培训对象面对面地进行讨论或通过电子通信设施进行沟通。由于培训对象的参与度对案例分析的有效性具有至关重要的影响,因此,必须让培训对象愿意并且能够分析案例,然后进行沟通并表达自己的立场。

案例研究法的优点是:① 可以帮助培训对象学习分析问题和解决问题的技巧;② 能够帮助培训对象确认和了解不同的解决问题的可行方法。

其局限性有:① 需要较长的时间;② 可能同时激励与激怒不同的人;③ 与问题相关的资料有时可能不甚明了,从而影响分析的结果。

成功的案例研究一般具备以下要件:① 研讨前要提供充裕的时间让培训对象阅读相关的资料;② 主持人应详细介绍议题,并解释所研讨的个案与培训对象应有的表现或成果;③ 主持人要适时引导研讨以便达到研讨的目标;④ 所选案例最好来自真实的事件,但切忌透露相关人员的真实姓名。

(九) 自我指导学习法

自我指导学习要求员工自觉承担起学习的各个方面的责任,如什么时候学习以及让谁参与到学习过程中来等。培训对象不需要任何指导者,只需按自己的进度学习预定的培训内容。培训师只是一名辅助者,即他们只负责评估培训对象的学习情况并回答其所提出的问题。培训师不控制或指导学习过程,而完全由培训对象自己掌握。

自我指导学习法既有优点也有缺点。从个人角度来说,它使培训对象可以按照自己的节奏进行学习,并且能够得到关于学习绩效的反馈。从企业角度来说,它不需要太多的培训师,能够降低差旅、租用会议室等相关费用,并且使得在许多场合进行培训变得更为现实。自我指导学习法还使得轮班员工能够更为便利地获得培训资料。但是,自我指导学习法的最大缺点在于,培训对象必须是愿意学习并且对于学习感到舒服的人,也就是说,培训对象必须有学习的动机。从企业的角度来说,自我指导学习法会产生较高的开发成本,开发时间也比开发其他类型培训项目所需时间长。随着企业希望越来越灵活地培训自己的员工、鼓励员工积极主动地学习而非被企业推着去学习,自我指导学习法在将来可能会变得越来越普遍。

(十) 商业游戏法

商业游戏又被称为管理游戏。它仿照商业竞争的规则,采用游戏的方式,由两个或者更多的参与者相互竞争以达到预期目的,或者是众多参与者通过合作来克服某一困难以实现共同目标,该方法要求培训对象收集信息并对其进行分析,然后做出决策。

商业游戏可以刺激学习,因为参与者会积极参与游戏并仿照商业的竞争规则进行。

参与者在游戏中所做的决策可以涉及各个方面（如劳动关系、市场营销及财务预算）的管理活动。商业游戏多采用团队方式进行，这有助于打造有凝聚力的团队。参与者从商业游戏中学到的内容将以备忘录的形式记录下来。

商业游戏法的优点主要有：① 商业游戏的趣味性、真实性和竞争性能较好地激发培训对象的积极性；② 便于培训对象将所学内容与真实情景相联系，易于理解和记忆；③ 商业游戏能够充分发挥培训对象的想象力，在改变自我认知、态度和行为等方面有较好的效果；④ 有利于增强团队凝聚力。

商业游戏法的缺点有：① 它可能将现实过分简单化，会影响培训对象对现实的理解；② 游戏的设计和操作比较费时，费用较为昂贵，而且需要经常修改；③ 在游戏过程中，培训对象可能会因为游戏不是现实而缺少责任心；④ 受限的决策条件在一定程度上会影响决策者的创新能力的发挥。

在商业游戏的运作中，应该注意增强游戏的真实性，使游戏情境尽可能地接近现实；此外，还应该注意在游戏过程中让参与者把握游戏的伦理和道德原则。

（十一）敏感性小组法

敏感性小组又叫 T 小组，敏感性小组法也被称作敏感性训练，是通过团队活动、观察、讨论、自我坦白等程序，使培训对象面对自己的心理障碍，并重新建构健全的心理状态的培训方法。这种培训方法在 20 世纪六七十年代十分流行，主要用于为培训对象提供自我坦白与剖析的机会以及了解团队形成和运作的情况等。其具体方法是，由培训对象组成少于 12 人的小组，每组配一名积极观察组员行为的培训师；培训没有固定的日程安排，讨论的问题往往涉及小组中形成的"现时、现地"的问题，主要集中在诸如"为何参与者的行为会如此？""人们是怎样察觉他人的情感的？""人们的情感是怎样相互作用的？"等问题上。

敏感性小组法可以明显提高人际关系技能，使培训对象重新认识自己并重新建构自己，从而促进培训对象的成长与发展。敏感性小组法的局限性在于：① 所需的时间较长；② 可能对培训对象造成心理伤害；③ 需要一名受过专业训练的培训师与数名具备一定基础知识的助手；④ 培训对象可能因不愿泄露内心深处的秘密而影响整个程序与效果。

（十二）野外培训法

野外培训又被称为冒险性学习或体验式培训，是通过有组织的户外活动来开发团队协作和领导技能的培训方法。它利用户外的一些自然环境来设计培训项目，旨在创造一种环境，让学员不必再通过真实的艰险、紧张、自我怀疑、受嘲笑以及失败的经历，就能从中领悟和发现真理，从而进一步认识自己、认识团队。野外培训法最适合用来开发与团队效率有关的技能，如自我意识、问题解决、冲突管理和风险承担等。

野外培训以短期培训为主，基本在户外进行，主要包括场地训练、野外训练和水上训练三个部分。场地训练即在专门的训练场上，利用各种设施，开展攀登、跳跃、速降、通过等活动；野外训练包括远足宿营、野外定向、登山攀岩、户外生存技能等课程；水上训练主要包括扎筏、漂流、跳水等课程。

为使野外培训获得成功,培训内容要和参与者希望开发的技能类型有关。在培训结束后,要由一位有经验的辅导人员组织一次讨论,探讨在培训中发生的事情、培训对象学到的东西、培训与工作的关系以及如何设置目标并将所学知识应用于工作中。此外,野外培训必须让整个工作群体一起参与进来,这样一旦有妨碍群体有效性的因素出现,就可以加以讨论。

野外培训过程中培训对象之间经常发生接触,这将会给企业带来一定的风险,如因私怨、感情不和而导致的故意伤害。因此,采用野外培训法要慎重。野外培训允许培训对象在没有正式商业准则的情况下进行人际交往,这种环境对那些将自己融入一个有凝聚力的团队的员工来说非常关键。同时,野外培训的实践让培训对象共享一段具有丰富感情色彩的经历,这种经历能帮助培训对象打破原有行为方式,使他们愿意改变自己的行为。另外,野外培训使培训对象对自身有了进一步的了解,并教会他们如何与同事交往。

(十三)团队培训法

团队培训是把整个团队作为培训对象而进行的一系列培训,它需要通过协调在一起工作的单个人的绩效从而实现共同的团队目标。团队培训法的理论基础是"木桶理论":一个完整的木桶由横梁、木板、底盘等共同构成,只有各部分构造得完整有序才能发挥木桶的功能。将这一理论应用于实践,团队培训的目标就是增大团队这个木桶的容量,即通过种种改造措施增强团队的整体实力和竞争力,提高团队工作绩效。

团队培训包括交叉培训和协作培训。交叉培训是指让团队成员熟悉并实践所有人的工作,以便在有人暂时或永远离开团队后,其他成员可介入并取代他的位置。协作培训是指团队进行的关于如何确保信息共享和承担决策责任的培训,以实现团队绩效的最大化。协作培训对于商业飞行和外科医生团队尤为重要,因为团队成员各自负责分管一件设备或一种情况,但又必须共享信息才能制定出有关乘客或病人安全与团队绩效的最有效的决策。

根据团队目标的不同,团队培训一般采用多种方法的组合,针对某一项或几项影响团队绩效的关键技能进行培训。比如,利用讲座或录像向培训对象传授沟通技能,然后通过角色扮演或仿真模拟给培训对象提供讲座中强调的沟通技能的实践机会。团队培训能有效提高团队的整体素质,对团队绩效有明显的贡献。

(十四)行动学习法

行动学习法又称"干中学",由英国管理学家雷格·瑞文斯(Reg Revans)创立。它是通过行动来学习,即通过让培训对象参与一些实际工作项目,或者解决一些实际问题,如领导企业扭亏为盈、参加业务拓展团队、参与项目攻关、在比自己高好几个层级的卓越领导者身边工作等,来发展他们的领导能力,从而协助组织对变化做出更有效的反应。

现在行动学习法也可用于针对团队进行的培训,即给团队或工作群体一个实际工作中面临的问题,让他们合作商讨并制订一个行动计划,然后由他们负责实施这一计划。团队的构成可以不断变化,有时包括需要解决问题的顾客,有时包括牵涉同一个问题的各个职能部门的代表,并且每个人都希望解决各自的问题。

目前,行动学习法主要应用于以下两个方面:一是用于管理人员培训,可以有效解决目前企业培训与实际工作脱节,以及培训效率低下的问题;二是用于解决战略与运营问题,可以使企业摆脱单纯依赖外部咨询机构解决问题的局面,高质量地解决企业实际问题。行动学习法可以用于处理各类难题,包括触及整个组织不同部门的复杂问题、专家无法改善的问题、未做出决策的问题等。

在行动学习过程中,两种活动交替进行:一是集中的专题研讨会,参与者在研讨会上得到令人警醒、发人深省的观点和信息,学习开展行动学习项目的方法;二是分散的实地活动,包括行动学习小组为解决实际项目问题去实地搜集资料、研究问题的活动,也包括辅助性的团队建设活动。通过这两种活动,参与者的领导能力和解决问题的能力得以提高,组织的战略和运营问题得以解决。

参与行动学习项目的通常有三类人:一是发起者,他们是组织内部提出行动学习项目的人,是企业内有实权和影响力的人物,因此通常由总裁、副总裁、人力资源经理等担任。他们还要在行动学习结束前听取行动学习参与者的项目建议报告。这一环节也是推动行动学习的重要动力。二是指导者,他们为行动学习提供智力支持、组织团队建设、帮助成员反思等。他们不是传统意义上的培训师,而是兼具教师、教练、咨询师等角色。三是参与者,他们是行动学习项目的主体。通过行动学习,参与者要实现两个方面的转变:一是知识的增加和能力的提高,二是观念、情感、态度的转变。通过结构化的反思活动,参与者更加全面地认识了自我,心态更加开放,更加能够接受变革,这极大地支持了他们在知识与能力方面的进步。

行动学习法将学与做紧密结合,既可以培养人,又可以解决实际问题,有利于促进培训成果转化率的最大化。行动学习法不仅可以帮助企业发展和重塑领导人,而且有助于发现妨碍团队有效解决问题的一些非正常因素。

(十五)初级董事会法

初级董事会法是将培训对象组成一个初级董事会,让他们对公司的经营策略、政策及措施进行讨论并提出建议,为培训对象提供分析公司现状和发展问题机会的一种培训方式。初级董事会一般由公司现任的中层管理人员,即公司未来高层管理人员的候选人组成,人数通常为10人左右。公司让他们分析讨论公司正式董事会上要讨论的问题,并分享和积累正式董事会讨论问题、制定决策的经验。初级董事会可就公司的组织结构、员工的激励和薪酬政策、经营发展战略以及部门冲突等问题展开讨论,提出建议或方案,提交正式董事会。正式董事会就有关决策与他们进行沟通和意见反馈。

(十六)沙盘模拟培训法

沙盘模拟培训源自军事上高级将领作战前的沙盘模拟推演。军事沙盘模拟推演跨越了通过实兵军演检验的巨大成本障碍和时空限制,在重大战争、战役中得到普遍运用。由

20世纪50年代军事沙盘模拟推演演化而成的这种新颖而独特的培训模式已风靡欧美,成为世界500强企业经营管理培训的主选课程。目前,沙盘模拟教学模式已被北京大学、清华大学等多所高等院校纳入MBA、EMBA及中高层管理者在职培训的教学体系。与传统的培训方式截然不同,沙盘模拟培训运用形象直观的沙盘教具,融入市场变数,全真模拟企业运营过程,从而培养学员在变化多端的经营环境里,面对众多竞争对手,正确制定企业的决策,实现企业战略目标的能力。

沙盘模拟培训的特点主要表现在以下四个方面:

(1) 体验。体验本身就是一种价值,学员可以在贴近实际的运营环境中体验,即"在体验中学习"。

(2) 反思,即"在错误中学习"。沙盘模拟培训的一大特点就是允许学员犯错误,发现优势和不足,调整方向和速度。

(3) 课程体系更加成熟。沙盘模拟培训课程在国外已经经过很多企业和政府机关的实战检验,课程的每个环节都经过深入的调查研究,课程体系已经相当成熟。20世纪90年代末,沙盘模拟培训课程进入中国,经过二十多年的锤炼,原本成熟的课程体系进一步融入了中国企业的经营特色,更贴近企业的实际。

(4) 提供了一种解决企业实际问题的思路和方法。沙盘模拟培训作为一种新型的培训形式,给企业带来的不仅仅是一门课程,还是一种解决企业实际问题的思路和方法。企业遇到的很多问题,特别是运营层面的、需要跨部门沟通的问题,可以通过沙盘这种形式具体化,这样不仅可以使问题更直观,而且可以统一沟通的语言。

二、以新技术为基础的培训方法

以网络为主体的新技术的应用对培训产生了重大的影响,主要体现在以下两个方面:第一,新技术对培训信息的传递产生了深远的影响。随着新技术的出现,可以全天候对分布在各地的员工同时进行培训。第二,新技术可以简化培训管理过程,使培训方式有了新的形式。

(一) 慕课教学

慕课,是MOOC(Massive Open Online Courses)的中文译名,即大规模开放在线课程,是"互联网+教育"的产物。

慕课是以联通主义理论和网络化学习的开放教育学为基础的。课程的范围不仅覆盖了广泛的科技学科,比如数学、统计学、计算机科学、自然科学和工程学,也包括了社会科学。它和大部分网络课程一样,有开课和结课时间,也能提供其他的学习资源,组织课堂讨论和布置作业,甚至是颁发学习证书和授予学分。

慕课教学的优点有:

(1) 小视频配合相应的即时在线测试开展课程教学,十分易学;

(2) 优质资源可以不受区域限制进行共享,促进了全面学习、终身学习;

(3) 基于大数据的学习分析技术帮助培训师完善和改进教学内容,同时也帮助学员自我调整学习计划和学习方法；

（4）基于社会性交互工具软件支持构建学习共同体，促进了学习兴趣和学习质量的提升；

（5）优质的慕课课程证书能得到高校承认，且学习更加自主。

慕课教学的缺点有：

（1）缺乏传统课堂中欢快的、互相感染的互动气氛；

（2）与开放远程教育系统相比，缺乏数字化教学资源库和管理平台的数据交换共享；

（3）教学组织形式以结构化的知识传授为主，并不完全适合分布式认知和高阶思维能力培养；

（4）教学模式单一，教学设计简单，既没有分类、分层的教学目标分析，也没有针对多种学员对象的需求，难以适应高等教育众多学科和不同类别课程的具体要求。

（二）微课程教学

现阶段内部网络培训方式不断发展，出现了"微课程"（Microlecture）。

微课程并不是指为微型教学而开发的微内容，而是运用建构主义方法形式化成的、以在线学习或移动学习为目的的实际教学内容。微课程是以微型视频为主要载体，针对某个学科知识点和重点或者教学环节而设计开发的一种情景化的新型网络课程资源，适用于企业员工碎片化学习，其实施需要借助企业的固有学习平台，是企业内部网络培训的一个新型组成部分。

微课程相对于传统的内部网络培训，其主要优点有：①简洁精炼，可以最大限度地集中学员的注意力，提升学习效果；②时间更加灵活，学员可以根据自己的需要，利用零碎时间进行自主学习。

微课程的主要缺点为碎片化、不系统，不能满足长期教学的需要。

（三）小规模限制性在线课程

小规模限制性在线课程的英文为 Small Private Online Course（SPOC），其中"small"是指学员规模一般在几十人到几百人；"private"是指对学员设置限制性准入条件，达到要求的申请者才能被纳入 SPOC。对于符合准入条件的在线学员，SPOC 有学习强度和时间、参与在线讨论、完成作业和考试等要求，学员满足相应要求且考试合格后才能获得证书。

SPOC 是对 MOOC 的发展和补充，简单理解为：SPOC = MOOC + 课堂，它不仅弥补了 MOOC 在教学培训中的不足，还将线上学习与线下相结合，是采用 MOOC 视频实施翻转课堂式教学培训的一种混合教学培训模式。

SPOC 的主要教学培训过程包括：首先，培训师根据教学大纲，每周定期发布视频培训材料，布置作业和组织网上讨论。其次，学员在学习清单的引导下按照时间点完成视频观看、课后作业和参加讨论。最后，培训师进行课堂授课，进行网络课程答疑，并组织课堂测试。

作为融合实体课堂与在线教育的混合教学培训模式，SPOC 既吸纳了 MOOC 的优点，又弥补了传统培训方式的不足。在进行 SPOC 教学培训设计时，需要注意网络培训平台只是知识传授的载体,现场培训才是巩固教学培训效果和掌握教学培训节奏的关键。

本章小结

培训是人力资源管理的一个重要模块,培训结果的好坏将直接影响组织的绩效,如何让培训成为企业的有效投资而不是成本对企业的经营成败起着至关重要的作用。本章的重点内容是开发培训项目的系统方法和培训方法与技术的选择。开发培训项目的系统方法又被称为指导性设计过程,包括培训需求评估、培训实施、培训成果转化及培训效果评估。培训的方法分为传统培训方法和基于新技术的培训方法。传统培训方法有讲座法、研讨会法、辩论法、视听法等;基于新技术的培训方法有慕课教学、微课程教学和小规模限制性在线课程。影响培训方法与技术选择的因素包括学习的目标、所需的时间、所需的经费、培训对象的数量、培训对象的特质、相关技术的支持。随着企业的不断发展,企业培训由"注意组织发展"向"注重组织发展和个人发展相结合"转变,培训预期不断提高,越来越多的培训技术被用于企业实践,培训体系不断完善。

关键概念

培训　开发培训项目的系统方法　培训需求评估　协作培训

课堂练习

选择题

1. 培训项目设计的首要环节是(　　)。
   A. 培训需求评估　　　　　　　　B. 确保员工做好培训准备
   C. 营造学习所必需的环境　　　　D. 培训效果评估

2. 对多数员工需要掌握的知识、技能和理念进行的培训是指(　　)。
   A. 专业类　　　B. 统筹类　　　C. 功能类　　　D. 综合类

3. 在给定企业经营战略的条件下,为了决定相应的培训,为培训提供可利用的资源,确保管理者和同事对培训活动的支持而进行的培训需求评估称为(　　)。
   A. 人员分析　　　B. 组织分析　　　C. 任务分析　　　D. 资源分析

4. 为培训对象提供某员工或某组织处理棘手事件的描述,让培训对象分析和评价案例,提出解决问题的方案和建议的培训方式为(　　)。
   A. 处理公文训练　　B. 仿真模拟　　C. 角色扮演　　D. 案例研究

5. 企业培训员工的最终目的是(　　)。
   A. 实现企业的发展目标　　　　　B. 提高员工工作绩效
   C. 解决现实中存在的问题　　　　D. 提高员工生活质量

6. 小张参加了人力资源部组织的岗位培训,在培训期间,人力资源部的工作人员向小张了解参加培训的感受。这种了解属于培训评估的(　　)。

A. 学习评估　　　B. 反应评估　　　C. 行为评估　　　D. 成果评估

7. （　　）是了解培训对象培训效果最直接、最公正的信息渠道。

　　A. 生产管理人员　　B. 计划管理人员　　C. 培训管理人员　　D. 岗位管理人员

8. 培训成果转化的影响因素不包括（　　）。

　　A. 培训对象自身的特点　　　　　　　B. 培训项目的设计
　　C. 工作环境　　　　　　　　　　　　D. 培训师的资历

判断题

1. 培训相对于职业生涯管理，更加关注个人的学习、成长与潜能的开发。（　　）
2. 导致培训需求的一个主要原因是绩效水平未达到要求。（　　）
3. 胜任素质模型是指能力和参考效标（优秀的绩效或合格的绩效）有因果关系的个体的浅层次特征，它包括浅层次特征、因果关系和效标参考三个方面的内容。（　　）
4. 培训对象被动地接受知识和技能，而没有主动参与培训过程的培训方法被称为体验法。（　　）

讨论题

1. 培训结果需要反馈吗？反馈给谁？如何反馈？
2. 培训体系的三个层面中哪一个是最重要的？如何将这三个层面有机地联系在一起？
3. 你认为虚拟现实技术未来会对企业的培训及整个人力资源管理活动带来什么样的影响。
4. 培训需求分析是自上而下好，还是自下而上好？

讨论案例

新员工培训

现在的企业非常重视新员工培训，它是新员工社会化的必由之路。不同企业拥有不同的新员工培训模式与方案。

玫琳凯：让每个新员工都事业有成

上班第一天，玫琳凯新员工都会收到一份"大礼"——醒目的立牌上有中英文的欢迎词。另外，培训专员会交给新员工一个文件袋，装有公司资料、规章制度及 E-learning 系统的用户名和密码。电脑、电话、文件架以及印有公司标识的笔记本、圆珠笔、文件夹、订书机等办公必需品早就准备妥当。

为期三天的入职培训将从公司、部门、个人三个层面进行，培训师均为总监级别以上的公司高层管理人员。第一天的培训让新员工了解公司的历史、价值观、公司使命、愿景及发展策略。玫琳凯高级人力资源经理表示："在入职培训时反复强调公司的愿景和策略，就是希望新员工能更好地体会公司的各项战略。只有明白公司的方向，才能理解公司的各项举措。"

第二天的培训中,各个部门的总监会把每个部门的职责、目标、策略向新员工做介绍,使新员工对公司业务流程有初步了解;清楚了各部门的职责,明白了公司业务流程,更有利于新员工进入角色。在"沟通和认可"的培训中,除了彩妆、护肤的知识,培训师还讲授办公室礼仪和出席重大场合的社交礼仪,非常实用。

第三天的培训叫作"事业有成"。该培训有关个人职业生涯发展,旨在为员工指明方向,帮助他们更清楚地认识自己的使命,更明晰自己在公司的定位。

培训结束后,跟进与评估是培训负责人最重要的工作。培训负责人可设计专门的问卷,以了解新员工在企业的工作情况,与主管及同事相处的情况,以及对公司价值观是否认可。培训结束后,人力资源部也会及时跟进新员工的表现。

联想:多层级培训

新员工加入联想后,公司会为每名新员工指定一名指导人,一般是直线经理或部门资深员工,为新员工提供个性化指导。新员工从进公司的第一天开始,就会接受不同的培训,从部门级培训到公司级培训,从岗前培训、入职培训、职业技能培训、专业技能培训、管理培训到各级干部培训等。此外,联想作为国内知名IT企业,拥有广泛的合作资源,员工可参与很多与国际厂商的交流式培训,从而及时跟踪和掌握专业领域的最新技术。如果新员工在工作一段时间后感觉确实无法胜任岗位工作,也可以及时与上级沟通,在可能的情况下进行部门内或部门间的调岗。

另外,一名员工在同一个岗位工作了两年后,也可以进行轮岗或参加内部竞聘,这为员工创造了更宽广的发展空间;工作年限满三年后,员工可根据个人的职业兴趣和能力,申请在公司内调动,部门会支持员工的选择。为了给优秀的人创造更大的发展空间,同时也让企业永远保持创业的激情,公司建立了优化机制,绩效不好、不能胜任岗位的员工将被淘汰。

阿里巴巴:忘掉、解惑、融入

阿里巴巴认为对新员工的培训要经历三个阶段,分别是忘掉、解惑和融入。"忘掉"就是帮助新员工忘掉以前公司的工作流程、工作方法、工作习惯,因为这些东西阻碍了新员工接受新的内容,必须忘掉、要归零;"解惑"就是新员工在岗位上工作了一两个月之后,会对新的环境产生困惑,从而对自己的选择产生动摇,此时阿里巴巴会帮助新员工解决在认知和适应新公司过程中遇到的困惑,使其建立起对新公司的好感;"融入"就是帮助新员工掌握新公司的流程、文化和工作方法,融入新团队。可以看出,阿里巴巴对新员工的培训目标非常明确。

针对以上三个阶段,阿里巴巴在实践中逐步总结了一套比较完备的新员工培训体系,争取让新员工在1~3个月内融入公司文化。根据人才类型的差异,阿里巴巴设计了三个不同的新员工培训系列:

(1)在公司国际站做销售的新员工学习的是"百年大计"系列课程;
(2)在中国站做销售的新员工学习的是"百年诚信"系列课程;
(3)非销售岗位的新员工学习的是"百年阿里"系列课程。

"百年大计"系列课程针对的是新进的销售岗位员工,包括文化价值观、产品知识及销售技能三方面的内容。

"百年阿里",简称"百阿",是阿里巴巴非销售岗位的新员工在入职试用期内必须参加的一项为期10天的培训。在这10天中,新员工要参加素质拓展和定向活动,增进了解,增强凝聚力和团队意识;要对公司和业务做到熟知,这一过程的实现,不是依靠单纯讲解,而是让新员工自由组队,对感兴趣的业务和部门进行探索采访,三个"百年"系列课程虽然在业务技能培训侧重点上有所差异,但都是立足于让新员工尽快熟悉公司的业务和环境,了解阿里巴巴的企业使命与企业文化,尤其是阿里巴巴的价值观。

作为一个倡导"拥抱变化"的学习型组织,阿里巴巴并不像绝大部分企业那样,把新员工培训局限在最初的两三个月。阿里巴巴的新员工在入职后,除了接受系统的"百年"系列培训,还有额外三个月的"师傅带徒弟"的"关怀期";而在入职6~12个月后,新员工有选择"回炉"接受再培训的权利。

资料来源:作者根据相关资料整理。

■ 问题:

1. 企业为何如此重视新员工培训?
2. 你认为哪家公司的新员工培训能够更好地实现组织需求?为什么?

复习思考题

1. 培训体系是如何分类的?哪种分类方法比较全面?
2. 培训需求评估有哪些方法?
3. 影响培训方法选择的因素有哪些?

推荐阅读

1. 大岛祥誉.麦肯锡入职培训第一课[M].颜彩彩,译.郑州:大象出版社,2019.
2. 孙永波,胡晓鹍,丁沂昕.员工培训、工作重塑与主动性行为——任务情境的调节作用[J].外国经济与管理,2020,42(1):70-84.

第十章

职业生涯管理

先谋后事者昌,先事后谋者亡。

——吕尚(《太公金匮》)

小心,别选错了行当。仔细地想想,你的天性更适合进入商业经营领域,还是更适合做一名专业人员。

——马歇尔·菲尔德(《纪念马歇尔·菲尔德》)

本章学习目标

1. 掌握职业生涯管理的概念。
2. 了解职业生涯管理的阶段。
3. 掌握职业生涯管理的过程。
4. 理解组织职业生涯管理。
5. 了解职业生涯管理面临的挑战。

引导案例

微软沈向洋谈职业生涯：除了做事情，更要清楚你是谁

当我从卡耐基梅隆大学毕业拿到机器人科学的博士学位后，我有一个职业目标——成为计算机科学教授，教导后辈并为这一领域做出世界一流的贡献。我十分尊敬我的教授们，比如罗杰·瑞迪（Raj Reddy），他的课程给了我极大的启发，让我受益一生。沿着这条路径，我或许会在十年后成为终身教授。

但事实上并非如此。我之后所做的一系列选择，让我与最初的目标渐行渐远。我并没有意识到这一点，但借着事后反思和经验，我知道，有另一种因素驱使着我前进。

数年前，数学家理查德·汉明（Richard Hamming）曾做过一次演讲——《你和你的研究》。他的演讲深深震撼了我。他说："你所在领域面临的最重要问题是什么？如果你在做的事情并不重要，或者如果你觉得你所做的不会带来重要的结果，那么，你这么做是为了什么？"我们大多数人都习惯性地为自己的职业目标定一个明确的方向，比如成为经理、成为副总裁等。但是与其思考"我想要什么？"，或许我们更应该问自己："我的领域最需要什么？"如果我们真这样思考，那么汉明的建议——追随当前领域中最紧迫的问题——可以带领我们朝着正确的方向前进。而在坚持这一哲学的过程中，我总结了七个经验教训，十分希望与大家分享。

经验1：你并非无所不能。

刚毕业那会儿，我决心成为一家专门研究虚拟现实的创业公司的第四号员工。当时，虚拟现实算得上十分超前的技术。在创业公司里，你必须做各种各样的工作，即便如此，仍远远不够。那时候，我家里新添了宝宝。我很快意识到，照顾宝宝和创业，这两件事无法兼顾。而我，选择了宝宝！经此之后，我第一次意识到，我的时间和精力不是无限的。一蹴而就真的不现实。

经验2：先深入下去，然后再拓展。

我加入微软研究院时，这个部门刚刚成立不久。不知何故，我就是知道，这里将孕育出一片新天地。我在这里结识了许多非凡的人才。比如，理查德·塞利斯基（Richard Szeliski）让我明白，真正深入到诸如计算机视觉中的运动估算等基本问题的重要性。我明白，当你接触某些东西时，先要深入了解它，用一种令人信服的、可以改变他人思维的方式写下来，并且真正用心去做。在与理查德共事的时候，我写了很多论文，包括1997年的一篇较有影响力的论文，题为"创建完整视图全景图像拼接和环境地图"。今天，当你用手机拍摄全景照片时，你或许用的就是我们的算法！你越是去寻找迫切需要解决的问题，越是去应对困难的挑战，你将越接近领导角色。先成为某一领域的专家，并真正有所建树，然后再向外拓展。

经验3：叙述很重要——对工程师来说亦是如此！

在研究、工作和生活中，你与他人交流自己想法的方式，或许比事情本身更重要。我是从SIGGRAPH中学到的这一点。SIGGRAPH是计算机图形和交互技术领域的TED论

坛。十多年来,通过SIGGRAPH要求的高标准演示文稿,我逐渐学习到一种新的质量标准。即便是工程师,也有需要做技术性演讲的时候。你需要通过叙述来向同行解释你自己的想法,激励人们投入到你所在的领域并推动其发展。若周围的人无动于衷,最优秀的工作成果也等于零。

经验4:目标决定成功。

我曾担任北京微软研究院的负责人一职,在任职的四年时间里,我真正明白了成为第一号负责人意味着什么。当我们决定在北京成立一个新的微软研究院时,我们并不知道一家跨国公司的工业实验室在中国能取得怎样的成功——我们是第一批这样尝试的人!我们为自己制定了三个目标:①推动计算机科学领域的发展;②为微软的产品贡献技术;③造福中国的学术界和本地产业。

我们为实现这些目标,不知疲倦地奋斗着。

在早期确定成功指标对实验室迅速进入正轨十分有帮助。我在中国的同事将把微软研究院变为全球领先的实验室。所以,明智地规划你的目标!

经验5:控制可控制的,观察可观察的,剩下的交给别人。

后来我申请回到美国,加入微软当时的新项目必应(Bing),担任产品开发副总裁,虽然我在项目管理、测试或开发方面的工程经验匮乏。我必须重新温习基础点:如何生存、快速学习并增加价值。我发现,解决必应面临的最关键问题需要深度的研究知识:搜索质量需要机器学习,搜索架构需要分布式系统等。所以,我回到微软研究院,从那里招来五十多个人。我们的团队缺乏经验,想要与谷歌竞争,压力巨大,在最艰难的时候我们还经常发生分歧。那段时间,我常说:"控制可控制的,观察可观察的,剩下的交给别人。"人们常常因为事情不顺而焦虑不安,或者容易钻牛角尖。你必须先看清楚周围正在发生的事情。如果你选择后退一步,观察尽可能全面的形势,你会发现你能做的并不多,所以不必勉强。

经验6:把你的职业生涯想象成一系列项目。

我在微软研究院认识了图灵奖得主、杰出的技术领袖詹姆斯·格雷(James Gray)。有一次,我问他:"你先后在微软研究院和SQL工作。看上去,你好像从不在意自己是在产品团队还是在研究团队。"詹姆斯回答:"你的职业生涯不应被头衔或项目限制。"他说:"我只是在选择我可以发挥作用的项目。"项目是产品还是研究,他并不担心。他更喜欢尝试那些有趣的项目,那些整个团队可以凝聚在一起共同解决大问题的艰巨项目。不要让类别限制了你的未来。

经验7:中庸之道。

不管处于职业生涯的哪个位置,你都有很多事要做——你要做决策、你要编程、你要创造、你要获得成功。但除了做事情,更要清楚你是谁,你将成为谁,你在别人眼中是谁。

很久以前,还在中国上学的时候,我了解到孔子提出的"中庸之道",直白地讲,就是行走在道路中央,保持自己的方向。于我而言,孔子学说的本质在于带着思虑和尊重,平等地倾听各方。人们时常会在不知道自己的极端态度是否正确的情况下走向极端。在你谋求中庸之道的同时,也切勿过河拆桥。你永远不会知道,也许有一天你曾经的同事会成为你下一个老板,你的实习生没准会创造出下一个"独角兽"企业。

时常保持慷慨、开放和善良。未来无法预期,或许某一天,我会成为一名更加出色的教授。

资料来源:《微软沈向洋自述:在实现职业目标的道路上,我得到了七个教训》,https://www.jiqizhixin.com/articles/2019-03-04-5,访问时间:2022年5月。

> **问题:**
>
> 根据沈向洋总结的七大经验,试具体描述自己的职业生涯规划。

第一节 职业生涯管理概述

一、职业生涯管理的概念

(一)什么是职业生涯

职业生涯这个概念的含义,随着时间的推移不断地发生变化。从20世纪90年代开始并延续至今的全球化发展趋势迫使很多组织进行了结构变革。组织简单化、扁平化的发展趋势改变了原有的工作环境和工作性质。组织中管理责任下放,要求所有的员工都应当学会自我管理。跨组织、跨部门团队的迅速发展,要求团队成员具备从一个项目熟练转到另一个项目的灵活能力,以及同各种不同领域的人进行交流的能力。这些变化促使职业生涯本身以及人们对职业生涯的认识有了很大的改变。

职业生涯是指与工作相关的整个人生历程。这个定义既包括客观事件或情境,如工作岗位、工作职责或行为以及与工作相关的各种政策,也包括对与工作有关的事件的主观解释,如工作志向、期望、价值观、各种需求以及对特殊工作经历的感受,即职业生涯包括主观与客观两层含义,主观成分和客观成分都是必不可少的。

需要说明的是,职业生涯并不要求个人的工作角色必须具有专业性或稳定性,也不要求工作技能或职位得到不断的提升。换句话说,个人能够以多种不同的方式来展开自己的职业生涯。

(二)什么是职业生涯管理

关于职业生涯管理的定义同样是多种多样的,但主要有两种倾向:一种倾向于从个人角度出发,认为职业生涯管理是个人对职业生涯目标与战略的开发、实施及监督的过程;另一种则倾向于从组织角度出发,认为职业生涯管理是组织开展和提供的、用于帮助和促进组织内从事某类职业活动的员工实现其职业发展目标的行为过程。本书认为职业生涯管理的内容既包括个人对自己职业生涯的管理,也包括组织协助员工实现其职业生涯目标的管理。

然而,职业生涯管理最新的发展趋势是个人管理发挥着越来越重要的作用。道格拉斯·霍尔(Douglas Hall)的研究发现,职业生涯合同其实并不是个人与组织之间的契约;它是个人与自己、与自己的工作之间的一种协议。即便是从组织的角度定义职业生涯管理的人,也不否认"员工的自我管理是职业生涯成功的关键"。由此可见,在职业生涯管理方面,个人应该负主要的责任。

组织对于职业生涯管理主要起辅助作用。组织必须协助员工规划其职业生涯,并设计出与员工职业生涯阶段最相关的项目和经历,为员工提供发展机会,促进员工职业生涯目标的实现。从组织的角度考虑,组织有必要且必须理解员工的职业生涯需求并尽可能地满足这些需求。这是因为,能否更好地理解员工的职业生涯需求,已经成为组织能否有效地管理其人力资源的决定因素。组织在帮助员工实现其职业生涯有效管理的过程中,也实现了自身的发展。

综上所述,职业生涯管理是个人与组织共同参与的一项活动。员工进行职业生涯管理是为了追求个人发展与自我实现;组织协助员工管理职业生涯,其目的在于最大限度地挖掘人力资源的潜力、有效利用人才。只有双方相互配合,才能实现各自的目标。

二、职业生涯发展阶段

职业生涯发展是一个动态的过程,个人会依次经历不同的阶段,其中在每个阶段,个人会面临不同的问题,具有不同的使命,而相应地,用于解决这些问题、完成这些使命的方法与对策也各不相同。不同的学者对职业生涯发展阶段的划分略有不同,下面将对几种常见的划分方法做简要的介绍。

(一) 唐纳德·舒伯的五阶段理论

唐纳德·舒伯(Donald Super)认为,可以根据年龄将每个人所处的人生阶段与职业发展匹配,确定不同阶段的发展任务。他将职业生涯发展分为五个阶段:成长(Growth)、探索(Exploration)、建立(Establishment)、维持(Maintenance)、衰退(Decline),每个阶段又有各自的次阶段,见表10-1。

表 10-1 职业生涯发展的五个阶段及其特征

阶段		年龄	特征
成长阶段		自出生至14岁	• 经由家庭、学校中重要任务的认同而发展出自我概念 • 一个重点是身体与心理的成长 • 通过经验可以了解周围环境,尤其是工作环境,并以此作为选择的依据
	次阶段	幻想(Fantasy):4~10岁	需求占决定性因素,角色扮演很重要
		兴趣(Interest):11~12岁	喜欢是从事活动的主要原因
		能力(Capacity):13~14岁	能力占的比重较大,也会考虑工作要求的条件

(续表)

阶段	年龄		特征
探索阶段	15～24岁		• 自我概念和职业概念形成,开始自我检视、角色尝试及对学校中的角色探索 • 许多时间可用于休闲活动与兼职工作
	次阶段	试探(Tentative):15～17岁	• 会考虑自己的需要、兴趣、能力、价值观和机会,并通过幻想、讨论、课程、工作等做试探性的选择,此时的选择会缩小范围 • 由于对自己的能力、未来的学习与就业机会还不是很确定,该阶段的一些选择以后并不一定会被采用
		过渡(Transition):18～21岁	较为考虑现实的状况,并试图实施自我概念
		尝试(Trail) 22～24岁	• 确定了一个较适当的领域,找到了一份入门的工作,并尝试以此维持生活 • 此阶段所选择的工作范围较小,只选择可能提供重要机会的工作
建立阶段	25～44岁		通过尝试以确定探索阶段的职业选择与决定是否正确;若感到选择正确,就会努力经营,打算在此领域内久留
	次阶段	尝试(Trail):25～30岁	原本以为适合的工作,后来可能发现不太令人满意,于是会有一些改变,此阶段是确定方向后的尝试,不同于探索阶段的尝试
		稳定(Stabilization):31～44岁	在职业的形态都很明确之后,便力图稳定,努力在工作中谋求一个安定的位置
维持阶段	45～64岁		守住这份工作,继续将它做好,并为退休做准备
衰退阶段	65岁至死亡		随着体力与心理能力逐渐衰退,工作活动将会改变,为此必须发展出新的角色:先是变成选择性的参与者,然后成为完全的观察者
	次阶段	减速(Deceleration):65～70岁	• 工作速度减慢,工作责任或职业性质发生变化,以适应逐渐衰退的体力和心理 • 许多人也会找一份代替全职的兼职工作
		退休(Retirement):71岁至死亡	有些人能很愉快地适应完全停止工作的境况;有些人则很难适应,郁郁寡欢

(二)伊莱·金斯伯格的职业生涯发展阶段理论

伊莱·金斯伯格(Eli Ginsberg)的研究重点是从童年到青少年阶段的职业心理发展,他把人的职业选择心理的发展分为三个主要时期。

1. 幻想期

在这个时期,儿童往往会想象他们将来会成为什么样的人,并且在儿童角色中扮演他们所喜欢的角色。在这个时期,儿童的职业期望是由其兴趣所决定的,并不考虑自己的能力和社会条件。

2. 尝试期

尝试期是指在初、高中学习,由少年向青年过渡的时期。在这个时期,年轻人开始有规律地扩大对自己职业选择因素的考虑,不仅注意自己的职业兴趣,而且能够较客观地认识到自己的能力和价值观,并意识到职业角色的社会意义。这个时期大致又可细分为四个阶段:

(1) 兴趣阶段(11～12岁)。开始注意并培养其对某些职业的兴趣。

(2) 能力阶段(13～14岁)。开始以能力为核心考虑职业问题,衡量并测验自己的能力,然后将能力表现在各种与职业相关的活动上。

(3) 价值阶段(15～16岁)。逐渐了解职业的价值性,并能兼顾个人和社会的需求,依据职业的价值性选择职业。

(4) 综合阶段(17岁)。对前三个阶段进行综合考虑,并收集相关的职业选择资料,以此来明确未来的发展方向。

3. 实现期

实现期是指17岁以后的成年期。在这个时期,成年人基于现实做出选择。这个时期可细分为三个阶段:

(1) 试探阶段。根据尝试期的结果,进行各种试探活动,试探各种职业机会和可能的选择。

(2) 具体化阶段。根据试探阶段的建立做进一步的选择。

(3) 专业化阶段。依据自我选择的目标,为就业做具体的准备。

金斯伯格的职业生涯发展阶段理论,事实上是关于职业生涯发展前期的不同阶段,即就业前人们职业意识或职业追求的变化发展过程的理论。为了完善该理论,1983年金斯伯格又重新阐述了职业选择理论,其中强调:对于那些从工作中寻求满足感的人来说,职业选择是一个终生决策过程。这一过程受三个方面因素的影响:最初的职业选择、最初的职业选择与随后的工作经验所给予的反馈以及经济和家庭状况。也就是说,如果一个人最初的职业选择没有达到其所预期的职业满意度,他很可能会重新进行一次职业选择,而再次的职业选择依然受到经济和家庭状况所允许的自由度的制约。

(三) 杰弗里·格林豪斯的职业生涯发展阶段理论

杰弗里·格林豪斯(Jeffrey Greenhaus)以研究各个年龄阶段职业生涯所面对的主要任务为侧重点,并以此为出发点,将职业生涯发展分为五个阶段。

1. 职业准备

职业准备的典型年龄阶段是0～18岁。主要任务是:发展职业想象力,对职业进行评估和选择,接受必需的职业教育。一个人在此阶段所做的职业选择,是最初的选择而不是最后的选择,主要目的是确立个人职业的最初方向。

2. 进入组织

19～25岁为进入组织阶段。主要任务是:在一个理想的组织中获得一份工作,在获取足量信息的基础上,尽量选择一种合适的、较为满意的职业。在此阶段,个人所获得信息的数量和质量将影响个人的职业选择。

3. 职业生涯初期

26～40岁处于职业生涯的初期。主要任务是:学习职业技术,提升工作能力;了解和学习组织纪律和规范,逐步适应职业工作,适应和融入组织,为未来职业成功做准备。

4. 职业生涯中期

41～55岁是职业生涯的中期。主要任务是:对早期职业生涯进行重新评估,强化或转变自己的职业理想;选定职业,努力工作,有所成就。

5. 职业生涯后期

从56岁至退休为职业生涯后期。主要任务是:继续保持已有的职业成就,维持自尊,准备引退。

三、职业生涯发展通道

职业生涯发展通道也被称为职业生涯通道或职业通道,是指组织为内部员工设计的自我认知、成长和晋升的管理方案。职业通道设计为组织内员工指明了可能的发展方向及发展机会,是个体在一个组织中所经历的一系列结构化的职位。设计职业通道的目的在于帮助员工在了解自我的同时使组织掌握员工的职业需求并尽可能地予以满足。通过设计职业通道,组织能够对员工的职业发展施加影响,使员工的职业目标和计划有利于满足组织的需求。目前,常见的职业通道有四种。

(一)传统职业通道

传统职业通道是员工在组织中从一个特定的职位到下一个职位纵向向上发展的路径。这种发展路径将员工的发展限制于一个职能部门内或一个单位内,通常根据员工在组织中的工作年限来决定员工的职业地位。员工必须一级台阶一级台阶地从一个职位向下一个更高的职位变动。传统职业通道的最大优点是清晰明确、直线向前,员工很清楚自己向前发展的特定工作职位序列。

(二)行为职业通道

行为职业通道是一种建立在对各个工作岗位上的行为需求分析的基础上的职业通道设计。它要求组织首先进行工作分析来确定各个岗位上的职业行为需求,然后将具有相同职业行为需求的工作岗位划为一簇(簇是对员工素质及技能要求基本一致的工作岗位的集合),并以簇为单位进行职业生涯设计。这样,除了传统职业通道,员工还可以在簇内进行职业流动,从而打破部门对员工职业发展的限制。这种呈网状分布的职业通道设计既能够为员工提供更多的职业发展机会,便于员工找到真正适合自己的工作,也能够增强组织的应变性,使组织在战略发生转移或环境发生变化时,能够顺利实现人员转岗安排,保持整个组织的稳定性。

(三)横向职业通道

前两种职业通道都被视为组织成员向较高管理层的晋升之路,但组织中的高层职位有限,尤其在扁平化的组织中,晋升变得更加困难。因此,组织常采取横向调动的方法来使工作具有多样性,使员工焕发新的活力、迎接新的挑战,以此来激发员工的工作热情,进而提高工作效率。在这种通道设计中,员工虽然没有获得加薪或晋升,但是员工可以增加自己对组织的价值,也使自己获得了新生。

(四) 双重职业通道

双重职业通道主要用来解决在某一领域中具有专业技能,但并不期望或不适合通过正常升迁程序调到管理部门的员工的职业发展问题。其设计思路是:专业技术人员没有必要因为其专业技能的提升而从事管理工作,技术专家能够而且应该被允许将其技能贡献给组织而不必成为管理者。组织承认其贡献的方式体现在报酬的变更和地位的提升上,并且处于同一岗位上的不同级别专业人员的报酬是可比的。双重职业通道有利于激励在工程、技术、财务、市场等领域有突出贡献的员工,它能保证组织既有高技能的管理人才,又有高技能的专业技术人员。

第二节 职业生涯管理过程

一、格林豪斯的职业生涯管理模型

格林豪斯开发的职业生涯管理模型如图10-1所示。它描述了职业生涯管理的过程,告诉人们应当怎样管理其职业生涯。

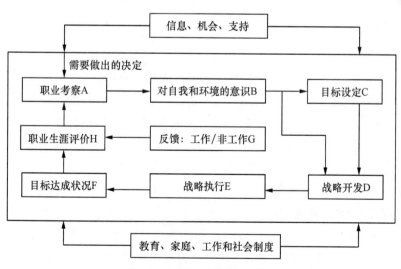

图 10-1 职业生涯管理模型

资料来源:格林豪斯,卡拉南,戈德谢克.职业生涯管理[M].3版.王伟,译.北京:清华大学出版社,2006.

格林豪斯的职业生涯管理模型以如下假设为基础:当人们的工作和生活经历与自己的欲望和志向相符合时,他们会感到生活更加充实,工作也更有效率。当人们的工作经历符合他们的需要、价值观、兴趣和生活方式偏好时,他们会对自己的职业生涯选择和工作感到更满意。当他们的工作需要运用个人所拥有的技术和能力时,他们从事这种工作所获得的业绩就会提高。

由职业生涯管理模型可以看出,职业生涯管理是一个解决问题、进行决策的循环过程。在这一过程中,人们通过收集信息就能更好地认识自身和周边环境;然后通过确定目标、制定发展计划或战略并付诸实施,再获取更多的信息反馈,以便继续其职业生涯管理工作。同时,目标设定、战略和反馈的作用往往依赖于其他人和组织的支持。

按照模型提供的方法管理其职业生涯的人不会盲目地生活。在现实生活中,个人并非只能照搬这个模型来管理自己的职业生涯,但是该模型提供的方法却能够帮助人们实现愿望。

二、职业考察

职业考察就是搜集和分析关于职业生涯问题的信息的过程。职业考察一般包括自我测评和环境考察两方面的内容。

职业考察的意义在于帮助人们更切实地认识到自身的价值、兴趣和能力,以及环境中的机会和障碍,从而制定符合实际的目标和适合自己的职业考察战略。有研究表明,那些进行了大量职业考察的求职者能够得到更多的面试机会和更高的薪酬,也具有更切合实际的工作期望。职业考察使人们获得了对自身特性与相关环境的相对完整和准确的理解,即获得了与职业相关的有意义的认知。这种认知是人们制定职业生涯目标以及做出职业生涯决策的基础,同时也是为实现这些目标制定策略的基础。因为只有建立在准确的信息基础之上,职业生涯管理才能有效地发挥作用。

(一) 自我测评

1. 自我测评的内容

自我测评指搜集大量有关自我素质和态度的信息,主要通过对个人的兴趣、性格、能力、价值观进行深入的了解,初步形成较为全面的自我认知。90%的大学生通过职业生涯测评系统来认识自己,并且通过与身边熟悉的家人、朋友和老师的沟通,清晰地了解自己,知道我是"谁"。通过自我探索,求职者可初步形成符合自己兴趣、能力等的预期职业库。

(1) 职业价值观——你想从工作中获得什么。

职业价值观是人们希望获得哪些工作结果的一种抽象化说法,它揭示了人们看待工作或职业回报、薪酬及其他相关问题的不同态度。职业价值观可以使我们充分了解一个人的职业生涯志向。比如,一个非常务实且对金钱有强烈欲望的人不可能对一份低薪的工作感兴趣。舒伯提出了一系列与工作显著相关的价值观,包括利他主义、道德、创造性、知识激励、独立性、成就感、威信、管理权、经济回报、安全、环境、监督关系、同事关系、多样性和生活方式;"奥尔波特-弗农-林德西价值观问卷",包括了相互矛盾的多种价值观,能帮助测定员工对多种不同的关于理论、经济、美学、社会、政治及宗教价值观等方面内容的接受和同意的相对强度。

(2)职业兴趣——你最喜欢干什么。

兴趣是指人们喜爱或不喜爱某项特定活动或对象的态度。兴趣源于价值观、家庭生活、社会阶层、文化及物质环境等因素。尽管兴趣是价值观的反映,但它总是与特定的任务或活动相联系的。举例来说,两个同样重视工作中的创造性的人,尽管其中一个对科学创造有强烈的兴趣,另一个却偏爱文学创作,但是都有助于他们拓展自己的创造性价值观。不难理解,人们的兴趣与其职业生涯选择越是一致,他们的工作满意度就会越高。

约翰·霍兰德(John Holland)假定职业兴趣是个性的一种重要表现,在此基础上他发现,人的个性、价值观及偏好的生活方式一般会通过六种兴趣反映出来,它们是务实型、研究型、社会型、传统型、艺术型及创业型。具有务实型兴趣的人往往愿意多做一些任务明确的实事。具有研究型兴趣的人更讲科学性,更愿意搞研究。具有社会型兴趣的人更多地关注人文的、个人的价值倾向,并擅长处理人际关系。具有传统型兴趣的人关注的则是结构、传统和细节。具有艺术型兴趣的人更喜欢不受约束的环境,这样才能表现出其个性和创造性。具有创业型兴趣的人则往往愿意当组织者,从事管理工作,偏好目标明确的活动。

(3)个性因素——你适合干什么。

人的基本个性可以影响其对职业生涯的选择。研究表明,人的个性因素共有五种类型:外向性(Extraversion)、附和性(Agreeableness)、诚实性(Conscientiousness)、情绪稳定性(Emotional Stability)和接受经验性(Openness to Experience)。当然,这种划分的要素和称谓也有值得商榷之处。一般来说,组织在开展人事选任、员工发展和个人自我评价等活动时,都按这种划分法来设计个性调查问卷。人的个性直接决定了其适合什么样的工作。

(4)才能——你能干什么。

才能指个人的学习天赋和现有的技能及熟练程度,它反映的是人能做什么以及经过适当培训后能做什么。才能包括一般才能、动手能力、口头表达能力、掌握数字的能力、空间把握能力、逻辑推理能力、交际技巧、写作能力、创造力、记忆力、领悟能力、反应速度、敏捷性等。才能因素是我们所能取得成就的约束条件,在决策之前必须考虑自己的才能,这样才有可能获得职场上的主动权,进而取得职业生涯的成功。但是,遗憾的是,许多人选择的职业或工作是他们并不擅长的,或者是虽然有能力做但却不能有效发挥他们才能的工作,这就使自己在今后的发展中显得被动。

(5)对生活方式的偏好——你希望过一种什么样的生活。

全面分析个人的业余生活是很重要的,原因有:第一,有些基本价值观很难或不太可能在工作中得到满足。第二,有些职业或工作会耗费人们大量的时间和精力,以致留给私人生活的所剩无几。为做出一个恰当的职业抉择,就要对业余生活的重要性和多样性、兴趣及价值观重新进行一番审视。第三,业余生活及闲暇活动的重要性在人生过程中是变化无常的。因此,人们在进行职业决策时,必须敏锐地应对这种变化,使决策尽可能与自己生活中的各方面相适应。

以上各种因素中,价值观、兴趣、个性和才能并不是彼此孤立的,而是在某些方面相互关联的:兴趣根源于更深的价值观;兴趣与能力密切相关——人们喜欢从事自己擅长的活动,同时通过实践,他们在处理喜欢的事情方面可能变得更专业。因此,尽管分开讨论这四个方面会比较方便,但是有时又必须将它们作为一个内在统一的整体来考虑。

2. 自我测评的方法

进行自我测评,首先要通过一些方法收集有关个人的信息,然后将这些信息整理归纳,提炼出含义清晰的主题,并根据这些主题对职业生涯决策的作用分别做出解释。

(1)收集信息。

自我测评的第一步是收集有关自己的价值观、兴趣、个性、才能和生活方式偏好方面的信息。其方法和途径多种多样,总的来说可以分为四类:个人评价法、职业生涯规划体系(Career Planning System,CPS)、组织的员工自我测评计划以及非正式的测评方法。

个人评价法有非常多的种类,但几乎所有的种类都必须由职业生涯管理顾问来操作和阐释。其中,比较著名且被广泛应用的个人评价方法有:斯特朗兴趣量表(Strong Interest Inventory,SII)、霍兰德的职业偏好量表(Vocational Preference Inventory,VPI)和职业适应性测验(Self Directed Search,SDS),卡特尔16种人格因素问卷(Cattell's Sixteen Personality Factor Questionnaire,16PF)以及基本人际关系取向—行为(Fundamental Interpersonal Relations Orientation-Behavior,FIRO-B)。这些方法中有的被单独用来测量兴趣、能力、个性等因素,有的则是对这些因素进行综合测量。

CPS是一种较为复杂的测评方法,其基本目标是帮助人们发现与预期职业生涯相关的重要信息,比如兴趣和价值观。这一系统中很多方法的一个或若干核心内容都与SII、SDS或其他个人评价方法中的内容相似。按照传递信息和研究方法来分类,可将CPS分为手写型、计算机辅助型和授课型三种。

组织的员工自我测评计划是指所在组织提供的职业生涯管理援助计划(Career Management Assistance Programs)。该计划包括个人的自我评价,可以通过一些活动来实现,如举办职业生涯规划培训班、填写《职业生涯手册》和建立组织职业生涯评价中心等。

非正式的测评方法是指自我测评过程中采用的各种非正式的技术和方法。例如,通过书面个人简历、个人日记或对自己生活方式的记述等来了解自己的相关特性;购买一些能帮助自己更好地理解职业中问题的书籍等。

(2)提炼主题。

收集好信息后,需要将这些杂乱无章的信息组织成一个前后连贯、容易理解的整体,并从中发现与自己相关的主题。一个重要的主题(例如,"我要走自己的路"或"我需要和他人合作")能将个人的价值观、兴趣和才能结合为一个有意义的整体。

提炼主题是一个引导人们思考的过程。在这个过程中,你需要分析具体的资料,找出资料中隐含的线索,然后对目前某些主题提出基本的假设,并进一步检验这些信息以确定这些假设是否成立。

在提炼主题的过程中,有可能因为收集的信息不充分而无法得出结论,或者得出自相矛盾的结论。同时,由于自我测评作为一个揭露个性和心理特征的活动过程,有可能令人产生焦虑和怀疑的情绪,因此,提炼主题并不是一个简单明了的过程。但是,作为一项重要且必需的工作,这个过程一定要坚持进行下去。

3. 职业锚

埃德加·沙因(Edgar Schein)为了认清各种不同的工作倾向,在综合价值观、兴趣、个性、才能及对生活方式的偏好等因素的基础上引入了职业定位的概念。这就是后来对美国社会心理学领域和组织行为学领域有深远影响的职业锚理论。所谓职业锚,是指个人经过搜索所确定的长期职业定位。人们自我感知的价值观、动机和才能等构成了这种对自身的职业定位。职业定位是人们职业观念的核心,同时也是人们选择职位的一个基础。沙因根据自己对麻省理工学院斯隆管理学院男性毕业生长期研究的结果,发现职业定位分为以下八种类型,即有八种职业锚:

(1)技术/职能型职业锚(Technical/Functional Competence Anchor)。这种职业锚主要关注的是工作的实际内容。持这种定位的员工一般都希望能一直在自己擅长的技术或职能领域(如财务管理、人力资源管理、市场营销等)工作。

(2)管理型职业锚(Managerial Competence Anchor)。这种职业锚的主要目标是从事直线管理工作,而不是在组织中的某一职能部门工作。持此种定位的员工关注的主要是如何把其他人的努力整合起来,以及把组织中的各种职能进行整合,衡量的是总体效果。

(3)自主/独立型职业锚(Autonomy/Independence Anchor)。这种职业锚主要考虑的是自身如何才能不受组织各种规章制度的限制,使自己在所选择的职业中能够自行决定工作时间、内容和强度。持这种定位的员工宁可得不到提拔,也要保持这种自主权。

(4)安全/稳定型职业锚(Security/Stability Anchor)。长期保持稳定的职业是这种职业锚的基本出发点。只要能使某人一直待在某一个单位、行业和地理区域中,就能满足其对安全的需要。持这种定位的员工一般都喜欢稳定的、可预测的工作。

(5)服务/奉献型职业锚(Service/Dedication Anchor)。这种职业锚主要关注的是追求某些有意义的结果。持这种定位的员工希望以某种方式改善自己周围的环境,并希望与人合作、服务人类等精神在工作中得到体现。他们会选择以帮助别人为主的职业,如医生、护士和社会工作者等。

(6)挑战型职业锚(Pure Challenge Anchor)。这种职业锚主要关注的是解决那些看起来无法解决的难题或不可逾越的困难和障碍。持这种定位的人在其工作中追求的是新鲜感、多变性和挑战性。

(7)生活方式平衡型职业锚(Life-Style Integration Anchor)。这种职业锚的主旨在于实现自身生活各主要方面的平衡。持这种定位的人希望家庭生活和工作协调一致。

(8)创业型职业锚(Entrepreneurship Anchor)。持这种定位的人追求的是拥有按照自己的方式创办自己的组织的那种自由,敢于冒险,并克服面临的障碍,突出个人的成就。

综上所述,人们在进行自我测评后,至少要明确自己的职业锚,从而为制定职业生涯目标奠定基础。

（二）环境考察

1. 环境考察的内容

由于职业生涯根植于各种职业、工作和组织中，因此，要想使自己的价值观得到满足、使个人才能有用武之地并刺激自己的兴趣需求，必须有与价值观、才能、兴趣和偏好等相适应的工作环境的支持。研究表明：人们在经过劳动市场的筛选后，总是要寻找与自己的价值观、才能和兴趣相适应的工作，即人们寻找的是能使人与工作环境相互融合的职位。由此可见，只有认真研究自己的工作环境，才能形成真正的自我意识。对环境的考察大体上可以分为对社会环境的考察、对组织环境的考察和对家庭环境的考察。

2. 环境考察的方法

对于家庭环境的考察只需要征求自己生活中重要人员的意见即可。对于社会、行业、组织和工作等外部环境的考察，以下信息来源可供参考：

（1）行业简介，例如标准行业分类指南；

（2）公司的年度报告；

（3）任职于其他公司和行业的亲属、朋友和以前的同事；

（4）有关具体工作和职位的参考资料；

（5）求助于中介公司和职业咨询公司；

（6）人力资源和社会保障部公布的《职业分类大典》。

除了以上途径，还有一个环境考察的有力工具——互联网，因为大量的行业、组织和职位信息都发布在互联网上。

在分析了环境因素后，个人可以从以下方面对自己所偏好的工作环境进行总结：

（1）我最感兴趣的任务和活动是什么？

（2）我希望在工作中展示何种才能？

（3）我希望在工作中享有多大程度的自主权？

（4）我喜欢与他人结成何种类型的工作关系？我是喜欢独自工作还是喜欢与他人合作？我是如何看待对他人发号施令或施加影响的？

（5）我喜欢哪种工作环境（如工厂、办公室或室外）？

（6）金钱和安全在我生活里起什么作用？

（7）工作在我整个生命里有多重要？我希望我的工作和生活之间是一种什么关系？

（8）哪种职业和行业最符合我的兴趣、才能、价值观和所偏好的生活方式？

三、设立职业生涯目标

（一）职业生涯目标的含义与作用

目标是一个人行动的预期目的。之所以要设立目标，是因为人们相信目标能调整人们的行动。目标可通过多种方式影响人的行为和业绩：目标能给人以鞭策，为人们指出努力的重点或方向，使人坚持不懈地去完成任务；具体的目标可以帮助人们确定有用的战略,为人们提供任务完成情况的反馈。

另外,从员工的角度来看,职业生涯目标的设立有助于促进员工了解自己及环境。没有对自身及环境的了解,是无法制定合适目标的。

除此之外,组织鼓励并帮助员工设立职业生涯目标,对组织也是有好处的。首先,它能让员工学会对自己的职业生涯负责;其次,当员工按照自己的职业生涯目标行事时,不仅能提高个人的技能,而且能带来组织生产率的提高。因此,职业生涯目标的设立往往都有利于实现员工和组织的最大利益。

值得注意的是,尽管设立职业生涯目标有很多好处,但是在有些情况下,目标会成为一种羁绊,使人反受其累,即当一个人不具备足够的知识,却要做出需要这些知识才能完成的决策时,不设立目标反而是明智的做法。

(二)影响职业生涯目标设立的因素

1. 社会因素

社会是人才得以活动及发挥才干的舞台,也是影响人们成长与成功的重要条件和因素。社会中的政治经济形势、科技发展形势、涉及人们职业权利方面的管理体制、社会文化与习俗、职业制度体系等因素决定着职业岗位的数量与结构,以及职业岗位出现的随机性与波动性,进而决定了人们对不同职业的认知和步入职业生涯、调整职业生涯的决策。用人单位对员工的培养、自身的亲友交际网、在职业发展过程中所能获得的帮助、提高素质所需的学习机会和图书资料、与职业生涯发展有关的制度与政策等也对职业结构的社会变迁以及个人职业生涯变动的规律产生影响。

2. 个人因素

(1)能力因素。能力因素对职业生涯目标设立是十分重要的。在设立目标时,要注意以"人职匹配"为基本原则,从客观实际出发;寻找优势能力,从而更好地发挥自身优势;坚持"有能力论,又不唯能力论",同时把握非能力因素的作用。

(2)非能力因素。非能力因素包括兴趣、情感、意志等。兴趣是设立职业生涯目标的重要依据,当一个人对某种职业发生兴趣时,他就能调动整个身心的积极性,积极地感知和关注该职业的发展动态。多方面的兴趣还有助于应付多变的环境和求职成功,帮助员工快速熟悉与适应新的岗位和工作。人们不仅要知道自己有能力从事什么样的工作,还要知道自己对哪类工作感兴趣,只有将能力和兴趣结合起来考虑,才能规划好职业生涯并取得职业生涯的成功。

情感是人对待外界的一种内心体验。情感使人在对待职业时能够保持一种比较持久稳定的情绪状态。比如对一份工作怀有激情与热情的人,在工作效率、态度及结果等方面都会有好的呈现。

职业生涯规划的自觉性、进行职业抉择的果敢性、为实现长期职业目标而努力的坚韧性、职业规划和决策中的自制性、为完善职业生涯规划做出努力的勤奋程度等方面都与意志有关。没有坚强的意志,人就会在顺境中得意忘形,在逆境中消沉颓废,最终不能实现自己的职业生涯目标。意志强弱对于一个人的职业生涯目标设立来说具有重大的影响。

(三) 职业生涯目标的分类

1. 概念目标与行动目标

概念目标就是概念上的职业生涯目标,它是对人们想参与的工作经历的一种本质性的概括,并不涉及具体的工作和职位。概念目标反映的是一个人的价值观、兴趣、才能和对生活方式的偏好。例如,一个人的概念目标可能是寻找一份营销工作,这种工作需要进行广泛的调查和分析,能赋予他很多责任,活动范围很广,工作节奏经常变化,能与各种客户打交道,所在组织规模不要很大,但发展势头应该很足,等等。由此可见,概念目标描述的是工作的性质、方式,人际关系与物理条件等。

行动目标把概念目标转换为具体的工作或职位。以上述的概念目标为例,其行动目标可能是就任某家公司的市场部经理,也可能是在可预见的将来能保住他目前的工作。因此,行动目标只不过是实现概念目标的一种手段。

2. 长期目标与短期目标

用时间的长短来衡量职业生涯目标,可以将目标分为长期目标和短期目标。按照传统的区分短期与长期的方法,一般而言,1～3年的目标为短期目标,5～7年的目标为长期目标。当然,所谓短期与长期,完全因人而定,不同的人对目标长短期的划分往往有很大的差异。表10-2阐释了一名人力资源经理助理所设立的短期与长期目标。

表10-2 人力资源经理助理所设立的短期目标与长期目标

	短期目标	长期目标
概念目标	● 承担人力资源管理的更多职责 ● 广泛涉及人力资源开发的各个方面 ● 与直线管理层有更多的互动	● 参与人力资源规划 ● 参与公司的长期规划 ● 参与制定并执行公司的政策
行动目标	2～3年成为人力资源经理	6～8年成为公司的人力资源总监

(四) 职业生涯目标的设立

1. 设立长期与短期的概念目标

在设立职业生涯目标时,理想的第一步是确认长期的概念目标。确认长期的概念目标需要考虑人的需要、价值观、兴趣、才能和期望。因此,长期的概念目标应该包括工作职责、自主程度、与他人交往的类型与频度、物质环境以及生活方式等方面,实际上是一个人把自己所偏好的工作环境放在某个5～7年的时间框架中的方案。设立该目标时通常要回答以下问题:我希望在未来一段长时期内承担何种类型的工作?从事哪些活动?获得何种回报和承担哪些责任?

接下来是设立短期的概念目标。短期的概念目标是从长期的概念目标中提炼出来的,它要能够支持长期的概念目标。为提炼出短期的概念目标,通常需要回答以下问题:什么样的工作经历使我有条件去实现自己的长期目标?我需要开发或提高哪些才能?什么样的技能有助于实现下一个目标?这些都属于战略上的问题。需要注意的是,设立短期的概念目标时决不能把它只看作一个阶段的终点,还必须考虑它能否给人提供重大的回报,能否带来有趣的、有意义的工作任务,能否实现个人所希望的生活方式。因此,短期的概念目标与长期的概念目标一样,也应该与个人偏好的工作环境主要因素相一致才行。

2. 设立长期与短期的行动目标

在设立完长期与短期的概念目标后,需要将概念目标转化为行动目标,即将其具体化为某一特定的工作或职位。这个过程需要对环境进行考察,即什么样的具体职位(或工作、组织)才能给你提供机会,符合你的重要价值观、兴趣、才能和生活方式的要求(即概念目标)呢?

在设立行动目标时,个人的判断以及从自己信任的人们那里获得的信息在行动目标的选择过程中起关键作用。另外,对每个行动目标的相关活动和回报做出评价需要大量信息,其中大部分都可以从上级或潜在的上级那里获得,因此需要自己付出相应的努力。

(五)职业生涯目标的设立原则

为了正确地设立目标,有学者提出了八条设立职业生涯目标的原则,其英文单词的首字母可以组合为两个单词:SMART(Specification, Measurable, Attainable, Relevant, Time-bound),以及 FEW(Focused Targets, Empowerment Level, Weighted Grade)。

1. 行为的明确性

行为的明确性(Specification)就是要明确描述出员工与主管在每一工作职责上所需完成的行动方案。

2. 目标的可测量性

目标的可测量性(Measurable)是指目标应该是可以测量的,要有定量数据,如数量、质量和时间等,如表10-3所示。

表10-3 可测量的目标举例

含糊的目标	可测量的目标
更好地完成家庭作业	每天阅读历史书12页以上,在下周六晚10点之前至少要读完60页
加强锻炼	在以后的两个星期内,每天都在45分钟内跑完5 000米
获得更多的杂志订单	在下星期之前获得30份杂志订单
在网球比赛中表现得更好	在下星期的网球课练习发球,每天至少要有40个球落在发球区之内
减肥	在一个月内减掉2.5千克

3. 可实现性

可实现性(Attainable)包括两个方面的含义:一是目标必须是合理的,并且是在个人可控制的范围内;二是目标必须"经过努力"才可以实现。

4. 相关性

相关性(Relevant)是指该目标要与公司目标、部门目标,尤其是个人的职业生涯发展目标相联系。

5. 时限性

时限性(Time-bound)是指目标要在特定的时间内完成。

6. 重点集中性

重点集中性(Focused Targets)要求目标不可定得太多,太多就意味着没有重点,一般3～5个即可。

7. 授权激励性

授权激励性(Empowerment Level)体现在有的工作个人可以完全做主,有的则需要考虑企业的限制以及制度制约。

8. 重要等级性

个人在设立目标时,要把全部的权重依照重要等级性(Weighted Grade)分配给不同的关键任务。这样才能分清不同目标的轻重缓急,而且在评估中也会体现出不同的重要性。

四、开发和实施职业生涯战略

职业生涯战略就是为帮助人们实现职业生涯目标而设计的各种行动,涉及人们要有意识地进行哪些人力资本投资以及避免哪些人力资本投资。有关研究显示,职业生涯已经越来越受公司之间的流动而不是公司内部流动的支配。在美国,员工在其职业生涯中平均要换10个雇主;而日本的男性员工一生平均要换6个老板。在这种情况下,个人在其职业生涯管理中一定要有前瞻性,即必须设立职业生涯目标、实施职业生涯战略,这样才能使自己得到最大的机会,取得职业生涯的成功。

(一) 职业生涯战略的类型

人们用来获取职业生涯成功和实现职业生涯目标的战略共有七大类型。具体如下:

1. 胜任现职

顾名思义,胜任现职的意思就是有效地开展现职工作。组织做出提拔的决策,在一定程度上是以员工当前的绩效水平为依据的,因此,如果不顾当前的工作绩效而去谋求其他职位,那么往往会得不偿失。进一步说,在一个岗位上发展起来的技能可能有助于员工在其他岗位上取得业绩。由此可见,集中精力开发现有岗位上的技能非常重要,它可以提高员工将来获得聘用的概率。

2. 延时工作

延时工作是指员工决定在自己的工作中投入大量的时间和精力。实施这种战略的好处是既能提高本职工作的绩效,又能让组织知道你对工作很负责,也有能力承担更多的工作。但是,延时工作会大量减少一个人花在家庭或个人活动上的时间,因此可能会影响家庭和个人生活。另外,延时工作并非一定有效,因为在一些组织中,很多员工在晚上和周末加班是出于组织期望,而并非真的有那么多工作必须完成。

3. 开发技能

开发技能是指通过教育、培训或做实际工作来获取或提高与工作相关的技能,目的在于提高现任职位上的绩效,或者以备将来工作之需。

4. 拓展机会

拓展机会是指通过一些办法把自己的兴趣和志向告知他人,以了解与自身志向相符的工作机会。实施这种战略的唯一目的在于增加人们对职业生涯的选择机会。例如,毛遂自荐战略指员工自觉自愿地把自己的成就、志向和希望得到的工作告知主管;"露脸"战略是把"能够见面"(能够见到组织高层)和展示自我(让组织高层了解自己)这两种战略相结合的做法;"暂时代理"战略即接受临时或暂时的任命,借此获得额外的技能。

实施拓展机会战略,应该在内部劳动力市场和外部劳动力市场同时进行。事实证明,个人根据自己所处的职业生涯阶段而积极地在外部劳动力市场挖掘工作机会是非常有效的,尤其在薪酬方面特别有效。

5. 拜师结友

拜师结友是指想方设法地寻找重要人士并与其建立良好关系,目的在于得到或提供有关信息、指导、支持和各种机会。当然,这种关系中还可以包含比较深厚的感情成分。近年来,这种方法受到人们大量的关注。

6. 树立形象和声望

树立形象和声望是指通过交流使别人了解自己可被别人接受的能力、成功和(或)成功的潜力等情况,目的在于传递成功和胜任的姿态,以便在组织中树立自己的声望。举例来说,一个人举办婚宴、参加社区活动以及衣着得体,都可以展现一种积极健康的公众形象,从而带来职业生涯上的回报。另外,一个人还可以通过完成某些工作任务,如改变某种不利的工作环境,或者展示自己在一项特殊任务上的领导能力等,来为自己树立声望。

7. 组织政治

组织政治是指以奉承、服从、联盟以及有利的交易和影响等手段来获得预期的结果,它包括公开的和私下的行动,例如"使坏"和其他利己的行为。这些行为都能提高自己的地位,但可能要以牺牲别人为代价。组织政治包含多种战略,如附和或者吹捧老板、鼓吹组织的各种做法、不抱怨组织的管理制度、与组织的其他人员建立合作或联盟关系等。

除了以上七种主要的战略,还有一些战略如"创造性领导中心"等,这里就不再一一介绍。个人在选择职业生涯战略时要注意一点:某种具体的职业生涯战略有多大用处,取决于很多因素,如工作类型、行业性质、组织惯例和规章制度等。在某种形势或环境中起作用的因素,在另一种形势或环境中也许就不起作用。职业生涯战略学家建议:人们在选择职业生涯战略时,应关注能否提高自己职业成功的概率,而不是看哪些战略的成功概率比较高。

(二)实施职业生涯战略的注意事项

在实施职业生涯战略的过程中,需要注意以下几点:

(1)不存在"放之四海而皆准"的职业生涯战略。

(2)具体战略的有效性要取决于职业生涯目标的特性。举例来说,一个致力于成为组织总裁的人,可能会从不甘心成为工程项目经理的战略中获益。

(3) 具体战略的有效性还取决于组织的规范和价值观。举例来说，一些组织也许鼓励秘密地搞政治，而另一些组织则可能提倡公开性和合作。

(4) 个人不应该局限于某一单独的战略，而应该采取一系列的战略行为。

(5) 战略不应仅仅用于实现职业生涯目标，还要用来测试一个人对某个目标的兴趣和投入的程度。最好是将战略计划视为一个更多地了解自我和环境的过程。

(6) 职业生涯战略应该反映我们所采取的每一个步骤以及应当回避的领域。积极的职业生涯战略不仅应该能够帮助个人实现职业生涯目标，而且应该指出一系列会导致职业生涯失败而应予以避免的行为(或离谱行为)。

需要说明的是，开发与实施职业生涯战略决不能机械地进行。原因在于：其一，长期和短期战略的区分本身就是人为的；其二，战略不能总是事先完全规定好，人们通常是先实行战略的一部分，然后才能确定以后的步骤。这样做的意义在于使人们能够评价不同的战略对自己的若干重要目标有何影响。其中最基本的步骤是收集信息，衡量自己的意愿，以便重新审视自己的目标或战略。简而言之，就是要监控和评价自己的职业生涯。

五、职业生涯评价

职业生涯管理是一个灵活的、可调整的过程，因此，人们需要通过某种方法，根据他们自己或环境的新信息来调整战略。职业生涯评价为收集并运用有关职业生涯的各种反馈从而实现战略调整提供了一条途径。

通过职业生涯评价获得的反馈有两个作用：一是可以测试某一职业生涯战略是否适当，了解这一战略是否能让人更接近自己的目标；二是可以测试目标本身是否适当，以判断个人能否坚持这一职业生涯目标并有望实现它。

(一) 职业生涯评价所产生信息的种类和来源

对职业生涯进行评价所产生的与职业生涯相关的反馈信息可以归为以下几类：

1. 概念目标

我对自己的价值观、兴趣、才能、理想的生活方式了解多少？这类信息是否与我的概念目标相一致？从这些问题的回答中可获得有关概念目标的信息反馈。

2. 行动目标

我对自己的行动目标的适当程度了解多少？我的概念目标与行动目标之间是否互相适应？换句话说，我是否仍然相信自己瞄准的行动目标与概念目标是一致的？从这些问题的回答中可得到有关行动目标的反馈信息。

3. 战略

我对战略的适当程度了解多少？它有作用吗？我是否有离目标更近的感觉？如果这个目标中还包括做好当前工作的另一些能力，这些能力是否已经在令我满意的绩效评估中得到了反馈？如果这个职业生涯目标还包括某项不同的工作，那么我所在的组织还会把我当作这项工作的候选人吗？从这些问题的回答中可获得有关战略的反馈信息。

（二）评价职业生涯的原则

职业生涯管理模型建议我们在职业生涯管理过程中要有持续的反馈,要或多或少地对各种活动及其结果进行一些监督检查。进行持续的职业生涯评价可以参照以下原则:

(1) 看清形势,在适当的时间对目标和战略进行调整。

(2) 以职业生涯战略为基准来衡量所取得成就的大小。战略的表述应该包括目的和预期的结果。应该根据具体的基准来检验战略的具体优势和劣势。

(3) 战略是学习的机会,同时也是获得成功的手段。定期根据你所获得的最新信息,检查你的概念目标和行动目标的一致性,并及时进行必要的调整,学会从经验中学习。

(4) 要获取信息,建立你与上级的关系。应该根据自己的时间安排参加绩效评估会议,以辅助(而不是代替)上级对你的评估。你当前的表现、你的优势和劣势以及组织的需求,能够帮助你评估自己的目标和战略。

(5) 把你的经验和感受讲给你信赖的人听。同事之间坦率的讨论对大家都是有益的。首先,别人能看到你自己不了解的一面。其次,别人说出来的目标、愿望、保留意见和战略,能帮助你理清自己的感受。最后,其他人也可能愿意把自己在工作中(这些环境也与你有关)的成功、失败和启迪讲给你听。要尽量形成一个网络,来提供相互反馈、相互指导、相互支持和相互鼓励。网络中的成员之间要建立一种信任和坦诚的关系,当然这需要花费时间和耐心才能实现。

(6) 从工作之外寻求信息反馈。工作与生活是相互影响的,因此,不仅你的工作决策会影响家庭生活,而且家庭状况如配偶的职业生涯要求,也会影响你的工作。

第三节 组织职业生涯管理

一、组织职业生涯管理的概念

组织职业生涯管理是一种专门化的管理,即从组织角度对员工从事的职业和职业发展过程所进行的一系列计划、组织、领导和控制活动,以实现组织目标和个人发展的有效结合。具体而言,组织的职业生涯管理实践就是专门设计出来帮助员工更好地认识自己和所处环境,形成职业发展目标和战略,以获得反馈意见的一项或一组活动。

职业生涯管理的责任归根结底要由员工来承担,那么为什么还要由组织实施职业生涯管理呢?原因是员工的职业生涯管理需要组织通过多种多样的方式来支持,以提高员工职业生涯管理的有效性,在员工制订和实施个人职业生涯发展计划的过程中,都需要组织的参与和帮助。另外,组织通过提供支持性的职业生涯管理活动,也能实现自身的目标,如通过帮助员工制订职业生涯计划来实现人尽其才,以提高员工的生产率;通过提供多种职业发展方向来降低员工的流失率;还能保持良好的招聘形象,实现组织的战略经营目标。

二、组织职业生涯阶段管理

对应于个人的职业生涯阶段,可以将组织职业生涯管理划分为四个阶段:职业探索阶段(对应个人职业生涯的探索阶段)、职业建立阶段(对应个人职业生涯的建立阶段)、职业中期阶段(对应个人职业生涯的维持阶段)、职业后期阶段(对应个人职业生涯的衰退阶段)。因为组织的职业生涯不涉及个人参加工作以前的内容,所以组织的职业生涯阶段划分中不包含与个人职业生涯成长阶段对应的部分。组织职业生涯管理在不同阶段的任务内容见表10-4。

表10-4 组织职业生涯管理在不同阶段的任务

阶段	对应的个人职业生涯阶段	组织的主要任务		
职业探索阶段	探索阶段	1. 帮助新员工准确地认识自己,制定初步的职业生涯发展规划		
		2. 为新入职的员工提供职业咨询和帮助,例如实施"顾问计划"		
		3. 帮助员工寻找早期职业困境产生的原因及解决办法		
职业建立阶段	建立阶段	1.建立职业档案	(1) 个人情况	个人基本信息,如姓名、性别、年龄、学历、曾接受过的培训、工作经历、工作成果、自我评估
			(2) 现在的工作情况	现在的岗位及其职责、现在的目标计划,这个目标必须是可实现的,要考虑成本、时间、质量和数量等因素
			(3) 未来发展	包括职业目标,即在未来3~5年,员工准备在单位里做到什么位置,为了实现这一目标需要具备什么条件,需要掌握哪些技能、知识和经验
		2. 建立个人申报制度	(1) 档案一式两份,填好后一份员工自己保管,一份交给直接上级 (2) 上级会找员工谈话,一起研究分析其中的每一项内容,提出十分具体的建议 (3) 员工将上述几项内容写在纸上,由人力资源部门对申报内容进行分析和研究,在了解实际情况后,分门别类地尽量满足员工的要求和愿望 (4) 直接经理调查员工的职业适应性,包括员工的业务知识、理解判断能力、记忆力、协调力、性格、积极性、交往能力、计划能力、组织能力、健康状况、特别技能、对现任工作的适应性等 (5) 人力资源部门收集适应性调查的结果,并与个人申报内容进行核对,为做出有效的判断提供客观依据		
职业中期阶段	维持阶段	个人职业上的成长和发展	帮助员工正确处理好职业高原①现象与平衡工作和家庭的关系	

---

① 职业高原是指在个体职业生涯中的某个阶段,个体获得进一步晋升的可能性很小。

(续表)

阶段	对应的个人职业生涯阶段		组织的主要任务	
职业后期阶段	衰退阶段	帮助员工顺利实现向退休生活的过渡	1. 做好细微的思想工作	
			2. 做好退休后的计划和安排	（1）因人而异，帮助每个即将退休的员工制订具体的退休计划，尽可能地把他们的退休生活安排得丰富多彩而又有意义 （2）组织要以多种形式关心退休员工 （3）经常召开退休员工座谈会，达到三个目的：向退休员工通报企业发展情况，互通信息；征求退休员工对企业的意见和建议；加强员工之间的沟通、联系和友谊 （4）员工有各自的情况和不同的类型，多数员工的贡献能力不会随着正式退休而完结，组织可以采取兼职、顾问或其他方式聘用他们
			3. 做好退休之际的职业工作衔接	（1）组织要有计划地分期分批安排应当退休的员工顺利退休，且不可因为员工退休影响工作的正常进行 （2）选好退休员工的接班人 （3）及早进行接班人的培养工作 （4）帮助退休员工与其接班人做好具体的交接工作，保证工作顺利进行

组织职业生涯探索阶段所面临的新员工陷入职业困境的原因主要有以下三个方面：

（1）最初的工作缺乏挑战；

（2）过高的期望和最初日常事务性工作安排碰撞所导致的不满情绪；

（3）不恰当的工作绩效评价。

相应的解决方法有：

（1）运用真实工作预览，即在招募过程中尽量提供所聘职位和组织的完整、准确的信息。

（2）尽可能安排一份挑战性的工作。组织应当鼓励新员工的上级在可能的工作范围内，尽可能地给员工安排工作技能水平要求较高的工作。

（3）丰富最初的工作任务。通常的做法包括：授予新员工更多的权利和责任；允许他们直接与消费者和客户进行沟通；允许新员工去实践自己的想法（而不仅仅是向自己的老板推荐自己的想法）。

（4）安排要求严格的上级指导新员工。在新员工就职的最初阶段，把他们安排给那些对下级要求较为严格的上级，这对新员工的职业发展是极为有利的。

组织职业生涯中期阶段所面临的问题及其解决方案如表10-5所示。

表 10-5　组织职业生涯中期阶段所面临的问题及其解决方案

问题	解决方法
职业高原现象	(1) 可以用满足员工心理成就感的方式来代替晋升,实现激励效果 (2) 安排一定范围内的职位轮换,使工作变得丰富多彩,提高员工对工作的兴趣 (3) 增加现有工作内容
员工工作与家庭关系的失衡	(1) 提供职业生涯中期咨询,即企业聘用专职的心理医师帮助员工处理职业、健康和家庭问题 (2) 实行弹性工作时间 (3) 为员工提供子女日托等帮助 (4) 实施老人照料计划

三、组织职业生涯管理的实施

(一) 实施步骤

1. 进行职务分析

进行职务分析是为了获得与工作相关的信息,是为员工制定有效的职业发展战略的起点。这一步骤主要是运用职务分析问卷、任务调查表、职务分析面谈和关键事件调查等方法来获得职务分析的基础数据。

2. 员工基本素质测评

这一步骤的主要任务是:通过对员工的个性特点、智力水平、管理能力、职业兴趣、气质特征、领导类型、一般能力倾向等方面的测评,对员工的长处和短处有一个全面的了解,以便安排适合他所做的工作;针对每个员工的不足,拟订相应的培训方案;根据员工的上述特点,结合职务分析的结果,为其进行具体的职业生涯规划。

常见的基本素质测评方法有管理能力测评、智力测验、个性测验、职业兴趣测验、气质测验、一般能力测验、领导测评等。

3. 设计与职业生涯管理相配套的员工培训方案

培训作为职业管理的重要手段,能够改变员工的价值观、工作态度和工作行为,使他们在现在或未来工作岗位上的表现能够达到组织的要求。一般来说,员工培训方案的设计主要有以下两种:一是以素质测评为基础的培训方案设计;二是以绩效考核为基础的培训方案设计。

4. 制定较完备的人力资源规划

在公司原有的人力资源规划的基础上,应完善以下内容:

(1) 晋升计划。根据企业的人员分布状况和层级结构,拟定员工的晋升政策路线,包括晋升比例、平均年薪、晋升时间、晋升人数等指标。在实施中,根据人事测评、员工培训、绩效考核的结果,并根据企业的实际需要给各个结果赋予相应的权重系数,得出各个职位的晋升人员次序。

(2) 补充计划。此计划能使公司合理地、有目标地把所需数量、质量、结构的人员填补在可能产生的职位空缺上。

（3）配备计划。在制订配备计划时,应注意解决两个问题：第一,当上层职位较少而待晋升人员较多时,须通过配备计划增强流动性。这样可以减少员工对工作单调、枯燥乏味的不满,使其耐心等待上层职位出现空缺。第二,在超员的情况下,可通过配备计划改变工作的分配方式,从而减少负担过重的职位数量,解决工作负荷不均的问题。

5. 制定完整、有序的职业生涯管理制度与方法

该步骤可产生以下积极影响：

（1）可以让员工充分了解单位的企业文化、经营理念、管理制度。

（2）可以为员工提供内部劳动力市场信息。

（3）可以帮助员工分阶段地制定自己的职业生涯目标。职业生涯目标可以分为长期、中期、短期三种：① 短期目标(3年以内)。其内容涵盖：要具体做好哪些工作？在能力上有什么提高？准备升迁到什么职位？以什么样的业绩来具体表现？② 中期目标(3～5年)。其内容包括：在能力上有什么提高？准备升迁到什么职位？在知识、技能方面要接受哪些具体的培训？是否需要进修或出国学习？③ 长期目标(5～10年)。其涉及内容更广,包括：准备升迁到什么职位？在知识、技能方面要接受哪些具体的培训？是否需要进修或出国学习？为公司做出过哪些较突出的贡献？个人在公司处在什么样的地位？个人的价值观与公司的企业文化、经营理念融合程度如何？

（二）实施方法

1. 举办职业生涯讨论会

职业生涯讨论会是一种有计划的学习和练习活动,一般是由人力资源部门统一组织。组织一般是希望通过这种活动的安排,吸引员工主动参与,形式包括自我评估和环境评估、与成功人士进行交流和研讨、进行适当的练习活动,从而帮助员工制定职业生涯规划,即选定职业方向、确立个人职业目标、制定职业生涯发展路径。

2. 填写职业生涯计划表

职业生涯计划表中包含的内容,一般可以粗略地划分为三个方面：

（1）职业。对于绝大多数人来说只选择一种职业,但也有人选择两种或两种以上的职业,如兼职。在职业的表述上,可以表述得非常具体,如人力资源管理、财务管理等,也可以表述得稍微粗略一些,如管理、技术、营销等。处于探索阶段的年轻人,先不用急于进行职业选择,其职业生涯计划中暂时可缺失职业这一项。

（2）职业生涯目标。即在选定的职业领域要取得的成绩或达到的高度。其中,最高的目标可以称为人生目标,而在迈向人生目标过程中设定的阶段性目标则被称为阶段性目标。

典型的职业生涯设计应有人生目标的计划内容。阶段性目标必须区分出长期目标和短期目标,有时还可以区分出中期目标。人生目标可以是岗位目标、技术等级目标、收入目标、社会影响目标、重大成果目标、社会地位目标中的几种。

为保证人生目标和长期职业生涯目标的实现,必须制定职业生涯战略,以充分利用各种可供利用的资源,指导职业生涯通道的设计。为保证短期目标的实现和指导短期职业生涯通道的设计,应制定职业生涯策略。

（3）职业生涯通道。与职业生涯目标相对应,职业生涯通道可以分为人生通道、长期通道、中期通道和短期通道。

一般来说,职业生涯通道设计的重点是短期通道,因为它要设计得具有可操作性；长期通道和人生通道则可以设计得相对粗略一些,因为不可预知的因素太多。

在一个企业中,最好统一制定和使用一定格式的职业生涯计划表,以便进行统一管理。

3. 编制《职业生涯手册》

通过职业生涯讨论会,绝大多数员工在职业生涯计划的制订中都不会有太大困难,但仍然有部分员工可能会有某些不甚明白的地方。而且更常见的情况是,在职业生涯发展中,员工需要得到不断的书面指导,以解决许多职业生涯发展中遇到的问题,或者反思职业生涯设计,进而修改职业生涯计划。因此,拥有一份职业生涯设计与职业生涯发展参考资料——《职业生涯手册》是十分必要的。表 10-6 是《职业生涯手册》编写参考。

表 10-6 《职业生涯手册》编写参考

项目	内容
职业生涯管理理论介绍	介绍有关概念,阐明职业生涯管理对个人发展和组织发展的重要意义,描述职业生涯管理的一般程序和方法,指出职业生涯管理中个人和组织密切合作的必要性和注意事项
组织结构图	展示企业的组织结构图,大型企业要绘制若干子图,才能细化到岗位；组织结构图应就部门之间、工作之间的关系进行比较详细的说明,特别是任职岗位的先后次序规定；组织结构应具有较大的弹性,为员工留有较大的发展空间
工作描述与工作说明书	按管理层级中部门或职业类别,列出所有岗位的工作描述与工作说明书
评估方法与评估工具	详细介绍各种自我评估、组织环境评估和外部环境评估的方法与工具；各种评估方法与工具应是完整的问卷或量表,并附关于适用范围、使用情形、使用注意事项、结果处理、结果解释和意义、适合的职位等的说明
组织环境信息	对职业生涯规划和职业发展有影响的企业组织信息主要包括企业宗旨、长期目标、发展战略、企业价值观、企业人事政策与人力资源管理方面的规章制度等；其中,企业人力资源管理方面的规章制度需要做详细说明,如招聘政策、调配政策、减员政策、培训政策、劳动关系政策、绩效考核制度、薪酬制度、考勤制度等
外部环境信息	汇集与本企业有关的技术发展趋势、国家经济政策、宏观经济走势、职业供给信息等,这些信息对职业生涯规划的制定和职业生涯发展都有影响
职业生涯规划的方法与工具	介绍职业选择、人生目标与阶段目标确定、职业生涯通道设计的方法与工具
案例介绍与分析	介绍管理人员、技术人员、营销人员等各类人员的职业生涯规划与发展的成功与失败案例,分析成功与失败的原因

在《职业生涯手册》编写过程中，需要注意以下几个方面的问题：

（1）编写者。《职业生涯手册》应由人力资源部门中负责职业生涯管理的有关人员编写。编写人员应与负责招聘、培训、绩效考核等工作的有关人员加强沟通与合作，并注意与企业战略/计划部门交流，在定稿前要听取上述人员的意见。

（2）更新周期。由于内外环境的不断变化，客观上要求《职业生涯手册》必须不断更新。一般来说，在组织变革、企业政策重大调整、技术上取得重大突破、社会剧烈变化、工作分析文件更新等情境下，都需要更新《职业生涯手册》。在企业内外环境比较稳定的条件下，一般2～3年要更新一次《职业生涯手册》。

（3）内容详细程度。《职业生涯手册》的内容一定要有可操作性，尤其是评估方法与评估工具、案例介绍与分析等部分，让普通员工一看就能明白自己应该怎么做。

职业生涯讨论会和《职业生涯手册》都是职业生涯管理的有效手段，两者相辅相成。职业生涯讨论会依靠短时间的集中活动，创造出一个教学环境和会议环境，让员工在短时间内强烈感受到有关知识和方法的冲击，有助于员工迅速形成职业生涯规划和职业生涯发展的概念，并掌握相应的方法，从而成功制定出一份职业生涯计划书。《职业生涯手册》作为一个常备的指导工具，可帮助员工不断进行生涯反思，进而使员工能够独立解决其职业生涯不同阶段中出现的问题，对职业生涯发展计划进行调整和重新设计。

4. 开展职业生涯咨询

员工在职业生涯规划和职业生涯发展过程中，会不断产生一些职业生涯方面的困惑和问题，需要管理人员或资深人员为其进行问题诊断，并提供咨询。

职业生涯咨询可以是正式的也可以是非正式的。事实上，中层和高层的主管、技术专家以及其他成功人士都可对有进取心的员工的职业生涯规划提出忠告和建议，解释员工提出的各种问题。可以担任咨询者的人员大致有以下两大类：

（1）法定咨询者。各部门主管是该部门员工的法定咨询者。部门正职负有全部责任，为培养接班人，正职可授权副职分别向本部门部分员工提供咨询。如果部门较大，以至还有分支部门，那么部门正职承担副职及分支部门主管的咨询任务，各员工的咨询任务则由各分支部门负责人承担。即便如此，部门主管仍然是这一部门的"最后咨询者"，有义务向本部门的全体员工提供咨询服务。

人力资源部门的管理人员则是面向企业全体员工的法定咨询者。作为内部人力资源管理专家，他们不仅负责制定职业生涯管理的规章制度，统筹全企业的职业生涯管理活动，而且负有向全体员工提供职业生涯管理咨询的任务；当各部门员工遇到部门主管解决不了的问题时，人力资源部门的管理人员负责向员工或部门主管提供咨询。

（2）义务咨询者。企业的成功人士，包括已经退休、即将退休的成功的管理人员、技术人员等，尽管他们不是管理等级链上的管理人员，不是法定咨询者，但是他们成功的职业生涯实践是一笔宝贵财富。从某种意义上来说，他们更有发言权，他们的咨询意见更容易为员工所接受；他们不仅可以为普通员工提供咨询，也可以为部门主管提供咨询。

当然,法定咨询者对企业的政策和全局的把握比义务咨询者更全面和准确,二者的咨询应互为补充。法定咨询者要谦虚,善于听取义务咨询者的"专家之言";义务咨询者则要尊重法定咨询者,以免引起混乱。对于员工来说,首先应向部门主管咨询,然后再听听义务咨询者的建议。

四、员工、主管、人力资源经理和公司在职业生涯管理中各自扮演的角色

员工、主管、人力资源经理和公司应共同承担职业生涯规划的责任,图10-2列出了他们在职业生涯管理中各自扮演的角色。

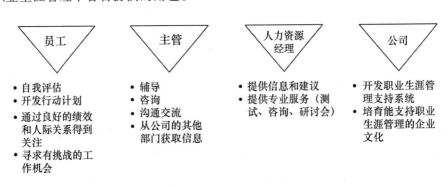

图10-2 责任共享:员工、主管、人力资源经理、公司在职业生涯管理中各自扮演的角色

(一)员工的角色

新型的心理契约①要求员工对职业生涯规划负有责任,从而增进其对组织的信任。具有完善的职业生涯管理体系的公司都希望员工能管理好自己的职业生涯。英国石油公司为员工提供了一本《人员开发规划指南》,指导其进行自我评估、目标设置、开发规划和行动计划。员工可以自愿参与项目。同时,员工还必须同其主管开展有关职业生涯的面谈,这也是人员开发规划过程的一部分。

无论公司的职业生涯管理体系有多么错综复杂,员工都必须采取以下几种职业生涯管理行动:一是主动从主管和同事那里获取有关自身优势及不足的信息反馈;二是明确自身的职业发展阶段和开发需求;三是了解存在哪些学习机会(如与销售、产品设计和行政管理相关的学习活动);四是与来自公司内外不同工作群体的员工进行接触(如专业协会、项目小组)。

(二)主管的角色

不管职业生涯规划属于哪种类型,主管都应在职业生涯管理过程中扮演主要的角色。在大多数情况下,员工会从主管那里获取有关职业发展的建议。因为主管一般会对员工的工作调动(晋升)的资格进行评估,并提供关于职位空缺、培训课程和其他开发机会等方面的信息。可是,有许多主管不愿参与员工的职业生涯规划活动,其原因在于:① 他们感

---

① 心理契约是指劳资双方对对方的期望值。

到不具备足够的资格来回答员工有关职业发展的问题;② 没有足够的时间;③ 认为自己缺乏良好的人际沟通技能,不能透彻地理解职业生涯问题。表10-7列出了职业生涯管理中主管所扮演的每种角色及应承担的责任。主管应通过满足员工的个人需求和公司需求,来帮助员工管理其职业生涯。在员工职业生涯的各个阶段,主管都要承担起教练、评估者、顾问和推荐人等重要角色。处于探索阶段的员工需要了解自己的绩效以满足顾客的期望,处于职业建立阶段和维持阶段的员工应该从主管那里听取工作调换和职业发展路径的建议。

表 10-7 职业生涯管理中主管的角色

角色	责任
教练	发现问题,倾听,确定需求,详细界定这些需求
评估者	给出反馈,明确公司标准,确定工作职责,确定公司需求
顾问	提供选择,协助设置目标,提出建议
推荐人	协调职业管理资源(如工作机会),追踪职业生涯管理计划的执行情况

资料来源:Z. B. LEIBOWITZ, C. FARREN, and B. L. KAYE. *Designing career development systems*[M]. San Francisco:Jossey-Bass, 1986.

(三)人力资源经理的角色

人力资源经理应提供培训与开发机会的信息或建议,同时还应提供专业服务,如对员工的价值观、兴趣、技能进行测评,帮助员工做好寻找工作的准备,并经常提供相关问题的咨询。

(四)公司的角色

公司要负责为员工提供成功的职业生涯规划所必需的资源。这些资源包括专门的项目和职业生涯管理流程。公司还需对职业生涯管理体系进行监管,从而不仅确保主管和员工按照预期目标来运用该体系,还对该体系能否帮助公司实现目标(如缩短为某一职位招聘人员所需的时间)进行评估。例如,美国3M公司建立了一个公司内部网来协助进行职业生涯管理。该公司开展了绩效评估并设计了人员开发流程等,旨在让员工和主管进行更有效的沟通。通过这种方式,主管能和员工一起制定绩效和职业生涯发展规划。公司还设有一个职业生涯资源中心,它能提供关于职业生涯规划以及公司内部发展机会的参考资料和出版物。员工可以与受过培训的顾问一起探讨职业生涯问题,并通过心理测试来研究兴趣、价值观和工作环境的偏好等问题。3M公司的职业生涯资源中心还定期举办关于自我评估、面试技巧、主管在职业生涯发展中的角色等研讨会。对于由于调动、精简性裁员、健康问题或残疾等而丧失工作的员工,公司还帮助其安置工作。最后,3M公司有两个专门涉及职业生涯问题的信息库——工作信息系统和人力资源信息系统,一方面,员工可通过工作信息系统自行申请某个空缺职位;另一方面,主管可利用人力资源信息系统来了解哪些员工达到了工作要求,以及获取员工的工作经历、岗前培训经历、绩效评估记录和职业兴趣等方面的信息。

五、组织发展需要与员工职业发展相匹配

美国管理学家沙因从职业发展观出发,设计出"人力资源计划和发展:一种实践的发展模型",如图10-3所示。在该模型中,他将组织计划与个人职业发展过程的匹配清楚地呈现出来了。组织与个人积极互动,最终实现双赢——组织目标的实现和个人职业的成功。下面我们将对这个模型进行详细的说明。

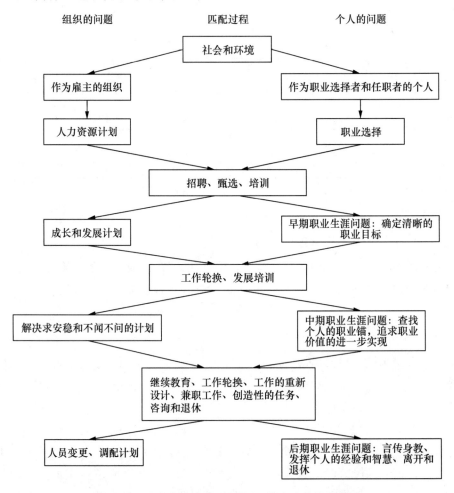

图 10-3 人力资源计划和发展:一种实践的发展模型

资料来源:施恩.职业的有效管理[M].仇海清,译.上海:生活·读书·新知三联书店,1992.

沙因的模型是一个从职业发展观的角度来看待个人与组织目标相互作用的模型。模型左侧是组织的职业生涯管理活动,右侧是员工个人的职业生涯管理活动,而中间部分是两者的结合点——组织和个人需要共同参与和互动的过程,这也是个人职业发展与组织发展目标的整合过程。从组织的角度来看,一个职业生涯计划的实施流程应首先从人力资源计划开始,并据此确定招聘、甄选和培训计划等。随着员工在组织中经验的不断增长,再为他们设计成长和发展计划、安排工作轮换和发展培训等。当员工进入职业发展中

期时,要着力解决职业高原期常出现的不求上进的问题,为其安排继续教育、工作轮换甚至是工作的重新设计等,实在不能胜任的,应尽可能安排其到更能胜任的岗位上去或者列入退休人员计划。

从员工个人的角度来看,在正式成为组织中的一员之前,首先要对个人的未来职业有一个初步的定位,并在此职业观的指引下进行职业选择活动。当他们选定了某个组织中的某个职位后,就要参与到组织的招聘和甄选中去。一旦被组织正式录用以后,他们就步入了职业生涯早期,这个时期员工面临的职业生涯问题主要是对未来的目标比较迷茫,尤其是第一次从事工作的年轻人还会产生理想与现实不符的强烈震荡,因此要通过工作轮换和发展培训等逐步了解和发现自己的能力和特长、确定清晰的职业目标。当他们步入职业中期时,应该对个人的职业锚有更为清晰的认识,因而他们参加继续教育活动和工作轮换,追求职业价值的进一步实现。随着员工年龄的增长,当其要退出工作领域时,一方面要充分发挥顾问的作用,为组织和年轻人提供经验咨询,另一方面实现向退休的顺利过渡,离开组织。

第四节 职业生涯管理面临的挑战及其应对策略

一、个人职业生涯管理面临的挑战及其应对策略

(一)个人职业生涯管理面临的挑战

20世纪70年代至80年代中期,组织职业生涯管理是主导的职业生涯管理模式。然而,随着企业稳定性下降,企业倒闭、兼并、裁员增多,员工对企业能否长期提供工作产生动摇,不得不考虑自己的职业前景,于是个人逐渐成为职业生涯管理的主体。未来的职业发展将主要由个人管理,而非组织;未来的职业发展是连续地学习,是自我导向的、关系式的,并且在富有挑战性的工作中进行;未来的职业发展不一定是正式的培训或再培训,也不一定是向上流动。

进入21世纪后,经济全球化使得中国企业面临不确定的竞争环境、不稳定的组织生存环境、不安全的雇佣环境。20世纪中后期的欧美等国家企业也经历过这一状态。传统职业生涯观念由于经济和社会的变革而发生了变化,这为传统的职业生涯管理带来了一系列的挑战。正是在这些变化中,西方学者提出了无边界和易变性职业生涯概念,即新型职业生涯。

与此同时,员工与组织之间的心理契约关系也不断发生变化。有别于传统的心理契约关系,在新型职业生涯下,组织的工作结构和雇佣制度越来越弹性化和灵活化,员工不得不调整自己的职业生涯规划,主动承担起职业生涯管理的责任,从而打破了原有的心理契约,开始寻求变换职业或在组织内部流动。

新职业模式与心理契约同时变化。当今社会,被雇用的能力代替了雇佣安全性观念。员工需要持续地加强和更新技能,以便当公司发生重大变革时,能找到新的工作(无论是在同一公司还是在其他公司),这样就省去了培训费用。如果能够通过更新、改变员工的技能来掌握他被雇用的能力,他同样能与现在的雇主建立起比较安全的关系。如果一个公司提供培训和学习机会,就更有可能留住优秀员工。

事实证明,在新经济时代,出于对企业能否长期提供工作岗位的担忧,员工不得不考虑自己的职业前景。一方面员工感到有必要接受职业指导;另一方面员工感到需要发展自身的能力,以保证可以继续被雇用。具有成功职业生涯管理体系的公司都希望员工能管理好自己的职业生涯,公司则为其职业生涯管理提供支持。

(二) 个人应对职业生涯管理挑战的策略

1. 对自己的职业生涯负责

无论在什么样的企业,员工都必须采取几种职业生涯管理活动,来对自身的职业生涯进行规划。例如,主动从直接上司和同事那里获取自身优势及不足的信息反馈,对自己进行客观的评估;明确自身的职业生涯发展阶段和职业能力开发要求;主动获取公司内部有关职位空缺及其他工作机会的信息;了解公司内部和外部存在哪些与自己职业生涯有关的学习机会;建立自己的人际关系网络,与来自公司内外不同工作群体的员工进行接触,拓展自己的职业空间。

2. 增强职业敏感性

由于企业的组织结构、经营环境和资讯系统正在发生惊人的变化,员工只有增强职业敏感性和职业危机意识,才能有效地提高自己终生被雇用的可能性。职业的敏感性包括职业弹性、职业洞察力和职业认同感等。

职业弹性是指员工处理某些影响工作的问题的能力的高低。高职业弹性的员工对组织变革、工作的不确定性变化有较强的适应能力。员工掌握的技能越多、工作轮换的次数越多,其职业弹性就越高。

职业洞察力包括员工对自己的兴趣、优势和不足的自知能力,包括对组织结构的变化、经营环境的变化、新技术对自己希望从事工作和职业的影响的感知能力等。具有较强职业洞察力的员工能够及时收集组织的各种信息,及时做好应对职业变化与危机的准备。

职业认同感指员工对工作中个人价值的认可程度。职业认同感强的员工能够尽快完成组织社会化过程,以及适应新的工作环境。

3. 提升学习能力,防止技能老化

(1) 要树立终身学习的观念,把学习看成工作和生活的第一需要;要不断接受新观念、新事物,不断掌握新技能、接纳新思想、推行新方案,保持自己的学习能力。

(2) 要建立自己的知识网络,与同事或专家共享信息;要寻找与同事、上司共同探讨问题的机会,提出自己的想法,分享别人的经验,与你感兴趣领域的专家保持联系,建立自己的知识管理系统。

(3) 要增加现有的工作内容,寻找更多有挑战性的工作机会,如争取工作轮换、加入新的工作团队或新的工作项目组。这样能不断丰富自己在不同工作岗位上的经验,增强自己的职业适应能力,同时提高自己的综合技能。

二、组织职业生涯管理面临的挑战及其应对策略

(一)组织职业生涯管理面临的挑战

知识经济时代,组织职业生涯管理的内外部环境发生了复杂的变化。从宏观层面来看,知识经济兴起并蓬勃发展,全球化进程日益加快,信息技术被广泛应用;从中观层面来看,组织结构和经营管理方面的变革不断;从微观层面来看,员工与雇主的职业生涯观念发生了改变,这些都对组织职业生涯管理工作提出了新的要求。

具体来看:宏观层面,全球化是知识经济时代经济发展的一个重要特征和趋势;在这样的大背景下,企业组织处于一个全面变化的动态环境中,而员工也面临越来越多的新的机会和选择,同时,不同文化的交流冲击也对员工的心理价值选择产生了较大的影响,组织职业生涯管理极有可能面临人才流失、培训成本无法回收等问题。中观层面,组织的经营战略、结构形式发生变化;组织需要个性化、以知识为核心的竞争力源泉,以及趋于小型化、扁平化、无边界化等以实现快速应变的能力。微观层面,员工心理契约及职业生涯成功标准的变化,也是组织职业生涯管理面临的挑战之一。

(二)组织应对职业生涯管理挑战的策略

面对组织环境的急剧变化对企业的职业生涯管理活动提出的全新挑战,国外很多企业为了吸引人才、激励人才和留住人才,对以往的职业生涯管理活动进行了较大的改进。这些措施具体表现为以下四个方面。

1. 工作的重新设计

新型的职业生涯管理要求组织对工作进行重新设计,以使员工的能力得到更快的发展、员工的人性得到更多的尊重。重新设计工作的具体做法有工作轮换、工作扩大化、工作丰富化等。

工作轮换可以消除员工对长时间固定在一个岗位或工种所产生的厌烦情绪。当然,这种工作轮换也不能过于频繁,不能在员工对其工作产生浓厚兴趣时进行轮换。只有当员工主动申请,或经考察不能胜任工作或已对工作不胜其烦时,才能进行工作轮换。如果员工对一项工作已经驾轻就熟,希望有更多的机会展示其才能或愿意接受更多的挑战,组织就应该及时增加员工的工作内容,使员工不是干一项工作而是干多项工作。工作扩大化必然会激发员工的工作热情和兴趣,也能让员工从更多新的工作中获得满足感。工作丰富化不仅指增加员工的工作内容,还包括扩大员工的责任范围,让员工参与他们所从事工作的目标制定、规划、组织和控制。

工作轮换、工作扩大化和工作丰富化是从扩展人的知识和技能、挖掘人的潜能、激励员工承担更大的责任、提供更多的进步和发展机会出发而设计的措施。这里包含让员工自行规划工作内容、自行控制生产的产量和质量的自我管理的含义。无论是工作轮换、工作扩大化还是工作丰富化,组织都必须从改善工作环境出发,着眼于组织的人员配置和工

作团队的建设。教育培训是推行工作轮换、工作扩大化和工作丰富化并取得预期成效的关键环节,集体意识和团队精神的培育与知识和技能的培训同等重要。

2. 弹性工作时间安排

弹性工作时间安排是一种以核心工作时间为中心而设计的弹性工作时间计划。它之所以被称为弹性工作时间计划,是因为在完成规定的工作任务或固定的工作时间长度的前提下,员工可以自行选择每天开始工作的时间以及结束的时间,以代替统一固定的上下班时间。比如,他们可以选择在上午7点到下午3点之间工作,也可以选择在上午11点到晚上7点之间工作。

弹性工作时间计划在实践中产生了多样化的形式,如工作分担计划、临时工作分担计划、弹性工作地点计划、弹性年工作制计划等。

3. 针对双职工家庭的职业生涯开发

以往的职业计划一般是在某个时刻针对某位员工的,然而现在越来越多的员工的配偶也从事工作,他们的职业及雇佣前景也必须在职业生涯决策时考虑到。一些学者开始把双职工家庭与双收入家庭分开分析。双职工家庭夫妇双方对各自的工作都非常投入,把工作视为自我认同的需要和职业道路的一部分,这条道路包括逐渐增加的责任、权利和薪酬。至于双收入家庭夫妇,他们中的一方或双方认为工作是与薪酬相联系的,如用于支付账单的钱、保持忙碌的机会或成为摆脱困境的一条途径。对前者而言,配偶中只有一方需要进行明确的职业定位,这使得制订职业计划相对容易些;而对后者来说,配偶中的每一方都强烈要求从事连续且富有挑战性的工作,双方的需要在职业计划中必须仔细进行平衡。

由于考虑到配偶工作前景的需要,许多员工不太愿意接受雇主调动工作的安排,这时,组织调度人力资源的方式必须变化。现在越来越多的组织在进行必要的地区间人事调动时更加注意到员工配偶的职业需要,也更乐意同时雇用夫妇两人。关心员工配偶的职业问题已成为企业挽留有价值专业人才的好办法。

双职工家庭与传统的丈夫上班、妻子做家务的家庭有很大的区别,前者通常欢迎"家庭援助"的组织政策,包括照顾小孩、弹性工作时间、工作共享、部分的时间选择权等形式的帮助。根据双职工家庭的职业计划,当家庭责任达到顶峰时,夫妻双方中的一方或双方应停止工作或进入较慢的、工作压力较小的职业轨道。

4. 新的职业流动模式

图10-4所示的是一个传统的职业流动模式,在该模式中,新员工先进入组织的基层,在同一机构工作许多年后,缓慢地按部就班地升迁,然后从组织中一个相对较高层的岗位上退休。但是,组织结构变革的趋势使得按等级序列升迁的竞争空前激烈,一方面管理职位的数目不断减少,另一方面适合的候选人数在不断增加。组织正在试图通过开发传统职业道路的替代物来维持组织的动力和创造力。图10-5中的一些箭头进入组织但很快离开了,代表从一个组织到另一个组织的短期员工;其他的箭头遵循螺旋形的职业化道路,其中有一部分是在职能区间横向移动,这表示员工正在接受更多的经验和新任务的不断挑战,但他们在等级升迁上也更为缓慢。组织还采用专业等级升迁制的做法,鼓励员工在某一专门技术领域内增长专业知识,而不必转到管理部门。组织的薪酬与工作结构正

在发生变化,以适应这些新的职业活动形式。扩宽等级面是日益流行的通用做法,它把许多先前严格的工作称号、等级、薪酬级别联合、扩宽,这种新的改革措施通过降低工作资历的重要性、奖励成绩优异者、加强同级间的工作变动等办法鼓励员工。

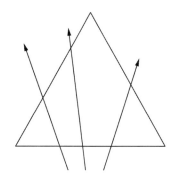

图 10-4 传统的职业流动模式

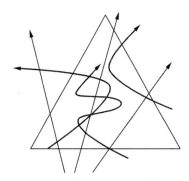

图 10-5 未来的职业流动模式

螺旋形或交叉的组织职业化道路可能对今天的员工还有一种吸引力,即它使员工待在一个地区的可能性增大了。随着双职工家庭数量的增加,员工宁愿在同一个社区住更长一段时间,宁愿在同一机构不同类型工作间转移或在不同的当地雇主间做同一项工作,新的职业流动模式满足了他们对这种稳定性的需要。

本章小结

职业生涯管理是个人与组织共同参与的一项活动。员工进行职业生涯管理为的是追求个人发展与自我实现;组织协助员工管理职业生涯,其目的在于最大限度地挖掘人力资源的潜力、有效利用人才。职业生涯发展阶段有多种不同的解读,如舒伯的五阶段理论、金斯伯格的职业生涯发展阶段理论、格林豪斯的职业生涯发展阶段理论。职业生涯发展通道也被称为职业生涯通道或职业通道,是指组织为内部员工设计的自我认知、成长和晋升的管理方案。目前,常见的职业通道有传统职业通道、行为职业通道、横向职业通道、双重职业通道。职业考察就是搜集和分析关于职业生涯问题的信息的过程。职业考察一般包括自我测评和环境考察两方面的内容。职业生涯战略就是为帮助人们实现职业生涯目标而设计的各种行动,涉及人们要有意识地进行哪些人力资本投资以及避免哪些人力资本投资。组织职业生涯管理是一种专门化的管理,即从组织角度对员工从事的职业和职业发展过程所进行的一系列计划、组织、领导和控制活动,以实现组织目标和个人发展的有效结合。组织职业生涯管理的实施方法有举办职业生涯讨论会、填写职业生涯计划表、编制《职业生涯手册》、开展职业生涯咨询。职业管理的主体在发生变化,未来的职业发展将主要由个人管理,而非组织;未来的职业发展是连续地学习,是自我导向的、关系式的,并且在富有挑战性的工作中进行;未来的职业发展不一定是正式的培训或再培训,也不一定是向上流动。个人应对职业发展的措施有:对自己的职业生涯负责、增强职业敏感性,以及提升学习能力,防止技能老化。组织应对职业发展的策略包括工作的重新设计、弹性工作时间安排、针对双职工家庭的职业生涯开发、新的职业流动模式等。

关键概念

职业生涯管理　职业锚　职业通道　职业兴趣

课堂练习

选择题

1. 家庭背景是与员工的职业生涯发展有关的(　　)。
   A. 个人因素　　　　B. 组织因素　　　　C. 环境因素　　　　D. 社会因素
2. (　　)不属于影响员工职业发展的个人因素。
   A. 价值观　　　　B. 父母的职业　　　　C. 社会地位　　　　D. 员工关系
3. 科技的发展是与员工的职业生涯发展有关的(　　)。
   A. 个人因素　　　　B. 组织因素　　　　C. 环境因素　　　　D. 社会因素
4. (　　)不仅是满足员工物质需求的重要手段,也是激励员工的主要方式,还是员工职业生涯发展的主要目标。
   A. 加薪　　　　B. 荣誉证书　　　　C. 升迁　　　　D. 奖赏
5. 在强调组织作用的员工个人发展计划模式中,(　　)是基础,其作用是发现有培养前途的员工。
   A. 自我评价　　　　B. 直接领导评价　　　　C. 同事评价　　　　D. 社会评价
6. 员工进行职业生涯管理为的是(　　)。
   A. 个人发展与自我实现　　　　B. 挖掘人力资源的潜力
   C. 有效利用人才　　　　D. 开发人力资源
7. 下列不是职业生涯发展阶段理论的是(　　)。
   A. 金斯伯格理论　　　　B. 格林豪斯理论
   C. 权变理论　　　　D. 加里·德斯勒理论
8. 下列不属于常见的职业通道的是(　　)。
   A. 传统职业通道　　B. 行为职业通道　　C. 横向职业通道　　D. 纵向职业通道
9. 个人从事一种职业时的工作单位、工作时间、工作地点、工作内容、工作职务与职称、工作环境、工资待遇等因素的组合及其变化过程称为(　　)。
   A. 无边界职业生涯　　　　B. 内职业生涯
   C. 外职业生涯　　　　D. 易变性职业生涯
10. 主要用来解决某一领域中具有专业技能,既不期望在自己的业务领域内长期从事专业工作又不希望随着职业的发展而离开自己的专业领域的职业通道设计方式是(　　)。
    A. 传统职业通道　　B. 双重职业通道　　C. 横向职业通道　　D. 行为职业通道
11. 职业锚理论的提出者是(　　)。
    A. 霍兰德　　　　B. 佛隆　　　　C. 帕森斯　　　　D. 沙因
12. 金斯伯格提出的职业生涯发展理论是(　　)。
    A. 三阶段理论　　B. 五阶段理论　　C. 九阶段理论　　D. 三三三理论

13. 美国约翰·霍普金斯大学心理学教授约翰·霍兰德将个性按照职业归纳为六种基本类型。其中,喜欢要求与人打交道的工作,能够不断结交新的朋友,从事提供信息、启迪、帮助、培训、开发或治疗等事务,并具备相应能力的个性类型是(　　)。
    A. 现实型　　　　B. 常规型　　　　C. 研究型　　　　D. 社会型
14. 调整职业生涯规划的关键是(　　)。
    A. "我为什么干"　　　　　　　　B. "我干得怎么样"
    C. 放弃原有规划　　　　　　　　D. 选择更适合自己的发展方向和发展目标

判断题

1. 职业发展的目标是获得工作和生活的平衡。(　　)
2. 职业的选择对人生的发展并不重要。(　　)
3. "终身学习"已不是一种义务或特权,而是个人生存和发展的需要。(　　)
4. 在企业经营管理活动中,人即是管理活动的主体,又是管理活动的客体。(　　)
5. 榜样的影响是社会学习理论的核心。(　　)
6. 职业生涯规划有明确的方向和可操作性,要求目标明确,阶段清晰,至于措施则不必太具体。(　　)
7. 一个人的兴趣可以培养,但性格是不能改变的。(　　)
8. 在人生道路上,人们通过职业活动改善物质条件,实现自我价值,得到社会对自己的认同。(　　)
9. 职业生涯并不要求个人的角色工作必须具有专业性,或者固守某一种职业,也不要求得到不断提升。(　　)
10. 主要用来解决在某一领域中具有专业技能,但并不期望或不适合通过正常升迁程序调任到管理部门的员工的职业发展问题的职业通道是横向职业通道。(　　)

讨论题

1. 大多数人会选择与自己的才能、价值观、兴趣、所偏好的生活方式相匹配的职业吗?这样做会遇到什么障碍?
2. "在组织中,如果雇员进入了职业生涯高原期,其生产率和满意度都会大大降低",你支持还是反对这种观点?请说明自己的理由。
3. 新员工在进入组织一段时间后,产生了对职业的迷茫,假如你是该组织中的一位老员工,你有什么具体措施帮助新员工解决困难?

复习思考题

1. 找出一家自己熟悉的企业,评价该企业的职业计划与发展规划。
2. 思考职业生涯管理对个体而言的重要性,用本章所学的内容,为自己制定一份职业规划设计书。

推荐阅读

1. 格林豪斯,卡拉南,戈德谢克.职业生涯管理[M].3版.王伟,译.北京:清华大学出版社,2006.

2. 李云,李锡元.自我职业生涯管理与经理人职业成长——劳动关系氛围与组织结构的权变影响[J].科研管理,2017,38(1):100-108.

3. 蒋昀洁,张绿漪,蒋春燕.职业兴趣类型对创业潜能的影响研究——情绪智能和职业成熟度的调节效应[J].软科学,2018,32(5):86-89.

4. 王婷,杨付.无边界职业生涯下职业成功的诱因与机制[J].心理科学进展,2018,26(8):1488-1500.

第十一章
人力资源管理信息化

信息处理是管理者工作的关键部分。

——亨利·明茨伯格(《经理工作的性质》)

本章学习目标

1. 了解信息化的人力资源管理。
2. 理解实现人力资源管理信息化的作用。
3. 掌握 e-HR 系统的功能模块组成。
4. 掌握 e-HR 的实施步骤。

引导案例

中兴战略人力资源管理系统解决方案

为了实现企业的发展战略和目标,要求企业资源高效能地发挥作用。健全企业内部的基础管理制度和规范管理流程,加强企业信息化管理,可以有效地提高管理效率。

目前企业人力资源管理人员需要花大量的时间和精力在事务性的工作上,难以腾出精力来进行更为重要的人力资源规划、能力培养和为员工提供职业生涯设计等工作。各级人力资源的基础信息分布在不同的基层,且信息完成程度不同,上级单位难以及时了解各级组织的人力资源信息。因此,建立企业战略人力资源管理系统,可以提高企业人力资源部门的工作效率,提升管理现代化、办公自动化和决策科学化的水平,使人力资源管理更有效地支持企业的发展战略。

中兴战略人力资源管理系统(Strategic Human Resource Management System,SHRMS)是专门为广大企业人力资源用户、普通员工、管理层及企业决策层用户精心打造的企业战略人力资源管理平台。以科学的信息技术手段和先进的人力资源管理思想改进、提升、整合人力资源管理流程,为企业发展战略目标的实现提供强有力保障。SHRMS着手将人力资源管理人员从烦琐的行政事务中解脱出来,提高人力资源管理人员的工作效率;通过卓有成效的战略性活动,如薪酬福利优化、技能认证管理、绩效管理、培训发展、招聘等,实现对人才的选、育、用、留;通过全面、准确、强大的数据分析和报表工具,辅助人力资源决策分析;通过科学分析、评估和优化来提升人力资源对企业的贡献和价值;通过提供不同角色用户自助平台,实现员工、部门经理、人力资源管理人员协同管理,从而提升组织管理能力,推动战略实施。

产品设计理念

中兴人力资源管理产品,以"战略人力资源管理"为理念,支持企业战略实现的组织能力贯穿于人力资源管理中,建立基于战略发展的有计划的人力资源管理模式,确保人力资源战略与企业的战略方向协调一致,并通过改善员工治理,提升员工能力,牵引员工思维来构建企业高效的组织能力,支持企业战略目标的实现。

员工思维:引导员工思维,解决员工愿不愿意的问题,即在能力具备的情况下是否愿意发挥其能力,与组织共同发展。

员工能力:提升员工能力,解决员工会不会的问题,即企业需要员工具备什么样的能力素质,并引进和培养合适人才。

员工治理:优化员工治理,解决容不容许的问题,当找到合适且有意愿的员工后,公司是否有一个保障他发挥创意和做出贡献的良好机制和环境。

解决方案定位

针对大型企业或集团企业,提供集团解决方案,聚焦集团企业人力资源管控及业务挑战,解决企业在组织架构、授权及各类人力资源业务上的集团化特征需求,促进集团企业战略目标实现。

针对中型企业,提供标准解决方案,聚焦企业战略人力资源管理,通过构建以能力为核心的人力资源管理体系,帮助企业提升组织管理能力,推动企业战略实现。

针对小型企业,提供运营模式和基础的解决方案,聚焦企业的基础人力资源管理,帮助企业人力资源管理人员从繁忙复杂事务中解脱出来,实现企业管理流程规范化、标准化。

资料来源:《中兴人力资源管理介绍》,https://max.book118.com/html/2018/0310/156584676.shtm,访问时间:2022年5月。

问题:

1. 你认为建立人力资源管理系统是大势所趋吗?
2. 建立人力资源管理系统将会使人力资源管理人员面临怎样的挑战?

第一节 人力资源管理信息化概述

当前社会已进入互联网经济时代,信息化浪潮席卷全球。大量企业已经引入信息化战略,希望通过信息化管理有效地提升企业经营管理水平,增强企业竞争力。人力资源管理信息化成为社会信息化的要求以及企业信息化建设的要求,也是人力资源管理自身发展的要求。

一、人力资源管理信息化的相关概念

(一)企业信息化

企业信息化是指利用以计算机技术和网络技术为核心的现代信息技术,通过企业的内联网和外联网,开发和利用信息资源,加速信息流通,实现信息资源共享,提高信息利用能力,降低企业交易成本,改造企业生产经营和管理决策方式,提升企业的创新能力、经济效益和市场竞争力。

企业信息化实质上是将企业的生产过程、物料移动、事务处理、现金流动、客户交互等业务过程数字化,通过各种信息系统网络加工生成新的信息资源,提供给各层次的人们,以做出有利于生产要素组合优化的决策,使企业资源得到合理配置,进而使企业能适应瞬息万变的市场经济竞争环境,获得最大的经济效益。随着信息技术的发展,尤其是在20世纪80年代中后期,随着连接、集成、网络、存取和友好界面等技术融合到一起,信息化的概念就越来越有力地得到了阐明,越来越多的企业开始理解它并对它产生了兴趣,企业信息化得以迅猛发展。时至今日,信息技术在企业中得到广泛应用,深刻影响着企业管理者的价值观和思维方式,极大地提升了企业的生产效率和核心竞争力,使资源得到了最优配置。

信息化涉及企业各个环节,是一项长期、复杂的工作。不同企业的信息化基础不同,投入能力不同,信息化内容也不同。因此,企业要从实际出发,确定自己信息化的重点工作内容。企业信息化的合理步骤是：首先，通过企业基本资源的信息化，建立和改造企业的管理基础；其次，制订企业资源计划，降低管理成本和提高运营效率，集成业务处理；再次，考虑企业间的合作，利用外部资源，开展供应链合作，使得业务效率最大化等；最后，步入电子商务时代，形成一个更为广大的电子商务社区，不断创新，实现最大化地增值。

目前应用的企业信息化管理系统主要有制造执行系统（Manufacturing Execution System，MES）、分布式数控（Distributed Numeric Control，DNC）系统、生产数据采集（Manufacturing Data Collection，MDC）分析系统，等等。

（二）人力资源管理信息化

人力资源管理信息化是企业信息化的一部分，它是指以信息技术为基础，建立人力资源管理信息系统，促进人力资源管理现代化，并且充分调动人力资源潜能，利用人力资源实现企业内外部信息资源的优化配置和全面的集成化管理，以提升企业竞争力的过程。

（三）人力资源信息系统

人力资源信息系统（Human Resource Information System，HRIS）为及时获得人力资源决策所需的相关信息提供了一种有组织的方法，即利用计算机和其他先进技术，处理企业日常经营活动数据和以信息的形式来促进决策。

HRIS 也经历了一系列的变革发展。最初，人事部门用文件柜存储数据资料，文件柜中摆放着一摞按照字母顺序排列的文件。当员工需要查阅或者修改信息时，按照有关规定，必须通过人事经理或行政助理的同意。随着二十世纪七八十年代计算机技术的发展和普及，特别是80年代个人计算机（PC）和网络技术的应用，为满足人事需求而特别设计的数据库上市了，许多企业开始将纸质数据资料转换成以计算机为载体的电子文档，即开始应用 HRIS。HRIS 基于客户端—服务器（C/S）技术，在客户端读取数据，在服务器上存储数据。不同的 HRIS 拥有不同的数据库结构和功能，所以人们要读取数据必须先在客户端计算机上安装与系统配套的特殊软件。由于每次安装都需要购买一个许可证号，为了使成本最小化，企业将安装软件的计算机数量降到最低。另外，由于每种独立的人力资源信息系统都以不同的方式运行，运用这些系统的人不得不接受专门的培训。客户端—服务器的这种关系意味着人们需要在自己的计算机上同时安装几种不同的客户端软件，每种软件与相应的数据库相关联，而与其他数据库完全没有联系。

（四）人力资源管理系统

人力资源管理系统（Human Resource Management System，HRMS）有广义与狭义之分。广义上讲，HRMS 是指组织或社会团体运用系统学理论方法，对企业人力资源管理的方方面面进行分析、规划、实施、调整，提高企业人力资源管理水平，使人力资源管理更有效地服务于组织或团体目标；狭义上讲，HRMS 是指企业人力资源管理信息系统。

HRMS 的发展经历了四个阶段：

（1）20 世纪 60 年代末至 70 年代。第一代的人力资源管理系统除了能自动计算人员薪酬，几乎没有更多功能如报表生成和数据分析等，也不保留任何历史信息。

（2）20 世纪 70 年代末至 90 年代。这一阶段的人力资源管理系统对非财务人力资源信息和薪酬的历史信息进行设计，也有了初级的报表生成和数据分析功能。

（3）20 世纪 90 年代末期。这一阶段的人力资源管理系统从人力资源管理的角度出发，用集中的数据库将几乎所有与人力资源相关的数据（如薪酬福利、招聘、个人职业生涯设计、培训、职位管理、绩效管理、岗位描述、个人信息和历史资料）统一管理起来，形成了集成的信息源。

（4）21 世纪初至今。这一阶段，由于互联网和内部网技术的普及以及管理理论的进一步发展，企业部门与内部员工和外部世界之间的距离为零，真正实现了管理的信息化。

（五）员工自助服务

员工自助服务（Employee Self-Service，ESS）是指员工利用系统提供的功能，进入系统中相应的员工页面，查询薪酬信息、考勤记录等，更新自己的人事信息、培训记录以及其他信息，网上填写评估表格、申请培训课程、申请休假等。

（六）应用服务提供商

应用服务提供商（Application Service Provider，ASP）是这样一个企业，它拥有信息管理系统，或者是 ERP，或者是 CRM，抑或是 HRIS；它建好一个网站，把信息管理系统放在该网站上租赁给企业使用，即给企业建立一个用户名和账号，企业就可以登录该网站并使用信息管理系统。

对于企业用户来说，租用 ASP 提供的信息管理系统的优点是：第一，降低了购买全套系统的成本；第二，节省了因为独立开发这个系统而需要采购的硬件开支，比如服务器等；第三，降低了人员维护成本等。其缺点是灵活性、针对性不强。

（七）电子化人力资源管理

电子化人力资源管理（Electronic Human Resource，e-HR），其实质是人力资源信息化系统。它是人力资源管理信息化的全面解决方案，是基于先进的软件和高速、大容量的硬件基础的新的人力资源管理模式。它通过集中式的信息库自动处理信息，提供员工自助服务，并运用信息化的平台整合了从人力资源规划、招聘、在职管理（人事信息管理、考勤休假管理、培训管理、绩效管理、薪酬管理、员工关系管理）到员工离职管理等所有的人力资源管理职能模块，从而实现人力资源管理的便捷化、科学化和系统化。它还通过与企业现有的网络技术相联系，保证人力资源管理与日新月异的技术环境同步发展。人力资源管理的信息化降低了管理成本，提高了管理效率，改进了为员工服务的模式。

与传统的人力资源管理信息系统不同，e-HR 是从"全面人力资源管理"的角度出发，利用互联网和内部网技术为人力资源管理搭建一个标准化、规范化、网络化的工作平台，在满足人力资源部门业务管理需求的基础上,将人力资源管理生态链上不同的角色联系起来,使企业中包括中高层管理者在内的所有员工都参与人力资源管理,真正实现全员管理。因此,e-HR是企业实现"全面人力资源管理"的纽带。它由两部分组成:一部分是面向人力资源部门的业务管理系统,即人力资源管理信息系统;另一部分是面向企业不同角色(高层管理者、直线经理、普通员工、人力资源管理人员)的网络自助服务系统。e-HR建立在人力资源管理信息系统的基础上,是对这一系统在技术上与理念上的延伸。

任何利用或引进了各种信息技术的人力资源管理活动都可称作"e-HR"。但是,随着互联网的发展、电子商务理念与实践的发展,我们目前所说的"e-HR"已经是一个被赋予了崭新意义的概念,是一种包含了"电子商务""互联网""人力资源业务流程优化""以客户为导向""全面人力资源管理"等核心思想在内的新型人力资源管理模式;它利用各种信息技术,比如互联网、呼叫中心、考勤机、多媒体、各种终端设备等;它必须包括一些核心的人力资源管理业务功能,比如招聘、薪酬管理、培训(或者在线学习)、绩效管理等;它的使用者,除了一般的人力资源从业者,普通员工、经理及总裁都将与e-HR的基础平台发生相应权限的互动关系。综合来讲,e-HR代表了人力资源管理的未来发展方向。

二、人力资源管理信息化的发展阶段

人力资源管理信息化有其发生、发展的过程。从人力资源管理信息化的发展模式来看,它经历了一个从人事管理向绩效管理、员工发展、企业人力资源战略规划和决策支持方向发展的过程。

(一)人力资源管理信息化的第一阶段(20世纪60年代末至70年代)

人力资源管理信息系统的发展历史可以追溯到20世纪60年代末期。随着计算机技术进入实用阶段以及计算机系统在管理领域的普遍应用,提高人力资源管理者的工作效率成为客观必然,人力资源管理信息化应运而生。初期的人力资源管理信息化的重点在于薪酬计算。薪酬计算是人力资源管理中最复杂、最繁重的工作,为了及时、准确地发放薪酬,人力资源管理人员必须及时掌握组织内部人员变动、工作时间、绩效等与薪酬发放相关的情况,并提供与组织的发展相适应的薪酬政策和激励策略。这对于规模较大的组织来说,工作量比较大。为了解决这个矛盾,人们开始用计算机来辅助计算薪酬。

人力资源管理信息化初期的特点是:计算技术是整个人力资源管理信息化的关键技术,电子表格技术是当时人力资源管理信息化的重要技术基础。受当时技术条件和需求的限制,用户非常少,而且系统只是一种自动计算薪酬的工具,既不包含非财务的信息,也不包含薪酬的历史信息,几乎没有报表生成功能和薪酬数据分析功能。但是,它的出现为人力资源管理展示了美好的前景,即用计算机的高速度和自动化来减少手工的巨大工作量,用计算机的高准确性来避免手工的错误和误差,使大规模集中处理大型企业的薪酬成为可能。

(二)人力资源管理信息化的第二阶段(20世纪70年代末至90年代)

20世纪70年代末,计算机技术飞速发展,计算机的普及、计算机系统工具和数据库技术的发展为人力资源管理信息化的阶段性发展提供了可能。采用计算机对人力资源信息和薪酬的历史信息进行管理,极大地改善了报表生成和薪酬数据分析功能。这个阶段的人力资源系统主要用于信息数据的收集和维护,主要的功能模块包括人事信息、薪酬福利等。也正是在这时,人力资源管理信息系统应运而生。但此时,开发人力资源管理信息系统的计算机专业人员未能系统地考虑人力资源的需求和理念,而且对非财务的人力资源信息考虑得也不够系统和全面。

(三)人力资源管理信息化的第三阶段(20世纪90年代末)

人力资源管理信息化的第一次革命性变革出现在20世纪90年代末。随着信息技术的发展和组织管理思想的逐步成熟,人们开始认识到,人力资源管理不仅是组织内部的辅助管理行为,而且是组织生存和发展的关键,由此形成了新的人力资源管理理念,从关注日常的人力资源管理业务转向提升人力资源管理价值、改善企业内部的人力资源管理状况。这种管理思想的变革,逐渐延伸到人力资源管理信息化,催生了新的人力资源管理信息化模式。人力资源管理信息化以先进的信息技术为支撑,在基础信息管理的前提下,对业务进行全面管理和提升。

(四)人力资源管理信息化的第四阶段(21世纪初至今)

人力资源管理信息化的第二次革命性变革出现在21世纪初。互联网技术的发展加速了信息技术的应用和发展,而新兴信息技术和网络技术的使用和发展则为人力资源管理信息化创造了发展空间。由于互联网和内部网技术的普及以及管理理论的进一步发展,人力资源工作正在从传统的人事管理向现代化人力资源管理转化。信息化的实时性和灵活性快速响应企业内部和外部的各种要求与变化,使企业部门与企业内部员工和外部世界之间的距离为零,这就是人力资源管理系统的信息化。将企业人力资源管理工作的重点从事务性工作转变为战略方向,从而打造企业人力资源管理信息化、网络化、职业化与个性化管理的平台,是现代人力资源管理的发展趋势。

三、实施 e-HR 的作用

企业实施 e-HR 可以实现组织有关人力资源信息的高效使用,减少人力资源管理工作流程的重复操作,提高人力资源管理工作的效率。企业信息化过程中可能会面临观念跟不上技术的发展,信息化投资不足与结构不合理,复合型人才的缺乏,管理现状与信息化的要求相悖,供应商选择不当等问题。e-HR 系统可以迅速、有效地收集各种信息,加强内部的信息沟通,为组织和员工提供增值服务。通过 e-HR 平台,企业的管理层和决策层可以随时随地获得人力资源的信息和有关战略、各种决策的信息支持,使人力资源管理工作真正上升到战略高度。因此,实施 e-HR 不仅能提高人力资源部门的工作效率,还能提高整个企业的管理效率。e-HR系统带来的是整个企业工作模式的转变。

对人力资源部门而言,传统的行政事务性工作可以由e-HR系统完成,只需占用人力资源管理人员极少的精力和时间,他们可以将绝大部分精力放在为管理层提供咨询、建议上。人力资源管理人员除了负责e-HR平台的系统管理,还要通过e-HR平台进行人力资源管理活动的计划、监控与分析。

对公司高层决策者而言,e-HR是人力资源信息查询与决策支持的平台。决策者无需人力资源部门的帮助,即可自助式地获取企业人力资源信息,还能获得各种辅助其进行决策的人力资源经营指标,采取相应的行动方案。对业务部门中层管理者而言,e-HR是其参与人力资源管理活动的工作平台,通过这个平台,中层管理者可在授权范围内在线查看所有下属员工的人事信息,更新员工考勤信息,向人力资源部门提交招聘、培训计划和申请,对员工的转正、培训、请假、休假、离职等流程进行在线审批,并能在线对员工进行绩效评估和管理,以及对各级管理人员和普通员工进行在线民主评议。普通员工可利用e-HR平台在线查看企业规章制度、组织结构、重要人员信息、内部招聘信息、个人当月薪酬及薪酬历史情况、期权信息和执行情况、个人福利累计情况、个人考勤休假情况,注册内部培训课程,提交请假申请,更新个人数据,进行个人绩效和目标管理,与人力资源部门进行在线沟通,等等。

HRM 资料与工具

甲骨文——大型人力资源管理软件制造商

甲骨文(Oracle),全称甲骨文软件系统有限公司,成立于1977年,是全球最大的企业级软件公司,总部位于美国加利福尼亚州的Redwood Shore。1989年正式进入中国市场。2013年,甲骨文已超越IBM,成为继微软后全球第二大软件公司。其业务遍及140多个国家和地区,为用户提供数据库、工具和应用软件以及相关的咨询、培训和支持服务。甲骨文现有员工超过8.6万人。2021年美国《财富》杂志发布的世界企业500强名单中,甲骨文排名第80。2021年,"2021年BrandZ最具价值全球品牌100强"公布,甲骨文排名第28。

第二节 e-HR系统的功能模块

根据全面人力资源管理的理念,理想的e-HR系统至少应该包括人力资源信息管理、人力资源信息辅助决策以及系统管理与维护这三大功能模块。每个功能模块都通过其相应的一个或多个子系统来发挥作用。其功能模块图如图11-1所示。

一、人力资源信息管理功能模块

人力资源信息管理功能模块集中了整个 e-HR 系统几乎所有的原始信息,是系统中最为重要的一个部分。人力资源信息管理功能由基本信息管理子系统、人力资源规划子系统、工作分析子系统、招聘与选拔子系统、绩效管理子系统、薪酬管理子系统、培训开发管理子系统、员工关系管理子系统以及政策法规管理子系统等来具体实现。

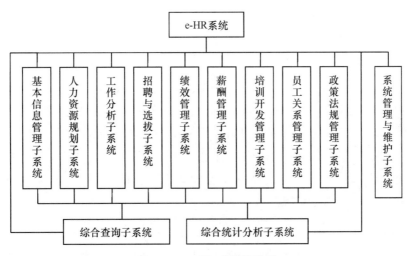

图 11-1　e-HR 功能模块图

(一) 基本信息管理子系统

基本信息管理子系统实现对组织结构相关信息、员工信息以及部门信息等基本信息的管理功能,是整个 e-HR 系统的基础。其中,对组织结构信息进行管理就是要根据企业的实际情况建立人力资源管理的体系框架,这是制定职位体系、进行工作分析的基础。员工信息管理是对各类人员(包括在职人员、离退休人员及其他人员)的基本信息及变动信息进行管理,以提供标准化、完善、灵活的人员信息,这是人力资源管理中最基本的日常工作,也是整个系统的核心。员工信息管理的具体功能有:记录所有人员包括专业技能、个人资料、职务资料、工作经历、家庭成员、奖惩情况、调动信息、人员岗位变动、人员素质变动、业务相关资料及合同资料等在内的信息;及时变更这些信息,并提供实时查询功能;为各级部门提供各种组合条件的报表;与其他子系统进行链接,为其他子系统提供基本资料。

(二) 人力资源规划子系统

人力资源规划子系统的主要功能是:根据企业的实际情况,为实现人力资源的需求和供给预测提供可选择的科学的预测方法;自动收集整理企业内部的人员供给信息;对收集的人力资源信息进行分析,并最终得出预测结果;对需求和供给的预测结果进行比较,提供实现供需平衡的方法,并给出各种方法的优缺点,供使用者参考和决策。

(三)工作分析子系统

工作分析子系统的主要功能是:根据组织结构制定企业的职位体系;对组织中某个特定任务的工作内容和任职资格进行描述,制定职务说明和职务规范,并对工作分析的成果——工作说明书进行档案管理;协助企业进行定员、定岗,实现企业定员定岗管理,从而实现员工、岗位、组织结构三者的有机结合。工作分析子系统与基本信息管理子系统均是企业整个人力资源管理的基础。

(四)招聘与选拔子系统

招聘与选拔子系统的主要功能是:在招聘新员工时,随时显示职位空缺信息、职位说明、申请该职位的必备条件等相关信息;编制招聘计划;在招聘过程中建立应聘者分类电子档案库以及备选人员数据库,追踪所有聘用数据(包括应聘者的技能、资格要求和招聘费用等);批量发送电子邮件或打印通知单,将结果通知应聘人员;在招聘结束后办理新员工的入职手续;根据招聘渠道、方式等进行效果分析;可以根据显示的职位空缺信息,与其他子系统链接调用本企业人员数据,例如绩效、培训等情况,对满足职位条件的人员进行排序,从而为最后的决策提供依据,并相应地办理职位变迁的有关手续;随时将企业内部供给信息传给人力资源规划子系统。

(五)绩效管理子系统

绩效管理子系统可以实现对绩效计划、绩效沟通、绩效考核和绩效反馈的全过程管理,其具体功能有:通过调用其他子系统的信息制订绩效计划,即界定绩效的具体内容与标准、权重;供员工实时查询自己的绩效指标及绩效情况;为管理者与员工提供沟通渠道,记录员工上级或其他人员与该员工进行绩效沟通的时间、地点和方式,并记录沟通前后员工行为的变化;及时调整绩效计划;为管理人员提供可选择的考核主体、考核方法;根据绩效内容、考核方法、考核程序、考核主体随时更新绩效考核信息,并根据不同要求生成报表;记录员工上级与员工的绩效反馈面谈的时间、地点和内容,便于计算机记录整理;为其他子系统提供基础资料。

(六)薪酬管理子系统

薪酬管理的目的就是通过科学的薪酬设计,吸引和留住组织需要的优秀员工,激励和凝聚员工,降低员工流动率,控制运营成本,提高企业经济效益。该子系统用于对企业薪酬和福利进行全过程管理,主要功能应该包括:设置薪酬标准、变动日常薪酬、统一调整薪酬、计算和发放薪酬及各种福利、自动计算个人所得税、自动计算社会保险等代扣代缴项目;根据公司的政策设置计算由于年假、事假、病假、婚假、丧假等假期以及迟到、早退、旷工等形成的对薪酬和福利的扣减;将薪酬和企业总账相联系,直接生成总账凭证;存储完整的历史信息供查询和生成报表。图11-2显示的是金蝶公司K/3软件薪酬设计管理流程。

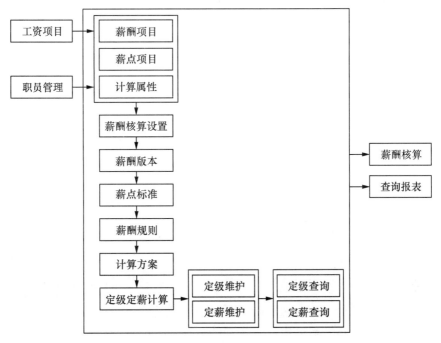

图 11-2 金蝶公司 K/3 软件薪酬设计管理流程图

(七) 培训开发管理子系统

培训开发管理子系统的主要功能包括:完成员工的培训申请审批、备案以及网上培训等;进行培训需求的管理和评估,如根据经营发展战略确定培训需求,从绩效管理子系统导入培训需求等;制定培训规划与相应的培训实施计划;对实施的培训项目进行记录管理、查询和统计;提供培训协议管理;对培训课程、培训师资进行评估,对培训效果进行跟踪;对培训费用进行管理,设置预警显示;对培训进行统计分析,如成本、效果分析等。图 11-3 为金蝶公司 K/3 软件培训管理流程图。

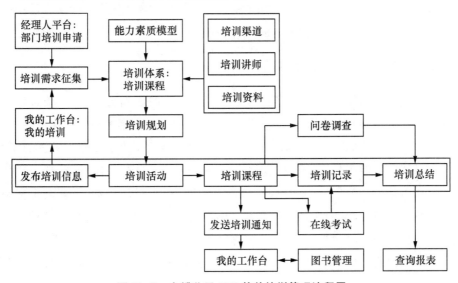

图 11-3 金蝶公司 K/3 软件培训管理流程图

（八）员工关系管理子系统

员工关系管理子系统主要是对企业的劳动关系进行管理，主要功能包括：管理劳动合同和集体合同，管理劳动安全技术和劳动安全卫生，管理劳动争议以及管理企业应为职工缴纳的社会保险等。

（九）政策法规管理子系统

政策法规管理子系统主要是以 HTML 文档的形式，提供可供员工随时查询的与政策法规相关的信息，主要包括国家的劳动政策、本行业的劳动法规、各类管理办法、规章制度和激励措施等。

二、人力资源信息辅助决策功能模块

人力资源信息辅助决策功能模块进一步强调了 e-HR 系统的数据分析等辅助决策功能。现在企业不仅需要对人力资源管理信息的简单查询和简单的数据统计描述，还需要对信息、数据进行深入的、综合的分析，尤其需要综合各子系统信息进行分析，为企业各种决策提供可靠的依据。这些功能由两个子系统实现：综合统计分析子系统和综合查询子系统。

（一）综合统计分析子系统

综合统计分析子系统是预测和辅助决策的关键子系统，并且能起到实时监督的作用。该子系统不仅可以单独对各子系统数据进行简单的数据统计，还可以运用多种统计方法跨子系统对数据进行联合分析，并加强了建模、预测、核算等方面的功能。

（二）综合查询子系统

综合查询子系统主要是为企业高层决策者、人力资源内部管理机构和各下级单位提供准确、方便、快捷的查询功能。它支持对各子系统数据的实时查询，以及跨子系统的交叉查询，并可以按要求生成各类报表，使分散在各子系统的查询功能进一步加强。

三、系统管理与维护功能模块

系统管理与维护功能是在使整个系统安全有效运行的基础上，通过系统管理与维护子系统来实现的。系统管理与维护子系统包括接口管理、权限管理和数据库管理等功能。在权限管理中，系统管理员可以增加新的用户、修改设置用户权限、提高系统的安全性。接口管理是系统的延伸和扩展，提供 e-HR 系统与企业其他系统（如财务系统）和软件（如 Word、Excel 等办公软件）的接口。这些接口可以帮助用户分析、查看、计算人力资源管理数据，辅助生成人力资源管理的各种报表等。例如，企业财务系统通过接口管理与薪酬管理模块连接，就可以根据薪酬管理模块的计算结果每月自动生成职工工资发放表，这样就可以提高财务部门的工作效率并减少误差。权限管理功能通过对职位进行权限及范围设置，做到对事不对人的管理；当员工职位发生变动时，其相应的权限及管理范围也会因职位改变而改变,无须再次进行设置。数据库管理功能可实现对数据库的重要操作进行跟踪和记录;提供数据加密、数据库加密、自动备份与恢复。

> **HRM 资料与工具**
>
> **Oracle HCM Cloud**
>
> Oracle HCM Cloud 作为一个最完整的人力资源管理的云,拥有较为完整的功能,涉及传统人力资源管理的六大模块。它超越了传统的人力资源事务管理,运用平衡人员、流程和技术的设计策略提高劳动力效率、有效性和生产力。Oracle HCM Cloud 可以提供完整的 HCM SaaS 解决方案,覆盖核心人力、人才预测、薪酬福利、工时考勤、智能分析、社交寻源、招聘管理、入职管理、目标管理、绩效管理、人才盘点和继任管理、学习与发展、组织建模、信誉管理、竞赛管理等功能模块,具有专业、灵活、易用和易维护等特点。

第三节 人力资源管理信息化的规划与实施

企业实现人力资源管理信息化,不是单纯地花钱购置一套人力资源管理信息系统,而是一个循序渐进的发展过程。企业信息化过程中可能会面临观念跟不上技术的发展、信息化投资不足与结构不合理、复合型人才的缺乏、管理现状与信息化的要求相悖、供应商选择不当等问题。而且,要成功实施 e-HR,必须具备三个条件:畅通的网络、夯实的基础以及规范的流程。事实上,并非所有的企业都需要 e-HR,也并非所有的人力资源管理功能都需要信息化。因此,企业在选择方案之前需要进行自我分析,明确产品定位,而不能照搬其他大企业的解决方案。对企业而言,实施 e-HR 是一个规模庞大的系统工程,它改变的不仅有企业的人事作业流程,还有企业管理层的行为模式,甚至包括企业文化。实施这个项目之前,一定要得到企业高层乃至整个管理层的支持,而且必须进行完整详细的项目规划。

一、项目规划

在开始人力资源管理信息化这个项目之前,必须进行谨慎且完整的规划。这是实施 e-HR 的前提,即使是小规模的企业,这一步骤仍然不能省略。项目规划就是要对整个 e-HR 过程做出详细的计划,并对该项目进行成本预测和风险评估,以尽可能地减少项目失败的可能性。

(一)制订实施计划

项目的实施计划就是项目实施的目标以及详细的时间和进度安排。

概括地说,实施 e-HR 就是为了提高人力资源管理的效率,提升企业的整体效率和绩效。但是,对于不同的企业,其具体目标会有一定的差异。项目实施的不同阶段也有各自不同的目标。每个企业实施 e-HR 之前都要明确自己的总目标和阶段性目标,在项目实施的各个阶段要随时检查阶段性目标的完成情况,在完成 e-HR 项目后还要检查总目标的完成情况。

一般而言,企业实施 e-HR 要经历以下几个步骤:

(1) 确认企业人力资源管理的发展方向和优先次序,对企业的人力资本构成现状及其期望的效率进行分析诊断,做出客观而充分的评估,确定实施 e-HR 计划的范围和重点,定位所需产品的类型;确认系统的目标和可能会涉及的一些变量。

(2) 准确定位后,选择合适的解决方案供应商。

(3) 建立项目实施小组。项目实施小组的成员应该至少包括企业高层管理人员、专业人力资源管理人员、供应商代表以及计算机专业人员。他们将负责整个项目的组织协调、进度控制、数据分析和数据有效性的检查,提供相关建议,培训其他员工,建立系统和检查各部门的运行程序。实施小组成立时,要对每个小组成员的工作职责进行明确的界定。

(4) 与供应商配合进行需求分析,建立 e-HR 系统运行模型。

(5) 设计解决方案。它包括优化人力资源管理的流程,明确 e-HR 的功能和技术需求,设计、购买或租赁功能模块,了解用户的使用体验,提升用户友好度。

(6) 实施解决方案。它包括设计、安装系统,建立 e-HR 工作流程,确定用户角色和界面等内容。安装后要对软件功能进行测试,以便及时发现问题。通过测试后,在供应商的帮助下进行系统初始化与数据转换工作,使企业基础数据与员工基础数据在尽可能短的时间内迁移到系统中来。

(7) 在系统正式运行前,培训企业员工。企业的员工以及中、高层管理者都应该接受相关培训。在培训过程中,不仅要使接受培训的员工了解系统的功能和运行方式,还要使其转变思维方式和行为方式,学习并接受 e-HR 中蕴含的先进理念。

(8) 实施推广和效果评估。它包括根据企业业务需要改进或增设相应模块、开发新的功能和流程、进行应用技术支持和维护、开展系统的整体效果评估等。

在制订实施计划时,要根据企业的实际情况合理安排这些步骤。

(二) 预测成本

实施 e-HR 初期的投入比较大,因此必须对实施 e-HR 的成本有清醒的认识,做好项目的整体预算,合理分配资金,避免因超出预算而导致项目难以为继。实施 e-HR 主要应该考虑以下几种成本:

(1) 集成和测试成本。e-HR 软件要运转正常,必须事先进行测试,使之与其他软件系统进行良好的衔接。测试与连接费用在预算时常被企业遗漏或低估,而实际上,测试工作所消耗的时间和费用大多超出开始时的预算。一般情况下,不要轻易去修改人力资源软件产品的核心代码,否则集成、测试和维护系统的成本将更大。测试时,员工应尽量参与,由企业信息技术部门人员、人力资源部门人员、系统实施顾问等组成的项目小组应进行全程监控。

（2）数据转换成本。把以前的人力资源信息植入一套全新的e-HR系统将花费大量的时间和资金。原有数据大都存在这样或那样与新系统不匹配的问题，这在预算时也很容易被忽视或低估。检查并修改这种数据的缺陷，使之与新系统相匹配，往往耗费企业大量的时间和资金。

（3）数据分析、更新成本。人力资源决策的基础是将人力资源系统产生的数据与其他系统产生的数据进行综合分析。因此，预算时应考虑建设数据库的成本、数据库平稳运行的成本以及数据库更新的成本。尤其是更新成本，无论在时间还是金钱上，其规模都是巨大的。

（4）培训成本。培训成本包括学习相关的计算机应用技术、软件界面以及一套全新的管理流程所需的费用。对e-HR系统进行全面认真的培训是保证系统顺利、高效运行的重要环节。

（5）变革管理成本。实施e-HR可能带来组织流程、行为方式的改变，任何一个组织在变革之初都会产生不适应，甚至会引起混乱。由于e-HR是建立在标准业务流程基础之上的，它要求个人的习惯服从于企业统一的管理规范，这对实现人力资源管理行为的一贯化是十分意义的，而管理只有成为大家共同遵循的一种习惯，才能发挥最佳功效。

（三）项目风险评估

对项目进行风险评估是为了尽可能地提前采取措施，以降低实施e-HR的风险。在实施e-HR的过程中可能遇到的风险有：

（1）违法违规风险。如果系统不符合政府法规或行业的要求，将会招致违法违规行为。

（2）进程风险。e-HR项目实施的范围与边界是否明确，这有赖于项目的前期基础工作是否扎实、项目管理是否得当。如果范围与边界不明确，就意味着需求不明确，项目很难收尾。项目如果不能按期完成或达不到预期的效果，可能会招致股东、企业管理层和员工甚至客户的不满。项目实施过程中供应商、企业人力资源部门、企业信息技术部门三方能否达成将企业作为共同的用户来服务的共识，决定了合作过程的顺利与否。不能简单地认为整个项目的实施只是供应商的工作，三方应组成高效的项目组，一起分工配合完成。

（3）管理观念转变风险。e-HR带来了全新的管理理念，组织内的每名员工都将面临管理思想转变的痛苦过程。新理念将受到旧理念的碰撞和干扰，项目实施得可能并不顺利。

（4）流程改造风险。由于e-HR的实施，组织架构和部门职责可能要做相应调整。这会涉及部门职能的重新划分、岗位职责的调整、业务流程的改变、权力利益的重新分配等因素，如果企业处置不当，将会给自己带来不稳定因子。

（5）绩效考评体系转变风险。由于组织架构和业务流程的调整，绩效考评体系也要做相应调整。绩效考评体系能否顺利转变存在风险。

（6）数据安全风险。人力资源数据对企业而言是比较重要的，e-HR系统必须能确保这些数据的安全性。e-HR系统的安全机制主要涉及数据传输、数据存储、数据灾难恢复、身份验证以及系统日志等环节。数据在网络中传输以及在数据库中存储时，需要采用适当的安全加密措施来确保数据的安全。此外，系统登录时的严格身份验证机制以及系统提供的日志功能，都能强化系统的安全性。除建立规范的数据库管理机制，系统还应定期手动或自动进行备份，以备灾难恢复之需。

HRM 资料与工具

金蝶公司

金蝶国际软件集团有限公司（以下简称金蝶）总部位于中国深圳，创立于1993年，是香港联合交易所主板上市公司，是全球知名的企业管理云SaaS公司，已为世界范围内超过740万家企业、政府组织提供企业管理云产品及服务。金蝶在内地的业务分为南方、北方、华东、西部四大区域，遍及220多个城市和地区；目前集团员工超过4 000人，客户遍及亚太地区，包括中国、新加坡、马来西亚、印度尼西亚、泰国等国家和地区，总客户数量超过50万。在IDC 2023年发布的《IDC中国EA SaaS公有云服务市场跟踪报告（2023年上半年）》数据显示，金蝶在中国企业资源管理云服务市场排名第一，金蝶在SaaS EA（企业级应用软件云服务）、SaaS ERM（企业资源管理云服务）、财务云市场占有率维持排名第一，并连续19年稳居中国成长型企业应用软件市场占有率第一。金蝶凭借技术领先全栈可控的大型企业管理云服务及平台、稳定成熟的中小企业管理云服务，斩获三料冠军。

二、e-HR 的实施

在做完项目规划后，就可以按照计划逐步实施了。企业人力资源管理的信息化是一个渐进发展的过程，要让员工逐步理解并接受新的工作模式。实施项目前，要让员工掌握全面的相关信息。可以利用企业的内部网络发布信息，并与员工进行互动，让员工充分了解e-HR系统。这样做可以使员工更快适应新的工作方式。

根据"统筹规划、分步实施"的建设原则，e-HR系统的实施可按以下三期开展：

（1）第一期。建立企业人力资源基础数据平台（组织机构、岗位、人事信息）与人力资源网络门户，同时，实现员工管理（主要包括调配等对员工的异动管理）、考勤管理、薪酬计算等需求比较迫切的业务模块。在人力资源基础数据平台基础上，还可利用成熟的商业智能工具实现灵活的信息查询、统计分析与决策支持功能。

（2）第二期。实现其他基础人力资源业务的信息化，建立一个包括绩效管理、薪酬管理、招聘管理、培训管理等核心人力资源业务模块的自助服务功能，同时实现对党、团、工会的信息管理。

（3）第三期。实现战略人力资源管理信息化，建立以员工职业发展与能力管理为核心线索的人力资本经营体系，并使其具备人力资源门户扩展功能。具体模块包括人力资源规划、员工职业生涯管理、能力素质管理、人力资源关键指标监测管理等。

第十一章 人力资源管理信息化

本章小结

本章从三个部分介绍人力资源信息化管理的基本知识。首先,通过对人力资源管理信息化的相关概述,重点介绍了人力资源管理信息化的基本概念和发展的几个阶段。电子化人力资源管理(e-HR)实质上是人力资源信息化系统。它是人力资源管理信息化的全面解决方案,通过集中式的信息库自动处理信息,提供员工自助服务,并运用信息化的平台整合了从人力资源规划、招聘、在职管理(人事信息管理、考勤休假管理、培训管理、绩效管理、薪酬管理、员工关系管理)到员工离职管理等所有的人力资源管理职能模块,从而实现人力资源管理的便捷化、科学化和系统化。其次,通过对 e-HR 的各个基本功能模块的分析介绍,以对 e-HR 系统有一个全面的了解。e-HR 是为人力资源管理部门提供的一个全面的信息管理系统,通过该系统可以比较容易地获得所需要的关于组织体系、薪酬福利、人力资源状况等的数据和信息,使得人力资源管理在信息系统的协助下更加高效、快捷。最后,介绍人力资源管理信息化的规划和实施。项目规划就是要对整个 e-HR 过程做出详细的计划,并对该项目进行成本预测和风险评估,以尽可能地减少项目失败的可能性。e-HR 具体实施的内容一般可分为三期。

关键概念

人力资源管理信息化　人力资源管理信息系统　项目规划　e-HR

课堂练习

选择题

1. 提供功能强大的数据接口,轻松实现各种数据的导入、导出以及与外部系统无缝连接属于人力资源信息化系统的(　　)特征。
   A. 灵活性　　　　B. 易用性　　　　　C. 智能性　　　　D. 开放性
2. e-HR 系统人力资源规划模块不包括(　　)。
   A. 组织结构设置　B. 资源管理　　　　C. 职位管理　　　D. 人力资源计划
3. e-HR 功能包括(　　)。
   A. 信息集中管理　B. 网上审批　　　　C. 统计分析　　　D. 系统管理
4. (　　)的主要功能是随时显示职位空缺信息、职位说明、建立分类电子档案库及备选人员数据库。
   A. 人力资源规划子系统　　　　　　　B. 职位分析子系统
   C. 绩效管理子系统　　　　　　　　　D. 招聘与选拔子系统
5. 下列不属于成功实施 e-HR 条件的是(　　)。
   A. 畅通的网络　　B. 夯实的基础　　　C. 规范的流程　　D. 完善的制度

6. e-HR 系统不包括（　　）。
   A. 综合统计子系统　　　　　　　　B. 综合查询子系统
   C. 系统管理与维护子系统　　　　　D. 基本信息管理子系统
7. 理想的 e-HR 系统至少应该包括（　　）功能模块。
   A. 人力资源信息管理　　　　　　　B. 人力资源信息辅助决策
   C. 系统管理与维护　　　　　　　　D. 以上全选
8. 在实施 e-HR 的过程中可能遇到的风险有（　　）。
   A. 违法违规风险　　B. 进程风险　　C. 数据安全风险　　D. 数据错误风险
9. （　　）是成功地实施 e-HR 必须具备的条件。
   A. 畅通的网络　　B. 夯实的基础　　C. 规范的流程　　D. 以上全选
10. 人力资源管理信息化的规划与实施过程中不需要预测的成本是（　　）。
    A. 数据转换成本　　B. 培训成本　　C. 变革管理成本　　D. 机会成本
11. 系统管理与维护子系统不包括（　　）功能。
    A. 权限管理　　B. 接口管理　　C. 数据库管理　　D. 资源管理
12. 对于企业用户来说,租用 ASP 提供的管理系统的优点是（　　）。
    A. 降低购买系统成本　　　　　　　B. 节约硬件开支
    C. 降低人员维护成本　　　　　　　D. 灵活性、针对性强

判断题

1. 人力资源管理信息化系统易用性包括提供功能强大的数据接口、方便引入各类 Office 文档,并存储到数据库中。（　　）
2. e-HR 系统实施的主要步骤包括软硬件系统的选购和安装、数据采集、建立 e-HR 系统原型、基础数据库建立。（　　）
3. e-HR 与 HRMS 的主要区别在于 HRMS 的应用对象为企业管理者,而 e-HR 倡导人力资源的全员管理。（　　）
4. HRMS 包括基础数据层、业务处理层、决策支持层三个方面。（　　）
5. 不盲目追求高新技术、考虑自身的人力资源需要是 e-HR 实施的务实性原则。（　　）
6. 实施 e-HR 不仅能提高人力资源的工作效率,降低人力成本,还能让企业员工获得公平感。（　　）
7. 人力资源规划子系统的主要功能是:根据企业实际情况,为实现人力资源的需求供给预测提供可选择的科学预测方法;自动收集企业内外部人员供给信息,分析人员信息并得出预测结果。（　　）
8. e-HR 系统包括综合统计子系统、综合查询子系统、基本信息管理子系统。（　　）
9. 企业信息化是指利用以计算机技术和网络技术为核心的现代信息技术,通过企业互联网和外联网以提升企业的创新能力、经济效益和市场竞争力。（　　）
10. 人力资源管理系统广义上是指企业人力资源管理信息系统。（　　）
11. 数据安全风险不是项目风险评估的内容。（　　）

12. 企业之所以要从实际出发,确定自己信息化的重点工作内容,是因为不同企业的信息化基础不同、投入能力不同,信息化内容也不同。(   )
13. 初期的人力资源管理信息化的重点在于数据的收集与维护。(   )
14. e-HR 系统为组织和员工提供增值服务,但并没有带来整个企业工作模式的转变。(   )

讨论题

1. 从人力资源管理信息化的发展历程、现状及趋势来看,人力资源管理信息化的意义何在?
2. 在人力资源信息化体系构建的各个阶段,e-HR 系统实施的主要原则有哪些?
3. 人力资源管理信息化系统各模块的功能有哪些?
4. 请简要概括人力资源管理信息化发展的四个阶段的重点分别是什么。

讨论案例

X 公司人力资源管理信息化三部曲

X 公司是一家外向型股份制企业,经过多年的发展,生产与销售能力居国内同行业的前列。该公司现有员工 3 000 余人,其中大中专以上文化程度者 300 多人,各专业工程技术职员百余人。公司现有多个生产车间,其设备及配置的先进程度堪称国内一流。在北京、上海、香港及欧洲等地设有分公司或办事机构,多渠道的营销网络使产品尽产尽销。然而,尽管 X 公司的设备和技术都非常先进,但其管理比较落后,信息化程度较低。面对行业激烈的竞争,企业的高层管理者意识到解决企业的管理问题迫在眉睫。

那么,如何解决企业管理问题?从哪里入手?经过慎重的思考和多方面考察,企业决定先从人力资源管理入手做些尝试,并由专人负责。考虑到公司原有人力资源管理基础薄弱、信息化程度低的现状,X 公司总经理 W 决定,工作通过三步来实现:

第一步,完善人力资源管理体系,并应用到企业的实际管理操作中去。

第二步,在管理体系规范、稳定运行的情况下,归纳、提炼企业人力资源管理信息化的需求,并结合当前 e-HR 系统功能,确定企业信息化的内容及范围,并选定合适的 e-HR 系统。

第三步,选定的系统充分反映人力资源管理信息化的需求,并且通过对软件实施过程的关键点的控制达到预期的效果。

为平稳高效地实现这三步,总经理 W 选择了一家咨询公司来帮助自己完成这项工作。

三部曲之一——人力资源管理

在第一个阶段,企业需要进行全面人力资源管理体系建设,首先需要从诊断问题开始。通过使用各种方法,如资料收集、内部访谈、调查问卷、外部分析等发现如下问题:

(1) 岗位缺乏系统设计;

(2) 薪酬治理不科学;

(3) 缺乏系统化的绩效管理体系；

(4) 员工培养体系缺失；

(5) 员工对公司缺乏认同感,员工队伍缺乏凝聚力；

(6) 信息化实现方式单一,实现过程充满曲折；

(7) 现有的信息系统应用不充分,部分业务没有实现信息化管理。

根据对这些问题的分析,咨询公司项目经理 Y 认为就目前状况而言,企业的人力资源管理水平比较低,所以应该把人力资源管理体系建设从基础做起,并选定岗位分析、薪酬激励、绩效考核、培训这四个主要方面来构筑企业的基本人力资源管理平台。而把一些更高要求的管理体制放到将来再做完善。以岗位分析和薪酬激励为例说明:

岗位分析:通过岗位价值评估,将岗位分成 5 大序列(管理、营销、技术、操作、专业),并划分为 10 级宽带职级体系,以此作为薪酬、绩效等体系的参考标准,同时规范岗位名称及岗位说明书。

薪酬激励:根据公司岗位情况制定 4 种不同模式的薪酬分配制度(计时、计件、岗位绩效、年薪制),然后根据 4 种薪酬政策形成分层分类的薪酬结构,并且确定各工资项目的计算方法。

通过以上措施,X 公司基本完成了人力资源管理平台的搭建。

三部曲之二——e 化梳理和提炼

企业在完成人力资源管理平台的搭建以后,进入了信息化咨询阶段。值得留意的是,信息化的梳理和提炼最好在企业管理走上正轨且稳定运行一段时间以后再进行,具体时间需根据企业的状况而定。对打算购买 e-HR 系统的企业来说,管理体系不是直接的需求,而是描述 e-HR 需求的素材,e-HR 甚至不关注咨询结果的公正性,所以,企业迫切需要系统化梳理人力资源管理体系(制度、流程、表格等),把管理语言转化为用户易于理解的信息技术的语言(业务规则、业务流程、数据项等),并且选定合适的软件,以平稳地实现管理在软件中的落地。

目前很多企业在从管理到信息化的过程中,缺少此环节,结果出现了以下几类问题:

(1) 实施服务商几乎不做需求梳理与系统规划,简单的调研使用户需求被缩小或被遗漏。

(2) 企业对自己的需求定位不明确,求全责备,结果劳财伤神,企业用户满足度很低。

(3) 实施服务商一般会以产品为导向来引导客户的需求,忽视企业的个性化需求。

(4) 需求不明确,导致软件选型的被动和盲目。

在此阶段,X 公司借助咨询公司的帮助,比较有效地避免了这些问题的发生。首先在研究管理体系的基础上,全面梳理企业的所有人力资源业务,提炼出 e-HR 总体需求及核心模块,然后对每个核心模块进行细化提炼,转化为软件的语言。最后,对各个模块做集成点分析。完成了这些工作以后,根据提炼的成果,开始 e-HR 软件选型。

通过供给商产品展示、测试案例演示、供给商考察、客户参观、分析并编写选型报告等环节,X 公司选择了一家国内软件产品。该产品核心的人事、薪酬、绩效模块功能强大,并且有很强的可配置性,正好满足了 X 公司提出的"基础功能强大、软件灵活性较高"的要求。

此外根据对该软件公司的考察,未来扩展其他模块(招聘、培训等)和原模块升级非常方便,而且选择国内的软件公司对于 X 公司这样的企业来说真的算是价廉物美了。

X 公司的做法很值得借鉴,选合适的软件,选适量的模块,选可靠的供给商,做到了量体裁衣,也为企业节约了人力、财力、物力。

三部曲之三——e-HR 软件应用

当软件选定之后,企业就进入了软件的实施阶段。

经过前面管理体系的建立与 e 化梳理和提炼以后,对于实施服务商来说,软件的实施容易得多。而对于企业来说,项目实施的风险也大大降低了。

X 公司继续选择咨询公司帮助自己进行软件实施项目的管理和控制,由 X 公司总经理 W 和曾参与前面咨询的顾问 Y 分别担任项目经理和项目副经理。这样使整个项目的实施更加顺畅,原因在于:

(1) 知根知底。需求清楚、有条理、有科学性;需求较为确定,不易频繁改动。

(2) 情同手足。充分理解客户的业务;对客户业务有深厚感情;客观把握需求的轻重。

(3) 沟通无阻。与客户和实施服务商的沟通都很容易。

(4) 专业品质。专业职员监理,保证实施品质。

这些有利因素为项目的成功打下了很好的基础。X 公司的软件应用也在三部曲中成功落地了。

■ 问题:

X 公司能够圆满地完成企业的人力资源管理和信息化建设主要归功于哪些因素?

资料来源:《中小企业人力资源管理到信息化模拟案例分析 8(企业信息化资料)》,https://www.docin.com/p-4145027295.html,访问时间:2024 年 5 月。

复习思考题

1. 人力资源管理的信息化对传统人力资源管理各模块的影响如何?

2. e-HR 的应用对提高人力资源管理效率是有效的,请思考在实行过程中会遇到什么问题。

推荐阅读

1. 姜军.人力资源管理信息化开发与操作实验[M].北京:经济科学出版社,2008.

2. 隋珑,张佳佳.数字化时代下的企业人力资源管理路径探索[J].中小企业管理与科技,2023(24):122—124.

3. 赵星.高校人力资源管理信息化建设的优化路径探讨[J].中国管理信息化,2023,26(22):133—135.

参 考 文 献

1. 赵曙明,陶向南,周文成.国际人力资源管理[M].北京:北京师范大学出版社,2019.
2. 诺伊等.人力资源管理:赢得竞争优势[M].9版.刘昕,柴茂昌,译.北京:中国人民大学出版社,2018.
3. 雷恩,贝德安.管理思想史[M].6版.孙健敏,黄小勇,李原,译.北京:中国人民大学出版社,2012.
4. 贾建锋,周舜怡,唐贵瑶.人力资源管理强度的研究回顾及在中国情境下的理论框架建构[J].中国人力资源开发,2017(10):6—15.
5. 李杰义,周丹丹,闫静波.战略人力资源管理的匹配模型及影响效应——环境不确定性的调节作用[J].南开管理评论,2018,21(06):171—184.
6. 达夫特.组织理论与设计[M].12版.王凤彬等,译.北京:清华大学出版社,2017.
7. 赵宇楠,程震霞,井润田.平台组织交互设计及演化机制探究[J].管理科学,2019,32(03):3—15.
8. 王凤彬,王骁鹏,张驰.超模块平台组织结构与客制化创业支持——基于海尔向平台组织转型的嵌入式案例研究[J].管理世界,2019,35(02):121—150.
9. 明茨伯格.卓有成效的组织[M].魏清江,译.杭州:浙江教育出版社,2020.
10. 克雷纳.管理百年[M].闾佳,译.杭州:浙江教育出版社,2021.
11. 何金念,马晓苗.基于游戏化思维的新生代员工的工作设计[J].上海商学院学报,2018,19(03):47—53.
12. 赵曙明,赵宜萱.招聘、甄选与录用——理论、方法、工具、实务[M].北京:人民邮电出版社,2019.
13. 李燕萍,齐伶圆."互联网+"时代的员工招聘管理:途径、影响和趋势[J].中国人力资源开发.2016,(18):6—13.
14. 尼文,拉莫尔特.OKR:源于英特尔和谷歌的目标管理利器[M].况阳,译.北京:机械工业出版社,2017.
15. 刘旭.价值导向、业绩平滑与个税筹划——KS设计院基于"产值绩效银行"的绩效管理思考[J].财会月刊,2019,(12):70—75.
16. 胡仁东.大学组织绩效管理制度设计的分析框架[J].江苏高教,2019,(5):40—43.

17. 刘昕.薪酬管理(第6版)[M].北京:中国人民大学出版社,2021.
18. 张行,常崇江.不同继任模式下CEO任期对薪酬结构的影响研究——来自管理层权力、组合、学习和职业生涯效应的解释[J].南开管理评论,2019,22(06):188—189.
19. 张如凯,程德俊,任桐.团队薪酬差距和激励强度:测量、影响因素及作用机制[J].中国人力资源开发,2017,(12):6—18.
20. 米尔科维奇,纽曼,格哈特.薪酬管理[M].11版.成得礼,译.北京:中国人民大学出版社,2014.
21. 许楠,田涵艺,刘浩.创业团队的内部治理:协作需求、薪酬差距与团队稳定性[J].管理世界,2021,37(04):216—230.
22. 樊海潮,张丽娜,丁关祖,彭方平.关税与汇率变化对福利水平的影响——基于理论与量化分析的研究[J].管理世界,2021,37(07):61—75.
23. 杨光明,潘璇,孙莉芬,朝发树.基于A企业福利项目管理成熟度模型设计与评价的研究[J].中国人力资源开发,2016,(02):58—66.
24. 大岛祥誉.麦肯锡入职培训第一课[M].颜彩彩,译.北京:北京联合出版公司,2015.
25. 孙永波,胡晓鹃,丁沂昕.员工培训、工作重塑与主动性行为——任务情境的调节作用[J].外国经济与管理,2020,42(01):70—84.
26. 格林豪斯,卡拉南,戈德谢克.职业生涯管理[M].3版.王伟,译.北京:清华大学出版社,2006.
27. 李云,李锡元.自我职业生涯管理与经理人职业成长——劳动关系氛围与组织结构的权变影响[J].科研管理,2017,38(01):100—108.
28. 蒋昀洁,张绿漪,蒋春燕.职业兴趣类型对创业潜能的影响研究——情绪智能和职业成熟度的调节效应[J].软科学,2018,32(05):86—89.
29. 王婷,杨付.无边界职业生涯下职业成功的诱因与机制[J].心理科学进展,2018,26(08):1488—1500.
30. 姜军.人力资源管理信息化开发与操作实验[M].北京:经济科学出版社,2008.
31. 邬锦雯.人力资源管理信息化[M].北京:清华大学出版社,2006.
32. 潘婧.事业单位人力资源管理信息化建设研究[J].人力资源管理,2017,(11):420—421.
33. 宗媛媛,周文成.知识图谱视角下我国员工工作不安全感研究主题及研究前沿分析[J].经营与管理,2023,(12):112—119.
34. 周文成,蓬晓誉.高质量发展视野下政府补贴与企业创新关系研究进展与趋势[J].南京邮电大学学报(社会科学版),2023,(12):60—72.

后　　记

本书是在 2010 年出版的原普通高等教育"十一五"国家级规划教材《人力资源管理：技术与方法》的基础上，由编者根据近年教学心得，参阅大量著作和文献编写而成。编写本书的目的主要在于使人力资源管理相关专业的学生有一本与时俱进、注重人力资源管理技术与方法分析的实用教材。在本书编写的过程中，我的研究生姚婷婷、石美玲、宗媛媛等参与了资料收集、整理工作；许多人力资源管理前辈、同行也贡献了他们的真知灼见，其中南京邮电大学管理学院人力资源课程组同事吕江洪、张新岭副教授，李宏伟高级实验师，陶卓、李菲菲、王弘颖、徐琳博士和刘静静老师等对本书的部分章节提供了宝贵的修订意见，在此一并表示感谢！

终能再修成书，还要感谢导师赵曙明教授以及陈传明、刘洪、贾良定、徐志坚、史有春、耿修林、周亚虹、毛伊娜等南京大学老师的精心传授。感谢香港中文大学黄炽森教授用传教士般的热忱，多次对我等学术草根精心传授他的管理研究方法！

感谢师兄弟姐妹陶向南、蒋春燕、程德俊、周路路、许勤、曹大友、张弘、姜进章、张捷、李乾文、刘永强、刘泱、赵宜萱、杜鹏程、苏方国、王翔、吴慈生、蒋建武、席猛、曹曼、李召敏、秦伟平、张高旗、白晓明、蔡静雯、张敏、李茹、马苓等给予的指点与支持！

还要感谢江苏移动、浙江邮政、上海市统计局、温州市人民银行、内江高新技术产业开发区、扬州市机关事务管理局、克拉玛依市干部研修班、盐城农业科技职业学院等单位的管理人员在人力资源管理相关培训班上富有见地的理性分析！

感谢黄卫东教授、周晓剑教授以及刘树森、赵珺两位老师在本书编写过程中的关心与支持！

尤其感谢北京大学出版社林君秀主任、徐冰副主任的热情帮助与鼓励！尤其是周莹、刘冬寒两位责任编辑细致的编辑与大量的协调工作！她们的专业能力与专业精神保证了本书的质量！

感谢在西交利物浦大学读人力资源管理本科专业的女儿周敏慧的资料整理、翻译帮助！

人力资源管理研学之路漫漫其修远兮，吾将继续求索。

周文成

2024 年夏

教辅申请说明

北京大学出版社本着"教材优先、学术为本"的出版宗旨,竭诚为广大高等院校师生服务。为更有针对性地提供服务,请您按照以下步骤通过**微信**提交教辅申请,我们会在1～2个工作日内将配套教辅资料发送到您的邮箱。

◎ 扫描下方二维码,或直接微信搜索公众号"北京大学经管书苑",进行关注;

◎ 点击菜单栏"在线申请"—"教辅申请",出现如右下界面:

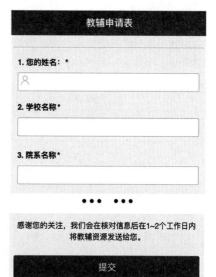

◎ 将表格上的信息填写准确、完整后,点击提交;

◎ 信息核对无误后,教辅资源会及时发送给您;如果填写有问题,工作人员会同您联系。

温馨提示:如果您不使用微信,则可以通过以下联系方式(任选其一),将您的姓名、院校、邮箱及教材使用信息反馈给我们,工作人员会同您进一步联系。

联系方式:

北京大学出版社经济与管理图书事业部
通信地址:北京市海淀区成府路 205 号,100871
电子邮箱:em@pup.cn
电　　话:010-62767312
微　　信:北京大学经管书苑(pupembook)
网　　址:www.pup.cn